Qigong in der VR China: Entwicklung, Theorie und Praxis

Das transkulturelle Psychoforum
Band 8

herausgegeben von

Dr. Dr. Thomas Heise
und
Dr. Judith Schuler

ISSN 1435-7844

Qigong in der VR China: Entwicklung, Theorie und Praxis

von

Thomas Heise

VWB – Verlag für Wissenschaft und Bildung

Die Deutsche Bibliothek - CIP-Einheitsaufnahme

Qigong in der VR China : Entwicklung, Theorie und Praxis / Thomas Heise. - Berlin : VWB, Verl. für Wiss. und Bildung, 1999
(Das transkulturelle Psychoforum ; Bd. 8)
zugl.: Trier, Univ.-Phil. Fak., Diss 1999
ISBN 3-86135-137-4

ISSN 1435-7844

Verlag und Vertrieb
VWB - Verlag für Wissenschaft und Bildung, Amand Aglaster
Besselstr. 13 • 10969 Berlin • Postfach 11 03 68 • 10833 Berlin
030/251 04 15 • Fax 030/ 251 11 36

Satz und Lektorat
Dr. Judith Schuler, Wasserburg

Druck
GAM-Media GmbH, Berlin

Für Jenny, David, Jaël und Christa

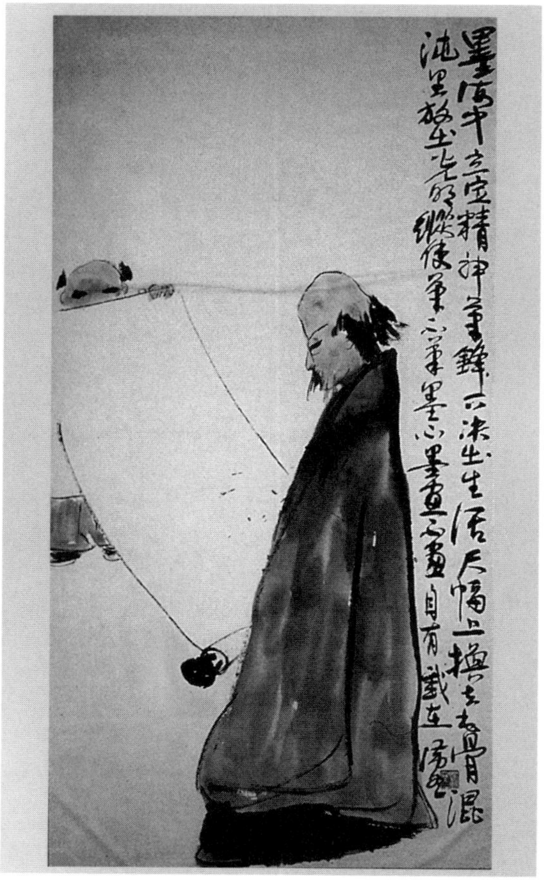

Abbildung 1: Werk des bekannten Kalligraphen und Malers CHEN *Zhidong aus Chengdu*

Danksagung:

Sehr bedanken möchte ich mich bei Prof. Dr. phil. Karl-Heinz Pohl für die freundschaftliche Unterstützung und die Annahme des Dissertationsthemas, bei der Koreferentin Frau PD Dr. D. Wippermann und bei meinen weiteren sinologischen Lehrern in Deutschland wie Prof. H. Steininger †, Prof. G. Naundorf, Y. Kwok, Prof. B. Wiethoff und Prof. H. Martin. Für anregende Diskussionen danke ich Prof. Rosner, PD Dr. Frühauf, Prof. Dr. med. Machleidt und vor allen Dingen Prof. (Ung.) Stephan Pálos und PD Dr. Wolfgang Ommerborn.

Stellvertretend für all meine chinesischen Freunde und Lehrer danke ich *Zhang Yongliang*, Prof. *Zhang Tiange*, *Zhao Lianting*, *Lin Housheng*, *Ding Hao* (Kalligraph und Historiker aus Nanking, dem ich für die Kalligraphie des Zeichen *qi* auf der Buchrückseite danke), *Zhang Xi* und *Shi Daifu* für ihre offene Aufnahme in China, wie auch Norbert Gräber, Antonio Sierra und Zakou Mohammadou für ihre herzliche Freundschaft in oft schwieriger Zeit.

Ebenso bin ich dankbar dem DAAD – besonders seiner „Chinabetreuerin" Birgit Böhme – für das zweijährige China-Stipendium und den Institutionen des *Beijing Yuyan Xueyuan, Nanjing Zhongyi Xueyuan, Shanghai Qigong Yanjiusuo* und *Beidaihe Qigong Kangfu Yiyuan* für das, was ich dort lernen durfte.

Die Herausgabe dieses Werkes wurde dankenswerterweise erleichtert durch die gute Zusammenarbeit mit der Lektorin Frau Dr. Judith Schuler und dem Verleger Amand Aglaster.

Ganz besonders bedanke ich mich bei meiner Frau und unseren Kindern für ihre liebevolle Rücksichtsnahme und Unterstützung in all den vergangenen Jahren.

Inhalt

Geleitwort

Die traditionelle chinesische Medizin ist für viele kulturanthropologisch und kulturhistorisch Interessierte ohne sinologische Ausbildung ein zugleich faszinierender, geheimnisvoll lockender wie auch schwer überschaubarer, ja befremdlicher Komplex. Denn es ist eine Begegnung mit einer anderen Anatomie und Physiologie als der der westlichen naturwissenschaftlichen Medizin. Ja mehr: die traditionelle chinesische Medizin enthält Elemente aus uraltem Schamanismus, aus den verschiedenen religiös-philosophischen Schulen des Daoismus, Konfuzianismus und Buddhismus. Dies spiegelt sich besonders im *qigong* wider. Traditionelle chinesische Medizin ruht auf einer anderen physischen, psychologischen, sozialen, spirituellen Anthropologie und entsprechenden Krankheitslehre als der westlichen. Praktisch verbindet sie schamanische Heilrituale mit naturalistisch-praktischen Elementen der Volksmedizin (Kräuter, Diätetik, Massage) sowie Techniken, die sich auf ihre Metaanatomie (Energiekanäle, Meridiane, Reflex-Bezugspunkte) und Metaphysiologie, d.i. Verteilung kosmisch-vitaler Energie (*qi*) im Sinne einer vitalistischen Philosophie verbinden. Das Konzept einer kosmischen Energie *qi* zeigt Parallelen zum Kundalini, Prana, Pneuma, Od u.v.a. Dies sind energetische Auslegungen metaphysischer Konzepte in anderen Kulturen, also eine Art metaphysische Objektivation, härter formuliert: ein Kategoriensprung vom spirituell-metaphysischen in den konkret-manipulierbaren, therapeutisch einsetzbaren, in meditativen Übungen trainierbaren, in westlicher Sprache „magischen" Anwendungsbereich.

Qigong als eine zentrale, viel verzweigte Entwicklungslinie des Konzeptes der universalen Lebensenergie ist mit der energetisch konzipierten Psyche des abendländischen Kulturkreises fragend und denkend zusammenzubringen. Eine andere, die chinesische Kosmologie, Anthropologie und Psychologie bedeutet auch eine andere Medizinanthropologie, eine andere Krankheitsdeutung hinsichtlich Ätiologie, Pathogenese, psychophysischen Relationen wie auch Verlauf und Therapie.

In der Kenntnisnahme solch fremder kognitiver Welten wie der mannigfachen Grundlagen der traditionellen chinesischen Medizin begegnen wir nicht nur der Fremde – sondern wir haben auch die Chance, das Eigene neu zu sehen, in markanterer Profilierung, Physiognomisierung, als wenn wir nur in kulturbefangener Selbstbeschauung die eigene Tradition weiterführen.

Besonders faszinierend finde ich diesen Aspekt in der Perspektive auf die Psychiatrie. Transkulturell und interkulturell vergleichende Psychiatrie starrte zu lange auf die scheinbaren „Exotismen" fremder Kulturen, bis hinein in die unterschiedlichen Zahlen epidemiologischer Erhebungen. Als typische Hervorbringung der westlichen Kultur trat die westliche Psychiatrie mit dem zugleich naiven wie arroganten Universalitäts-Anspruch auf, im Besitze kulturinvarianter Normen und Kategorien auch psychischen Krankseins zu sein und die eigenen kognitiven Muster und Konzepte sowie Wertwelt auf die ganze Menschheit übertragen zu dürfen. Dabei wurde die Einsicht in die eigene geschichts-, kultur- und zeitgeistabhängige Prägung der Psychiatrie ausgeblendet, so sehr, daß die westlichen culture bound syndromes erst spät in den Blick kamen: die polymorphen Selbst-Pathologien von Narzissmus über Borderline bis zu der Dissoziativen Identitätsstörung, die Anorexie und Bulimie, die Austragungsformen z.B. der Depression in den „westlichen Bereichen“ von Psyche, wie Affekt, Antrieb und Kognition (im Kontrast zur leibnahen Austragungsform in anderen Kulturen).

Der Autor Thomas Heise, Arzt, Psychiater und Sinologe zugleich, führt uns in die komplexe Vielfalt des *qigong* und der ganzen traditionellen chinesischen Medizin ein, die keine eigene Psychiatrie im westlichen Sinn entwickelt hat, ihre Geschichte und die Querbezüge zu Philosophie, Religion, Zeitgeschehen und Politik. Er bereitet das Prinzip *qi*, seine Deutungen und Anwendungen, Übungen in Gesundheitspraxis, Hygiene, Meditation und in den Therapien für den Leser auf. Damit leistet Th. Heise gegenüber der Flut populärer Literatur, die mit der Welle der Alternativmedizin, der Esoterik und der Meditation durch die westliche Kultur geht, einen soliden Informationsbeitrag über ein dem Westen schwer zugängliches Gebiet.

Das Werk ist viel mehr als eine sinologische medizinhistorische Arbeit. Sie ist ein Beitrag zu unserer Besinnung auf das kulturhistorisch bedingte eigene kognitive Gebäude der westlichen Anthropologie, Psychologie und Psychiatrie – seiner Stärken und seiner Grenzen. Gerade brauchbare – im Sinne der Beforschung und therapeutischen Einflussnahme – Energiemodelle fehlen der westlichen Kultur. Diese hat dazu nur eine energetische Seelendeutung (dazu gehört die physikalisch-hydraulische Libido-Lehre der Psychoanalyse) und einige esoterische Anleihen aus östlichen Kulturen anzubieten.

Ob und wie weit das chinesische Menschenbild, wie weit die Lehre von der vitalen Energie *qi* und ihrer Anwendung in der Praxis die westliche Medizin und Psychiatrie befruchten kann – darüber nachzudenken regt uns Th. Heise mit seinem Buch an. Und dafür Dank!

Zürich, im November 1998 C. Scharfetter

1. Einleitung

Die wissenschaftliche Beschäftigung mit Themenbereichen, die zentrale Merkmale einer Kultur berühren, war schon immer von Interesse. Noch wichtiger wird deren Erforschung, wenn dies von einem fachübergreifenden Standpunkt aus gesehen wird. So spielt hier bei den therapeutisch einsetzbaren *qigong*-Übungen neben der Sinologie mit dem Studium der allgemeinen Kultur Chinas sowie seiner alten und modernen Geschichte das Gebiet der traditionellen chinesischen Medizin eine Rolle. Dabei geht es um spezifische, in dieser Art nur in China entwickelte Vorstellungen zu Krankheit und Gesundung sowie den psychophysiologischen Möglichkeiten des Menschen. D.h. es geht konkret um den alten Menschheitstraum, wie kann der Geist die Materie, hier seinen eigenen Körper, beeinflußen. Die Beantwortung dieser Frage ist auch in der chinesischen Kultur nicht unabhängig von den historischen Umständen, die deshalb in dieser Arbeit größere Berücksichtigung finden. Während wir in kulturhistorischen und auch in medizinhistorischen Abhandlungen gewohnt sind, mit Problemen des „Zeitgeistes" umzugehen, stellt sich für China jedoch noch zusätzlich eine inhaltliche Frage, die die Definition der naturwissenschaftlich bisher nicht vollständig erklärbaren Lebensenergie (*qi*) und damit verknüpft die von Rationalität und Irrationalität betrifft. Der Umgang des Wissenschaftlers mit dem Irrationalen oder dem, was so bezeichnet wird, ist im Westen seit Descartes und besonders in den letzten 50 Jahren schwierig gewesen. Eine zweibändige Sammlung von Beiträgen aus Ethnologie, Anthropologie, Philosophie und Psychologie zu diesem Thema[1] machte mir jedoch vor Jahren Mut, auch diesen Bereich im Wissenstransfer, der mittlerweile zu einem transkulturellen Techniktransfer der anderen Art wurde, nicht zu vernachlässigen.

1.1 Definition des Terminus qigong

Das Wort *qigong*[2] ist seit Mitte der 80er Jahre auch in Deutschland und anderen westlichen Ländern geläufiger geworden, als Bezeichnung für meditative „Atem"-Übungen, die teils in Bewegung ausgeführt werden. Das ‚Dictionary of Traditional Chinese Medicine[3]' übersetzt *qigong* als „breathing exercise". Dieser Ausdruck besteht aus zwei Schriftzeichen. Dabei rührt der erste Teil des Binoms, „Atem", von der neusprachlichen Übersetzung des Zeichens *qi,* abgeleitet von *kongqi*, „Luft", her. Die Berücksichtigung der Atmung ist natürlich ein Element zahlreicher Übungen. Der Ausdruck „*qi*" aus dem klassischen Chinesisch, worauf sich hier bezogen wird, ist jedoch ein Fachausdruck der

1. DUERR, Hans Peter: Der Wissenschaftler und das Irrationale. 1981.
2. Zur Transkription: In Zitaten wird, wenn nicht anders angegeben, die ursprüngliche Lautumschrift (meist Wade-Giles) beibehalten. Die ansonsten für alle termini technici benutzte, kursiv gesetzte, offizielle *pinyin*-Umschrift der VR China wird, wenn erforderlich, in Klammern hinzugefügt. Nur eingedeutschte Umschriften wie Peking, Nanking, Kanton, Konfuzius und Menzius werden neben bekannten alten Umschriften wie Chiang Kai-shek und Sun Yat-sen beibehalten.
3. Beijing Medical College: Dictionary of Traditional Chinese Medicine. The Commercial Press, Ltd., Hongkong, 1984

philosophischen und medizinischen Terminologie, der sich auf bestimmte feinenergetische Zustandsformen bezieht (s. Kap. 2.1). Diese sind nur u.a. auch an den Atem gekoppelt, so wie es sich noch in dem alten deutschen Wort „Lebensodem“ widerspiegelt. In einem neuzeitlichen Wörterbuch[4] wird neben der 2. Bedeutung „Luft“ und der 3. Bedeutung „Atem“ als 10. Bedeutung, abgeleitet aus der *zhongyi,* i.e. der traditionellen chinesischen Medizin (TCM), angegeben: „physiologische Aktivität; funktionelle Vitalität des Organismus; Lebensenergie“. Die Schreibung in dem aus dem 1. Jh. n.Chr. stammenden etymologischen Wörterbuch *Shuowen*[5], die „Wolken“ bzw. „Dampf“ (*yunqi*) als sich annähernde Versinnbildlichung anbietet – wovon das heutige Kurzzeichen abgeleitet ist –, stellt nur eine von vier Schreibmöglichkeiten dar.[6] Dabei läßt sich bei der Untersuchung dieser Schreibweisen „bereits rudimentär der Bedeutungsumfang des Begriffs ‚*qi*‘ abstecken, der sich von Dampf, Wolken, Atem, Nahrung und Kommunikation mit „höheren Mächten“ („anflehen“) bis hin zum „Ur-*qi* [*yuanqi*]“ erstreckt.“ [7] Das *Hanyu Da Cidian* (Große Enzyklopädie der Chinesischen Sprache) verweist u.a. auf die Bedeutung des Terminus *qi* bei der Atmung, bei den Emotionen, in der klassischen chinesischen Philosophie und Medizin. Auch hier wird das *Shuowen* u.a. klassische Werke zitiert.

Zur weiteren Definition von *qi*, wird auf die Bücher von CHOE[8], KUBNY[9] und OMMERBORN[10] verwiesen, die sich alle mit der historischen Entwicklung und Bedeutung des Begriffes *qi* befassen.

Das Schriftzeichen *gong*, der zweite Teil des Binoms *qigong*, hat die Bedeutung „Arbeit“ und „Leistung“, jedoch auch „Errungenschaft“, „Erfolg“ und „Wirkung“.

Qigong bedeutet also soviel wie „die immanente (potentiell wahrnehm-, steiger- und lenkbare) Wirkkraft des *qi*“, auch „mit dem *qi* arbeiten“. Der Ausdruck ist neueren Datums, wohl aus den 30er Jahren stammend (s. Kap.4.1), wird aber erst seit den 50er Jahren (s. Kap. 5.1) übergreifend für viele Übungen verwandt, die in langer Tradition unter verschiedenen Namen entstanden. Da es keine westlichen Sprachäquivalente gibt und eine oft zu einseitig interpretierende Übersetzung dieser zentralen Begriffe verhindert werden soll, werde ich die Ausdrücke *qi* und *qigong* unübersetzt benutzen. Aus dem gleichen Grund werden andere chinesische Fachausdrücke neben den jeweiligen Überset-

4. XU *Zhenmin* u.a. Hrsg.: *Xin Han De cidian*, Das Neue Chinesisch-Deutsche Wörterbuch, *Beijing*, 1985. Allgemein orientierend, linguistisch nicht völlig korrekt, kann man folgendes zur besseren Vorstellung für den nichtsinologischen Leser erläutern. Das Chinesische ist ursprünglich eine monosyllabische und ideographische Sprache, die zur sino-tibetischen Sprachfamilie gehört. Im Hochchinesischen gibt es heute vier verschiedene Töne, in denen die nur etwas mehr als 400 Silben gesprochen werden können. Daraus resultiert, daß eine Silbe, mit einem bestimmten Ton gesprochen, immer noch viele verschiedene Bedeutungen haben kann. So muß zur eindeutigen Identifikation das Zeichen geschrieben oder ein eindeutig bestimmender Kontext, wie er in allgemein bekannten Binomen vorkommt, genannt werden.
5. Das *Shuowen jiezi* (Analyse und Erläuterung der Schriftzeichen) von *XU Shen* (30-124 n.Chr.) enthielt ursprünglich fast 9500 Schriftzeichen und über 1 000 Zeichenvarianten. Durch spätere Gelehrte wurde ungefähr die gleiche Anzahl hinzugefügt.
6. S. KARLGREN, Bernhard, 1975.
7. ENGELHARDT, 1985, S. 2
8. CHOE Chong-Sok, 1995.
9. KUBNY, Manfred, 1995.
10. OMMERBORN, Wolfgang, 1996.

zungen mitaufgeführt. Mit dem zunehmenden Gebrauch dieser Begriffe auf den kommenden Seiten und den verschiedenen Erklärungen ist die Hoffnung verknüpft, daß sich im Leser ein wachsendes Verständnis dieser Begriffe herauskristallisiert. Dies würde dann auch den Weg darstellen, wie die Chinesen ihre eigene Sprache, anhand von modernem Sprachgebrauch einerseits und aus dem Bewältigungsprozeß beispielhafter klassischer Quellen andererseits, erlernen.

Die Bedeutungsinhalte des terminus technicus *qigong* sind vielfältig. So geht das 3. Kapitel auf die ältesten schriftlichen Quellen zum *qigong* in Form von Jadetafelinschriften aus dem sechsten Jahrhundert v. Chr. ein, auf wichtige Quellen aus der klassischen Literatur der vorchristlichen Jahrhunderte und auf die aus dem zweiten Jahrhundert v. Chr. stammenden Abbildungen von Übenden auf Seide, die in *Mawangdui*, einem Ortsteil von *Changsha* (Provinz *Hunan*), ausgegraben wurden. In der Auswertung dieser Funde werden chinesische und westliche Forschungsergebnisse vergleichend nebeneinander gestellt.

Diese alten Übungen wurden angewandt, um Krankheit zu verhüten und zu bekämpfen und damit die Langlebigkeit zu sichern. Außerdem wurden sie aber auch für spirituelle Zwecke eingesetzt, wie sowohl Texte aus der daoistischen als auch aus der buddhistischen Tradition zeigen.

In der modernen *qigong*-Literatur finden sich viele alte Fachausdrücke, auf die im 6. Kapitel eingegangen wird. So gibt es z. B. die *tuna*-Techniken. In vollständiger Schreibweise heißt das *tu gu na xin* und bedeutet, daß man bei dieser Technik „das Alte auswirft und das Neue hereinholt", was sich ebenfalls auf energetische Vorstellungen in Verbindung mit dem Atem bezieht. Hiervon handelt der philosophische Text des *ZHUANG ZI* aus dem 3. vorchristlichen Jahrhundert, der im Kapitel 3.1 diskutiert wird. Andererseits wandte man schon damals z.B. die *daoyin*-Techniken an, die über Entspannung während der Dehn- und Strecküb ungen mit Hilfe gedanklicher Vorstellungen das *qi* zum Kreisen bringen. Wahrscheinlich bezieht sich das oben erwähnte Seidenbild darauf. Die teilweise hierin beinhalteten, aber auch eigenständig zu sehenden *wuqinxi* (Fünf-Tiere-Übungen), die für die *Han*-Dynastie bekannt sind, wollten über das Einfühlen in die Tiernatur die Balance mit dem Kosmos wiederherstellen. Der Tradition gemäß soll der berühmte Arzt *HUA Tuo* (ca. 190-265 n. Chr.) sie erstmals standardisiert haben. Neuere Ergebnisse, die dies revidieren, werden in Kapitel 3.2 vorgestellt. Bei den Tiere-Übungen handelt es sich um das Spiel des Tigers, des Hirsches, des Bären, des Affen und des Vogels (Kranich), das es nachzuahmen gilt.

Manche Orte spielten in der geschichtlichen Entwicklung eine besondere Rolle, wie z.B. das buddhistische *Shaolin*-Kloster in direkter Nähe der über viele Jahrhunderte[11] wichtigen Hauptstadt *Luoyang* (Provinz *Henan*), aus dem die in dem „Klassiker der verwandelten (leichten) Muskeln" des 8. Jahrhunderts überlieferten Übungen stammen. Die inneren Übungen der *Shaolin*-Schule beinhalten teilweise Übungsteile, die ein Übertra-

11. Östliche *Zhou*- (ca. 771-256 v. Chr.), späte *Han*- , *Wei*- ,Westliche *Qin*- und Nördliche *Wei*-Dynastie (25 n. Chr.-535 n. Chr. mit kurzen Unterbrechungen) sowie zeitweise während den Fünf Nördlichen Dynastien 907-960 n. Chr.

gen bzw. Aussenden von *qi*, das sogenannte *fa waiqi*, möglich machen. Dies wird im Kapitel 6.4 diskutiert.

Die *baduanjin* (acht Brokatübungen oder acht elegante Übungen, s. Kap. 6.5) entstanden etwas später, wahrscheinlich im 12. Jahrhundert mit daoistischem Ursprung, und beinhalten eine Übungsreihe im Sitzen und eine im Stehen. Eine Interpretation zur Herkunft des Ausdrucks Brokatübungen besagt, daß die Abbildungen zu den Übungen früher auf Brokat gestickt wurden.[12]

Von einem positivistischen Gesichtspunkt aus kann man *qigong* in fünf Sparten unterteilen: daoistisches, konfuzianisches, buddhistisches, sportliches und medizinisches *qigong*. Gemäß der jeweiligen Philosophie und Tradition sind die Ziele dabei entsprechend verschieden.

Von einem eher physiologischen Gesichtspunkt aus unterscheidet man *jinggong* (Übungen in Ruhe oder Stille) von *donggong* (Übungen in Bewegung).

Eine weitere Einteilung stellt einfach dem kampfkunst- und demonstrationsorientierten *yinggong* (harten *qigong*) alle anderen Stile als *ruangong* (weiches *qigong*) gegenüber.

Was die Haltung bei den Übungen anbetrifft, so sind die üblichsten: normales Sitzen, Schneidersitz, halber oder ganzer Lotussitz, Liegen auf dem Rücken oder auf der Seite, Stehen oder Gehen.

Bezüglich der Atmung kennt man die natürliche, die tiefe, die umgekehrte und die intermittierende Atmung. Außerdem gibt es Übungen, bei denen man beim Atmen einen für das jeweilige Zielorgan therapeutisch wirksamen Laut erzeugt.

Um den mentalen Zustand zu regulieren, kann man: entspannt auf einen Punkt schauen – meist auf den sogenannten unteren *dantian*, der sich handbreit unterhalb des Bauchnabels befindet –, dem Atem folgen, ihn zählen oder auf ihn hören, oder Worte oder Sätze rezitieren. Dabei stellen die drei *dantian* wichtige energetische Zentren dar.

Man unterscheidet bezüglich des in den Übungen aktiv zu zirkulierenden *qi* den kleinen von dem großen Himmels-Kreislauf *zhoutian*, die beide besonders bei den Übungen in Stille eine Rolle spielen (s. Kap. 3.1 und 6.2).

Es gibt bei den klassischen Übungen drei Stadien mit jeweils drei Stufen. Das erste ist das Entspannen der Arme, der Beine und des Rumpfes. Das zweite ist das Sinken des *qi* zum unteren *dantian* und zum *yongquan*[13], sowie das Aufsteigen zum *niwan* (s. Kap. 6.7) im oberen *dantian*. Das dritte ist das Wahrnehmen, Verstehen und Handhaben des *qi*. Diese drei Stadien sind gleichwertig mit *lian jing hua qi*, dem Verwandeln von der eher sexuell-energetischen Essenz *jing* zu *qi*, *lian qi hua shen*, dem Überführen von *qi* in geistige Energie *shen* und *lian shen huan xu*, dem Fortschreiten von der geistigen Energie *shen* zur Leere *xu* (s. Kap. 3.1).

Diese wenigen aufgeführten Beispiele sollen nur einen ersten Eindruck davon geben, daß die Vorgehensweisen differieren und dadurch auch verschiedene Effekte auftreten.

---

12. Persönliche Information von ZHANG *Tiange*

13. *Yongquan* ist der erste Akupunkturpunkt des Nierenmeridians, unter der Fußsohle gelegen.

Es gibt neuerdings zahlreiche *qigong*-Stile, die, vertreten von sehr unterschiedlich ausgebildeten und interpretierenden Lehrern oder Meistern, ein ganzes Spektrum von Übungsvarianten anbieten, wie aufgezeigt werden wird.

1.2 Qigong-Rezeption im Westen

Nachdem sich am Anfang dieses Jahrhunderts viele Europäer mit Suggestion, Hypnose, Gymnastik und besonders Yoga im Rahmen einer gewissen Indophilie beschäftigten, probierte der Nervenarzt J.H. SCHULTZ die Quintessenz insbesondere auch aus den hypnotischen Studien zu ziehen und schuf 1932 das „Autogene Training" zur konzentrativen Selbstentspannung. Diesem gelang der Sprung zur naturwissenschaftlichen Anerkennung durch Standardisierung von Übungsformen, die dann auch in der Medizin und der Psychologie untersuchbar waren.[14] Entsprechende Übungen aus dem Fernen Osten waren erstmals durch Pater AMIOT (1718-1793) in Europa bekannt gemacht worden. Er verfasste nach seiner Rückkehr aus China in Frankreich Kommentare zur chinesischen Pulslehre und zur daoistischen Bewegungstherapie mit Abbildungen. Letztere fanden im Rahmen der damals herrschenden Sinophilie ihren Weg nach Skandinavien und beeinflußten wahrscheinlich die Entstehung der sogenannten Schwedischen Gymnastik[15]. Nach Angaben NEEDHAMS[16] ist die Autorenschaft jedoch wohl eher dem Jesuiten P.M. CIBOT zuzuschreiben.

Positiv für die Aufnahme dieser Übungen und ihrem kulturphilosophischen Hintergrund war die damals herrschende medizinische Auffassung in Europa, die eine Gleichsetzung von „Intellektualität" mit „*shen*", von „animalem Geist" mit „*qi*" und von „Vitalgeist" mit „*jing*" ermöglichte[17], die zusammen nach damals in Europa gängigen Vorstellungen den dynamischen Teil (geistigen, moralischen und intellektuellen Charakter) neben dem mechanischen (Muskulatur, Blutkreislauf und Atmung) und dem chemischen (Ernährung, Blutbildung, Sekretion, Generation und Reproduktion) der Vitalkraft bildeten. Diese parallel gesehene Dreiheit beeinflußte den Schweden P.H. LING (1776-1839) höchst wahrscheinlich zu einer Übernahme von Übungselementen zu seiner Schwedischen Gymnastik. Ansonsten interessierte sich Europa aber lange Zeit mehr für Erörterungen der übrigen Elemente der traditionellen chinesischen Medizin. Erst der berühmte deutsche Sinologe Richard WILHELM übertrug nach seinen Übersetzungen zahlreicher daoistischer und konfuzianischer Werke das Tai I Gin Hua Dsung Dschi (*Taiyi Jinhua Zongzhi*), „Das Geheimnis der Goldenen Blüte", ins Deutsche. Dieses war die erste Be-

---

14. SCHULTZ, J.H., 1950. S. 278: "Wichtig für unsere Bestrebungen ist nicht ein irgendwelches Fühlungnehmen mit modischen pseudoostischen Allüren, sondern die Feststellung, daß die physio-psycho-logisch-rationale Methode des autogenen Trainings gleiche Stufenbildung erkennen läßt, wie die alten Yogatraditionen, und darüber hinaus die richtige Einschätzung des `Haltungs´-Faktors. So dürfen wir hoffen, den Realbestand der Yogatradition ebenso zu erobern, wie frühere Forschung aus dem mystischen Magnetismus die rationale Hypnotherapie entstehen ließ." Die Distanzierung von den Traditionen des Ostens unter Betonung der Rationalität, die SCHULTZ hier 1932 zeigte, führte, wie wir heute wissen, trotzdem nicht zur Eroberung der Yogatradition durch das Autogene Training.
15. HUARD, Pierre und WONG, Ming: Chinesische Medizin. München, 1968. S. 130
16. NEEDHAM, Joseph: Science and Civilisation in China. Vol. V:5, Cambridge University Press, 1983. S. 170 ff
17. Diese Fachausdrücke werden in Kap. 2 weiter ausgeführt.

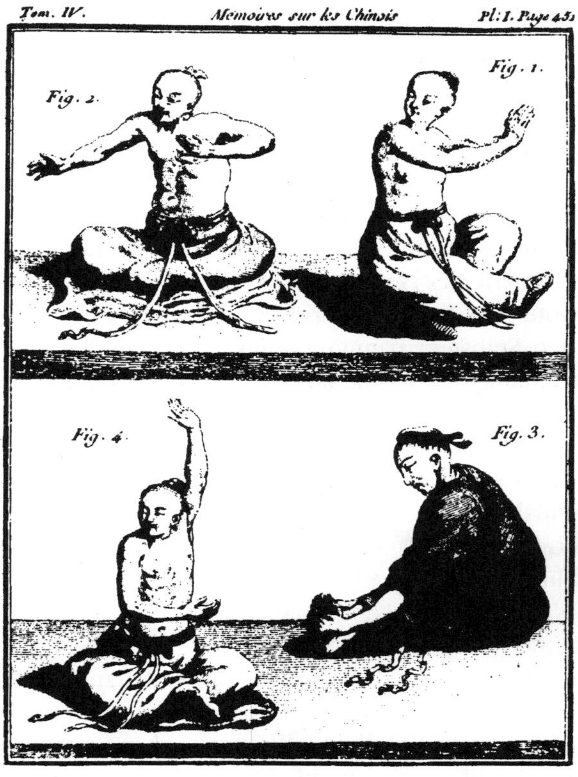

Fig. 1605. Four pictures of Taoist calisthenics from Cibot (+1779), the first paper to bring Chinese macrobiotic gymnastics to the attention of the Western world. Note the similarity between his fig. 3 and the eighth exercise in Fig. 1599.

Abbildung 2: Vier daoistische Übungen, die 1779 erstmals in Europa von Pater CIBOT bekanntgemacht wurden. Die dargestellten Positionen finden sich ähnlich in den 8, 12 oder 16 Brokatübungen. (s. NEEDHAM, Science and Civilisation in China, Vol. V:5, S. 171f.) Vgl. Fig. 3 mit Abb. 77

arbeitung eines für das *qigong* wichtigen Originalwerkes. WILHELM erwarb diesen Text, der zusammen mit dem Hui Ming Ging (*Huiming jing*) (von *Liu Huayang*; ein weiteres Werk von ihm findet sich unter (212), (230))[18] unter dem Titel Tschang Scheng Schu (*Changsheng Shu*), „Die Kunst das menschliche Leben zu verlängern", 1920 in Peking in einer Auflage von 1000 Exemplaren herausgegeben worden war. Zu diesem Werk, das vor dem 17. Jahrhundert nur handschriftlich und davor – wohl seit dem 8. Jahrhundert – mündlich überliefert wurde, schrieb C.G. JUNG 1928 das Vorwort. Erst 1984 erfolgte von Miyuki MOKUSEN eine vollständigere Übersetzung dieses Werkes. Der französische Sinologe Henri MASPÉRO schrieb 1937 eine gründliche Untersuchung über die daoistischen „Verfahrensweisen, wie man das Lebensprinzip nährt"[19]. Der Sinologe, Tibetologe und Heilpädagoge Stephan PÁLOS brachte 1968 sein Buch „Atem und Meditation" heraus, in dem er die moderne chinesische Atemtherapie als einen Weg zur Meditation darstellt. 1964 und 1973 wurden die Werke von dem chinesischen Buddhisten LU K'uan

18. Die Nummern in Klammern beziehen sich auf die chinesische Bibliographie in Kap. 9.3.
19. MASPÉRO, Henri: Les procédés de `nourrir le principe vital´dans la religion taoiste ancienne. 1937.

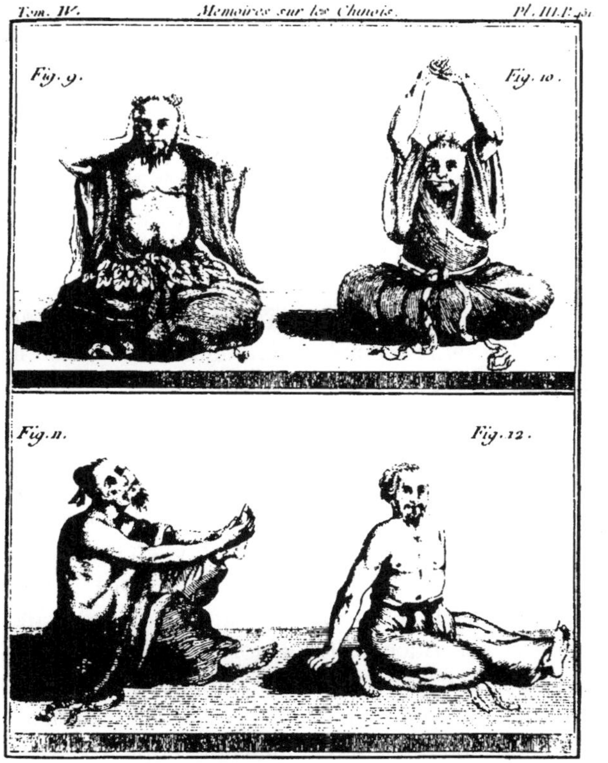

Fig. 1606. A further four illustrations from Cibot (3). Note the resemblance between his fig. 9 (left, top) and the first position in Fig. 1599, as also that in Fig. 1604. His fig. 10 (right, top) is identical with the seventh position in Fig. 1599. His fig. 11 (left, below) resembles the last position in Fig. 1599; while fig. 12 is the same as that shown in Fig. 1601. The overlap between the various Chinese series from the Thang onwards, indeed even from the Han (cf. Fig. 1597), indicates a closely integrated tradition, though with many variations.

Abbildung 3: S. Abb. 2. Vgl. Fig. 9 mit Abb. 65. Vgl. Fig 11 mit der yongquan-Übung Nr. 20 (Kap. 7.3.4).

Yü (Charles Luk) zur Tradition der buddhistischen und daoistischen Übungen veröffentlicht. Der englische Naturwissenschaftler und Sinologe Joseph NEEDHAM geht in seiner Enzyklopädie „Science and Civilisation in China“ an mehreren Stellen besonders auf die traditionellen daoistischen meditativen Übungsverfahren ein. Aus der französischen Sinologenschule erschienen von Isabelle ROBINET 1979 ein umfassendes Werk zu daoistischen Meditationsübungen in der *Shangqing*-Tradition des *Maoshan* aus dem 4. Jahrhundert und von Catherine DESPEUX 1980 das *Weisheng shenglixue mingzhi* (Explications claires sur la physiologie et l'hygiène) von Z*HAO Bichen* (269) vom Anfang dieses Jahrhunderts in der Tradition der *Wu Liu*-Schule der Inneren Alchemie. 1981 gab DESPEUX noch ein Buch zum *taiji quan* und 1988 eine Übersetzung des *Chìfeng sui* (285) (Das Knochenmark des roten Phönix) von 1578 mit Übungstechniken, die auch heute noch eine Rolle spielen heraus, wie die *liuzijue* (Übungen der 6 Lautzeichen), *taixi* (Embryonalatmung), *wuqinxi* (Spiel der Fünf Tiere) und die *baduanjin* (8 Brokat-Übungen). Frau Farzeen BALDRIAN-HUSSEIN publizierte 1984 in Paris die *Lingbao bifa* (Procédés secrets du Joyau Magique; fragmentarisch erschienen in (277) und auszugsweise in

(229)) zu daoistischen, alchemistischen Übungen des 11.Jahrhunderts. Auch Livia KOHN arbeitete zu den traditionellen daoistischen Übungen und übersetzte alte Werke. Die Münchner Sinologin Ute ENGELHARDT schrieb ihre Magisterarbeit zum Thema *taiji quan* 1981 und stellte in ihrer Dissertation 1985 die „Qi-Übungen anhand des *Tang*-zeitlichen Textes *Fuqi Jingyi Lun* von *SIMA Chengzhen*" dar[20]. Rainer LANDMANN verfaßte seine Magisterarbeit 1989 zum Thema der modernen Kranichübung von *ZHAO Jinxiang*. Kunio MIURA schrieb 1989 einen Artikel über das *qigong* im heutigen China in einem Sammelband von L. KOHN. Das 1995 von KUBNY erschienene Werk, das in einer historischen Darstellungsweise *qi* als Lebenskraftkonzept[21] bis in die Gegenwart beschreibt, geht in einem Kapitel auf das moderne chinesische *qi*-Konzept in Verbindung zum *qigong* ein. Bis auf diese letzten drei Arbeiten hat sich die sinologisch fundierte Literatur in der Rezeption also ausschließlich an klassischen Texten orientiert.

Seit Anfang der 80er Jahre wurde sich das Abendland der Wichtigkeit von Präventivmedizin und Naturheilverfahren im Rahmen einer sich verändernden westlichen Lebensphilosophie und -kultur mehr und mehr bewußt. Im gleichen Maße erschienen diesbezüglich in wachsender Zahl Bücher zu Übungen aus dem Bereich des *qigong* und des *taiji quan*. Solche von Asienkennern wie John BLOFELD 1981 oder erfahrenen Praktikern wie Josephine ZÖLLER 1984 verfaßten Werke oder Übersetzungen aus dem Chinesischen (unabhängig von der Qualität der chinesischen Quelle), wie die von Gisela HILDENBRAND und Stephan STEIN herausgegebenen Bücher *JIAO Guorui*'s, sind leider die Ausnahme. Diese Autoren, Übersetzer und Herausgeber haben sich auch in der praktischen Unterrichtung sehr um die Verbreitung des *qigong* in Deutschland und dessen seriöse Anerkennung verdient gemacht. Die meisten Schriften jedoch sind populärwissenschaftlich und dabei von einem unzureichenden Niveau mit Fehlern und somit Gefahren für den Leser verbunden. Diesem wird oft genug vorgetäuscht, er könne mit Hilfe dieses von ihm zu kaufenden Buches selbstständig ohne weitere Anleitung oder therapeutische Kontrolle seine körperlichen, seelischen und spirituellen Probleme in den Griff bekommen.

Auch in China hat sich, wie zu zeigen sein wird, innerhalb der *qigong*-Bewegung ein unerhörter Aufschwung ergeben, der sein Echo in einer ebensolchen Literaturflut erst in China und dann auch in westlichen Sprachen findet. Von der Praxis her gesehen, gibt es viele neue Stilentwicklungen sowie selbsternannte Lehrmeister in China. In Deutschland finden sich – zeitlich versetzt – zunehmend Kursangebote zu solchen Übungen in der esoterischen Szene, in Volkshochschulen, von Krankenkassen, in Sportvereinen und anderen Institutionen. Zu oft geschieht dies unter Beteiligung von Chinesen oder Deutschen mit zweifelhafter oder keiner Ausbildung.

Neben dem eben erwähnten gesundheitsphilosophischen Bereich gibt es auch eine Rezeption der TCM im Bereich der Gesundheitspolitik und die Bearbeitung von einzelnen Problemfeldern, wie dem Arzt/Heiler-Patienten Verhältnis, Krankheitsauffassung usw.

20. *Tang*-Dynastie (618-907)
21. KUBNY, 1995

UNSCHULD[22,23] und KLEINMAN[24] arbeiteten hierzu hauptsächlich über Taiwan, was hier nicht behandelt wird, und gingen dabei auch nicht auf das Thema *qigong* ein. CROIZIER[25,26] war einer der ersten, der sich mit dem Thema der Ideologie der Wiederbelebung der TCM in der Volksrepublik, hauptsächlich bis 1968, beschäftigte. Darauf wird später noch eingegangen. FILLMANN[27] schrieb 1979 eine Arbeit zur Organisation der medizinischen Versorgung in der Volksrepublik. Beide behandelten bei der TCM den Punkt *qigong* nicht. R. & V. SIDEL[28] kamen hauptsächlich im Rahmen der Barfußärzte und der Kulturrevolution auf die TCM zu sprechen. Bezüglich *qigong* schrieben sie nur einen Satz. Dieser bezieht sich auf das Jahr 1980. HILLIER und JEWELL[29] berücksichtigten in ihrem Werk, welches den Zeitraum von 1800 bis 1982 thematisiert, *qigong* und *taiji quan* nur mit ein paar Allgemeinplätzen auf einer halben Seite, obwohl sie im Kapitel „Präventivmedizin" ausführlicher auf Akupunktur und Kräutermedizin eingingen. Sie behandelten jedoch die TCM auch in ihren Bezügen zur Gesundheitspolitik und daher konnte öfters auf ihre Ergebnisse zurückgegriffen werden.

1.3 Ziel und Abgrenzung dieser Arbeit

Die vorliegende Arbeit soll Aufschluß über die Entwicklung dieses therapeutischen Zweiges des kulturellen Erbes der Traditionellen Chinesischen Medizin (TCM) geben, der in dem zu beurteilenden Zeitraum von 1949 bis 1989 mit einem Ausblick bis zur Gegenwart in der Volksrepublik China unter dem Ausdruck „*qigong*" zunehmend mehr Bedeutung erlangte. Dabei war unter den mir bekannten sinologischen Quellen in westlichen Sprachen nur eine sehr begrenzte Vorarbeit in den Werken von PÁLOS, LANDMANN und DESPEUX gegeben. Da die *qigong*-Übungen, die ihre Wurzeln in der chinesischen Kulturgeschichte haben, in China in den letzten Jahren einerseits eine starke quantitative Ausbreitung erfuhren und sich andererseits teilweise auch qualitativ veränderten und sich außerdem jetzt zunehmend in verschiedener Form im Westen verbreiten, ist der Zeitpunkt gegeben, in einer Untersuchung die chinesische Betrachtungsweise des *qigong* und den jetzigen Entwicklungsstandpunkt dazu in der Volksrepublik China darzustellen.

In diesem Zusammenhang ist eine Bestimmung der Beziehung zur übrigen medizinischen Kulturtradition nötig. Auch ihre Stellung zur westlichen Medizin wird umrissen werden. Die Verbindung zur Gesellschaftspolitik und ihren Veränderungen bzw. Beeinflussungen wird ebenso überprüft wie die Entwicklungsgeschichte von den wichtigsten Übungsstilen und die zahlenmäßige sowie geographische Verbreitung von *qigong* in diesem Zeitraum. Auch in wieweit die qualitative Veränderung des *qigong* sich im Verhältnis zu seinen Ursprüngen gestaltet hat, wird in Ansätzen erfasst. Eine Differenzierung

22. UNSCHULD, P.U., 1973 a.
23. UNSCHULD; P.U., in: LESLIE, Charles (Ed.), 1977.
24. KLEINMAN, Arthur, 1982.
25. CROIZIER, Ralph, 1968.
26. CROIZIER, Ralph, in: LESLIE, 1977.
27. FILLMANN, Claudia, 1979.
28. SIDEL, Ruth & Victor, 1983.
29. HILLIER, S.M. & J.A. JEWELL, 1983.

des Begriffes *qigong* mit einer Einteilung in die verschiedenen Untergruppen wird dafür die Voraussetzung bilden.

Für eine weitergehende und tiefere Analyse der qualitativen Veränderung des heutigen *qigong* gegenüber den früheren Stilen, wäre hingegen ein konkreter und vollständiger, theoretischer und praktischer Übungsvergleich eines alten und eines entsprechenden neuen Stils notwendig. Das wäre jedoch ein völlig anderer Ansatz und würde den Rahmen dieser Arbeit sprengen.

1.4 Voraussetzungen und Methodik

Nach abgeschlossenem Medizinstudium und langjährigem Sinologiestudium sowie theoretischer und kulturhistorischer Einarbeitung in die TCM trat ich von 1985-1987 ein zweijähriges DAAD-Stipendium zum Studium der TCM in der VR China an. Dadurch war zum einen der Aufbau einer entsprechenden Bibliothek möglich, die hier zum Thema ausgewertet wurde. Zum anderen konnte die Praxis dieser *qigong*-Übungen vorwiegend in Peking und Nanking, jedoch auch an anderen Orten, aktiv und passiv studiert werden. Offiziell im zweiten Jahr in Nanking am Institut für TCM *Nanjing Zhongyi Xueyuan* zum Studium der Akupunktur zugelassen, wurde ich wenigstens für das erste halbe Jahr dort genauso offiziell zum *qigong*-Studium in einer chinesischen Klasse akzeptiert, bevor die Institutsleitung merkte, daß Ausländer in China dafür nicht zugelassen werden durften. Zusätzlich hatte ich beide Jahre durchgehend außerhalb des offiziellen Instituts sehr gute Lehrer, von denen einige auch sehr bekannt waren. Weitere verwandte Erfahrungen wurden mit dem „Vereinfachten *taiji quan*" nach dem *Yang*-Stil (auch Peking-Stil genannt) gesammelt sowie intensiv mit dem *Wu*-Stil *taiji quan* und in geringerem Umfang mit *tuina*-Massage in einer Abendschule in Nanking.

1988 und 1989 konnten bei weiteren jeweils einmonatigen Aufenthalten in China erneut Literatur sowie Informationen gesammelt werden. Eine zusätzliche Quelle waren die Vorträge und Gespräche, die sich mit Prof. *ZHANG Tiange* und seinem Oberarzt *ZHAO Lianting* vom *Qigong*-Rehabilitationszentrum in *Beidaihe* anläßlich ihres Deutschlandbesuches zum XIV. Sozialpsychiatrischen Weltkongreß im Juni 1994 ergaben.

Die Sachgliederung wurde unterteilt in einen entwicklungsgeschichtlichen Teil mit den Bezügen zur TCM und der Kulturpolitik sowie in einen inhaltlichen Teil, in dem die verschiedenen Stilelemente und die Zuordnung zu den unterschiedlichen Stilen erklärt wurden, um durch die Darstellung dieser beiden sich ergänzenden Aspekte die moderne chinesische Sichtweise und die Veränderungen in den letzten Jahren deutlich werden zu lassen. Aus diesen Gründen wurden auch einige chinesische Meinungen wörtlich zitiert, entweder in ihrer offiziellen Übersetzung ins Englische oder meist in meiner Übersetzung vom Chinesischen ins Deutsche, um sowenig wie möglich Verzerrungen zu erhalten, wie sie bei reinen Interpretationen eher entstehen können.

Bei der Auswahl der aus dem Chinesischen übersetzten verschiedenen Texte sollen sowohl die äußere Form des *qigong* als auch Inhaltliches zur Darstellung kommen. Daher fiel bezüglich der beiden Haupttexte die Wahl einerseits auf interne Sitzungsprotokolle (263) zur Gründung der „Forschungsgesellschaft der Chinesischen *qigong*-Wissenschaften“ 1985, die ein internes Meinungsbild der Führungskreise und der staatlichen und kulturpolitisch vorherrschenden Idee widerspiegeln sowie die Verflechtungen zu Persönlichkeiten aus dem allgemeinen politischen Leben namentlich aufzeigen lassen (s. Kap. 5.3.2). Andererseits zeigt die Darstellung der Kapiteleinleitungen zum Buch „100 chinesische *qigong*-Stile“ (25) die allgemein gängigen Vorstellungen zu den Theorien der verschiedenen *qigong*-Untergruppen (s. Kap. 6.1-6.6). Dabei gibt es natürlich zu den einzelnen Unterthemen noch wesentlich fundiertere Schriften von auch aktiv Übenden, weswegen im Kap. 6.7 wenigstens ein paar Ergänzungen hierzu angefügt werden mußten.

Die Ergebnisse von eigenen Interviews in *Beidaihe*, *Chengdu*, *Guangzhou*, Nanking, Peking, *Shanghai* und *Wuhan* mit Lehrenden, Lernenden und Therapeuten flossen in diese Arbeit teils direkt (s. die Interviews in 7.2), teils indirekt ein. Dabei wurden auch die Erfahrungen der täglichen Praxis in chinesischen Parkanlagen am Beispiel des *Tiantan*-Parks in Peking skizziert.

Die chinesische Bibliographie zum *qigong* (Kap. 9.3) kam in den Jahren 1985 bis 1989 ausschließlich durch den eigenen Kauf und die Sammlung von Büchern in ganz China – wegen der unterschiedlichen Belieferung durch die lokalen Verlage und raschem Ausverkauf immer wieder in Verbindung mit Rundreisen – zustande, da die hier zugrundeliegende inhaltliche Auswertung und Einordnung in den Gesamtkontext erst in Deutschland erfolgen konnte und mir andererseits keine größere Bibliographie bekannt wurde. Sie endet 1989, da sie bis dahin auf größtmögliche Vollständigkeit zusammengestellt wurde und alle Werke vorliegen. Entgegen internationaler Gepflogenheit steht hier gemäß der Wichtigkeit in China direkt hinter dem Autor der Verlag mit dem Erscheinungsjahr noch vor dem Titel und dessen Übersetzung. In Nanking hatte ich Zugang zu der Bibliothek des TCM-Instituts mit relativ wenigen *qigong*-Werken und die Möglichkeit zur Ergänzung meiner Sammlung durch die Kopien einiger älterer Arbeiten. Literaturverzeichnisse von chinesischen *qigong*-Büchern sind in der Regel sehr kurz und ungenau und daher fast unbrauchbar. Dies ändert sich erst langsam in den allerletzten Jahren.

Die allgemeine Bibliographie (Kap. 9.2) beinhaltet neben westlicher Literatur zur Thematik und allgemeinen chinesischen Werken auch einige neuere Arbeiten und Artikel zum *qigong*. Diese lagen mir aber nicht immer in Gänze vor, so wie z.B. auch bei dem Buch von *MA Jiren* mir nur eine Kopie der Bibliographie vorlag. Da sie eine der ersten größeren darstellt, wurde sie hier im Vergleich mit ausgewertet (s. Kap. 7.4).

2. Darstellung der traditionellen chinesischen Medizin (TCM) und ihr Bezug zum qigong

In diesem Rahmen[30] soll nur auf die im traditionellen kulturellen Kontext überlieferten Verfahren eingegangen werden. Aus den letzten Jahrzehnten stammende Weiterentwicklungen oder Seitenzweige der traditionellen chinesischen Medizin wie die

- Elektroakupunktur, bei der an Stelle der mechanisch drehenden Reizung eine elektrische Stimulation erfolgt (Anfangsversuche in China seit 1954)
- Laserakupunktur als Analogon zur Elektroakupunktur (in Anwendung seit ca. 1979 in China und 1975 in Europa)
- Pharmaakupunktur (oder Akuinjektion), bei der ein zur Heilung des betreffenden Leidens empirisch und pharmakologisch geeigneter Wirkstoff an den spezifischen Akupunkturpunkten injiziert wird (in China seit 1972 in Erforschung)
- Elektroakupunktur-Anaesthesie/Analgesie/Hypalgesie (in China aus der mechanischen Akupunktur-Anaesthesie ab 1958 entwickelt)
- Aurikulotherapie (1950 von Paul OGIER wiederentdeckt und u.a. mittels Anlehnung an die traditionelle chinesische Medizin ausgebaut und seit den ersten offiziellen Darstellungen auf den Akupunkturkongressen in Marseille und Wiesbaden 1956 auch in China als Ohrakupunktur akzeptiert. Außerdem existieren Interpretationen, die einen originär chinesischen Ursprung angeben)
- Schädelakupunktur (auch Zerebralakupunktur, in China 1972 vorgestellt) wurden nicht weiter einbezogen.
- Zum traditionellen Umfeld, auf das nicht näher eingegangen wird, gehören die weitere energetische Einbeziehung von Raum und Zeit, wie in *fengshui*, der Geomantie. Divinationen, wie das auch für medizinische Zwecke benutzte *Yi jing*, Talismane und andere teils medizinische Beschwörungsformen, werden in diesem Kapitel ebensowenig bearbeitet.

2.1 Medizintheorie mit Diagnostik

Die Medizintheorie[31] läßt die philosophische, religiöse und geisteswissenschaftliche Gedankenwelt in bezug auf ihre spezifische kulturhistorische Ausprägung einfließen. Dies ist in China ebenso selbstverständlich der Fall, wie dies auch bei uns in Mitteleuropa jederzeit eine Rolle spielte und spielen wird, ob man es wahrhaben will oder nicht. Die Medizintheorie beinhaltet Darstellungen in bezug auf Körperbeschreibung, Funktionsweise, diagnostische und therapeutische Grundvorstellungen, Krankheitsursachen und Auswirkungen sowie zu berücksichtigende Zeitrhythmen.

Wichtig ist zu sehen, daß die TCM zwar kein geschlossenes System bildet, wie vielfach immer noch behauptet wird und wie es die reine Theorie nahezulegen scheint. Aber

30. Zur weiteren Darstellung s. auch HEISE, Th., 1996
31. Zu verschiedenen historischen Epochen gewichteten die jeweiligen Medizinschulen die Bedeutung einzelner medizintheoretischer und therapeutischer Inhalte unterschiedlich.

trotzdem ist eine systemische Betrachtungsweise nicht nur unter Einbeziehung, sondern mit einer gekoppelten soziokulturellen Betrachtung dieser traditionellen Medizinkultur nötig. Darum ist zur Beurteilung des Phänomens „*qigong*“ zum einen eine Darstellung der traditionell medizinischen Inhalte unumgänglich, in denen das *qigong* seinen Platz hat und aus deren medizinphilosophischen Kontext es beurteilt werden muß. Zum anderen ist zum Verständnis der gegenwärtigen Entwicklungsepoche des *qigong* ein Blick zu dem kulturhistorischen „woher“ notwendig. – In unserem Fall wird das vor allem die Diskussion der Anfangszeit des *qigong* sein, die in China gerade erst begonnen hat.

Die folgende Darstellung der grundlegenden traditionellen chinesischen Medizintheorie, *zhongyi jizhu lilun*, orientiert sich daran, wie dieses Fach in der Gegenwart in den Instituten für TCM, die ab Ende der 50er Jahre gegründet und in den 90er Jahren zu Universitäten für TCM umbenannt wurden, gelehrt wird. Dies findet sich so auch in zahlreichen chinesischen Lehrbuchreihen wieder.[32] Übersetzungen in westliche Sprachen sind häufig von Interpretationen begleitet. Im deutschen Sprachraum hat Manfred PORKERT vom sinologischen Universitätsinstitut in München seine Forschungsarbeiten zur chinesischen Medizintheorie, Geschichte und Kräuterheilkunde dadurch markant gekennzeichnet, daß er eine eigene lateinische Nomenklatur zur Übersetzung der chinesischen Fachausdrücke schuf. Seine Interpretationen betreffen zwar Grundlagen wie das *qi* als „konstellierte Energie; (untergeordnete) energetische Konstellation“, *jing* als „freie Energie, disponible Energie“ und *shen* als „konstellierende Kraft; (übergeordnete) energetische Konstellation“[33], die nach den Regeln der Fünf Elementhaften Wandlungsphasen, *wuxing*, („quinque transvectus“) in den zugeordneten Organsystemen („orbes horreales und orbes aulici“) wirken. Er geht jedoch nicht auf *qigong* oder dessen Situation in China ein[34]. Daher wird bezüglich einer Auseinandersetzung mit PORKERTs Arbeiten oder mit anderen Kommentaren und Übersetzungen auf das gerade erschienene Werk von KUBNY [35] verwiesen.

Eine der wichtigsten Voraussetzungen ist die Erkenntnis, daß in der TCM die funktionelle Betrachtungsweise in einem feinenergetisch wahrgenommenen Kontext an erster Stelle steht, zusammen mit einem Einbeziehen aller verbundener Systeme. Dies sind Erleben und Sprache von Arzt/Heiler und Patient in der TCM im Unterschied zu einer mechanisch-technischen, analytischen Betrachtungsweise in der westlichen Medizin.

Gemäß der TCM sind die Grundsubstanzen im Menschen *qi* und *xue*, *jing* und *shen* sowie *jinye*. Die im gesamten Universum vorhandene, jedoch unterschiedlich konzentrierte

32. Das *Chengdu* College of Traditional Chinese Medicine, *Chengdu zhongyi xueyuan*, und das *Shanghai* College of Traditional Chinese Medicine, *Shanghai zhongyi xueyuan*, geben in ihren Informationsheften ihre Gründungsjahre mit 1956 an (s. auch Kap. 3). Zwei bekannte Lehrbuchverlage sind der Shanghai Verlag für Wissenschaft und Technik, *Shanghai kexue jishu chubanshe*, mit der Buchreihe *gaodeng yiyao yuanxiao*, Lehrmaterial zur Medizin für Hochschulen und Universitäten, sowie der Volksgesundheitsverlag in Peking, *renmin weisheng chubanshe*. Oft geben die einzelnen Institute auch eigenes Lehrmaterial heraus, so wie in Nanking (*WANG Xinhua* in Zusammenarbeit mit dem Seminar für Grundlagentheorie der TCM, *zhongyi jichu lilun jiaoyanshi*: *Zhongyi jichu lilun*, Grundlagentheorie der TCM. *Nanjing*, 1986). Im folgenden wird sich inhaltlich auf letzteres bezogen.

33. KUBNY, Manfred, 1995, S. 23

34. PORKERT, Manfred, 1982.

35. KUBNY, 1995, S. 22-28

und geartete sogenannte feinstoffliche Energie *qi* setzt sich beim Menschen als *zhenqi*, das wahre *qi*, (bei Gesundheit auch „richtiges *qi*", *zhengqi* genannt) aus den vorgeburtlichen (*xiantian zhi qi*) Bestandteilen (*yuanqi*, i.e. „Ur-*qi*") mit chromosomaler Vererbung und Entwicklung während der Embryonal- und Fetalzeit sowie aus den nachgeburtlichen (*houtian zhi qi*) Anteilen, mit der Nahrung (*jingqi*) und der Luft (*qingqi*) als Quelle (*shuigu zhi qi*), zusammen. Daraus bilden sich wiederum für jedes Organsystem spezielle Formen heraus (*xinqi* des Herzsystems, *feiqi* des Lungensystems, …) oder auch andere Arten mit spezifischen Funktionen, wie einer aufbauenden beim *yingqi* oder einer abwehrenden beim *weiqi* gegen schädliche Einflüße, wie z.B. dem von außen kommenden *xieqi*, dem krankheitsverursachenden *qi*, welches aus der natürlichen Umwelt oder von anderen Personen stammt.

Xue (Blut) steht im TCM-Sinn in enger wechselseitiger Beziehung zu *qi* wie auch zu den Organsystemen. *Jing*, oft mit Essenz oder sexuellen Flüssigkeiten übersetzt, ist der mehr stoffliche Aspekt gegenüber *qi*, z.B. bei der Verschmelzung des elterlichen *jing* bei der Empfängnis, und ist nach der Geburt eine Grundlage für die Entwicklung der Konstitution einer Person aus geläuterten Nahrungsbestandteilen. *Shen* stellt den Geist dar, die jeweilige Vitalität, die einem Menschen aus den Augen scheint. *Jinye* (Säfte) sind alle weiteren flüssigen Substanzen wie Schweiß, Speichel, Verdauungssäfte und Urin. Ebenso gehören schleimige Substanzen wie die Gelenkschmiere dazu.

Diese Grundsubstanzen wirken in den *wuzang*, den fünf *yin*-Organen *xin* (Herz), *fei* (Lunge), *pi* (Milz), *gan* (Leber) und *shen* (Nieren), wozu als sechstes oft *xinbao* (Herzbeutel) hinzu gezählt wird. Auch wirken sie in den *liufu*, den sechs *yang*-Organen mit *dan* (Gallenblase), *wei* (Magen), *xiaochang* (Dünndarm), *dachang* (Dickdarm), *pangguang* (Harnblase) und *sanjiao* (Dreifacher Erwärmer).

Yin und *yang* sind die beiden polaren und doch harmonisch ineinandergreifenden Zustandskräfte, in denen sich die universelle Energie offenbart. Der Altmeister der deutschen Sinologie Richard WILHELM bezeichnete sie als bloße Zustände. Die chinesische Philosophie kenne eigentlich überhaupt den Begriff der (körperlichen) Substanz nicht, sondern nur Energiezustände, die als Körper in Erscheinung treten können.[36] Das Bemühen um die Gesundheit wird als ein Bestreben um eine immer wieder neue Einstellung eines ausgewogenen Gleichgewichts dieser Kräfte gesehen. Jedes dieser beiden Prinzipien kann an einem Punkt des Systems zu stark oder zu schwach werden, so daß wir zu verschiedenen pathologischen Erscheinungen kommen, zumal wenn man bedenkt, daß jedes *yin* in kleinerem oder größerem Maße auch das *yang* beinhaltet und umgekehrt. Daraus wird die Wichtigkeit des Harmonieprinzips in der TCM mit seiner philosophischen Grundlage ersichtlich.

Die Funktion der *zang*-Organe mit *yin*-Charakter besteht im Produzieren, Umwandeln, Regulieren und Speichern der Grundsubstanzen. Die Funktion der aufarbeitenden *fu*-Organe mit ihrem *yang*-Charakter besteht darin, den Teil der Nahrung, der in die

36. WILHELM, Richard: Der Mensch und das Sein. Jena, 1931. S. 312. Zit. n. ERKES, Eduard: Die Dialektik als Grundlage der chinesischen Weltanschauung. In: Sinologica, Basel, 1949, 11.1, S. 31-43.

Grundsubstanzen umgewandelt werden soll, zu empfangen, aufzuspalten und zu absorbieren sowie die unbrauchbaren Anteile zu transportieren und auszuscheiden. Dabei bezieht sich die dem Zeichen „Herzbeutel“ zugeteilte Aufgabe auf den Funktionskreis des peripheren Blutkreislaufes und der „Dreifache Erwärmer“ regelt das Zusammenwirken von Atmung, Verdauung und urogenitalem System, somit auf diesem Wege die thermischen Eigenschaften. Die energetische Verknüpfung der Funktionssysteme bildet eine Kette, wobei jeder Meridian mit seinen Akupunkturpunkten an den nächsten anschließt:

-->> Lunge > Dickdarm > Magen > Milz > Herz > Dünndarm >--

>Harnbl.> Nieren > Herzbeutel > Dreif. Erw.> Gallenbl.> Leber >>

Dieses System verbindet sich mit einer Biorhythmik dergestalt, daß entsprechend der traditionellen Zeiteinteilung im Zweistundenrhythmus ab 23 Uhr die Maximalfunktionszeiten der Organsysteme – beginnend mit der Gallenblase – analog zugeordnet werden. Entsprechend kommt von 1 Uhr bis 3 Uhr die Leber, dann folgen die Lunge, der Dickdarm usw. Das sind Zeiten, zu denen diese Funktionssysteme noch besser therapiert werden können. Verbunden wird diese Biorhythmik zur genaueren Präzisierung mit der *ziwu liuzhu*-Theorie[37], in der westlichen Akupunktur oft als „Mitternacht-Mittag“-Regel bezeichnet. Ihr zugrunde liegt der Versuch, Rhythmus und Periodizität des menschlichen Körpers als Teil der Natur mit ihren zeitbedingten Veränderungen zu erkennen und damit verbundenen, pathogenen Veränderungen durch die Umwelt mit entsprechenden Maßnahmen zu begegnen.

Die Interaktionen dieser Organfunktionskreise in bezug auf ihr *qi* werden nach der Lehre von den *wuxing*, fünf „elementaren“, also gemäß meiner Interpretation „elementhaften“ oder „elementverbundenen“ Wandlungsphasen im feinenergetischen Sinn geregelt. Man unterscheidet zwei physiologische Beziehungen und zwei pathologische.

Xiangshengxu, die Hervorbringungsreihe (auch Mutter-Sohn-Beziehung genannt), fördert oder hilft, d.h. die Wandlungsphase >*mu* - Holz> erzeugt die des >*huo* - Feuers>, dieses erzeugt >*tu* - Erde>, dies wiederum >*jin* - Metall>, dies bringt >*shui* - Wasser> hervor und dieses schließlich wieder >Holz>. *Xiangkexu*, die Bezwingungsreihenfolge, übt dazu mit ihren hemmenden oder zerstörenden Beziehungen die Kontrolle aus. d.h. die Wandlungsphase >Holz> bändigt die der >Erde>, diese die des >Wassers>, diese bändigt die des >Feuers>, dies das >Metall> und das wiederum das >Holz>.

Im pathologischen Fall entsteht bei zu großer Stärke des einen oder zu großer Schwäche des anderen Partners *xiangchengxu* eine exzessive Kontrolle in dieser Reihe, so daß <Holz< nicht durch <Metall< zurückgehalten wird und <Erde< schädigt usw. Ein anderer pathologischer Fall ist *xiangwuxu*, die Überwältigungsreihenfolge, wenn vom eigentlich zu bändigendem <Holz< das <Metall< überwältigt wird und das <Feuer< von diesem usw.

---

37. PÁLOS, Stephan: Die „Zi-wu Liu-zhu“-Theorie. In: Akupunktur, Theorie und Praxis, Uelzen, 1984, 12.2, S. 56-78.

Zusammenhänge der fünf Wandlungsphasen (Wu Xing 五行)

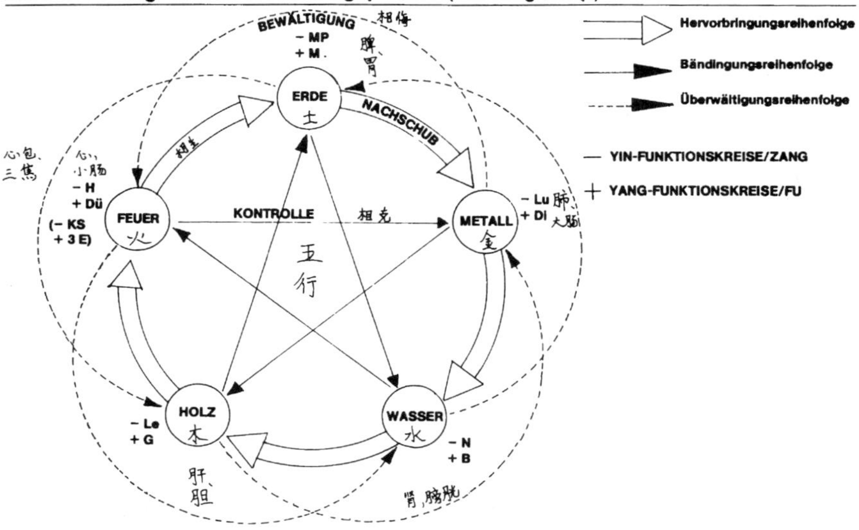

Abbildung 4: Die Fünf Elementhaften Wandlungsphasen wuxing (Abb. modifiziert n. PÁLOS, Consilium cedip acupuncturae, S. 386).

Die Beziehungen zum Menschen als Mikrokosmos gemäß den Entsprechungsreihen der „Fünf Elementhaften Wandlungsphasen“ (*wuxing*), die sich nach den aufgeführten Prinzipien gegenseitig beeinflussen (1. die Naturelemente, 2. *zang*-Organe (*yin*) mit Speicherfunktion, 3. *fu*-Organe (*yang*) mit verarbeitender Funktion, 4. strukturgebende Elemente, 5. Sinnesorgane, 6. Emotionen):

Holz	Leber	Galle	Sehnen	Augen	Zorn
Feuer	Herz	Dünndarm	Gefäße	Zunge	Freude/Schreck
Erde	Milz	Magen	Muskeln	Mund	ängstl. Grübeln
Metall	Lunge	Dickdarm	Haut+Körp.haar	Nase	Sorge/Depression
Wasser	Nieren	Harnblase	Knochen+Mark	Ohren	Furcht

Eine weitere traditionelle Entsprechungsreihe, die in der VR China aber erst Ende der 80er Jahre wieder problemloser genannt werden konnte, ist, beginnend mit der Entsprechung zu Holz, von oben nach unten: *hun* - die Hauchseele, *shen* - Geist, *zhi* - der Wille, *po* - die Körperseele, und *jing* - die Essenz bzw. *si* - das Denken. Diese psychophysiologischen Zustandsformen[38] spielen in vielen alten *qigong*-Formen eine wichtige Rolle.

38. s. Heise, 1996, Kap. 1.3.5. S. 55-66

Sich entsprechende Beziehungen zum Makrokosmos:

Holz	Geburt	vor Sonnenaufg.	Frühling	Wind	sauer
Feuer	Wachstum	Vormittag	Sommer	Hitze	bitter
Erde	Wechsel/Pub.tät	Nachmittag	Spätsommer	Feuchtigk.	süß
Metall	Reifung	Spätnachmittag	Herbst	Trockenh.	scharf
Wasser	Speicherung	vor Mitternacht	Winter	Kälte	salzig

Zusätzlich zu den obengenannten gibt es noch die *qihengzhifu*, die außergewöhnlichen Organe: Gehirn, Mark, Knochen, Blutbahnen, Gallenblase (in Sonderfunktion) und die Gebärmutter. Außer den 12 Hauptmeridianen sind noch die *qijing bamai*, die acht außergewöhnlichen Meridiane, bekannt. Dazu zählen *dumai*, das sogen. Lenkergefäß und *renmai*, das sogen. Diener- oder Konzeptionsgefäß, sowie *chongmai*, *daimai*, *yinweimai* und *yangweimai*, *yinqiaomai* und *yangqiaomai*.

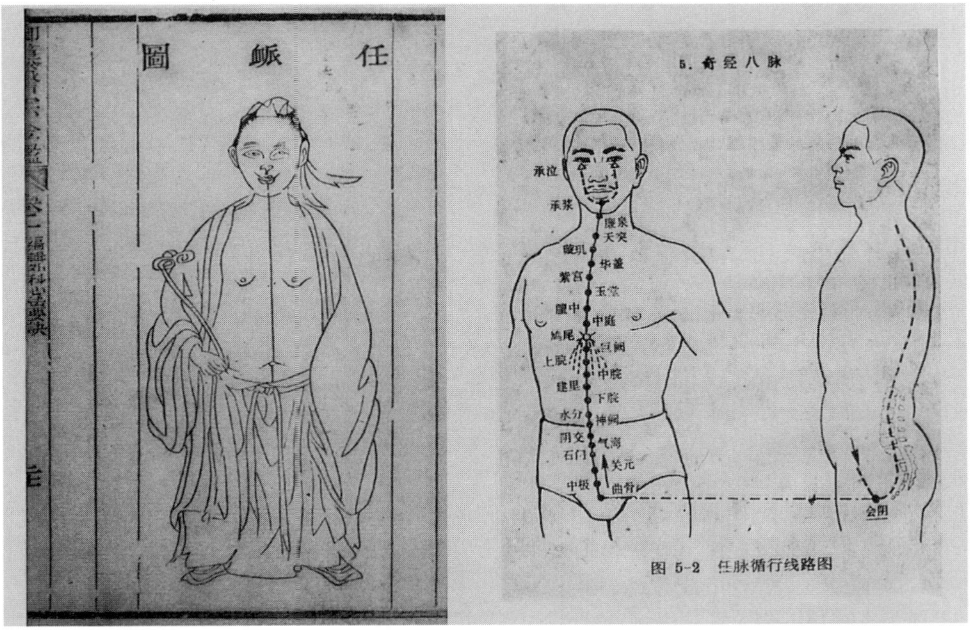

Abbildung 5: renmai, conception vessel (WHO), Konzeptionsgefäß, aus dem Yi Zong Jin Jian, Goldenen Spiegel der Medizin, 1742, Hpthrsg. Wu Yian. Daneben moderne Darstellung aus Qiu Maoliang u.a., 1985.

Des weiteren gibt es die Nebenmeridiane, die an Knie oder Ellenbogen beginnen und den Rumpf berührend sich dann einem anderen Meridian anschließen.

Die *jingjin*, die zwölf tendinösen Meridiane, deren Körperpunkte auf den zwölf Hauptmeridianen erfasst sind, beeinflussen hauptsächlich die Haut- und Muskelfunktionen.

Somit werden durch dieses *jingluo*-, Meridian- oder Leitbahnsystem, bestehend aus *jing*, den eigentlichen Meridianen, sowie den *luo*, kleinen netzartig querverbindenden

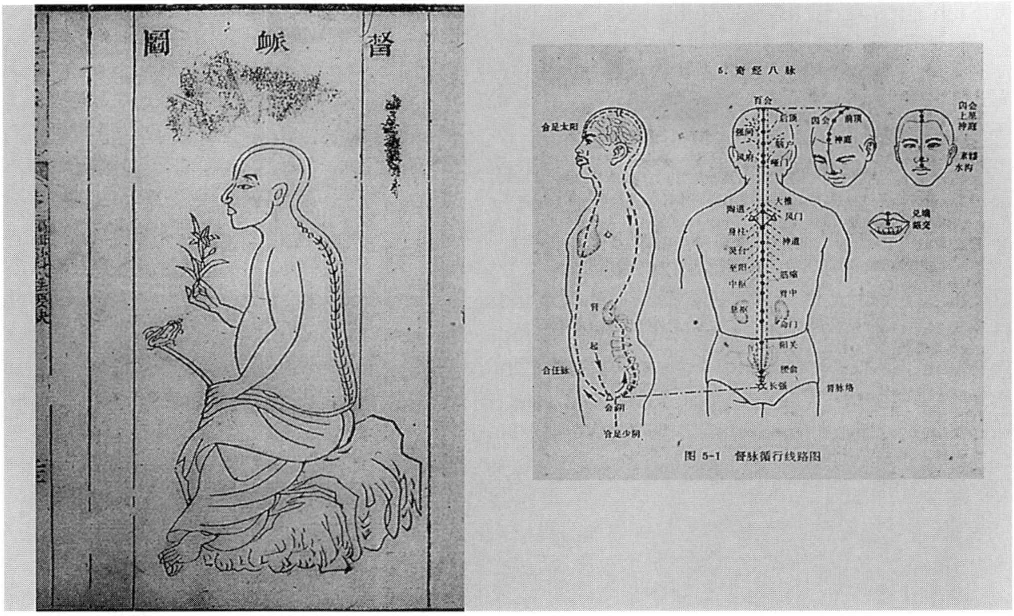

Abbildung 6: dumai, governor vessel (WHO), Lenkergefäß, s.o.

Nebenleitbahnen, im Körper die Organsysteme miteinander, oben mit unten und innen mit außen, verbunden.

Das normalerweise in diesen Meridianen und den angeschlossenen *zangfu*-Organsystemen im Gleichgewicht befindliche System der Grundsubstanzen kann durch zu starke einseitige Einwirkungen gestört werden. Dies kann geschehen durch *liuxie*, die sechs widrigen äußeren Ursachen:

feng - Wind, *han* - Kälte, *huo* - feurige Hitze, *shi* - Feuchtigkeit, *shu* - Sommerhitze und *zao* - Trockenheit.

Die inneren Ursachen sind *qiqing*, die sieben emotionellen Zustände:

xi - Freude, *nu* - Zorn, *you* - Sorge, *si* - Grübeln, *bei* - Kummer, *kong* - Angst und *jing* - Schrecken.

Außerdem gibt es die *buneiwaiyin*, Störungen, die weder innere noch äußere Gründe haben. Dies kann geschehen durch diätetisches Fehlverhalten, exzessives Sexualleben, Überanstrengung, Verletzungen, Parasiten, Vergiftungen und Erbfaktoren.

Zur weiteren Diagnose sind die *sizhen*, die vier Untersuchungsmethoden, wichtig:

Inspektion	- Abhorchen und Riechen	- Befragung	- Palpation

Wang, das Beobachten mit dem Auge, beschäftigt sich mit dem Zustand des *shen*, was sich auch in der Vitalität und dem Verhalten ausdrückt, der Konstitution und physischen

Erscheinung. Dazu gehört die Haut- und Gesichtsfarbe, die Beschaffenheit der Zunge in Farbe, Form, Bewegung und Belag mit Zuordnung von bestimmten Zungenbezirken zu Organsystemen, die körperlichen Ausscheidungen und die Absonderungen.

Wén, das Hören und Riechen, bezieht sich auf die Atmung und den Atem, den Körper- und den Exkrementgeruch.

Wèn, die Befragung, erkundet Vorlieben für Kälte oder Hitze, Transpiration tags oder nachts, außerdem Quantität und Qualität von Appetit, Stuhl und Urin, Schmerzen bzgl. ihres Auftretens und Verhaltens, gynäkologische Probleme, allgemeine Krankheits- und Lebensgeschichte.

Qie, das Fühlen oder Betasten, bezieht sich auf Reizpunkte des Körpers und das Pulsfühlen. Bei letzterem wird heute meist an der Arteria radialis an den drei Punkten der aufgelegten Finger II-IV hinter dem Handgelenk auf drei Ebenen palpiert. Dies geschieht mit oberflächlichem, mittlerem und starkem Druck an beiden Armen, stellt den Bezug zu den jeweiligen Organen dar und wird so in die Diagnose mit einbezogen. Während früher oft bis zu 28 Pulsqualitäten unterschieden wurden, beschränkt man sich heute meist auf 12, die sich in der Praxis weiter reduzieren. Die sechs Leitprinzipien sind hierbei: oberflächlich - tief, langsam - schnell, leer - voll. Die jeweiligen Pulsqualitäten geben ebenso wie die anderen diagnostischen Kriterien einen Anhalt für die im Vordergrund stehende Erkrankungsursache des diesbezüglichen Organ- u./o. energetischen Funktionszustandes.

Die geläufigsten heute getasteten Organsysteme sind in der Fingerfolge II-IV von distal nach proximal:

linke art. radialis:	Herz - Leber - Niere
rechte art. radialis:	Lunge - Milz/Magen - Niere

Aus dem bisher Genannten abgeleitet, kommt man nun zum *bianzheng*, dem Unterscheiden der traditionellen chinesischen Krankheitssyndrome im Sinne von Symptommustern. Diese Symptommuster werden nach gewissen Regeln erstellt, die nacheinander abgefragt werden.

Gemäß den *bagang*, den acht Grundsätzen, wird festgestellt, ob die Erkrankung *biaozheng*, äußere, oder *lizheng*, innere Symptome, hat und vom Wesen *han*, kalt, ist oder *re*, heiß, – ob sie *xu*, Leere, oder *shi*, Fülle, zeigt. Daraus kann schließlich geurteilt werden, ob somit aus dem alles beinhaltenden *taiji*, dem Äußersten, eher eine *yin*- oder eine *yang*-Erkrankung vorliegt.

Danach kommt man zur Syndromtheorie von *qi*, *xue*, Blut, und *jinye*, Körpersäften, um deren Zustandsmuster zu bestimmen.

Zur weiteren Spezifizierung werden die bisher über die *sizhen*, die vier diagnostischen Methoden, die Ergebnisse des *bingyin bianzheng*, des Abfragens nach äußeren und inneren Krankheitsursachen, und nach den *bagang bianzheng* sowie den *qi xue jinye bianzheng* gewonnenen Erkenntnisse auf die wichtige Syndromtheorie der *zang*- und *fu*-Organe, *zangfu bianzheng*, angewandt, um festzustellen, für welches Organsystem die pathologischen Veränderungen typisch sind und wie das pathologisch veränderte Verhältnis derselben untereinander ist.

Liujing bianzheng, die Syndromtheorie der sechs Meridiane oder der sechs Stadien, hilft besonders bei der Krankheitsursache „exogene Kälte" zur Differenzierung weiter. Man unterscheidet bezüglich der Lokalisierung der Erkrankung die drei paarig angelegten *yang*-Meridiane *taiyang*, *yangming* und *shaoyang* von den drei paarigen *yin*-Meridianen *taiyin*, *shaoyin* und *jueyin*.

Eine ergänzende Syndromtheorie besonders bei Hitzeerkrankungen ist gemäß der Schwere, mit den dann zunehmend in entsprechender Reihenfolge involvierten Systemen, die der oberflächlichen Abwehrenergie *wei*, die des *qi* als zweites abwehrendes energetisches System, des nährenden Energiesystems *ying* und schließlich des *xue*-Systems-genannt *wei qi ying xue bianzheng*.

Sanjiao bianzheng, die Syndromtheorie des Dreifachen Erwärmers *sanjiao*, hilft weiter bei der Unterscheidung von durch exogene Feuchtigkeit und Hitze entstandenen Erkrankungen.

Es ergibt sich die Darstellung bestimmter Krankheitsbilder in Verbindung mit der entsprechenden Therapiemöglichkeit zum besten Ausgleich des energetischen und eventuell schon funktionell oder sogar organisch manifestierten Ungleichgewichtes.

Als therapeutisches Prinzip gibt es sowohl das Ausgleichen von *yin* und *yang* als auch das Behandeln von *ben*, der ursächlichen Krankheitswurzel, sowie von *piao*, den Symptomen. In akuten Fällen werden zuerst die Symptome und dann die Ursache behandelt, während bei chronischen Erkrankungen *ben* und *piao* gleichzeitig behandelt werden.

Dieses Medizinmodell findet diagnostisch wie dann auch therapeutisch seine jeweilige Anwendung und spezielle Aufarbeitung in den einzelnen Fachdisziplinen wie Innere Medizin, Psychiatrie, Pädiatrie, Orthopädie, Ophthalmologie, Gynäkologie u.a.

2.2 Therapeutische Verfahren

Die therapeutischen Verfahren kann man in innere und äußere einteilen. Zu den inneren im engeren Sinne zählen botanische, mineralogische, animalische oder Human-Pharmaka. Im erweiterten Sinne kommen dazu Diätetik, sexualpraktische Regeln, *qigong*, die „Atem"-übungen und in gewisser Hinsicht *taiji quan* (nach Wade-Giles Umschrift: T'ai Chi Ch'üan), das „Schattenboxen". Zu den äußeren Verfahren zählen Akupunktur, Akupressur (oder Punkt-, Meridianmassage), Moxibustion (oder Moxabustion, Moxation, Kauterisation) und Schröpfen sowie im erweiterten Sinne manuelle Behandlungsformen wie Massage und Frakturbehandlung.

2.2.1 Traditionelle chinesische Pharmaka

Wenn sich ein Arzt der TCM nach der Diagnose zur Therapie mit traditionellen chinesischen Arzneimitteln entscheidet, so muß er sich darüber klar werden, was er gemäß den *bafa*, den acht therapeutischen Verfahren, bewirken will, bevor er ein Rezept zusammenstellt.

Dazu gehören *han*, das Erzeugen von Schweiß, *tu*, das Auswerfen von Bronchial- und Lungensekret oder Mageninhalt durch den Mund, *xia*, das Abführen, *he*, die Harmonisierung der Funktionen, *wen*, das Erwärmen, *qing*, das Abkühlen, *bu*, das unterstützende Zuführen von Energie, *xiao*, *xie*, *san*, das Ableiten oder Zerstreuen von Energie.

Die chinesische materia medica ist pflanzlichen, tierischen, mineralischen und menschlichen Ursprungs. Dabei überwiegt die erste Gruppe bei weitem, so daß oft vereinfachend von der chinesischen Kräuterheilkunde gesprochen wird, zumal viele klassische Arzneibücher in ihrem Titel die Zeichen *bencao* (*pen-ts'ao* gemäß der Wade-Giles Umschrift), „Drogenkunde deren Grundlage die Kräuter bilden“[39], führen.

Traditionell wurden 365 Drogen in drei Klassen von variierend je über 100 Drogen eingeteilt. Die obere Klasse dient zur Aufrechterhaltung des Lebens, hat keine ausgesprochen arzneiliche Wirkkraft und kann als *qi*-stärkendes Tonikum weder über Menge noch Dauer der Einnahme schaden. Dazu gehören *renshen* - Ginseng, Asparagus, Rehmannia etc. Die mittlere Klasse besitzt mehr oder weniger arzneiliche Wirkkraft. Ihre tonisierenden Arzneistoffe wie Pueraria, Trichosanthes/Haarblume, Sophora/Schnurbaum, Bupleurum/Hasenohr etc. hängen bezüglich ihrer Giftigkeit von der Dosierung ab. Die untere Klasse dient mit ihrer ausgesprochenen arzneilichen Wirkkraft zur Heilung bestimmter Krankheiten. Überdosiert oder zu lange gegeben kann schnell eine giftige Wirkung auftreten. Hierzu gehören Aconit/Eisenhut, Pinellia, Rhabarber, Dichroa, Bilsenkraut etc. In Rezeptmischungen werden meist wenig materia medica aus der oberen Klasse mit ein paar aus der mittleren und mehr aus der unteren Klasse zusammengestellt.

> „Unter den Drogen gibt es solche, die dem *yin* und andere, die dem *yang* entsprechen. Es gibt Kind/Mutter- und älterer/jüngerer Bruder-(Beziehungen), ferner Wurzel-, Stengel-, Blüten- und Frucht-Drogen, sowie Kräuter-, Mineralien-, Knochen- und Fleisch-Drogen. Weiter gibt es solche (Drogen), die nur einzeln angewendet wirken (*danxing*), andere, deren Wirkung (von einer oder mehreren anderen Drogen) abhängig ist (*xiangxu*). Es gibt (Drogen), die einander (in der Wirkung) unterstützen (*xiangshi*), und solche, die in ihrer Wirkung nachlassen (*xiangwei*), wenn sie mit anderen Drogen gemeinsam eingenommen werden. Manche Drogen beeinflussen sich in Zusammenstellungen negativ (*xiangwu*), wieder andere stehen einander in ihrer Wirkung direkt entgegen (*xiangfan*). (Schließlich gibt es) solche Drogen, die sich gegenseitig in ihrer Wirkung aufheben (*xiangsha*). Diese sieben Charakteristika muß man beim Zusammenstellen (der Drogen) im Auge behalten.“[40]

Traditionellerweise werden die Arzneimittel bezüglich ihrer *sixing* (gelegentlich *siqi*), den vier Arten des Temperaturverhaltens, unterschieden nach heiß oder warm, kühl oder

---

39. UNSCHULD, P.U., 1973b, S. 18
40. Zit. n. UNSCHULD: 1973b, S. 21, nach dem (*Jing Shi*) *Zheng Lei* (*Bei Ji*) *Ben Cao*, um 1100 kompiliert, im angesprochenen Kapitel zurückgehend auf das *Shennong Bencao*, im 1./2. Jahrhundert n.Chr. niedergeschrieben. Umschrift im Original nach Wade-Giles, im folgenden einheitlich nach *pinyin* abgeändert.

kalt, wozu als fünftes noch neutral hinzukommt. Entsprechend sollen Krankheiten „heißen“ Charakters mit „kalten“ Arzneien behandelt werden und umgekehrt.

Ein wichtiges Unterscheidungskriterium sind *wuwei*, die fünf klassischen Geschmacksrichtungen, die in Analogie den Fünf Elementhaften Wandlungsphasen zugeordnet werden und damit auch den *zangfu*-Organen.

Es läßt sich zu den Geschmacksqualitäten eine Reihenfolge bezüglich des Wirkungsortes im Körper von innen nach außen feststellen:[41]

---

salzig - bitter - sauer - neutral - süß - scharf

Als weiteres Merkmal in der traditionellen chinesischen Pharmazie gibt es die Einteilung nach der Wirkungsrichtung: aufsteigend, absteigend, oberflächlich fließend und sinkend.

Sehr wichtig ist, daß Temperaturverhalten und geschmackliche Bewertung der Pharmaka, bei der Therapie der Organfunktionssysteme mit ihren zugehörigen Meridianen, immer zusammen gesehen werden.

Auch in bezug auf die Verfahren, die die Lebenskraft nähren, genannt *yangsheng*, bei denen *qigong* eine wichtige Rolle spielt, haben die traditionellen Medikamente ihren Stellenwert.[42] Dieser hat naturgemäß besonders im Alter eine größere Bedeutung. So gibt es in China eine Vielzahl an spezieller Literatur[43] darüber. Jedoch auch in den allgemeinen Werken gibt es meist einen Abschnitt über diese Medizin, die das Leben verlängern, *changshou*, möchte – am besten nicht nur qualitativ, sondern auch quantitativ.

2.2.2 Diätetik

Die chinesische Literatur[44] zur *shiliao*, Diätetik, ist recht vielfältig. Schon im *Zhouli*, den „Aufzeichnungen der Riten des *Zhou*-Reichs“, das spätestens zur frühen *Han*-Zeit (206 v. Chr.-8 n. Chr.) niedergeschrieben wurde, stellte sie eine der vier Arztgruppen[45]. Während die „Medizinprofessoren“ für die offiziellen Anordnungen gegenüber den Ärzten verantwortlich waren, „Ärzte für Krankheiten“ für die Beseitigung der Krankheiten zuständig waren und „Ärzte für Geschwürleiden“ Geschwüre und Verletzungen behandelten, so waren die „Ärzte für Diätetik“ Meister dieses therapeutischen Faches.

> „Ihre Aufgabe besteht darin, für die Ausgewogenheit der sechs Eßwaren, sechs Getränke, sechs Gerichte, hundert Nährspeisen, hundert Trinkflüssigkeiten und acht wertvollen Speisen des Königs zu sorgen. Wenn sie Reisgerichte zubereiten, sollen sie sich die (Wärme der) Frühlingszeit zum Vorbild nehmen. Wenn sie Suppen zube-

---

41. PORKERT, Manfred, 1982. S. 246
42. (283) *ZHOU Qianchuan*: Kombinierte *qigong*- und Medikamententherapie, als auch wie man Heilung findet bei Übungsfehlern.
43. z.B.: *XU Qingyuan*: *Changyong laonian baojian zhongyao* (Häufig benutzte Medikamente zur Gesundheitsfürsorge im Alter). 1986.
44. Westliche Literatur zu dieser Thematik ist selten. – Hier wird meist Bezug genommen auf UNSCHULD, P.U., 1973b, S. 177-194.
45. UNSCHULD, P.U., 1975, S. 165-183.

reiten, sollen sie sich die (Hitze des) Sommers zum Vorbild nehmen. Wenn sie Bohnengerichte zubereiten, sollen sie sich die (Kühle des) Herbstes zum Vorbild nehmen. Wenn sie Getränke zubereiten, sollen sie sich die (Kälte des) Winters zum Vorbild nehmen. Alle im Frühjahr zusammengestellten Speisen sollen besonders sauer, im Sommer besonders bitter, im Herbst besonders scharf und im Winter besonders salzig sein. Durch Süße stelle man jeweils die Ausgewogenheit wieder her."[46]

Der Kommentar zu einem verloren gegangenen Werk lautet: „In ihm kam die Ansicht zum Ausdruck »wenn das Essen geordnet ist, dann ist auch der Körper in Ordnung«. Darin liegt die Kunst der besten Mediziner begründet, noch nicht entstandenen Krankheiten vorzubeugen."[47] „Das beste Verfahren, (den Körper) zu schützen und zu nähren, besteht darin, »die Mitte einzuhalten«."[48]

Für die Gesundheitspflege, *baojian*, allgemein sowie besonders im Alter spielt die Diätetik eine besondere Rolle. Es gibt heute in China zahlreiche Bücher, die sich mit der speziellen diätetischen Therapie von Erkrankungen im Sinne der TCM-Theorie beschäftigen.[49] Bücher, die sich hier besonders mit dem Thema „Alter" beschäftigen, sind häufig allgemeinbildend und haben neben den großen Abschnitten zur Diätetik und zum *qigong* meist auch Artikel zur Selbstmassage, zu allgemeinen sportlichen Körperübungen, zu Medikamenten sowie zu Rauchen, Tee und Alkohol und außerdem Abhandlungen zu speziellen Krankheiten.[50]

2.2.3 Sexualpraktische Regeln

Das Einbinden sexualpraktischer Regeln[51] in den therapeutischen Kanon hat heute sicherlich stark an praktischer Relevanz verloren. In der maoistischen Zeit war dieses Thema offiziell tabu, selbst wenn *Mao* privat ganz anders damit umging (s. Kap. 5.1). Erst in den letzten Jahren erscheinen hierzu vereinzelte Werke. Erwähnenswert ist, daß unter den 15 medizinischen Schriften, die in *Mawangdui*[52] in dem Grab aus dem Jahr 168 v. Chr. entdeckt wurden, sich auch Werke mit Bezug zu diesem Thema finden[53]. Diese und

46. Zit. n. UNSCHULD: 1973b, S. 178, Chou-li chu-shu chi pu-cheng ("Kommentar und Berichtigung der Riten der Chou"), ch. 5, S. 1a-1b, v. Yang Chia-lo, ed. Taipei 1969
47. Zit. n. UNSCHULD, P.U., 1973b, S. 182, Sung-i-ch´ien i-chi k´ao (Untersuchungen über die medizinische Literatur bis einschließlich der Sung-Zeit), v. Okanishi Tameto, Taipei, 1967, S. 1345: Kommentar des Chih-chai shu-lu chieh-t´i zum verlorenen Shih-chih t´ung-shuo aus dem 12. Jh.
48. Zitiert aus dem Huang-ti nei-ching su-wen, nach UNSCHULD, P.U., 1973b, S. 182,
49. Z.B.: *DONG Sanbai*: *Changjian bing de shiyin liaofa* (Diätetische Therapie häufiger Erkrankungen). 1988.
50. Z.B.: *JIAO Deming*: *Laonian baojian shouce*. (Handbuch zur Gesundheitspflege im Alter). 1984.
51. NEEDHAM, Joseph: Science & Civilisation in China. Vol.II, S. 146-152.
52. 1973 wurde im Ortsteil *Mawangdui* von *Changsha* eine unversehrte, *Han*-zeitliche, fürstliche Bestattungsanlage ausgegraben, die sich bezüglich ihrer Schließung auf das Jahr 168 v. Chr. datieren ließ. Im Laufe der Ausgrabungen wurden auch einige, auf Bambus oder Seide geschriebene Texte entdeckt. Unter den philosophischen und medizinischen befand sich auch eine Abbildung mit zahlreichen Darstellungen von Übungshaltungen, teils mit Beschriftung (s. Kap. 9.2, Abbildungen 5a/b). Allgemein wird davon ausgegangen, daß die Entstehungszeit im 3. vorchristlichen Jahrhundert liegt. Dies hat um so mehr Bedeutung, als während der großen Bücherverbrennung, *fenshu kengru*, auf Befehl des Kaisers *Qinshi Huangdi* 213 v. Chr., sehr viele Werke verloren gingen.
53. HARPER, Donald, 1987

andere klassische Schriften werden nun jüngst vorsichtig aufgearbeitet[54] (s. auch Kap. 3.2), oder man befaßt sich mit *qigong*-Übungen bei sexuellen Problemen[55].

Die traditionellen Techniken, genannt *yin yang yangsheng zhi dao*, die Methode das Leben zu nähren durch die Mittel des *yin* und des *yang*, basieren größtenteils darauf, soviel *jing* und *shen* wie möglich zu bewahren. Dies ist besonders durch die Technik des *huanjing* zu erreichen, indem diese Energie, die an den Samen gekoppelt ist, so lange wie möglich in den Meridianen *dumai* und *renmai* am Kreisen gehalten wird. Diese Art des von van GULIK sogenannten coitus reservatus bewirkt also eine Stärkung des männlichen *yang* durch sexuelle Stimulation mit möglichst später und seltener Ejakulation sowie eine Stärkung des männlichen *yin* durch die weiblichen Orgasmen. Umgekehrt kann wohl ein gleiches angenommen werden.

„The mutual benefit of the union of Yin and Yang, male and female, is affirmed in some of the oldest texts which have come down to us. They are associated with Pheng-Tsu (*Pengzu*), a legendary Methuselah who owed his longevity to the mastery of sexual techniques; and with the names of five goddesses or wise women, who taught these to men <in the beginning>. Of these the most important were Su Nü (*SU NÜ*), the Immaculate Girl, and Hsüan Nü (*XUAN NÜ*), the Mysterious Girl, both appearing in the titles of ancient books on the subject, some of which have survived; but another Tshai Nü (*CAI NÜ*), the Chosen Girl, often appears as an interlocutor of Huang Ti (*HUANG DI*) or Pheng Tsu (*PENGZU*) in such texts."[56]

Im ersten vorchristlichen Jahrhundert waren in der offiziellen Bibliographie des *Qian-Han shu* acht heute verlorene Bücher zu diesem Thema bekannt. Diese Techniken gehörten wohl zu dem schamanischen Erbe der Daoisten. Sie wurden in öffentlichen Zeremonien ebenso benutzt, wie im privaten Eheleben, auch um spirituelle Erleuchtung zu erlangen, mit dem Ziel, ein *xian*, ein daoistischer Heiliger, zu werden. In der offiziellen *Sui*-Bibliographie des siebten Jahrhunderts werden sieben Werke zu diesem Thema aufgeführt, von denen uns noch eines überliefert ist.

Die Verbreitung der konfuzianischen Prüderie und später auch der buddhistischen Askese bewirkten, daß wohl ab dem siebten Jahrhundert keine diesbezüglichen öffentlichen Zeremonien mehr abgehalten wurden und der größte Teil dieser Literatur verloren ging. Nach den Angaben eines daoistischen Studenten von NEEDHAM in *Chengdu* sollen in den Fünfziger Jahren, also noch vor der mörderischen „Großen Kulturrevolution", sich immer noch über die Hälfte der Bevölkerung nach den populären Versionen dieser Vorschriften gerichtet haben. Es läßt sich jedoch keine scharfe Trennlinie zum normalen Geschlechtsleben einerseits und zu den *qigong*-Übungen andererseits ziehen.

2.2.4 „Schattenboxen"

Der Ausdruck *taiji quan* (T'ai Chi Ch'üan), ins Deutsche meist mit „Schattenboxen" übersetzt, besteht aus zwei Teilen. Der philosophische Begriff *taiji* bedeutet wörtlich

54. *SONG Shugong*: *Zhongguo gudai fangshi yangsheng jiyao* (Das Wichtigste zu den alten chinesischen Verfahren zur Lebenskraftstärkung in der Schlafzimmer(kunst). 1991.
55. *WANG Shui* u.a.: *Chuantong fangshi baojian* (Traditionelle Gesundheitspflege in Schlafzimmerangelegenheiten). 1994.
56. NEEDHAM, Science and Civilisation in China. Vol. V:5, S. 187

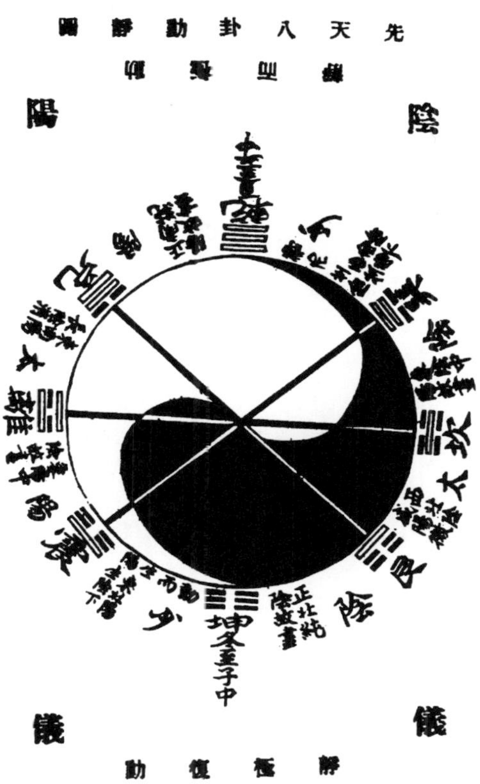

Abbildung 7: Yinyang-Symbol mit den bagua, Acht Trigrammen, der Darstellung von Stille und Bewegung sowie den Übergängen. Wichtig in der Praxis der taiji quan-, bagua- und qigong-Übungen und der ganzen TCM. (Abb.: Chenshi taiji quan tushuo, Taibei, 1922 (1984), 31)

„der Erhabene First“ bzw. „der Erhabene Pol“, somit räumlich den höchsten Ort (abgeleitet vom Dachfirst) des Weltalls in der Interpretation nach *ZHUANG ZI*[57]. Die Idee ist, daß das *taiji* das Äußerste, Absolute darstellt, welches aus *yin* und *yang* besteht. So steht in dem Kommentar zum Buch der Wandlungen,*Yi jing*: „Darum gibt es in den Wandlungen den großen Uranfang (*taiji*). Dieser erzeugt die zwei Grundkräfte. Die zwei Grundkräfte erzeugen die vier Bilder. Die vier Bilder erzeugen die acht Zeichen (*ba gua*). Die acht Zeichen bestimmen Heil und Unheil. Heil und Unheil erzeugen das große Wirkungsfeld.“[58,59] *ZHOU Dunyi* (1017-1073 n.Chr.), der als erster Vertreter des Neokonfuzianismus gilt, konstruierte auf der Grundlage daoistischer Vorbilder ein kosmisches Diagramm, in dem das *taiji* den grundlegenden Begriff darstellt.[60]Dieses präzisiert auch die Verbindungen zu den *wuxing* (Fünf Elementhaften Wandlungsphasen). Die Kom-

57. Tsung-Tung CHANG, 1982. S. 27
58. WILHELM, Richard, 1924. S. 243: *Da Juan* Kommentar I, 11,5-6.
59. *Zhou Yi*. Book of Changes. *Hunan chubanshe*, 1994. S. 310 f.: “Therefore in (the system of) the I there is the Grand Terminus, which produced the two elementary Forms. Those two Forms produced the Four emblematic Symbols, which again produced the eight Trigrams. The eight trigrams served to determine the good and the evil (issues of events), and from this determination was produced the (successful prosecution of the) great business (of life).”
60. FUNG Yulan, 1952. Teil II, S. 435 ff.

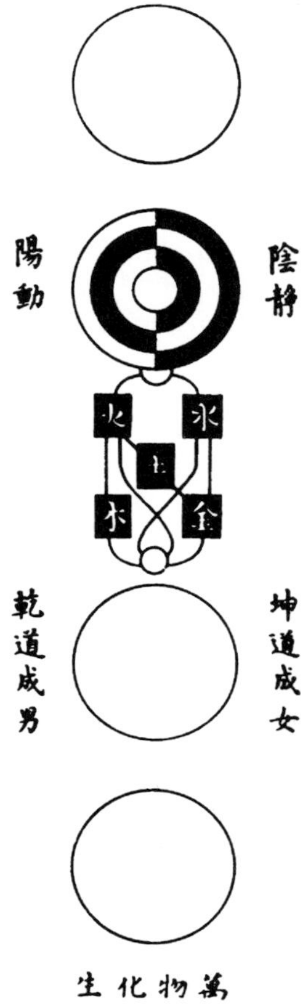

Abbildung 8: Die Entstehung aller Dinge aus der Kombination von der Stille des yin, der Bewegung des yang und den Fünf Elementhaften Wandlungsphasen; nach ZHOU Dunyi (Abb.: NEEDHAM, SCC, Vol. II, S. 461)

mentare dazu sind von dem Philosophen *ZHU Xi* (1130-1200 n. Chr.) niedergeschrieben worden.[61]

Quan bedeutet „Faust". Diese Faust soll in ihrer Bewegung und Nichtbewegung mit Hilfe des *taiji*-Gedanken das *dao* verkörpern, das alles beinhaltet. Weich und hart, langsam und schnell, leicht und schwer, rückwärts und vorwärts bewegen, aus- und einatmen. Durch eine frei schwebende Aufmerksamkeit in einem entspannten Körper wird ein ausgeglichener Mikrokosmos im Makrokosmos gebildet.

Die Ausformung des *taiji quan* als Serie von Selbstverteidigungsübungen fand in der *Ming*- oder schon der *Song*-Dynastie statt. Sie wird biographisch nicht belegbar mit dem daoistischen Eremiten *ZHANG Sanfeng* vom *Wudang* Berg in Verbindung gebracht.[62] Die ersten belegbaren Quellen zum *taiji quan* stammen von dem Meister *ZHANG Songqi*, der um 1500 lebte.[63] Vom philosophischen Hintergrund her wurden diese Übungen erst am

61. NEEDHAM, J.: Science and Civilisation in China. Vol. II, S. 460 ff.
62. S. auch ENGELHARDT, Ute, 1981.

Ende des 18. Jahrhunderts schriftlich aufgearbeitet und mit dem Wort *taiji* in Zusammenhang gebracht. *CHEN Wangting*, der gegen Ende der *Ming*-Dynastie lebte, formte aus alten und neuen Elementen den nach ihm benannten *Chen*-Stil mit seinen unterschiedlichen Geschwindigkeiten in der Bewegungsfolge. Er wurde für fünf Generationen nur in seiner Familie weitergegeben, bevor ihn *YANG Luchan* (1799-1872) erlernte, umformte und dann als *Yang*-Stil weiterlehrte. Dieser Stil machte weniger Voraussetzungen an die „Sportlichkeit“ und Kraft des Übenden und ließ die Sprünge weg. Aus der früheren *Chen*-Tradition und anderen Einflüssen leitete erst *WU Yuxiang* (1812-1880) und später vom *Yang*-Stil der Mandschu *WU Jianquan* (1870-1942) seinen jeweiligen *Wu*-Stil ab. Aus ersterem *Wu*-Stil entwickelte sich der *Hao*-Stil des *HAO Weizhen* (1849-1920) und von diesem der *Sun*-Stil des *SUN Lutang* (1861-1932).[64] Heute kämpft der zweite *Wu*-Stil mit dem *Chen*-Stil um den zweiten Platz in der Popularität nach dem *Yang*-Stil.

```
-----------------------------------------------------------
Yang Luchan ------ Wu Jianquan -
         I
     Chen  ---
   Wangting
         I
Wu Yuxiang --- Hao Weizhen --- Sun Lutang
```

Die meisten der verschiedenen *taiji quan*-Stile haben kurze, mittlere und lange Übungsreihen, die mit unterschiedlichen Geschwindigkeiten und Hüfthöhen ausgeführt werden können.

1956 wurde von der staatlichen Körperkultur- und Sportkommission ein Buch mit dem Titel *Jianhua taiji quan*, „Vereinfachtes *taiji quan*“, herausgegeben. Die hier enthaltenen 24 Übungen dauern 5 Minuten und stellen die geringsten Anforderungen, was zu ihrer großen Verbreitung beitrug. Sie sind vom *Yang*-Stil abgeleitet und werden manchmal auch „Peking-Stil“ genannt.

Wenn man *taiji*-Übungen mit einem Messer (*dao*) oder einem Schwert (*jian*) durchführt, so werden diese Übungen entsprechend *taiji dao* oder *taiji jian* genannt. Während diese Übungen, wie auch die Zweimann-Übungen des *taiji quan*, deutlichen Selbstverteidigungscharakter haben, so wird doch das *taiji quan* heute im allgemeinen als Präventivmaßnahme zur Gesunderhaltung sowie als therapeutische Ergänzung zur Gesundung und Rehabilitation durchgeführt.

Das Besondere an den *taiji*-Übungen und damit der Unterschied zu den üblichen Sportarten sind Art und Ziel ihrer Durchführung. Gleichmäßig fließende Bewegungen ohne anzuhalten, drückende und ziehende Übungsteile, spiralartige, bogenförmige und runde Bewegungen, vor und zurück, fast von einer extremen Haltung zur anderen. Wie ein schwingendes Pendel stellen die Bewegungen den Wechsel vom zunehmenden *yang* bis zum maximalen *yang* mit beginnendem *yin* dar. Dieses wächst bis zum Höhepunkt

63. *SONG Zhijian*, 1991. S. 50f., 57
64. *Renmin tiyu chubanshe* (Volkssportverlag), 1988. S. 443, 576f., 663.

des *yin*, in dem sich schon wieder das *yang* andeutet. Dabei soll daran erinnert werden, daß von der etymologischen Wurzel her das Zeichen *yang* die von der Sonne beschienene südliche Hangseite bildhaft darstellt (sowie die Nordseite von Gewässern bezeichnet), während *yin* die schattige Nordseite des Berges (bzw. das Südufer) symbolisiert. Bekanntlich ändert sich das beiderseitige Verhältnis ständig und stetig während des Tagesablaufes, und dies macht das Charakteristische dieser Beziehung aus.

Ein Fuß ist zum Beispiel *shi*, voll, wenn mindestens 60% des Gewichtes daraufliegt. Er ist *xu*, leer, bei weniger als 40% Gewicht. Zum kontinuierlichen und somit harmonischen Fluße des *qi* muß ein ständiger Wechsel zwischen *xu* (Neutralität) und *shi* (Gewichtung), *yin* und *yang* stattfinden. Wenn beide Füße gleichermaßen belastet bleiben und somit kein Energiefluß stattfindet, begeht man den Fehler der doppelten Schwere *shuangzhong*. Wenn der linke Fuß leer ist, ist die linke Hand auch leer und umgekehrt. Eine Hand, die nach vorne oder nach oben bewegt wird, betrachtet man als *yang*, bzw. wenn sie nach hinten oder unten bewegt wird als *yin*.

Diese Bewegungen, verbunden mit *yi*, der Gedankenkraft, in gleichmäßig schwebender Aufmerksamkeit und mit der Atmung, sind darauf abgezielt, das *qi* in den Meridianen gleichmäßig fließen zu lassen und so auch die damit verbundenen Organsysteme positiv zu beeinflußen. Im Idealfall soll eine solche Balance hergestellt werden, daß nichts diese Harmonie stören kann – weder ein physischer, noch ein psychischer Angriff oder andere Bedingungen, die im Normalfall Verletzungen oder Erkrankungen hervorrufen würden.

Überlieferungsmäßig soll sich das *taiji quan* in den daoistischen Tempeln des Berges *Wudang* der Provinz *Hubei* entwickelt haben. Es gehört zum *neijia quan*, der Faust(kampfkunst) der Inneren Schule (oder esoterischen Schule).

Verwandte Übungen der gleichen Schule sind *bagua quan*, die Faust(kampfkunst) der (nach den Regeln/beinhaltend die) acht Trigramme (des *Yi jing*) und *xingyi quan*, die Faust(kampfkunst) der Gestalt und der Vorstellungskraft.

Diese wird im Gegensatz zum *waijia quan*, der Faust(kampfkunst) der Äußeren Schule (oder exoterischen Schule), gesehen, zu dem das im buddhistischen *Shaolin*-Kloster der Provinz *Henan* entstandene *Shaolin gongfu* (23) zählt. Zu diesem *Shaolin quan* gehören die Faustkampfkunstübungen des Drachen, des Tigers, des Panthers, der Schlange und des Kranichs.

Das *Yijin jing*, der Klassiker der leichten Muskeln, wird auch zu dieser Tradition gerechnet. [65]

Natürlich haben alle Übungen aus dem Bereich des *qigong* eine enge kulturphilosophische Beziehung zum *taiji quan*. Bei beiden geht es um eine Beeinflußung des *qi* – auch durch körperliche Übungen –, wobei jedoch beim *taiji quan* in der alten Tradition und den verwandten Übungsarten der Zweck der Selbstverteidigung und damit der Körper sowie Übungen in Bewegung im Vordergrund standen. Heute hat sich das etwas relativiert.

65. S. auch DESPEUX, Cathérine, 1981. S. 13 ff.

2.2.5 Akupunktur, Akupressur, Moxibustion, Schröpfen[66]

Entscheidet der Arzt nach der Diagnose, daß seiner Erfahrung nach als Therapie am besten ein äußeres Verfahren angewandt wird, stellt sich wiederum die Frage des Therapieziels in der *qi*-Beeinflußung, z.B. mit Metallnadeln.

Soll *qi* zugeführt werden, dann ist häufig Moxibustion, manchmal alleine, oft jedoch als Ergänzung zur Akupunktur notwendig, eventuell auch das unblutige Schröpfen. Das Einstechen der Akupunkturnadel, die Technik in der sie bewegt wird und das Herausziehen muß auf die *bufa*, die unterstützende Tonisierungsmethode abgestimmt werden.

Soll überschüssiges *qi* abgeleitet werden, wird man beim Einstich, bei Bewegung und Herausziehen der Nadel die *xiefa*, die ausleitende Sedierungsmethode, benutzen.

Steht keines von beiden im Vordergrund, so wenn z.B. *qi* umgeleitet werden muß, wird die *pingbu pingxie shoufa*, die neutrale Stimulierungsmethode mit der Hand, verwandt.

Die Handhabung der Akupunkturnadel, um diese Effekte zu erreichen, schließt Variationen von Geschwindigkeit des Einstiches und des Herausziehens, der Art des Bewegens dabei und dazwischen, der *qi*-Bearbeitung durch den Arzt, der Einbeziehung der Atmung des Patienten u.a. ein.

Wenn die Nadel, deren Stichrichtung jeweils vorgeschrieben ist und deren Einstich schmerzlos sein sollte – Ausnahme sind Finger und Füße –, einen gewissen Punkt erreicht hat, tritt an den meisten Akupunkturpunkten das *de-qi*-Gefühl auf, welches als Taubheit, Schwere, Anschwellen oder Elektrisierung beschrieben wird. Dieses *de qi*, „Erlangen des *qi*" – Gefühl, kann sich auch entlang des Meridians sowohl distal als auch proximal ausbreiten, wird manchmal als unangenehm empfunden und hält meist nur kurze Zeit an. Die Gesamtliegedauer der Nadeln ist im allgemeinen zwischen 20 und 30 Minuten, der Behandlungsabstand bei akuten Erkrankungen kürzer, ca. 1-3 Tage, und bei chronischen Erkrankungen ca. 4-14 Tage.

Den vier Methoden Akupunktur, Akupressur, Moxibustion und Schröpfen ist gemeinsam, daß sie direkt und unmittelbar an einzelnen Akupunkturpunkten eingreifen. Diese liegen bei der klassischen Körperakupunktur meist auf den *jingluo*, den Energieleitbahnen oder Meridianen. Andernfalls besitzen sie im Rahmen der modernen, erweiterten Akupunktur anderweitige, erfahrungsmäßig festgestellte Bezüge zu den jeweiligen Organsystemen bzw. zu der zu behandelnden Erkrankung.

Die Lokalisierung der Akupunkturpunkte, deren Areal sich unter der Haut kegelförmig erweitert, geschieht nach anatomischen Gegebenheiten und unter Verwendung des jeweiligen individuellen Körpermaßes des Patienten. Dieses richtet sich nach dem *cun* als Maßeinheit, dem Abstand des geknickten mittleren Mittelfingerknochens von der mittleren Beugefalte zur nächsten.

Die *zhenjiu*-Therapie wird bei uns mit den Worten Akupunktur und Moxibustion wiedergegeben. Dabei findet sich *zhen*, die Nadel, lateinisch „acus" zusammen mit latei-

66. Im folgenden wird sich bezogen auf: *QIU Maoliang*, *ZHANG Xichen*, 1985.

nisch „pungere“, stechen, in dem Wort Akupunktur wieder. Moxibustion oder Moxation nimmt bezug darauf, daß *aiye*, Moxakraut (Moxa - Mogusa, wohl aus dem Japanischen abgeleitet), Artemisia vulgaris/Beifußgewächs, über die Methode des Verbrennens *jiu*, lateinisch „comburere“, eingesetzt wird.

Früher benutzte man neun verschiedene Nadeltypen, von denen heute in der klassischen Körperakupunktur hauptsächlich der Typ der *haozhen* mit unterschiedlichen Längen und Durchmessern eingesetzt wird. Die dickere Lanzettnadel mit der dreifacettigen Spitze zum weiteren Eröffnen und die Pflaumenblütennadel oder siebensternige Hautnadel, die die Haut durch Beklopfen reizt, werden selten verwandt. Verschiedene intradermale Nadeln bzw. Samen oder Kügelchen für das Ohr werden häufiger angewandt, besonders wenn sie eine bestimmte Zeit liegenbleiben sollen.

Während früher allgemein und heute noch manchmal nur außerhalb der VR China Silber- und Goldnadeln zur Verstärkung bestimmter therapeutischer Wirkungen Verwendung finden, so bestehen jedoch heute die meisten Nadeln aus Legierungen wie die chirurgischen Instrumente und können daher wie diese sterilisiert werden oder sind Einmalnadeln aus Stahl mit einem Plastikgriff.

Für die Wahl der therapeutisch indizierten Punkte gibt es gewisse Regeln, die man nach Abwägen der Situation entprechend anwenden kann. Dies gilt erstens für die Wahl der möglichen Punkte und zweitens für die beste Verbindung der geeigneten Punkte.

Auf die weitere Akupunkturpunktelehre soll hier nicht eingegangen werden.

Statt Akupunkturnadeln zu verwenden, wird manchmal Akupressur benutzt. Die Bearbeitung der entsprechenden Punkte erfolgt nach festgelegten Regeln. *Anmo*, die Akupressur, wird oft von medizinisch interessierten Laien an ihrem eigenen Körper durchgeführt, besonders auch zur Krankheitsprophylaxe oder zur Bekämpfung kleinerer Probleme. Wird sie von Ärzten durchgeführt, wie dies besonders häufig statt Akupunktur bei Kleinkindern geschieht, so nennt man es meist schon *tuina*-Massage (s. u.).

Jiufa, die Moxibustion, kann direkt auf der Haut oder, wie heute meist üblich, indirekt erfolgen. Eine Methode ist, daß der Moxakegel auf eine Ingwerscheibe gelegt wird.

Die auch bei uns früher weit verbreitete Schröpfmethode, *bahuoguan*, kann auch mit der Akupunktur kombiniert werden, indem der Schröpfkopf über die Nadel gestülpt wird.

2.2.6 Massageformen und Frakturbehandlung

Die manuellen Behandlungsformen[67] haben einerseits eine Verbindung zur handwerklichen Tradition, die auch in Zusammenhang mit der Versorgung verletzter Krieger zu sehen ist, was an den europäischen Feldscher erinnert. Andererseits bestehen enge Verbindungen zu *yangsheng*-Verfahren, aus denen sich ein Teil der heutigen *qigong*-Übungen ableiten. So nimmt es nicht Wunder, daß schon im *HUANG DI neijing suwen*, einem der

67. *CAO Xizhen*, 1985. MENG, Chao-lai Alexander, in: BISCHKO, Johannes (Hrsg.), 1981.

ältesten überlieferten medizinischen Werke, manuelle Behandlungsformen diskutiert werden und in den Annalen der *Han*-Dynastie, *Qian-Han shu*[68], zehn Bände dazu verzeichnet werden. Aus diesem Hintergrund heraus ist auch zu verstehen, daß viele Punktebezeichnungen anders als bei der Akupunktur lauten und öfters zu Meridianen keine Bezüge hergestellt werden, da sie sich ja in weiten Bereichen getrennt entwickelten[69]. Eine weitere, hier ins Gewicht fallende Eigenheit ist, daß auch aufgrund der Weitergabe der Lehrinhalte in familiärer Tradition, oft als Familiengeheimnis, sich verschiedene Namen für die gleichen oder ähnlichen manuellen Behandlungsformen tradierten. Aus diesen Gründen finden wir nach variierenden diagnostischen Gewichtungen auch in gleichermaßen nach den traditionellen Grundideen vorgehenden Werken eine unterschiedliche Nomenklatur[70].

Die acht Massagemethoden werden in die vier kraftvollen *yang*-Methoden und in die vier sanfteren *yin*-Methoden eingeteilt, wobei jede Methode sechs Unterkategorien verzeichnet. Jede manuelle Behandlungsart ruft je nach ihrer Geschwindigkeit, Stärke usw. noch weitere Unterschiede hervor.

In der modernen chinesischen Literatur zur Gesundheitspflege, *baojian*, zur Lebenskraftstärkung, *yangsheng*, oder zur Verlängerung des Lebens, *changshou*, spielt, wie erwähnt, neben der Diätetik und dem *qigong*, die Selbstmassage, *anmo* (wörtlich: drücken und streichen), von Akupunkturpunkten eine wichtige Rolle. Häufig wird auch *tuina* (wörtlich: schieben und greifen) dazu gesagt, obwohl der zweite Ausdruck wohl häufiger bei der Massage einer anderen Person benutzt wird. Die engen Beziehungen zwischen *qigong*, mit der aktiven Bewegung des eigenen Körpers und seiner Energie, und *tuina*, mit dem Bewegen und Massierenlassen des eigenen Körper und seiner Energie durch sich selbst oder andere, schlagen sich in vielen Werken nieder. Teils ist dies schon direkt im Titel ersichtlich: *Tuina*-Therapie und medizinisch therapeutische Körperübungen (1). Es findet sich hier viel allgemeine Literatur[71,72], wie auch spezielle für das Alter oder besonders für Kinder, Kleinkinder und Säuglinge[73]. Letztere, die Akupunktur häufig nicht gut tolerieren, sollen auf Massagetherapie gut ansprechen.

Zu der *tuina*-Massageform gehören also im Gegensatz zum *anmo* sachgebietsbezogene, komplexe Behandlungsformen, und der Übergang z.B. zur Frakturbehandlung ist fließend. Auf der anderen Seite läßt sich aber auch eine Vermischung der Begriffe *anmo* und *tuina* finden, wobei generell in Nordchina mehr *anmo* und in Südchina mehr *tuina* gesagt wird, man aber oft die gleiche Behandlungsform meint.

---

68. NEEDHAM, Science and Civilisation in China, Vol. V:5, S. 155
69. persönl. Information von Barbara VOLKMAR und Jürgen BACHMANN, während einer Tagung des „Arbeitskreises für TCM“ im Rahmen der Deutsch-Chinesischen Gesellschaft für Medizin.
70. *LI Yongchang*, 1985/6.
71. *LI Yefu & BAI Xiaoman*: *Ziwo baojian xuewei tuina* (Selbstpflege der Gesundheit durch Massage der Akupunkturpunkte). 1985.
72. *YAN Mingsen*: *Jianyi ziwo anmo liaofa* (Einfache Selbstmassagetherapiemethoden). 1985.
73. *ZHOU Huilin*: *Xiaoer baojian tu(i)na tujie* (Gesundheitspflegende Massage bei Kindern in Bildern erklärt). 1988.

In der *guke*, der Knochen(richt)kunde[74] wird nach palpatorischer, fühlender und einfühlender Diagnose der Verletzung und der Erfassung der Verletzung auf verschiedenen Ebenen eine manuelle Reduktion oder Reposition der Bruchenden bzw. der Gelenkanteile durchgeführt. Danach erfolgt die Ruhigstellung mit Holz-, Bambus- oder Pappestükken, den sogenannten kleinen Schienen, die an spezifischer Stelle zur weiteren Retention und Reposition mit zusätzlichen Polstern versehen sind. Die anschließenden aktiven Bewegungsübungen werden begleitet von einer Therapie mit Kräuterrezepturen, die in Abstimmung auf den individuellen Fall und gemäß den traditionellen Regeln verordnet werden.

Eines der Behandlungsprinzipien ist *huoxue*, die Förderung der Durchblutung, wobei auch noch weitere therapeutische Maßnahmen wie *tuina*-Massage und *qigong*-Übungen zu diesem Zwecke mit eingebunden werden. Auch hier handelt es sich um die jeweils passendsten Arten der *qi*-Beeinflußung zur Heilung.

74. BACHMANN, Jürgen, in: WIEDERSHEIM, R. u.a. (Hrsg.), 1991.

3. Schamanismus und der Ursprung des qigong

3.1 Der Standpunkt in der VR China

Die Geschichte dessen, was heute unter dem Begriff „*qigong*“ zusammengefaßt wird, datiert nach den heutigen Berichten der geläufigen chinesischen *qigong*-Literatur mindestens 5000 Jahre zurück. So nennt sich das Buch von *MA Mengchang*[75] „5000 Jahre *qigong* und *yangsheng*“. Schlägt man dann das Buch auf und sucht gespannt nach Quellen, die das belegen könnten, wird man enttäuscht. Man findet zahlreiche Zitate aus den konfuzianischen und daoistischen Klassikern, aus dem *HUANG DI neijing* und aus dem in den letzten Jahren in China wieder populär gewordenen *Yi jing*, dem „Buch der Wandlungen“, und seinen Kommentaren. Darauf wird später noch eingegangen. Deutlich wird aber die Tatsache, daß keine archäologischen Quellen einbezogen wurden, was für die Zeitspanne von 1800 Jahren vor der Entstehung der chinesischen Schrift, die mit ca. 1200 v.Chr. angesetzt wird (s. Kap.3.2) problematisch ist. Als Bezug für diese frühen Jahre werden nur die Überlieferungen zu den legendären Kaisern mit ihren außergewöhnlich langen Lebensdaten ohne weitere Erörterungen herangezogen. *DONG Gangzhao* (25) schreibt in seinem Kapitel über die Übungen in Bewegung, daß die Menschen im Neolithikum, vor Kälte oder Schmerzen zitternd bzw. sich krümmend, diese für die

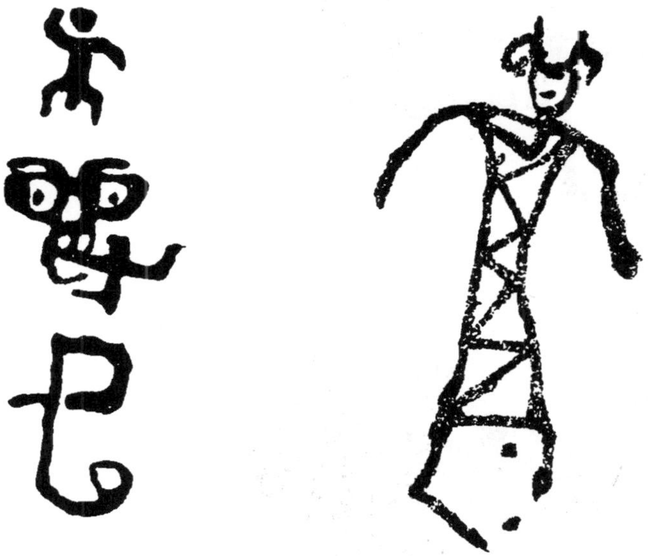

Abbildung 9: Li.: Tänzer, Maske, Ziege (?). Sechste Gruppe von Gravierungen in Hua'an, Fujian. Bis zu 5000 Jahre alt. (CHEN Zhaofu, S. 142)
Re.: Antropomorphe Figur mit Maske beim Tanzen. Yinshan-Berge, Innere Mongolei. Bis zu 10000 Jahre alt. (CHEN Zhaofu, S. 175)

75. *MA Mengchang: qigong yangsheng wuqian nian.* 1993.

Gesundheit positiv anwendbaren Übungen entdeckt hätten (s. Kap. 6.1). In vielen *qigong*-Büchern wird diese Meinung als einzige zum Ursprung der *qigong*-Übungen angegeben.In dem medizingeschichtlichen Werk von *ZHAO Pushan*[76] zur Medizin in früher Zeit wird die Ansicht vertreten, daß die Menschen sich damals die Naturgewalten nicht erklären konnten und sie ihnen Angst machten. Daher soll daraus der Glaube an Geister und Götter (*shenling*) als Erklärungsmodell entstanden sein. Auch wenn die Menschen Krankheiten bekamen, waren die Götter (*shen*) daran schuld, „denen man nicht widerstehen konnte". Schließlich entwickelte sich das Schamanentum, wobei der „Schamane (*wu*) behauptete, mit den Göttern (*shen*) kommunizieren zu können". Der Schamane *XIAN* war der Arzt des legendären Kaisers *YAO* (2357-2255 ? v.Chr.), wird unter Bezug auf das „*Shiben*" (Der Ursprung der Welt) festgestellt, und weitere Namen von frühen Schamanen werden aus dem *Shanhai jing* (Klassiker der Berge und Meere) aufgeführt. „Es zeigte sich, daß die Arbeit der Schamanen bei der medizinischen Behandlung das Beten war".

121. Tanz, wahrscheinlich im Innern einer Hütte. Draussen ein Tier. Gravierung in den Yinshan-Bergen, Innere Mongolei.

122. Erotischer Tanz. Die Szene links stellt wahrscheinlich das Werben dar. Rechts sind Tierfiguren und Menschen zu erkennen, die mit den Armen den Flug der Vögel nachahmen. Gravierungen in den Yinshan-Bergen, Innere Mongolei.

Abbildung 10: Rechts unten Felsgravierungen mit Vogelflug - imitierendem Schamanentanz aus den Yinshan-Bergen, Innere Mongolei.

76. *ZHAO Pushan: Zhongguo gudai yixue (*Die Medizin des chinesischen Altertums*)*. S. 5 ff

Weitere Erklärungen werden dazu nicht gegeben. Als antagonistische Weltsicht zur schamanischen Medizin wird die Entwicklung der Kräuterheilkunde bis zur heutigen TCM gesehen, wobei ein Kampf zwischen diesen beiden Richtungen für die damalige Zeit postuliert wird. Von dieser Praxis her habe dann die Philosophie des Materialismus die Entwicklung der Medizin in China möglich gemacht.

Auf die frühe Entwicklungsgeschichte des *qigong*, d.h. auf die Zeit vor den schriftlichen Quellen aus der 100 Philosophenschulen-Zeit des 4./3. vorchristlichen Jahrhunderts, wird in *Zhao´s* Werk nicht eingegangen. Es wird erwähnt, daß die Funde aus dem 168 v.Chr. verschlossenen Grab von *Mawangdui* zeigen, daß die Fünf-Tiere-Übungen, die dem berühmten Arzt *HUA Tuo* aus der späten *Han*-Dynastie zugeschrieben wurden, also schon mindestens 400 Jahre früher entstanden.

Weitere chinesische Werke zur Medizingeschichte[77,78,79] bringen bezüglich der Beziehung des Schamanismus zur frühen Medizin und zum *qigong* ungefähr den gleichen Erkenntnisstand.

Ein ungewöhnlich sorgfältig geschriebener Fortsetzungsartikel[80] (allerdings wie in fast allen Artikeln und den meisten Büchern ohne Literaturangaben), beschäftigt sich im ersten Teil direkt und ausführlicher mit den Ursprüngen des *qigong*. Er beginnt Anfang 1989 in der Zeitschrift *Qigong yu kexue* (*Qigong* und die Wissenschaft; s. Kap. 5.3.2) und erstreckt sich über sechs Zeitschriftennummern. Der Autor *ZHENG Guanglu* leitet diese Übungen aus den schamanischen Praktiken ab und schreibt, daß die Schamanen in der alten Zeit sehr viel Autorität hatten.

> „Damals waren „*wushu*, Schamanenkunst“ und „*yishu*, Medizinkunst“ verbunden, gewannen dann Gestalt und wurden durch die nachfolgenden Dynastien hindurch als ungeteilte „*wuyishu*, Schamanenmedizinkunst“ (*qigong yangsheng*, Lebenskraft nährendes *qigong*, und *qigong* zum Heilen von Erkrankungen beinhaltend) verbreitet. Diese Art von Schamanenmedizinkunst benutzte magische Sprüche, Geisteraustreibungen, Dämonenvernichtungen, Beten und andere abergläubische Methoden, verbunden mit Kräuterheilkunde, Chirurgie, *qigong* und anderem zur Krankheitsheilung. Aus diesem Grund gibt es in der Medizingeschichte die Redensart „*yi qi yu wu*, die Medizin entstand aus dem Schamanentum“ und die alte Schreibweise des Zeichens für Medizin beinhaltet das Zeichen für Schamane. Nach der Frühling-Herbst Epoche [722-481 v.Chr.] zur Zeit der Streitenden Reiche [403-221 v.Chr.] trennten sich Schamanismus und Medizin allmählich, aber die Schamanenmedizinkunst blieb verbreitet und verschwand nicht. Wenn man diesen Punkt begreift, kann man unschwer verstehen, was die Beziehung zwischen *qigong* und Schamanismus so eng macht.“

Eine solche schon etwas differenziertere Aussage ist jedoch die Ausnahme. Meist bleibt in der recherchierten *qigong*-Literatur, die bis 1989 weitestgehend und bis 1994 in den groben Tendenzen durchsucht wurde, das Kapitel zu seinen Ursprüngen nur sehr marginal oder fehlt ganz.

Eines der wenigen chinesischen neuzeitlichen *qigong*-Bücher, das auf die frühen Schamanen eingeht, schreibt ((123) S. 4):

---

77. *SI Yuanyi* (Hpthrsg.): *Zhongguo yixueshi* (Geschichte der chinesischen Medizin). 1984
78. *SHU Shenchu: Zhongguo yixue jianshi* (Geschichtsabriß zur chinesischen Medizin). 1983
79. *FAN Xingzhun: Zhongguo yixue shilüe* (Geschichtsaufzeichnungen zur chinesischen Medizin). *Zhongguo guji chubanshe, Beijing*, 1960 und Neuauflage 1986
80. *ZHENG Guanglu: Zhongguo Minjian qigong*. (Chinesisches volkstümliches *qigong*). In: *Qigong yu kexue, Guangzhou*. 1989, 1, SS. 20-21; 2, SS. 27-28, 38; 3, SS. 33-35; 4, SS. 30-33; 6, SS. 31-33; 8, SS. 27-28.

„In der *Shang*-Zeit [auch *Yin*-Dynastie genannt von den Nachfolgern, ca. 1766-1122 v.Chr. oder 1523-1027 v.Chr. nach anderen Quellen[81]] wurde man sich nicht nur über die Sehnsucht nach dem langen Leben (*changshou*) bewußt, sondern verfügte schon über einige Maßnahmen für die Gesundheit (*jiankang*) und Lebensverlängerung (*changshou*). Beispielsweise war die *Shang*-zeitliche Schamanenmedizin (*wuyi*) sehr verbreitet; obwohl die schamanische Gesundheitspflege generell gesagt nicht wissenschaftlich war, war sie dennoch eine wichtige Maßnahme der Gesundheitspflege der damaligen Menschen. In dem Zusammenhang von Lebensschutz und Gesundheitspflege (*weisheng baojian*), wurden in der *Shang*-Zeit außer den schamanischen Techniken einige Anfangskenntnisse in der Arzneimittellehre angesammelt. So war *Yi Yin*, der Kanzler von *Tang*[82], [dem Begründer] der *Shang-Dynastie*, ein berühmter Schamanenmeister. Als *Tang* ihn nach seiner Methode zum Erreichen eines langen Lebens fragte, antwortete er: „Man soll seine neue (Energie) benutzen und seine alte (=verbrauchte Energie) wegwerfen; zwischen Haut und Fleisch (*zoùli*)[83] zirkuliert sie vollständig; die Essenz (*jing*) und die Energie (*qi*) erneuern sich täglich; die schlechte Energie (*xieqi*) geht völlig weg und man erreicht [auf diese Art] sein [vorbestimmtes] Lebensjahr." (Zitat aus dem *Lü Shi Chunqiu*, [den Frühling-Herbst Annalen des *LÜ Bu Wei*])."[84]

Frühgeschichtlich wird sich allgemein auf die nicht weiter präzisierte Tatsache bezogen, daß Bronzeinschriften aus der *Zhou*-Zeit (1122 oder 1027-221 v.Chr.) zum Thema *qigong* bestehen. Schon die Technik des Bronzegusses der Vorgängerdynastie der *Shang* gilt bei vielen als bis heute weltweit unübertroffen.[85] Ihre Gefäßformen und Verzierungen lassen nicht nur bei sogenannten Opfergefäßen magische Bezüge und schamanische Inhalte erkennen, wie z.B. die tigerartige *taotie*-Maske mit aufgerissenem Rachen. Dies Thema wird im nächsten Kapitel weiter vertieft.

Für die Folgezeit wird in Vorlesungen, Diskussionen und schriftlichen Einleitungen häufig *LAO ZI* angeführt. Aber seltener wird er mit dem *Daode jing* konkret zitiert[86], wie hier im 10. Kapitel:

„Vermagst du deine *po*-Körperseele zu einen,
daß sie das Eine umfängt
ohne abzuirren, abzuweichen?

Vermagst du deine Stärke an *qi* zu sammeln,
daß sie sanft wird wie ein Säugling?

Vermagst du den Wunderspiegel blankzureiben,
daß seine Blindheit sich verwandelt zu makellos klarem Durchschein?"

81. REISCHAUER, E.O., 1973. S. 38.
82. *Tang*, der die legendäre *Xia*-Dynastie (2205-1766 oder 1994-1523 v.Chr.) stürzte, erkannte in *Yi Yin*, dem Koch seiner Frau, ein begabtes, tatkräftiges Talent. Nachdem *Yi Yin* zum Minister ernannt worden war, wurde er so bedeutend, daß Knochenorakelbefragungen in Fällen von Angst vor Verfluchung häufig seinen Namen nennen. Ihm wurde auch in der anderen Welt Macht zugeschrieben und man tanzte vor ihm als berühmten Schamanen und Musiker, z.B. um gemeinsam Stürme zu besänftigen. Nach dem Tode von *Tang* sowie kurzzeitig während der Regierung von dessen Enkel führte er ein weises Interregnum. s. CHANG, Tsung-Tung, 1970. S. 80ff.
83. D.h. in der mittleren Körpertiefenschicht, wo meist die Meridiane verlaufen
84. Hierzu existiert auch eine Übersetzung von Richard WILHELM.
85. REISCHAUER, 1973, S. 44f.
86. Übersetzung zit. n. MOKUSEN Miyuki, 1984. S. 32

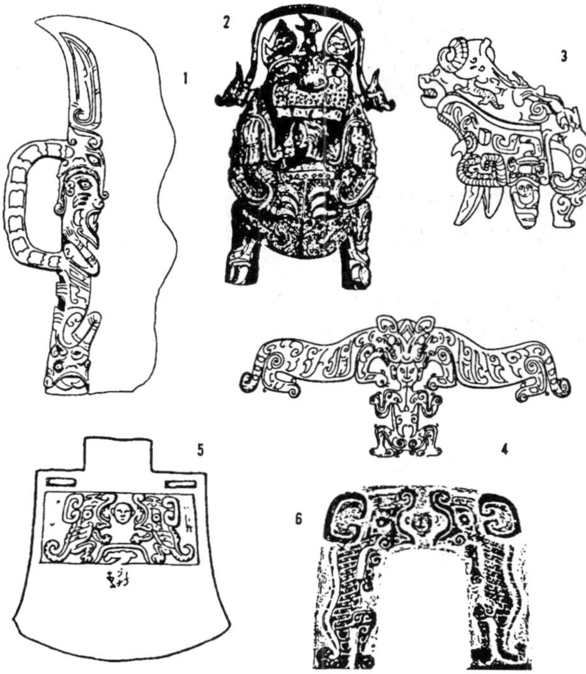

Fig. 2: Man-and-Beast motif in Shang bronze art. 1. Freer knife (from Hentze, see n. 41). 2. Sumitomo *yu* (from Hentze). 3. Freer *kuang* (from Chang, *Archaeology of Ancient China* [New Haven: Yale Univ. Press 1977], Fig. 182). 4. Fu-nan *tsun* (from Douglas Fraser, "Early Chinese artistic influence in Melanesia?" in *Early Chinese Art and Its Possible Influence in the Pacific Basin*, ed. N. Barnard [New York: Intercultural Arts Press, 1972], p. 646). 5. Fu Hao tomb ax (redrawn from report in n. 16 by Wu Hung). 6. Ssu Mu Wu *ting* (from Li Chi, *The Beginnings of Chinese Civilization* [Seattle: Univ. of Washington Press, 1967], Pl. 1).

***Abbildung 11:** Das taotie beim Mann-und-Tier Motiv in der Shang-zeitlichen Kunst. (Abb.: K.C. CHANG, 1981, S. 535)*

Der berühmte Historiker und ehemalige Präsident der Chinesischen Akademie der Wissenschaften *GUO Moruo* führte 1954 in der Erstauflage seines Buches „Die Sklavenhaltergesellschaft" sowie auch in der zweiten Auflage 1973 die aus 45 Zeichen bestehende sogenannte *xing qi*-Inschrift[87,88] an. Diese ist aus je drei Zeichen (neun mit Verdopplungsangabe) zusammengesetzt und auf zwölf Jadetäfelchen eingraviert, die wohl als Gürtelanhänger in der frühen *Chunqiu*- (Frühling-Herbst Annalen) Zeit (722-481 v.Chr.) dienten:

„Was den Lauf des *qi* betrifft – wenn es in die Tiefe gegangen ist, sammelt es sich; wenn es sich gesammelt hat, dehnt es sich aus; wenn es sich ausgedehnt hat, steigt es nach unten; wenn es nach unten gestiegen ist, nimmt es Form an; wenn es Form angenommen hat, konsolidiert es sich; wenn es sich konsolidiert hat, keimt es; wenn es gekeimt hat, wächst es; wenn es gewachsen ist, bewegt es sich zurück; wenn es sich zurückbewegt hat, beginnt der Himmelskreislauf erneut. Der Himmelspunkt wird oben verfeinert, der Erdenpunkt wird unten verfeinert. Wer dem entsprechend folgt, wird leben; wer dem entgegen handelt wird sterben."[89]

87. *GUO Moruo*: *nuli zhi shidai* (Die Sklavenhaltergesellschaft), 1973, S. 262 f.

88. WILHELM, Hellmut, 1948. Ohne Hinweis auf den Fundort zitiert WILHELM *GUO Moruo*, der 1947 Ductus und Stil der Inschrift als ähnlich zu Inschriften auf Piao-Glocken aus Loyang bezeichnet hatte. Deren Datierung wird mit 550 v.Chr. angegeben, allerdings nicht einheitlich.

89. Wenn nicht näher angemerkt, handelt es sich um eigene Übersetzungen des Autors, hier nach der Quelle in *GUO Moruo*, 1973.

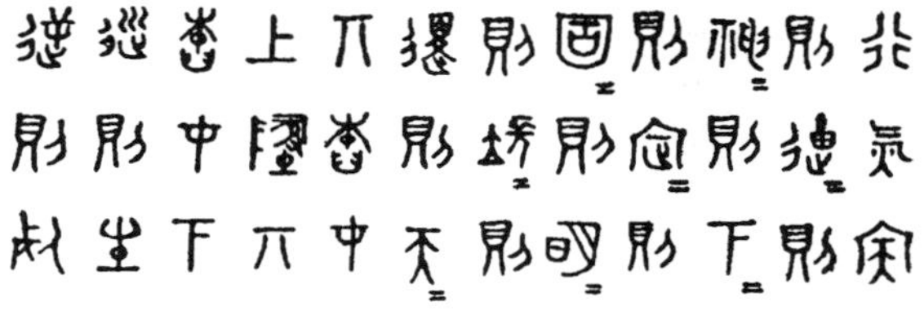

摹本

釋文

行氣〔氣〕宎〔安〕
則適〔達〕適則
神〔伸〕神則下下
則定定則
固固則明〔萌〕明
則張〔長〕張則
退〔退〕退則天天
六〔其〕沓〔舂〕才〔在〕
上墜〔地〕六
沓才下
巡〔順〕則生
逆則死

Abbildung 12: Rekonstruktion der Xing Qi – Jadetäfelchen (in: Li Jingwei: Zhongguo Gudai Yishitulü, S. 12)
Abbildung 13: Das Xing qi – Inschrift, untere Hälfte in moderner Schriftversion und Interpretation. (Abb: Liu Xinmin, Qigong yu Kexue, 9, 1989, S. 31)

GUO Moruo kommentiert (S. 263) die Inschrift wie folgt: „Dies ist ein Zyklus der Tiefenatmung“. Er interpretiert auch anschließend nur im Sinne von physiologischer Lungenatmung. Dann schreibt er weiter: „Dies ist das sogenannte „*daoyin*“ der Menschen des Altertums, was die Menschen von heute „*qigong*“ nennen“, und führt *ZHUANG ZI*, 15. Kapitel[90], an:

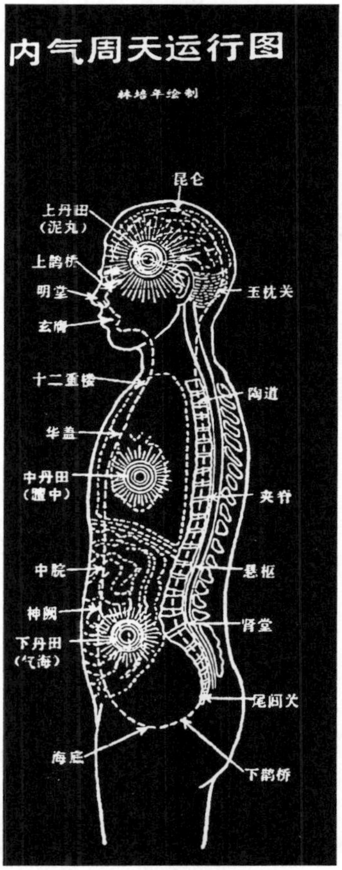

Abbildung 14: Die Darstellung der qi-Bewegung im zhoutian Himmelskreislauf bei Angabe der Lage der drei dantian nach MA Jiren (Abb. im Zhonghua qigong, 1987, 1, Coverinnenseite). Vgl. Abb. 4 und 5 mit den entsprechenden Meridiane.

„Wenn jemand blasend ausatmet und den Lufthauch einziehend einatmet, das Alte (dabei) auswirft und das Neue reinholt, wie ein Bär (stehend) durchhält und sich wie ein Vogel streckt, dann macht er das zum Erreichen der Langlebigkeit. Das ist die Vorliebe der Adepten, die *daoyin* machen, der Menschen, die die Gestalt nähren, des *Pengzu* oder ähnlicher Langlebender.“

Als Ende der 70er Jahre die schlimmsten Nachwehen der Kulturrevolution vorbei waren, gab es langsam wieder Möglichkeiten, die bisherigen Glaubensedikte zu diskutieren (s. Kap. 5.2).

90. *GUO Moruo*, 1973, S. 263; s. auch die dreisprachige Ausgabe von WARE, James R., 1974. S. 178 ff.

„Ein Erklärungsversuch der *xing qi*-Inschrift des Gürtelanhängers aus Jade“[91], aus dem Jahr1983, beginnt auch mit der Wiederholung der Interpretation von *GUO Moruo*, kommt dann jedoch zu ganz anderen Ergebnissen. Unter Einbeziehung von *LI Shaobo*'s Arbeit (94) (s. Kap. 5.2) folgern die Verfasser, daß es sich hierbei um die Darstellung von Bewegungsmethoden des wahren *qi* (*zhenqi*) handelt, genauer gesagt um den sogenannten kleinen und den großen Himmelskreislauf[92]. Auf die Tatsache, daß diese Erklärung zu dieser Zeit durch die veränderten gesellschaftspolitischen und kulturellen Verhältnisse ohne Lebensgefahr wieder frei geäußert werden konnte, gehe ich andernorts ein.

Für die *Han*-Zeit (206 v.Chr.-220 n.Chr.) wird meist auf das im Jahr 168 v.Chr. verschlossene Grab Nr.3 aus *Mawangdui Changsha*, *Hunan* Provinz, mit dem Seidenbuch *Quegu shiqi* (Sich des Getreides enthalten und *qi* zu sich nehmen) und den Seidenmalereien der 44 farbigen Illustrationen zu *daoyin*-Übungen aus dem dritten Jahrhundert v.Chr. Bezug genommen (135).

Häufig wird das *HUANG DI neijing suwen*, der „Interne Klassiker des Gelben Kaisers, Abschnitt Fundamentale Fragen“, in vielen Werken (z.B. (189)) mit Aussagen zur Bedeutung des *qi* zitiert.

YANG Meijun[93], die Begründerin des *dayan qigong*, Wildgans-*qigong*, gab 1986 in Hongkong eine englische Kurzausgabe ihres Buches heraus. Hier wird konzentriert die größtenteils vorherrschende chinesische Sichtweise und ihre Referenzen zum Ursprung des *qigong* deutlich:

> "According to the researches made by Guo Moruo, the late well-known historian and President of the Chinese Academy of Sciences, there were records of breathing exercise in the *jin* wen (writings on bronzes) of the Zhou Dynasty (c. 1100-221 BC). During the Spring and Autumn and the Warring States Periods (770-221 BC), with the emergence of numerous thinkers and contention among a hundred schools of thought, qigong also developed as never before. In the *Books of Changes*, semen [*jing*], internal energy [*nei qi*] and mind [*shen*] were regarded as the three treasures in the human body. Daoyin, another ancient form of fitness exercise, was very popular at that time."

Dann geht sie auf die *xing qi*-Inschrift (s.o.) ein, wobei sie in ihrer Übersetzung einen Teil wegläßt und stattdessen ihre Interpretation (den Bezug zu *yin* und *yang*) so hinzufügt, als ob sie unmittelbar zum Originaltext gehörte.

---

91. *QIAN Cunze*, *YANG Yihan*: *„Xing qi yu pei ming“ shi shi*. In: *Qigong yu kexue, Guangzhou*, 1983.2, S. 28f.

92. Der *xiao zhoutiangong*, kleine Himmelskreislauf, schließt *renmai* und *dumai*, die bedeutendsten zwei von den acht außergewöhnlichen Meridianen, d.h. Leitbahnen der Körperenergie, aneinander und verbindet so die linke Körperhälfte mit der rechten Hälfte des Menschen. Beim Ausatmen geht das *qi* von der Unterlippe über die Körperoberfläche geradlinig entlang der Mittellinie nach unten über das mittlere *dantian* zwischen den Brustwarzen zum unteren *dantian* und beim Einatmen weiter über den Damm die Wirbelsäule empor über den Kopf, den oberen *dantian*, zwischen den Augen, bis hinter die Oberlippe, wo die Zunge am oberen Gaumen ruht und eine Brücke für das *qi* bildet. Beim *da zhoutiangong*, großen Himmelskreislauf, wird das *qi* entlang der zwölf Hauptmeridiane geführt. Beim Einatmen geht es entlang der Meridiane der Innenseite der Beine bis zur Axilla und entlang der Außenseite der Arme zum Gesicht. Beim Ausatmen geht es von der Brust über die Innenseite der Arme zur Handinnenfläche und vom Gesicht über die Außenseite der Beine zu den Zehen.
Im Buch der Riten, einem der Fünf Klassiker, wird beschrieben, daß "ein Tag und eine Nacht einen Himmelskreislauf (*zhoutian*) ergeben" (*Liji*: *yue ling pian shu*). Im *qigong*-Wörterbuch von *LÜ Guangrong* (121) bezieht man den Ausdruck darauf und erläutert, daß die Sonne jeden Tag einen Kreislauf vollführt, den Himmelskreislauf.
Die Gleichsetzung der Sonnenbewegung über einen Tag und eine Nacht mit dem Kreisen des *qi* im *renmai* und im *dumai*, bzw. mit dem Ein- und Ausatmen im kleinen und großen Himmelskreislauf hat deutlich daoistischen Charakter.

93. *YANG Meijun*, 1986. S. 2 ff

Abbildung 15: Die Seidenmalerei mit den daoyin-Übungen aus dem Fürstengrab in Mawangdui. [Abb.: (135)]

"Take a deep breath and sink it to *dantian* (an acupoint slightly below the navel). Hold the breath there for a while and then exhale it like the sprouting of grass until it goes to the top of your head. In this way, the *yang* (masculine or positive) vital energy would go up and the *yin* (feminine or negative) down. Those whose yang or *yin* vital energy goes its own way would live, otherwise they would die."

Abbildung 16: Die Rekonstruktion der Daoyin-Übungen aus Mawangdui, [Abb.: (135)]

Daraufhin setzt sie diese *daoyin*-Darstellung mit dem heutigen *qigong* gleich. Nach diesem „Kurz-schluß" ist es nicht mehr erstaunlich, daß sie dies als systematische Darstellung der *qigong*-Theorie bezeichnet. Auf die drei energetischen Verwandlungsstufen von *jing* (nicht rein materialistisch auf den männlichen Samen und das weibliche Scheidensekret bezogen, sondern vielmehr eine dazu in Beziehung stehende energetische Essenz) zu *qi* und dann zu *shen*, dem „Geist", und schließlich dem Fortschreiten zu *xu*, der Leere (in daoistischer Interpretation die Einswerdung mit dem *dao*, in buddhistischer Interpretation das Eingehen ins Nirvana), durch intensives Üben, geht sie genauso wenig ein, wie auf andere Vorstellungen, die in diesem Rahmen nur kurz erwähnt werden konnten. Ihre Darstellung jedoch macht den Anschein eines repräsentativen geschichtlichen Querschnitts, ist es aber keineswegs. Frau *YANG* erwähnt die *Mawangdui*-Funde mit einer zeitlich völlig unscharfen Datierung, indem sie nur die westliche *Han*-Dynastie angibt (206 v.- 24 n. Chr.): die Seidenmalerei zeige männliche und weibliche Personen unterschiedlichen Alters, die verschiedene *daoyin*-Übungen ausführen und manche Übungsabläufe, die später als „Spiel der Fünf Tiere" bekannt wurden. Sie zitiert das *HUANG DI neijing*, wie die meisten chinesischen Autoren ohne nähere Referenzangabe. Dann geht sie darauf ein, daß sich während der Einführung des Buddhismus zur östlichen *Han*-Dynastie (25-220) das indische buddhistische Yoga mit dem *daoyin* verbunden haben soll, ohne dafür Belege anzuführen[94]. Während der Südlichen und Nördlichen Dynastien (420-589) kam ein indischer Mönch nach China, der den Zen [d.h. seinen chinesischen Vorläufer *chan*] (dhana [Sanskrit]) in *Henan*'s *Shaolin*-Kloster begründete. Er soll Gesundheitsübungen geschaffen haben, indem er *qigong* mit den *wushu*, Kampfkünsten, verband. Viele berühmte Ärzte des ersten Jahrtausends seien auch berühmte *qigong*-Meister gewesen, so wie z.B. *HUA Tuo* im 2. Jahrhundert. *CHAO Yuanfang* (um 600) soll schon gesagt haben, wer *qigong* beherrscht, könne eine heilende Energie von der Handinnenfläche abstrahlen. *SUN Simiao* (581-682), ein anderer berühmter Arzt, beschrieb Theorie und Praxis des *daoyin* in seinen „Tausend Verordnungen". Weiter schreibt Frau *YANG*:

> "By the Song Dynasty (960-1279), some Confucians who had failed in their imperial examinations turned to the medical profession. In their theoretical studies, however, they laid much emphasis on the classical works and neglected practice. As a result, qigong declined and was popular only among the folk doctors. But as luck would have it, researches on the theory of qigong were carried on in the religious circles and its use was integrated with wushu.
>
> From the Song to the Qing Dynasties (960-1911), although qigong developed greatly in practice, it was tained with mysticism and superstition, thereby straying into a blind valley. Since the beginning of this century, with the introduction of modern sciences, research work on qigong has been undertaken from a new angle. The useful and essential parts are selected and preserved, while the dross is discarded, and several sets of beneficial exercises for keeping fit have been compiled,...
>
> It is also sometimes used as an anaesthetic in operations. Modern scientific instruments have been used in researches on qigong, and have detected infrared electromagnetic wave information, static information and magnetic information from the qi released by qigong masters. These findings will help push the study of qigong to a new and higher stage and contribute to the human endeavour in probing the mysteries of life."

In dieser geschichtlichen Kurzfassung zeigt sich die Akzentsetzung einer sehr bekannten alten Praktikerin hinsichtlich des von ihr selbst abgeleiteten Stils, des Wildgans-*qigong*. Sie übergeht die Übungen in Stille fast völlig, ebenso wie deren Beziehungen zu Daoismus, Konfuzianismus und Buddhismus, die in einem Vorspann nur mit je einem

94. Nach NEEDHAM (Science & Civilisation in China, Vol. V:5, S. 283) ist der Zeitraum 100-400 n. Chr. möglich, aber eher unwahrscheinlich im Vergleich mit der Zeit danach.

Satz erwähnt werden. Stattdessen stellt sie geschichtlich eklektizistisch die Entwicklung von Übungen in Bewegung dar, bis hin zu modernen wissenschaftlichen Vorgehensweisen mit Selektion, Analyse und instrumenteller Untersuchung. Diese ins Englische übersetzte Einleitung ist teils oberflächlich, teils verfälschend. Sie ist typisch für sehr viele Einleitungen zu *qigong*-Büchern. Aber es finden sich auch andere, gründlicher recherchierte Werke, neue wie alte.

Viele historische Werke, auf die sich heute immer wieder bezogen wird, sind seit Mitte der 80er Jahre als Neuauflage erschienen. Dies geschah teils in traditionellen Langzeichen als ungekürzte Reprints alter Bücher, teils in den nach 1949 in der VR China üblichen Kurzzeichen. Dabei waren die Klassiker in Kurzzeichen häufig nur gekürzte Teilausgaben, nach den persönlichen Angaben von Kennern, unter Auslassung von kulturpolitisch anfangs eventuell noch nicht allgemein wieder vertretbaren und akzeptablen Textstellen. Mit zunehmender Liberalisierung Ende der 80er Jahre mehrten sich die vollständigen Neuauflagen.

Der heute allgemein benutzte Ausdruck *qigong*[95], der viele alte und neue Übungen zur „Arbeit mit dem *qi*“, was *qigong* ebenso bedeuten kann wie „die Arbeit des *qi*“, subsumiert, hat in der heutigen Bedeutung eine relativ kurze Geschichte. Er taucht wohl erstmals in dem Buch „Klassiker des *qi*-Regulierens“ in der *Tang*-Dynastie auf. Auch in der *Jin*-Dynastie ist er in dem Buch *Ling jian zi* überliefert. Dort bedeutete er, daß der Übende durch Kultivieren von *qi* im Körper *„dao qi“* erlangen konnte. In dem Buch „Geheimnisse des *Shaolin*-Boxens“ aus dem Jahre 1915 steht, daß *qigong* die Bedeutung hat, einerseits *qi* zu kultivieren und andererseits *qi* zu trainieren, und entsprechend werden einige Schulen mit ihren Übungen darin beschrieben. Auch in dem 1929 erschienenen Buch "*Wushu*-Schulensammlung" erscheint der Ausdruck *qigong* zur Beschreibung der Grundlagen der *wushu* (Kampfkünste).[96] 1931 fand sich der Ausdruck *qigong* erstmals direkt in einem Buchtitel: „Ausführliche Erklärungen zum *qigong* der Geistesaufmerksamkeit“ (201) von *WANG Xianbin*. 1934 erschien von *DONG Hao* das Buch „Spezielle Behandlungsmethode für Lungentuberkulose-*qigong*-Therapie“. 1938 folgte von *FANG Gongpu* „Aufzeichnungen von Erfahrungen mit der *qigong*-Therapie".

3.2 Weitere Standpunkte zu der älteren Geschichte des qigong

Die westlich-sinologische Auswertung der bekannten klassischen chinesischen Quellen sowie der in den letzten 30 Jahre entdeckten archäologischen Funde, zeichnet ein etwas detaillierteres Bild, das sich so in der modernen chinesischen *qigong*-Literatur nicht wiederfindet. Daher soll hier ein etwas weniger nebulöses Bild der frühen Geschichte bis zur *Han*-Zeit (206 v.Chr.) mit den möglichen Bezügen zum *qigong* skizziert werden. Da der Übergang von schamanischen Praktiken zu den entsprechenden Übungen jedoch auch hier nicht ganz geklärt ist, sind einige Zusammenhänge noch hypothetisch.

95. Nach unveröffentlichten Schriften und Vorträgen von *ZHANG Tian Ge*

96. *LI Xunfeng*: *Woguo gudai you "qigong" yici.* (Den Ausdruck "*qigong*" gibt es in unserer Geschichte) In: *qigong*, 8/1989, S. 382

Der traditionellen chinesischen Überlieferung[97] entsprechend, offenbarten die Töchter des legendären chinesischen Kaisers und Kulturheroen *YAO* (2357-2255 ?), namens *NÜ Ying* und *E Huang*, seinem Nachfolger, dem Kaiser *SHUN* (2255-2205 ?), die Kunst „wie ein Vogel zu fliegen", lehrten ihn also den magischen Flug in Ekstase, den im Schamanismus[98, 99] bekannten Seelenflug des Schamanen, der z. B. unter dem Beistand von tierischen Hilfsgeistern unternommen wird, um Heilung für einen Erkrankten zu bewirken. So kann man es deuten. Von diesem Seelenflug weiß die spätere chinesische Volksliteratur oft brillant zu erzählen, wie die Geschichte des Unsterblichen *LI Tieguai, LI* mit der Eisenkrücke, zeigt. Sie ist auch heute noch in China allgemeines Kulturwissen. Diesem Herrn *LI* wurde sein während einer sehr langen Meditation wie tot zurückgelassener Körper von seinem Schüler verbrannt. So mußte seine Hauchseele in einen Bettler überwechseln, dessen seelische Lebensspanne bei noch relativ intaktem Körper abgelaufen war. Er benutzte jedoch wegen eines gelähmten Beines eine Eisenkrücke, die fortan das Erkennungszeichen dieses daoistischen Unsterblichen wurde.[100]

Daß bei der Unterweisung in den legendären Zeiten die Frauen im Vordergrund standen, weist wohl auf ein ursprüngliches Matriarchat hin. Noch in der *Zhou*-Dynastie (ca. 1000-221 v. Chr.), die der Überlieferung nach mütterlicherseits tibetischer Herkunft war und sich demgemäß nach mutterrechtlichem Brauch zum Clan *Jiang* rechnete, wurde die Clanmutter *Jiang Yuan* verehrt. Jedoch ihre Herrscher und alle späteren Kaiser nannten sich „Söhne des Himmels", *tianzi*, und es galt die Erbfolge Vater-Sohn.[101] In dem Clannamen *Jiang* „steht statt des Zeichens Mensch das für Frau, das in allen altchinesischen Sippennamen erscheint und den mutterrechtlichen Charakter des altchinesischen Familienverbandes anzeigt, den die tibetische Familie noch heute besitzt", gemäß den Forschungen von ERKES[102, 103].

Das sollte jedoch nicht überbetont werden, da sich in den vielen ethnischen und kulturellen Gruppen, aus denen sich die *Shang*-Kultur zusammensetzte, schon ein Überwiegen des Patriarchats feststellen läßt.[104] Dieses, in den Orakelknocheninschriften am signifikantesten an dem Zeichen „Ahne" (Großvater und seine Vorfahren) durch einen

97. ELIADE, Mircea, 1975. S. 418, unter Bezug auf Ed. CHAVANNES: Les Mémoires historiques de Sse-Ma-Tsien (Paris 1897 ff.), I.Bd., S. 74
98. EICHINGER, Franz & Johann FRICK & Anton QUACK, 1988, S. 365-394: Die Missionare SCHRÖDER und FRICK waren wohl mit die letzten, die in den 40er und 50er Jahren auf dem chinesischen Festland zum Thema Schamanismus über den lamaistischen Kloster-Gurtum und den „Volks-Gurtum in den Dörfern der Chia-Fändse (Tibeter), Chinesen und Monguol (Tujen),…" in *Qinghai* Beobachtungen sammelten und aufschrieben. Schröder bezeichnet den Gurtum als ausgesprochenen Besessenheitsschamanen, für den seine kurzgefasste, dafür nötige Grunddefinition zutraf: „Der Schamanismus ist eine institutionelle und formgebundene ekstatische Verbindung des Menschen mit dem Jenseits im Dienste der Gemeinschaft". Dies betraf die Funktion, die Saat zu schützen, aber auch heilende und andere Aufgaben mittels *fashen*, dem Zeigen des Geistes.
Weitere Definitionen zum Schamanismus s.o. ELIADE, 1975; s. FINDEISEN, Hans & Heino GEHRTS, 1983.
99. NEEDHAM, Joseph: Science and Civilisation in China. Vol. II, S. 132-139.
100. WILLIAMS, C.A.S., 1932. Nachdruck. S. 154 f.
101. WIETHOFF, Bodo, 1971. S. 70
102. ERKES, Eduard, 1954. S. 11
103. CHANG bestreitet diese Schlußfolgerung aus den Texten der Ost-*Zhou*, ohne selber andere Erklärungen bieten zu können. Er meint, daß *Shang*- und *Zhou*-Zeit sicherlich patrilinear waren und schließt sich der Argumentation von HENTZE (1951) an. CHANG, Kwang-chih, 1976. S. 75
104. HENTZE, Carl, 1951. S. 186

Phallus dargestellt, läßt sich über den Nachweis von Phallusabbildungen in Ton noch weiter zurückverfolgen.[105] Nach HENTZE ist die religiöse Kultur der *Shang* ein Gesamtweltbild. „Immer und überall ist diese Gedankenwelt um das Schicksal des Menschen herum gewoben, so dass sich der Mensch in die Welt der Symbole, d.h. der fliessenden, nie abreissenden Lebensdarstellungen, hineingefügt sieht, die ihm das Weltgeschehen und seinen Sinn vermitteln sollen." Initiationsriten und ein Eingebundensein in ein System des Ackerbaus, der Fruchtbarkeitssymbolik, und eines Astralkultes mit Kalender zeigen die Konzentration auf das kosmische Geschehen und auf das Schicksal des Menschen darinnen mit vielen magischen Aspekten. Dabei warnt HENTZE: „Ausschlaggebend ist nicht etwa, dass eine magisch begründete Handlung vorgenommen wird, sondern innerhalb welcher Gegebenheit das geschieht, und an wen und was sie sich richtet. Wer das nicht in Rechnung zu stellen vermöchte, würde damit nur beweisen, dass ihm jeder Zugang zum Verständnis geistiger Realitäten versagt blieb."[106] Letzteres richtete HENTZE an die Adresse von zu schnellen und groben Verallgemeinerungen oder gar Vorurteilen.

Dem Kult dienende Bronze- oder Keramikgefäße sind jedoch schon vor dem Auftauchen der Knocheninschriften in der Spät-*Shang*-Zeit (1200-1050 v.Chr.) zu finden. Ganz einfache Gesichtskonturen fanden die Archäologen auf der *Erlitou*-Keramik, Jade und Lackgegenständen. Diese *Erlitou*-Kultur (Späte *Henan Longshan*, 2000-1500 v.Chr.) wird heute auch als noch zur *Xia*-Dynastie zugehörig diskutiert.[107] In der *Erligang* -Periode (1600-1200 v.Chr.) der frühen *Shang*-Zeit erscheinen als erstes die theriomorphischen Motive in Form der nicht der realen Welt zugehörigen Wesen mit der tigerartigen *taotie*-Maske und dem *kui*-Drachen. Diese finden sich im ganzen Kulturgebiet verteilt in gleich guter Qualität, ohne daß man geographisch gesehen von einem Zentrum, als Wiege dieser Kultur, sprechen könnte. Der Realwelt zuzuordnende Tiere, wie die häufigere Wassertiergruppe oder die selteneren Schlangen, Vögel, Tiger und Zikaden, finden sich erst in der Übergangsperiode (1300-1200 v.Chr.) vor der Spät-*Shang*-Zeit (1200-1050 v.Chr.). Als Erklärungen für den neu entstehenden zoomorphischen Stil werden veränderte kultische Erfordernisse diskutiert oder stilistische Entwicklungen bzw. beides.[108] Auf der Suche nach dem Sinn der theriomorphischen Motive finden wir die tigerartigen *taotie*-Masken mit Menschenköpfen oder ganzen Menschen dargestellt.[109] Als Erklärungen wurden Totem, mythische Gottheiten und Weiterentwicklungen von geometrischen Motiven angeboten bzw. wieder verworfen.[110] HENTZE[111] erörtert zu einer bronzenen Hausurne, „ursprünglich bildete wohl der geöffnete Schlund dieser T´ao-t´ieh-Maske auch gleichzeitig den Eingang in das betreffende Kultgebäude."

105.CHANG, K.C., 1976. S. 75
106.HENTZE, C., 1951, S. 247ff.
107.THORP, Robert L., 1985, S. 5-77
108.THORP, R., 1985, SS. 40, 46, 57, 48
109.CHANG, K.C., 1981, S. 527-554
110.CHANG, K.C., 1981, S. 536; HENTZE, C., 1951, S. 185ff.
111.HENTZE, C., 1951, S. 72

Abbildung 17: Menschenverschlingender taotie-Tiger. Bronze, Yü-Gefäß, Shang-Dynastie. Sammlung Sumitomo. (Abb.: HENTZE, 1951, Abb. Nr. 204)

Sowohl er als auch CHANG weisen auf die über das konkrete hinausgehende geistige Bedeutung hin. Diese Transzendenz in die spirituelle Sphäre erklärt CHANG näher. Im *Chu Yu*-Abschnitt des *Guo Yu* (4. Jh. v.Chr. mit späteren Ergänzungen) wird beschrieben, daß

"anciently, men and spirits did not intermingle. At that time there were certain persons who were so perspicacious, single-minded, and reverential that their understanding enabled them to make meaningful collation of what lies above and below, and their insight to illumine what is distant and profound. Therefore the spirits would decend into them. The possessors of such powers were, if men, called hsi [*xi*] (shamans), and if women, wu (shamanesses). It is they who supervised the position of the spirits at the ceremonies, sacrificed to them, and otherwise handled religious matters. As a consequence, the spheres of the divine and the profane were kept distinct. The spirits sent down blessings on the people, and accepted from them their offerings. There were no natural calamities."

„The Chinese original of this passage used two words, wu (animal offerings), and ch´i (ritual vessels), in such a way as to make it clear that the shamans and shamanesses were instrumental in the communication between Heaven and Earth, or between the ancestral spirits and other deities and the living people, and also that both the vessels and the wu-animal offerings were a part of the paraphernalia essential for the performance of the Heaven-Earth communicating service."[112]

Abbildung 18: Chinesische Schmuckbronzemaske (5,7 cm), Han-Dynastie, an die Kleidung geheftet um sich des Schutzes durch den Tiergeist zu vergewissern. (Abb. 42 in A. LOMMEL)

Neben einer Textstelle im *Zuo Zhuan*, die sich auf ein Ereignis des Jahres 606 v. Chr. bezieht und erklärt, daß Hilfsgeister der Schamanen auf den alten, bronzenen Ritualgefäßen abgebildet wurden,[113, 114] geht CHANG auf das *Shanhai jing*, (Klassiker der Berge und Seen) ein, das auch schon von anderen als ein Schamanen-Klassiker bezeichnet wurde, und das wohl im Südstaat *Chu* enstand[115]. Hier erörtert er die Beschreibung von dem Schamanenhelden *KAI*, der Musik und Dichtkunst mit Hilfe von zwei Schlangen- und zwei Drachengeistern in unsere Welt brachte. Diese beiden Drachen tauchen auch in den wohl ebenso teilweise ins 4. Jh. v. Chr. zu datierenden *Chu ci*, den Gesängen des Südens, auf, deren ältester Kern immer wieder von schamanischen Bezügen durchflochten ist. Die Tätigkeit der Schamanen einschließlich schamanischer Flüge beschreibt u.a. einer der ältesten Gesänge im *Chu ci*, „der größere Meister des Schicksals", *da si ming*:

Flying aloft, he soars serenely;
Riding the pure vapour (*sheng qing qi*!), guiding *yin* and *yang*.

Das Besteigen und Beherrschen der klaren, windartigen *qi*-Energie spielte also eine wichtige Rolle bei der Kontrolle von *yin* und *yang*, die beim *qigong* wie in der gesamten TCM wichtig ist. Im *Chu ci* wird der Schamanenahne *WU Xian* von dem *Zhou*-Dichter *QU Yuan* in seinem Gedicht *Li sao* konsultiert. Andererseits wird er in einem zeitgleichen Gesang „der große und glorreiche Gott *WU Xian*" genannt. In einer weiteren Quelle wird

112.CHANG, K.C., 1981, S. 537 (Zitat nach Derk BODDE)
113.CHANG, 1981, S. 538
114.HARPER betont unter Bezug auf das *Zuo Zhuan* eher den Aspekt des sich Schützens vor den so öffentlich bekannt gemachten 100 bösen Geistern. s. HARPER, Donald, 1985, S. 459-498
115.HAWKES, David, 1985. S. 23

er sogar als der Erfinder der Weissagekunst sowie in einer anderen als göttlicher Heiler bezeichnet. Im allgemeinen wird aber eher der Schamane *Wu Peng* (ebenfalls im *Lüshi chunqiu* des 3. Jh. v.Chr.) mit der Erfindung der Medizin assoziiert und natürlich auch der legendäre Gelbe Kaiser *HUANG DI*.[116] HAWKES schreibt weiter, daß die antiken chinesischen Schamanen ursprünglich Meister vieler Künste und Fähigkeiten waren. "In the course of centuries, however, as the *wu*'s status sank and more and more of what had once been *wu* accomplishments were taken over by other specialists, the term '*wu*' came to have a far more limited connotation." Im Laufe dieser zunehmenden Spezialisierung spalteten sich vom schamanischen Heilen die verschiedenen medizinischen Subspezialitäten sowie die Astrologen ab. *QU Yuan*'s Zeitgenosse, der daoistische Philosoph *ZHUANG ZI*, berichtet, daß im Gegensatz zu den Schamanen, die anderen Menschen dienten, die Eremiten ähnliche Verfahren nur zur Selbstkultivation nutzten.[117]

SCHIFFELER[118] beschreibt in dem *Shanhai jing* einen weiteren Gesichtspunkt. Er sieht, daß unter den Beschreibungen der natürlichen und übernatürlichen Fauna und Flora, die Kräuter und Mineralien in 60 Fällen weniger zum therapeutischen Heilen, denn als präventive Maßnahmen empfohlen werden. Das Betonen der Prävention findet sich in der TCM bis heute in all ihren Sparten, jedoch besonders im *qigong* und in der Diätetik.

Nach CHANG könne der offene Mund des *taotie* auch auf den Tieratem hinweisen, der, wie die Überlieferung sagte, Wind erzeuge, der auch dem Schamanen beim Aufstieg in die andere Welt hilft. – Auch dies ist also nicht nur als die reine Atemluft, sondern in einem hinsichtlich Bedeutungsdimension und Qualität erweiterten Sinne zu sehen, ähnlich dem lebenspendenden Odem. – Dabei könne der Tiger, wie man es aufgrund von Ableitungen aus dem pazifischen Raum kennt, als „alter ego" des höchsten *Shang*-Schamanen, nämlich des Königs selbst interpretiert werden.[119]

Aus ethnologischen Vergleichen ist bekannt, daß diese tierischen Hilfsgeister im Rahmen der Initiation den Menschen zerstückeln und fressen, um ihn zu einem Schamanen mit seinen neuen Fähigkeiten verdaut und verwandelt wieder entstehenzulassen.[120] Somit könnte es sich sehr wohl um die Darstellung des schamanischen Initiationsritus mit der Erfahrung von veränderten Wachbewußtseinzuständen (VWB) handeln, die auch in vielen *qigong*-Übungen eine Rolle spielen.

Der legendäre Kaiser und Schamane *SHENNONG* (2838-2698 ? v.Chr.) soll das Kräuterwissen und damit einen wichtigen Teil der Medizin aus der anderen Welt hierher gebracht haben. Dies geschah sicherlich wie bei den meisten Schamanen in einem z.B. durch Trommeln oder Halluzinogene induzierten tranceartigen Zustand. Verschiedenste ethnologische Quellen (s.o.) weisen darauf hin, daß dieser Zustand nicht leicht zu handhaben ist und den Schamanen sehr viel Kraft kostet. Um den Beweis für seine ungewöhnlichen Fähigkeiten in der Anderwelt zu bringen, müssen auch ungewöhnliche Fähigkeiten in der diesseitigen Welt für die Laien demonstrierbar sein. So zeigt sich der Eintritt

116.HAWKES, D., 1985, S. 43ff., 86
117.HAWKES, D., 1985, S. 42f.
118.SCHIFFELER, John, 1980/81, S. 41-83
119.CHANG, K.C., 1981, S. 549
120.FINDEISEN, Hans & Heino GEHRTS, 1983.

Abbildung 19: Drachen-Tiger Bronzegefäß, Shang-Dynastie. (Abb.: Zhongguo lishi bowuguan, Bd 5, wenwu chubanshe, Peking, 1984, Abb. Nr. 29)

Abbildung 20: Zeremonialaxt aus Bronze, Shang-Dynastie. Die Vernichtung des Alltagsmenschen für die Wiedergeburt als Schamane scheint hier durch die Tiger und die Axt symbolisiert zu sein. (Abb.: in s.o., Abb. Nr. 36)

des Geistes, *fashen*, bzw. der Eintritt in die Anderwelt, in der Provinz *Qinghai* in den 40er Jahren beobachtet, durch ein Kopfschütteln und schnelles ekstatisches Tanzen mit einem 100 Pfund schweren Metallhelm.[121] Diese außergewöhnliche körperliche Leistung erinnert an Leistungsproben des harten *qigong*, bei denen Autos über die Metallplatte fahren, die auf einem Meister des harten *qigong* liegt, oder wobei deren vier Gliedmaßen von Motorrädern erfolglos auseinandergezogen werden oder scharfe Speere sich verbiegen statt die Kehle zu durchdringen (s. Kap. 6.6).

Abbildung 21: Jademesser mit taotie-Türkiseinlegearbeit, Shang-Dynastie. (Abb.: in s.o. Abb. Nr. 40)

Das Buch der Wandlungen, *Yi jing*, ist in seinem ältesten vorliegenden Kern wohl ähnlich wie das *Shanhai jing* zu datieren[122], obwohl es dem legendären Kaiser *FU XI* (2852-2738 ? v.Chr.) aus der Zeit vor der Entwicklung der chinesischen Schrift zugeschrieben wird. Es soll gemäß dem hochrangigen esoterischen Daoisten *LU Tungpin* (9. Jh. n.Chr.)

121.EICHINGER,Franz & Johann FRICK & Anton QUACK, 1988, S. 365-394
122.HAWKES datiert es weiter zurück als CLEARY und nimmt an, daß seine ältesten Teile zur Zeit der westlichen *Zhou*, im 9./8. Jh.v.Chr. entstanden: HAWKES, D., 1985, S. 16

weniger ein Buch der Weissagungen, als vielmehr eine Darstellung des Geheimnisses der Funktionsweise des himmlischen Systems sein.[123] Im *Yao*-Kommentar der im Grab von *Mawangdui* gefundenen *Yi jing*-Textversion steht, daß auch KONFUZIUS drei graduell verschiedene Interpretationsebenen unterschied. Das Deuten der konkreten Hexagramme erfolge durch die *wu*, Schamanen. Die Übertragung der Zahlensymbolik auf die kosmischen Phänomene sei den Astrologen und Geschichtsschreibern vorbehalten. Die oberste Ebene müsse alle Aspekte vereinen.[124]

Abbildung 22: Bronzeaxt mit stilisiertem taotie, Shang-Dynastie. (Abb.: Wenhua dageming qijian chutu wenwu, Bd 1, wenwu chubanshe, Peking, 1973, S. 33)

In seinen Kommentaren spricht das *Yi jing* von *yin* und *yang* [125] (A6.11, B6.2) und sehr aufschlußreich von der Erlangung des transzendierenden Wissens ähnlich wie dies im Schamanismus bekannt ist.

Es heißt[126]: „Der Himmel ist hoch, die Erde ist niedrig; damit ist das Schöpferische und das Empfangende bestimmt. Entsprechend diesem Unterschied von Niedrigkeit und Höhe werden vornehme und geringe Plätze festgesetzt. Bewegung und Ruhe haben ihre

123.CLEARY, Thomas, 1986. S. 6
124.HERTZER, Dominique, 1996. SS. 287, 297

bestimmten Gesetze; danach werden feste und weiche Linien unterschieden." Man kann sehen, daß zur Zeit der Niederschrift dieses Kommentares zum älteren *Yi jing* schon eine Verschiebung der Wertigkeit von *yin* , wie sie ERKES (s.u.) für die Entstehungszeit des *Yi jing* noch annimmt, zugunsten von *yang* und Bewegung festgelegt war. POHL[127] kommentiert dies: „Die Hierarchie hält also Einzug unter Berufung auf kosmische Verhältnisse, und dieses kosmische hierarchische Verhältnis wird qua Analogie auf alle anderen gesellschaftlichen Phänomene und Beziehungen übertragen, einschließlich des Verhältnisses männlich-weiblich. Insofern haben wir hier zwar immer noch ein komplementäres Verhältnis, aber eine Komplementarität von rangmäßig Ungleichem."

Ebenso behandelt das *Yi jing* die Beziehung der Welt zur Feinenergie *qi* (A4.3-4): „In consequence of [sages´] having gone to the source of the beginnings and turned back to [find] ends, [the *Change [Yi jing]* and the superior man] know the explanations of death and birth.

[Sages understood that] quintessential ch´i [*jing qi*] constitutes a thing [by joining with corporeal ch´i [*qi*] as in a human body], and that the floating up of the soul [i.e., quintessential ch´i becoming detached again from corporeal ch´i [*qi*], as occurs after death,] constitutes a fluxion; in consequence of this, [the *Change* and the superior man] know the actual circumstances of ghosts and divinities."[128]

Das Bewegen der Seele nach oben deutet m.E. an dieser Stelle aber weniger auf den Tod, sondern vielmehr auf die Seelenreise der Schamanen oder auch nur allgemein auf veränderte Wachbewußtseinszustände hin, in denen transzendierende Erfahrungen gemacht werden, die rational schwer beschreibbar sind.

PETERSON erläutert weiter, daß das Buch der Wandlungen mit seinen numinosen Fähigkeiten Medium in einem besonderen Sinn sein kann. Es wird zum *wu* (Schamanen/ Schamanin) oder Weissager oder zur „besessenen Person", die den Kontakt mit *shen* er-

---

125.ERKES, Eduard, 1949, S. 34: „Dass die Begriffsbildung von Yin und Yang in sehr frühe Zeit zurückgehen muss, zeigt auch die unabänderlich feststehende Folge Yin-Yang, die den weiblichen Begriff Yin stets vorangehen lässt. Denn das ist charakteristisch für solche Begriffe, die aus der Zeit des Mutterrechts überkommen sind. So geht bei alten Tiernamen die Bezeichnung des Weibchens vielfach der des Männchens voraus; ähnlich verhält es sich bei sexuell determinierten Begriffen wie schwarz und weiss, leer und voll. Die Begriffe Yin und Yang treten immer gemeinsam auf. Sie erscheinen nie als persönliche Gottheiten, auch nicht als Substanzen, sondern immer nur als Kräfte oder als Eigenschaften, die sich in den Dingen manifestieren. ...Vielmehr dürften Yin und Yang ursprünglich überhaupt keine verstandesgemäss aufgefassten Begriffe gewesen sein, sondern gefühlsmäßig empfundene, und zwar möchte ich annehmen, dass sie Gefühle bezeichneten, die in der schamanistischen Ekstase erlebt werden."
Bezieht man die moderne Bewußteinsforschung in diese Gedanken mit ein, so könnte man vermuten, daß es in den veränderten Wachbewußtseinszuständen (VWB) der Schamanen im Rahmen des kulturbezogenen Erlebens von weltumfassenden und ozeanischen Gefühlen (s. auch GROF, Stanislav: Das Abenteuer der Selbstentdeckung: Heilung durch veränderte Bewußtseinszustände. München, Kösel, 1987. Kap.: Erweiterung des Erlebens innerhalb der `objektiven Realität´ und der Raum-Zeit: a. Überschreiten der räumlichen Grenzen, b. Überschreiten der Grenzen der linearen Zeit.) zu dem *yin-yang*-Erfahren der Welt kam und sich im Anschluß daran eine entsprechende Konzeptualisierung der Weltsicht anknüpfte. Daß die Bildung dieser Konzeptualisierung jedoch so viele Jahrhunderte in Anspruch nahm, bis daraus ein ausgefeiltes System wurde, wie wir es in der TCM um die Zeitenwende finden, dürfte zeigen, daß aufgrund des noch nacherlebbaren Erfahrens dieser anderen Weltsicht eine rationalisierende Erörterung und schriftliche Fixierung wie im *HUANG DI neijing* noch nicht drängend notwendig erschien.
126.WILHELM, Richard, 1924, S. 211
127.POHL, K.-H., S. 71
128.PETERSON, Willard, J., 1982, S. 100

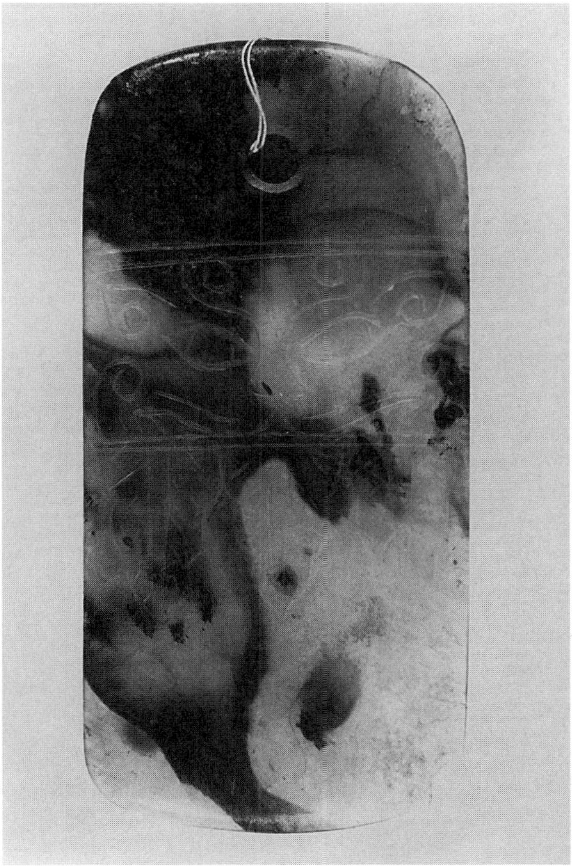

Abbildung 22: Jademesser (10,5 x 5 cm) mit eingeritztem oberen taotie-Tigerrachen, so daß auch hier Messer und Tiger gleichzeitig drohen. Ming/Qing-Dynastie. Eig. Samml.

möglicht, gleichgültig, ob wir *shen* als Geister, Götter, Dämonen, Numen oder etwas anderes interpretieren.

Die Kontaktaufnahme der Schamanen mit der Anderwelt durch Tranceinduktion mittels Musik und Tanz findet sich auch im *Yi jing*. (A12.13): "[Sages] drummed it [that is, the numinous presence] and danced for it in order to bring out exhaustively the divinity [or the numinosity]."

(A5.18): "Being incommensurate with *yin* and *yang* is what is meant by „numinous [*shen*]."

(A11.27): "Heaven [in the sense of sky] and the earth have flux and transformations [such as colored sunsets and flights of birds which are omens], and sages imitated them [in the *Change*]."

(A10.14-16): "The *Change* [and change in the realm of heaven-and-earth] is without conscious thought and is without purposive action. It is still and unmoving. When stimulated, it comprehends all causes in the realm of all-under-heaven."

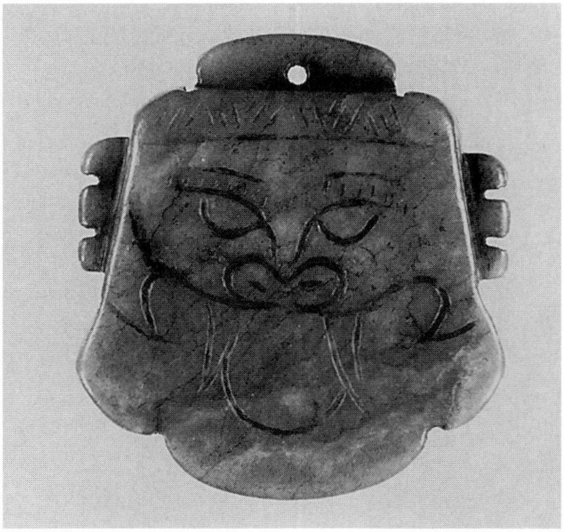

Abbildung 23: Jadeanhänger (5 x 4,5 cm) in Form einer Axt mit eingeritztem oberen Tigerrachen. Qing-Dynastie. Eig. Samml.

Abbildung 24: Runder Jadeanhänger (3,0x2,6 cm, RS. Plan mit Kreisgravuren) mit oberem Taotie-Tigerrachen sowie darüber dem Yin-Yang - Zeichen. Qing-Dynastie. Eig. Samml.

(A11.12): "Sages use this [participation in the *Change*] to do [their equivalent of a shaman's] austerities of purification and fasting in order to make their potency numinous and luminous."[129]

Die Beschreibungen in den hier aus den *Yi jing*-Kommentaren aufgeführten Zitaten lassen sich in ähnlicher Art und Weise auch in Schriften zum Thema *qigong* wiederfinden. Wichtig ist, daß beim Befragen[130] des Weissagungsbuches *Yi jing* wie beim Üben des *qigong* zuviel willentliche Aktion, also bewußte und rationale Beeinflussung, hinderlich ist und nur das Nicht-Wollen (und das spätere daoistische Nicht-Handeln *wuwei*) zur

129.PETERSON, W., 1982, SS. 107, 104, 108, 106, 110.
130.GIA Fu Feng, 1991, S. 25 ff.

Ruhe führt, die dann wieder alle Möglichkeiten beinhalten kann. Bei vielen *qigong*-Stilen, besonders bei den Übungen in Stille, geht es auch darum, die Natur nachzuahmen – bei der Schildkröten- oder der sogen. Embryoatmung, den imitierenden Übungen im Spiel der Fünf Tiere etc. Auch hier soll über *yin* und *yang* sowie das *qi* hinausgelangt werden, nämlich bis zur Transformation in die Bereiche von *shen*. Dieses geschieht jedoch eher durch systematisierte, sich wiederholende Bewegungen, die leichter eine Konditionierung ermöglichen, denn durch mehr chaotisch erscheinende schamanische Tanzbewegungen, bei denen das Mittel der Musik (meist Trommeln) dazukommt. Aber auch bei dem geordneteren *qigong*-Bewegungsablauf soll man in einen anderen Bewußtseinszustand gelangen, genannt *rujing*, in die Ruhe eintreten.

Der neben KONFUZIUS wichtigste Vertreter des frühen Konfuzianismus, MENZIUS, beschäftigt sich ebenfalls mit der rechten Pflege des *qi* (*shou qi*)[131], wobei er zur Zeit der 100 Philosophenschulen ethische Erörterungen als höherwertig gegenüber der anderweitigen Beschäftigung mit *qi* und auch dem Geist (mind, *xin*) darstellt. LEGGE übersetzte *qi* hier mit passion-nature: "...What is not attained in words is not to be sought for in the mind; what produces dissatisfaction in the mind, is not to be helped by passion-effort." ... "The will is the leader of the passion-nature. the passion-nature pervades and animates the body. The will is first and chief, and the passion-nature is subordinate to it." Im zweiten Zitat betont MENZIUS deutlich, daß die energetischen Phänomene dem Willen unterliegen. Wenn man dagegen sieht, daß bei der schamanischen Ekstase, von außen betrachtet, sicher oft der Eindruck entsteht, daß der Schamane seiner selbst in Bewegung, Stimme und Wesen nicht mehr Herr sei – trotz hierbei erfolgreichen Ausführens seiner Aufgabe – , so könnte man hier den Gegenpol sehen, von dem MENZIUS sich zu distanzieren versucht. Weiter schreibt er, daß das *qi*, durch Geradlinigkeit und gute Taten genährt wird, den Raum zwischen Himmel und Erde erfüllt, und die Menschen ohne *qi* verhungern. Die Betonung von Moral und guten Sitten zeigt hier die Orientierung an den konfuzianischen Werten.

In den letzten Jahrzehnten wurde bei einigen Ausgrabungen – das erwähnte *Mawangdui* und *Zhangjiashan* in *Jiangling/Hubei* sind die bekanntesten – medizinisch relevante Texte aus der *Han*-Zeit oder früher entdeckt. So fanden sich in den *Wushier bingfang* (Rezepte für 52 Leiden) aus dem späten dritten vorchristlichen Jahrhundert 16 Kategorien mit magischen Rezepten, die oft parallel zu Medikamenten und anderen Therapien angewandt wurden. Hier finden sich magische Rituale, Beschwörungen u.a., wie sie von den *wu*, Schamanen, und den *fang shi*, den Meistern der Rezepte, therapeutisch eingesetzt wurden.[132] Auch der „Schritt (- Tanz) des *YU*", der von Schamanen und später von Daoisten zur Herstellung kosmologischer Bezüge und zur Kontaktaufnahme mit der Anderwelt getanzt wurde, wird hier aufgeführt. EBERHARD[133] schreibt zur *Yao*-Kultur, „dass die modernen Schamaninnen von Süd-Chekiang [*Zhejiang*] noch jetzt den Tanz des Yü üben, indem sie auf einem Bein tanzen, das Gesicht mit einem Tuch bedeckt, bis

131.*MENG ZI*: Gong Sun Chao, 1.2.8-14, in: LEGGE, James, S. 188
132.HARPER, Donald, 1990, S. 210-235
133.EBERHARD, Wolfram, 1942. S. 53

Abbildung 25: Kopfbedeckung für Kleinkinder in Taotie-Tigergestalt, 1. Hälfte 20. Jh. Eig. Samml.

Abbildung 26: Taotie-Tiger-Kopfbedeckung. s.o.

sie in Trance kommen und aus ihnen der Geist spricht. Der Geist, der dort gerufen wird, ist nicht immer derselbe, aber es ist vornehmlich eine weibliche Gottheit."

Zusätzlich zu den Übungen, die heute zum *qigong* zählen, gab es neben der Diätetik und der Kräuterheilkunde noch ein wichtiges, ebenso der Medizin zugerechnetes Gebiet, auf dem man sich um Gesundung wie um Lebensverlängerung, *yangsheng*, bemühte. Es fanden sich im Grab von *Mawangdui* unter den 15 medizinischen Schriften sieben zur Lebensverlängerung, wovon sich vier mit sexuellen Praktiken beschäftigen.[134] Sie wur-

134.HARPER, Donald, 1987. S. 539-593

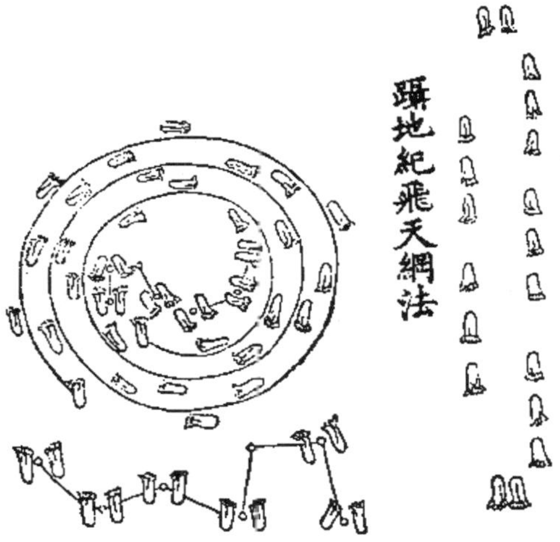

Fig. 5. The Pace of Yu. *Source: Taishang zhuguo jiumin zongzhen biyao* 大上助國救民總真祕要 3b (HY 1217 fasc. 986–987)

Abbildung 27: Der Schreittanz des Yu. [Abb.: Robinet, in Kohn (Ed.), 1989, S. 183]

den mit Pinsel auf Bambusstreifen geschrieben. Das erste wurde *He yin yang* (Vereinigung von *yin* und *yang*) genannt, und das zweite *Tianxia zhi dao tan* (Diskurs über den Weg des Höhepunkts auf Erden). Diese Werke sind sehr ausgearbeitet und greifen daher wohl auf schon lange vorher bestehende Erkenntnisse zurück. Andererseits zeigen die wenigen heute noch vorhandenen Texte der späteren Jahrhunderte, wie das entsprechende Kapitel 28 im japanischen Medizinkompendium Ishimpo (Herz der Medizinrezepturen) aus dem 10. Jahrhundert bis hin zu populären Schriften dieses Jahrhunderts, daß diese Ideen mit nur wenigen Veränderungen weiter verbreitet wurden. In diesen oben genannten Manualen finden sich, in einer Kombination von prosaischer und poetischer Unterrichtung, wie sie typisch ist für die frühe esoterische Literatur, Anweisungen, die durch geheimnisvolle Metaphern verschlüsselt sind.

In Versform, die dem besseren Memorieren dienen soll, werden Instruktionen für die Gesundheit bzw. Lebensverlängerung mittels sexueller Energie gegeben, wie sie sich bis dahin nur einmal als ebenso klare Handlungsanweisung zur *qigong*-Therapie auf den Jadetäfelchen des 6. Jh. v. Chr. mit der *xing qi*-Inschrift fanden. In beiden Fällen geht es um die praktische Handhabung von Energieformen, während andere Quellen sich eher mit dem theoretischen Hintergrund beschäftigten. Ein drittes Werk aus dem gleichen Kontext, genannt *Shi wen* (10 Fragen), spiegelt den rhetorischen Stil der Epoche der kämpfenden Reiche wieder, mit der Debatte zwischen dem meist herrscherlichen Fragenden und seinem Lehrer. Zu den bezüglich der Gesundheitspflege um Unterweisung Bitten-

***Abbildung 28:** Kupferamulett, Ming-Dynastie. Vs.: Tanzender Schamane mit Zweig in der Hand zum Vertreiben übler energetischer Einflüsse und Herabholen glücklicher. Eig. Samml.*

***Abbildung 29:** Rs.: Der Tiger Hilfsgeist symbolisiert Tapferkeit und hilft dem Schamanen in der Vernichtung der Dämonen. Auch die fünf giftigen Tiere weisen Böses ab [Schlange, Tausendfüßler, Skorpion, Kröte, Spinne, (Eidechse)] (s. EBERHARD, 1990; WILLIAMS 1932)*

den gehören der Gelbe Kaiser, *HUANG DI*, sowie die legendären Kaiser *YAO* und *YU*, während zu den Lehrern der legendäre Kaiser *SHUN* und der langlebige *PENGZU* zählen.

In den Manualfragmenten des *Han*-zeitlichen *SU NÜ jing* klagt der Gelbe Kaiser über sein schwaches und disharmonisches *qi*, einhergehend mit Depressionen und Angst und bittet um Rat. "The Immaculate Girl replied: Debility in men can always be attributed to a faulty exercise of the sexual act. Now woman is superior to man in the same way that water is superior to fire. And those who are expert in the arts of sex are like good cooks who know how to blend the five tastes into delicious dishes. Those who know the Tao of Yin and Yang can fully achieve the five pleasures." "Pheng Tsu [PENGZU] told her [the Chosen Girl] that a man can gain immortality by conserving his ching [*jing*] and nourishing his shen [*shen*], also by dieting and taking various drugs, but if he does not know the art of sexual intercourse, diet and drugs will be of no avail."[135]

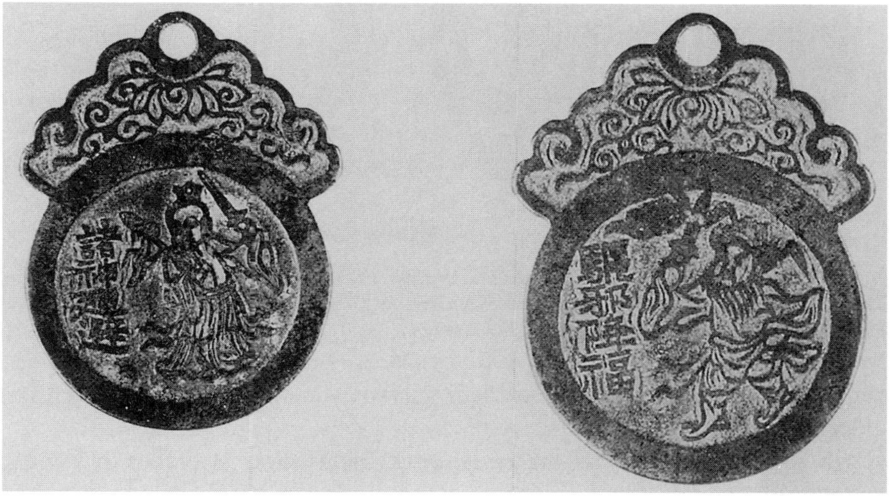

***Abbildung 30:* Bronzeamulett, Qing-Dynastie. Li.: Zur Vermeidung aller Geister kämpft der Daoist mit seinem Schwert. Re.: Tanzender Schamane, s. Abb. 27. Eig. Samml.**

In diesem Text finden wir einerseits die feinenergetischen Formen *jing*, *qi* und *shen* erwähnt, die beeinflußt werden sollen, und sehen diese andererseits als Behandlung einer Erkrankung mit schwachem und disharmonischem *qi* sowie Depression und Angst auch direkt im Zusammenhang mit den therapeutischen Verfahren. Genannt werden dem *qigong* zugehörige Übungen, die Diätetik und die Kräuterheilkunde, als auch sexualtherapeutische Übungen.

In dem auf Seide geschriebenen Text aus *Mawangdui*, der die *qigong*-Übungen betrifft, genannt *Quegu shiqi* (Sich des Getreides enthalten und *qi* zu sich nehmen), wird eine makrobiotische Technik beschrieben, in der anstelle von Getreide feinenergetisches, kosmisches *qi* aufgenommen wird.[136] Auf dem zweiten Seidenstück, genannt *daoyin tu*, finden sich Abbildungen von Ausführenden der *daoyin*-Übungen. Dies stellt eine äußerliche ergänzende Bewegung zur innerlichen Bewegung des *qi* dar. Hier finden sich auch die bekannten Übungen des Streckens wie ein Vogel und des Gehens wie ein Bär wieder. Dabei betont HARPER, daß die oben genannten Schriften keine isolierten esoterischen Werke innerhalb der medizinischen Literatur aus *Mawangdui* sind. Vielmehr zeigt es sich, daß die Theorie zur Lebensstärkung und -verlängerung, *yangsheng*, ein in-

135.NEEDHAM, Joseph: Science and Civilisation in China, 1983. V.5, S. 192 f.
136.HARPER, D., 1987, S. 555 f.

Abbildung 31: Bronzeamulett, Qing-Dynastie. Li.: mythol. Figuren; unten die Schildkröte-Schlange, der dunkle Krieger, Symbol des Nordens; oben das Sternzeichen des Großen Wagen. Re.: oben yinyang in bagua, li. Beschwörungsformel, re. daoistischer Heiliger. Eig. Samml.

tegrierter Bestandteil der allgemeinen Medizin war, wie sie im zweiten vorchristlichen Jahrhundert existierte.[137]

Ein 1975/76 in *Shuihudi*, Provinz *Hubei*, geöffnetes Grab, welches 217 v.Chr. geschlossen wurde, enthielt einen Teil eines Bambusstreifen-Manuskripts über astrologische, weissagerische und magische Künste. Die Ähnlichkeiten zwischen dem einen der beiden dort gefundenen Manuskript und modernen chinesischen Almanachen war erstaunlich. Der Schreittanz des legendären *Yu*, der später während der Sechs Dynastien unter den Daoisten sehr häufig ausgeführt wurde, fand sich in beiden Manuskripten. Am interessantesten ist jedoch die Tatsache, daß in dem Manuskript zur Dämonenbeschwörung drei prophylaktische und Geister abwehrende Körperhaltungen beschrieben werden, die sich später auch in Übungen wiederfinden, die zum *qigong* zählen. *Quwo*, zusammengekrümmtes Liegen, *jizuo*, Sitzen wie ein Worfelkorb, und *qili* (bzw. *yili*), das angelehnte Stehen, sind in späteren Werken zum *daoyin*, dem äußerlich bewegenden Lenken der Körperenergie, bekannt.[138] Daoistische Schriften weisen den Schüler an, mit angezogenen Knieen auf der Seite zu liegen. Diese vorgeburtliche Position soll einerseits das *qi* stärken und andererseits vor Dämonen schützen. Mit gespreizten Beinen zu sitzen findet man in daoistischen therapeutischen Übungen und auch in mittelalterlichen Anweisungen zum Geschlechtsverkehr. Auch die Standhaltung läßt sich in Bezug zu einer Übung bringen, die manchen Ausgaben des *Baopu zi* (s. Kap. 6.2) beigegeben ist.[139] Noch klarer wird der beschützende Sinn, wenn man bedenkt, daß die dem *qigong*-Kreis zugehörigen Übungen innerlich und äußerlich schützen sollen, d.h. vor Gefahren, die

137.Harper, D., 1987, S. 559
138.Harper, D., 1985, S. 459-498
139.Harper, D., 1985, S. 483 ff.

ohne die Übungen einen körperlichen oder seelischen Schaden, direkt oder indirekt, erzeugen würden. Nur mit diesen kann man erreichen, daß "evil devils do not dare approach, there can be no confusion between dreaming and waking, cold and hot cannot penetrate, and calamity and sickness obstruct."[140] Man urteilte wohl, als diese Übungen aus dem Repertoire des Schamanen im Zuge der Spezialisierung zur medizinischen Therapie abgezweigt wurden, daß ihre feinenergetische Wirkung so wirksam sei, daß man alles gesundheitlich Unerwünschte damit angehen könne. Was die tierimitierenden Übungen betrifft, so weisen verschiedene westliche Autoren ethnologisch vergleichend darauf hin, daß es nicht nur um ein Einfühlen in die Natur der Tiere gehe, sondern, daß es auch schon in alten religiösen Zeremonialtänzen um Tiere ging und z. B. gefiederte Tänzer Vögel nachahmten. Diese Tiere bzw. die Tiergeister sollten hierbei auch zur Unterstützung der Menschen herangebeten werden.[141] "In his official function he wears [over his head] a bearskin having four eyes of gold, and is clad in a black upper garment and a red lower garment. Grasping his lance and brandishing his shield, he leads the many officials to perform the seasonal Exorcism (No), searching through houses and driving out pestilences."[142] Nach dieser Beschreibung aus dem Ritenbuch der *Zhou* zeigt die deutlich spätere des *ZHUANG ZI* (4. Jh. v. Chr.) die weitere Entwicklung und Differenzierung der krankmachenden energetischen Funktionsstörungen sowie ihre Therapie. Als der Herzog *HUAN* irre redete, nachdem er während einer Reise einen Geist gesehen hatte und sich mehrere Tage zurückzog, redete ihn ein weiser Mann wegen seiner Erkrankung an: „Eure Hoheit schaden sich selbst. Wie könnte ein Geist [*gui*] Eurer Hoheit schaden? Wenn die Lebenskraft [*qi*] in einem Anfall von Erregung verbraucht wird, ohne sich wieder zu ersetzen, so ist ein Schwächezustand die Folge. Steigt sie empor, ohne wieder herunterzukommen, so wird der Mensch leicht zornig; sinkt sie nach unten, ohne wieder heraufzukommen, so wird der Mensch vergeßlich. Kann sie weder steigen noch sinken, sondern stockt sich im Herzen, mitten im Leib, so verursacht sie Krankheit."[143]

Das Werk *Guanzi* enthält als eines der ältesten Abschnitte das *Neiye* (Innerliches Training). Es ist in gereimten Versen verfaßt und wird traditionellerweise dem 7. Jh. v. Chr. zugeschrieben, stammt aber wohl aus der frühen Zeit der *Jixia*-Akademie, die Ende des 4. Jh. v. Chr. entstand, mit einigen späteren Ergänzungen. Hier geht es schon um ausgefeilte Techniken im Daoismus mit dem Stillwerden des Geistes/Herzens, *xinjing*, und dem Lenken des *qi*, *qili*, durch entsprechende Übungen, um das *dao* zu erlangen.

140.Einleitung zu den therapeutischen Übungen von *Zhong Li*, zitiert im *Xiu zhen shi shu*, 19.3b; hier zit. n. HARPER, D., 1985, S. 486

141.HARPER, D., 1985, S. 487 f.: NEEDHAM, J.: Science and Civilisation in China. 2, S. 145 (die therapeutischen Übungen könnten von den Tänzen der regenmachenden Schamanen abgeleitet sein); GRANET: Danses et légendes. S. 298-320

142.BODDE, Derk, 1975. S. 78: Chou li 31/6b-7a, Biot 2.225

143.WILHELM, R., 1920. XIX, 7, S. 142

"If one can align the mind and make it still,
Only then will it be stable.
When inwardly the mind is stable,
The eyes and ears will perceive clearly,
And the four limbs will be firm.
One can thereby make a lodging place for the vital essence.
The vital essence is the essence of the vital energy.
When the vital energy follows the Tao, there is vitality."[144]
"In general [to practice] this Way
One must coil, one must contract,
One must uncoil, one must expand,
And one must be firm and regular [in this practice].
Hold fast to this excellent [practice];
Do not let go of it.
Chase away the excessive [in sense perception].
Abandon the trivial [in thought].
And when you understand the ultimate levels
You will return to the Way and its Power."[145]

Während das *Neiye* protodaoistisch fast nur von der Kosmologie und Psychologie handelt, werden die zugehörigen Texte des *Xinshu shang* und *Xinshu xia* durch Hinzufügen des politischen Kontextes daoistisch.[146]

Im *HUANG DI neijing suwen* (der Buchhälfte „Schlichte[147] Fragen" im „Internen Klassiker des Gelben Kaisers"), die in den ersten beiden vorchristlichen Jahrhunderten die vorhandenen medizinischen Kenntnisse der vorigen Jahrhunderte sammelte, erklärt *QI BO* dem Gelben Kaiser: "The sages of high antiquity taught their disciples, all saying that there are times when one must avoid injurious pneumatic influences [*zei feng*] and malign debility [*xu xie*]. If one practises quietness, ataraxy and unworldly meditation, the chhi of the primary vitality [*zhen qi*] will respond to this, and at the same time the ching [*jing*] and the shen [*shen*] (primary vitalities) will be preserved. How could any illness then arise?"[148]

In den beiden Teilen *Suwen* (Schlichte Fragen) sowie *Lingshu* (Lebensachse) des Internen Klassikers des Gelben Kaisers, als auch in einer weiteren und wohl originalgetreuer überlieferten Form, dem *(HUANG DI neijing) Taisu* (Große Klarheit)[149] finden sich des weiteren viele Erklärungen, die das *qi* und andere feinenergetische Formen im Rahmen der Medizintheorie betreffen. Zum Thema *qigong* gibt es jedoch nur sehr wenig Aussa-

144.ROTH, Harold, 1991, S. 614, (16.2a9)
145.ROTH, H., 1991, S. 618, (16.3b6)
146.ROTH, H., 1991, S. 628
147. Gemeint ist „schlichte" oder „einfache" im Sinne von „fundamentale" Fragen, die die Beantwortungen mit einschließen.
148.NEEDHAM, J.: Science and Civilisation in China. Vol. V:5, S. 280 f.
149.YAMADA, Keiji, 1979. S. 67-89

gen. Eine davon ist die obige zu Übungen in Stille. NEEDHAM folgert, daß der Ausdruck *nei*, Innere, im Titel bedeutet, daß es sich inhaltlich um das Innerweltliche, Rationale, Praktische, Konkrete, Verifizierbare und somit Wissenschaftliche handelt. Das verzeichnete, aber verschollene *HUANG DI waijing* müsse somit über alles, was *wai*, außen, ist, berichtet haben – also alles Außerkörperliche, Außerweltliche, das mit Göttern, Geistern, Weisen und Unsterblichen zu tun hatte.[150] Will man NEEDHAMS rationaler Sichtweise folgen und sie weiterführen, so könnte man *qigong*-Übungen und ähnliche Themen eher in dem verloren gegangenen Buch vermuten. Daraus jedoch zu folgern, daß der Verlust dieses Buches „deutlich den ganz nebensächlichen Charakter des magisch-religiösen Aspektes der chinesischen Medizin“[151] unterstreiche, stellt in meinen Augen eine viel zu große Verallgemeinerung und oberflächliche Bewertung dar und zeigt eher einen fehlenden Zugang dieses großen Wissenschaftlers zu dem Bereich des Nicht-Rationalen.

Aus der Folgezeit finden sich vor allem in daoistischen Werken zahlreiche Quellen zum Thema *qigong*, die hier nicht näher aufgeführt werden sollen (s. auch Kap. 6.3). Daß auch in späterer Zeit die Abgrenzung zwischen den Schamanen, die häufig weiblich waren, und den Ärzten sowie den Daoisten schwierig war hinsichtlich Pharmazie, Alchemie und den damit verbundenen *qigong*-Übungen, zeigen die bitteren Klagen bezüglich der zahlreichen Schamaninnenkonkurrenz im 2. Jh. n.Chr. im *Qianfu lun* (Aufsätze eines Eremiten) von *WANG Fu*[152]. Man kann matriarchale Restspuren noch bis in die *Tang*-Zeit hinein verfolgen[153,154,155,156]. Vom Beginn der *Tang*-Dynastie ist eine größere Säuberungswelle in der Region des ehemaligen Südstaates *Chu* gegen die Schamanen mit einer teilweise erfolgreichen Zerstörung ihrer heiligen Orte durch die Konfuzianer bekannt.[157] Am Ende dieser Dynastie verdrängte das zunehmend übermächtige Patriarchat restmatriarchale bzw. gleichberechtigte Denkansätze in den Untergrund, und diese konnten fast nur noch infolge der Übernahme durch die Daoisten überleben (s. auch Kap. 8). Dieser eben auch matriarchalisch beeinflußte Schamanismus ist eine Tatsache, die heute in der VR China am liebsten nur im Zusammenhang mit den dadurch als touristisch attraktiv dargestellten chinesischen Minderheiten diskutiert wird. Ebenso finden wir ihn heute noch in Südkorea bei den überwiegend weiblichen Schamaninnen, die mudang (chin. *wutang*) genannt werden.

Tanz-Bewegungen, die traditionell mit den schamanischen Techniken verbunden sind, zeigen einen der drei wichtigen Faktoren, wie sie auch in der Nachahmung der Tiere, z.B. dem *HUA Tuo* zugeschriebenen *Wu(Liu)qinxi* (Spiel der Fünf (Sechs) Tiere) oder bei den *daoyin*-Übungen (Lenk- und Leitübungen), im Vordergrund stehen. Neben der äußeren Bewegung gibt es die ebenfalls schon angedeutete innere Bewegung, d.h. ein Wahrnehmen, Mehren und Lenken der eigenen inneren Energie, eventuell bis hin zum

150.NEEDHAM, J., 1979. S. 303 ff.
151.NEEDHAM, J., 1979, S. 305
152.NEEDHAM, J.: Science and Civilisation in China. Vol. II, S. 136 f.
153.HOMANN, Rolf, 1971.
154.ERKES, E., 1935, S. 166-176
155.Van GULIK, R., 1974.
156.HEISE, Th., 1998a
157.HAWKES, D., 1985, S. 19

Seelenflug[158], wie er aus dem Schamanismus entlehnt im *Shangqing*-Daoismus bekannt ist. Eine typischer Vertreter dafür wäre *Neiyanggong* (Innerlich nährende Übungen). Ein klassischer Vertreter für die Betonung der Atmung, äußerer wie innerer, sind die *tuna*-Übungen, eine Abkürzung von *tugu naxin* (Das Herauswerfen des Alten und Hereinholen des Neuen).

Diese drei Hauptsysteme, die *tiaoshen*, *tiaoxi* und *tiaoyi,* auch *tiaodong*, *tiaohuxi* und *tiao yinian* genannt, anstreben, also die „harmonisierende Ausgleichung von Körperbewegung, Atmung und frei schwebender Geistesaufmerksamkeit", wurden im Altertum durch die entsprechenden Strömungen des Konfuzianismus, Daoismus und Buddhismus in deren Sinne beeinflußt, (um)gedeutet und strukturiert sowie benannt.

3.3 Diskussion

Es finden sich in den letzten vier Jahrzehnten in der Literatur der Geschichte zur TCM oder auch speziell zur Geschichte des *qigong* nur sehr spärliche Hinweise auf schamanische Wurzeln und noch weniger auf Beeinflussungen durch matriarchalische Züge im Daoismus. Dabei ist zu bemerken, daß grundsätzlich die Behandlung von Themen wie schamanische[159] Medizin (*wuyi*) (123) und frauenspezifische Übungen (281, 191) seltener bzw. weniger ausführlich ist als die zu anderen Themen. Die Diskussion des frühen chinesischen Schamanismus in der *qigong*-Literatur ist, wenn vorhanden, eher abwertend. So heißt es, die medizinische Therapie der Schamanen nutze vom handlungsbezogenen Standpunkt aus gesehen so wenig wie das Beten.

In einer Gesellschaft, die, als das Buch von *ZHAO Pushan* mit diesem Zitat 1983 erschien, noch stärker postmaoistisch und damit auch atheistisch geprägt und außerdem sehr auf die angestrebte Wissenschaftlichkeit bedacht war, bedeutete das ein vernichtendes Urteil über diese Art der Medizinausübung.

In den archäologischen Berichten lassen sich mögliche Zusammenhänge nur zwischen den Zeilen erschließen. Es gilt hierbei, weder die traditionellen chinesischen Erklärungen und dynastischen Modelle überzustrapazieren noch die eurozentrischen Theorien zu sehr zu betonen. Beides passiert immer wieder besonders aufgrund der Schwierigkeit, die *Shang*-Kultur aus ihren eigenen Zusammenhängen heraus in ihren eigenen Modellen hinreichend erklären zu können. Aber auch die später aus der *Han*-Zeit abgeleiteten Erklärungssysteme, denen sich PORKERT[160] intensiv widmete, können zu Schlußfolgerungen führen, die historisch nicht nachvollziehbar sind. So wies schon KUBNY[161] darauf

---

158.ROBINET, Isabelle, in: KOHN, Livia (Ed.), 1989.

159.Bei meiner Suche in der VR China von 1985-87 nach neueren Veröffentlichungen zum Thema Schamanismus fand ich zwei Werke. Sie waren jedoch ohne Bezüge zum *qigong*: „*Shamanjiao yanjiu*" von *QIU Pu* aus dem Jahre 1985 beschäftigt sich eher mit dem neuzeitlicheren Schamanismus der nordchinesischen Minderheiten. 1986 wurde die Übersetzung aus dem Englischen von dem Buch MALINOWSKI's veröffentlicht, das laut chinesischem Vorwort 1936 erschienen war, jetzt unter dem Titel „Schamanismus, Wissenschaft, Religion und Mythologie" „*Wushu, kexue, zongjiao yu shenhua*". Schon früher erschienen war vom gleichen Übersetzer MALINOWSKI's „Sex and Repression in Savage Society" (1927) unter dem entschärften Titel „Ein Vergleich von patriarchalischem und matriarchalischem Gesellschaftssystem" „*Fuxi shehui yu muxi shehui di bijiao*" auf Chinesisch.

160.PORKERT, Manfred, 1965, S. 184-210

hin, daß das Einbringen von der Essenz *jing*, der Feinenergie *qi* und der geistigen Kraft *shen* in eine systematische Entsprechung zusammen mit *ling*, der „Reaktivkraft“ und *gui*, „der trägen Konstellation“ – unabhängig von der Frage der Übersetzung – in den Originalquellen nicht in dieser Fünfheit vorkommt, wie wir es bei den Fünf Elementhaften Wandlungsphasen *wuxing* kennen.

Die Annahme einer antagonistischen Weltsicht zwischen schamanischer Medizin und TCM-Entwicklung sowie ihre Begründung erinnert sehr stark an *MAO*'s Politparole vom *liang tiao lu xian* (Kampf der beiden Linien)[162], und es hat den Anschein, als ob hier Ideen aus der ideologischen Tagespolitik in die Vergangenheit projiziert wurden.

Die Ursprünge der Verdrängung von nicht mehr in das jeweils herrschende gesellschaftspolitische System passenden Fakten läßt sich in der chinesischen Kultur bis in früheste schriftliche Quellen zurückverfolgen. Ganz allgemein schreibt GRANET[163] zu dieser Problematik, beginnend bei *YAO* und *SHUN*, den ersten Heroen des *Shujing* (Klassiker der Dokumente), und *YU* dem Gründer der ersten königlichen Dynastie: “The theme of the Mighty Waters in flood is joined to a myth concerning the setting in order of the world, and, on certain sides, appears connected with various agrarian rites of a markedly shamanistic character; ... But , in the Shu-king, the development of this important theme changes into a debate of a purely administrative interest: ...”

Wir finden hier also schon eine sehr einseitig erscheinende Interpretation.

Ein weiteres Element der Außerachtlassung mancher Quellen mag das immer wieder beschriebene und anzutreffende Gefühl des ethnozentristisch überlegenen *Zhongguo*, des „Reiches der Mitte“, sein. FRANKE (s. Kap. 4.3) bemerkte dazu, daß analog zum Aufbau des kosmisch-universalistischen Weltbildes im klassischen China mit dem Polarstern fest in der Mitte des Himmels, ebenso auf Erden der Zentralherrscher – und erweitert sein Reich der Mitte –, der Kaiser als Sohn des Himmels, der ruhende Pol sein sollte, um den sich die Menschheit bewegte.[164]

Bezüglich des Zitatausschnittes zum 15. Kapitel im *ZHUANG ZI* (s.o.) von *GUO Moruo* interessiert den in die USA emigrierten Chinesen *CHANG Chung-Yuan*[165] 1963 in seinem Buch zusätzlich noch eine weitere, direkt anschließende Passage, die er folgendermaßen übersetzt: „Erreicht ein Mensch Langlebigkeit, nicht durch Atemübungen, sondern durch die Leere des Geistes – indem er alles vergißt und nichts besitzt – so hat er Reinheit und Unendlichkeit erlangt. Alle guten Eigenschaften gehen damit einher. Dies ist das *Tao* von Himmel und Erde.“

Nachdem *CHANG* auch den weiter oben zitierten Abschnitt (10. Kap. des *Daode jing*) von *LAO ZI* wiedergibt, zitiert er das 4. Kapitel von *ZHUANG ZI* [166] *xinzhai*[167] (Zum Fa-

161.KUBNY, Manfred, 1995. S. 23
162.DITTMAR, Peter, 1975. S. 187 f.: „Da der Klassenkampf niemals aufhört, so hört auch der Kampf der zwei Linien innerhalb unserer Partei niemals auf“ (PR 9/71) (i.e. der sozialistischen und der kapitalistischen Linie u.ä.).
163.GRANET, Marcel, 1964. S. 10.
164.WILHELM, Richard, 1990. *Lunyu*, 2.1, S. 42: „1. Der Polarstern: Der Meister sprach: `Wer kraft seines Wesens herrscht, gleicht dem Nordstern. Der verweilt an seinem Ort und alle Sterne kreisen um ihn.´"
165.CHANG Chung-Yuan, 1975. S. 114
166.CHANG, C.-Y., 1975, S. 113

sten des Geistes): „Sammle dich auf das Ziel der Meditation. Höre nicht mit deinen Ohren, sondern höre mit deinem Geist; Nicht mit deinem Geist, sondern mit deinem Atem. Laß das Hören nicht weiter gehen als bis zu den Ohren; Laß den Geist nicht weitergehen als bis zu seinen Bildern. Atmen heißt, sich leerzumachen und das Tao zu erwarten. Tao verweilt nur in der Leere. Diese Leere ist das Fasten des Geistes ... Schau doch die Leere! In ihrer Kammer entsteht das Licht! Siehe! Freude ist hier, um zu verweilen."

CHANG definiert ausdrücklich die Atemtechniken in seinen Erläuterungen als Unterstützung zur Meditation. Nach meiner Ansicht geht die Terminologie der Atemtechniken noch weiter, und man könnte sie dechiffrieren in bezug auf genauere feinenergetische Zusammenhänge. Dies müßte jedoch in unmittelbarem Austausch mit der Erfahrung von Praktikern erfolgen. *CHANG* weist dann auf den Rat des Philosophen *ZHUANG ZI* hin, unbedingt gleichzeitig zu den Übungen daoistische Philosophie zu studieren und anzuwenden, ohne die man doch keine transzendierende Weisheit erlangen könne.

GUO Moruo hingegen geht auf all dies nicht ein, obwohl er als Gelehrter sicherlich all diese Textstellen kannte, und zeigt sich stattdessen als guter Materialist und Maoist seiner Zeit. Dazu gehört es, daß er den Daoismus sowie alle Bezüge in diese Richtung einfach wegläßt. Diese manipulative Tendenz hat lange Tradition in den chinesischen Geschichtsannalen, in denen die Nachfolgedynastie die Geschichte ihrer zumeist besiegten Vorgänger aufschrieb. Besonders aus der *MAO*-Ära kennt man diese Haltung, die ihren Höhepunkt in der Kulturrevolution zeigte, als fast alle Traditionen mit Gewalt ausradiert werden sollten.

Nachdem es im Laufe der Jahrhunderte dem rein patriarchalischen Konfuzianismus gelungen war, durch leichte Wandlungen seiner Gestalt sich gegen den Daoismus und dann auch gegen den Buddhismus durchzusetzen, wurde nach der Substitution des Staatskonfuzianismus (inklusive dem Füßeeinschnüren der Frauen seit 1000 Jahren[168]) durch ein kommunistisches Funktionärstum nur ein im patriarchalischen Sinne emanzipiertes Frauenbild gefördert. Dadurch wurde die Situation von Daoismus und Buddhismus im Laufe der Zeit generell etwas schwieriger, bis diese beiden Richtungen mit der Gründung der Volksrepublik schließlich direkt bekämpft wurden. Dies hatte auch seine Parallelen in der Einstellung zu daoistisch und buddhistisch orientierten *qigong*-Übungen, einschließlich frauenspezifischer Übungen.

Wir finden auch nach *MAO*s Tod 1976, je nach politischer Überzeugung, wechselnd starke Beschränkungen in Forschung und Lehre der Wissenschaften. Diese lassen sich infolge der unterschiedlichen kulturellen Entwicklungen auch nicht mit der im abendländisch individualistischen Europa offiziell hochgehaltenen „Freiheit von Forschung und Lehre" vergleichen, wie das nach Berichten bürgerkriegsartige Massaker[169] am *Tianan-*

167.KOHN, Livia: Buchbesprechung zu MALEK, Roman: Das Chai-chieh lu. Materialien zur Liturgie im Taoismus. In: Asian Folklore Studies, Vol. XLV, 1986, S. 317 ff.: Als wichtigste vor-*Han*-zeitliche Bedeutung von *zhai* wird auf das Herstellen eines harmonischen Zustandes durch die Reinigung vor einer Zeremonie verwiesen, wie auch auf die konzentrative Meditation in der Bedeutung *xinzhai*.

168.Nach van GULIK (1974) soll *LI Yü* (937-978), zweiter Herrscher der südlichen *Tang*-Dynastie und Verfasser vieler berühmter Liebesgedichte, das Binden der Füße eingeführt haben. Die zahlreichen früheren Darstellungen von Tänzerinnen hörten zu dieser Zeit auf und bei erotischen Abbildungen waren Frauen zumindest immer die Füße bedeckt bzw. geschnürt.

men-Platz als Antwort der Regierung gegen zuviel Meinungsfreiheit im westlichen Sinne zeigte. d.h. die Gefahr einer politischen Reglementierung und Einschränkung auch der wissenschaftlichen Meinungsfreiheit mit entsprechenden negativen Konsequenzen stand und steht in der Volksrepublik China immer im Raum. In diesem Zusammenhang der ambivalenten Erforschung der frühen Geschichte und der Effekte des *qigong* darf nicht vergessen werden, daß viele revolutionäre Richtungen[170] von meist volkstümlich daoistisch orientierten Sekten gebildet oder unterstützt wurden. Diese sollten durch vermutete, besondere Kräfte aufgrund von Amuletten, *qigong*-Übungen o.a. in der Lage sein, als Geheimgesellschaften subversiv gegen schwache Herrscher oder Dynastien vorzugehen, wenn diesen, angezeigt durch ihre Unfähigkeit oder durch Naturkatastrophen, das Mandat des Himmels entzogen worden war. Dann mußte durch Umsturz ein neuer Kaiser inthronisiert und damit die Ordnung wieder hergestellt werden. Als letztes sei in dieser Beziehung an den Boxer-Aufstand von 1900 erinnert, der aus einer Mischung lokaler Traditionen hervorging[171]: – Kampfkünste in Verbindung mit Unverwundbarkeitsritualen, Besessenheitskulten und eventuell auch aus Kontakten mit der Sekte Weißer Lotus. Daher ist es nicht verwunderlich, daß solche Strömungen von offizieller Seite oft argwöhnisch betrachtet oder auch verfolgt wurden.

Kulturelle Errungenschaften wurden in den letzten Jahrzehnten überwiegend aus der Beleuchtung und Bewertung durch die Gegenwart verstanden. – Das klingt für westliche Leser selbstverständlich, war aber bis dahin in China anders. Es soll daher noch einmal betont werden, daß die Bewertung im kaiserlichen China über eine Rückkopplung und Legitimation durch die philosophischen Werte der chinesischen Antike erfolgte. Im Bruch damit sprach sich *MAO* 1957 dafür aus, „die Bevölkerung aller Nationalitäten unseres ganzen Landes zu einer neuen Schlacht zusammenzuschließen, zum Kampf gegen die Natur[172] (*xiang ziranjie kaizhan*)“, um der Wissenschaft und Technik im Rahmen der Modernisierung zum Durchbruch zu verhelfen[173]. Eine materialistisch orientierte, den gegenwärtigen Stand der Naturwissenschaften, der technischen Machbarkeit sowie der Wirtschaft überschätzende Welt zum einen und das kommunistische, maoistische Weltbild zum anderen, ebenso wie die moderne postmaoistische Verquickung dieser beiden Weltbilder im China von heute, stehen Bereichen, in denen die „Seele“ eine Rolle spielt, skeptisch gegenüber. Dazu zählen Themen wie die Seelenreise im Schamanismus, die Innere Alchemie daoistischer *qigong*-Übungen mit dem „Inneren Embryo“ spiritueller Natur, die Hauchseele *hun*, die Körperseele *po* oder die westliche Psychotherapie als eine moderne Beschäftigung mit dem Thema Seele. So durften FREUDs Werke – ohne

169. WEGGEL, Oskar, 1997, S. 653: „... in Beijing das ‚Tiananmen-Massaker‘, bei dem rund 1 500 Menschen dahingemetzelt wurden ...“
170. CHESNEAUX, Jean, 1976.
171. ESHERICK, Joseph, 1987
KUHN, Philip: Book review zu ESHERICK, 1987. In: Harvard Journal of Asiatic Studies, Cambridge/Mass., 1988.
172. MAO Tsetung, 1978. S. 447
173. Schon 1940 hatte *MAO* die Bedeutung der Naturwissenschaften hervorgehoben, um die Natur zu erobern und zu verändern: “... For the purpose of attaining freedom in the world of nature, man must use natural science to understand, conquer and change nature and thus attain freedom from nature. (February 5, 1940)” In: Quotations from Chairman Mao Tse-Tung. Foreign Language Press, Peking, 1966. S. 204

hier eine transkulturelle Wertung vornehmen zu wollen – , als ein weiterer moderner Hinweis auf die politische Zurückhaltung in Sachen Seele, nach der ersten Rezeptionsphase in den 20er und 30er Jahren erst Mitte der 80er Jahre wieder auf Chinesisch herausgegeben werden.[174] Daß dies jedoch gleichermaßen – wie in der chinesischen Kulturtradition bekannt – eine nicht offizielle Gegenbewegung in der Bevölkerung hervorruft, zeigt die gegenwartsgeschichtliche Entwicklung des *qigong* mit dem Rückgriff auf alte Formen und schließlich in den letzten Jahren bei manchen auch auf die traditionellen psychophysiologischen Vorstellungen.

Überall zu findende kurze Vorwortinhalte über den vorgeschichtlichen Ursprung des *qigong* sollen dabei im allgemeinen aber nur das nach klassischen konfuzianischen Vorstellungen, die heute noch kulturimmanent unspezifisch vorhanden sind, verehrungswürdige Alter ausdrücken. Dabei soll sogar eher noch der Bezug zu den legendären Kaisern als zur frühgeschichtlichen wissenschaftlichen Forschung und damit die wichtige kulturelle Tradition, die Seriosität bedeutet, betont werden. Das korreliert auch mit der Tatsache, daß im privaten Unterricht beim *qigong*-Meister dieses frühgeschichtliche Thema meist außer acht gelassen wird. Berücksichtigt werden jedoch die in anerkannter Tradition stehenden frühen geschichtlichen klassischen Texte.

Insgesamt scheint es, daß die Darstellung der Fortsetzung einer Kulturtradition wichtiger ist als die wirkliche, inhaltliche Kontinuität der Kulturtradition. Da der Sinn verschiedener Inhalte nicht mehr bekannt genug ist, kommt es in vielen Bereichen zu einer Sinnentleerung von *qigong*-Theorie und -Praxis, insbesondere was alte Formen angeht. Die Moderne probiert die entstandenen Lücken wieder zu füllen. Dies geschieht entweder mit neu erfundenen Übungsformen, die jetzt plötzlich auch dem Entdecker einen neuen Wert und Ruhm im Sinne von publicity beimessen. Die andere Möglichkeit besteht im (natur-)wissenschaftlichen Erforschen dieses Zweiges, der vor 1950 noch nie mit solchen kulturfremden Maßstäben angegangen wurde. Auf die Art und Weise dieser neueren Entwicklungen gehen die nächsten Kapitel detailliert ein, damit eine Gewichtung der Bedeutung dieses werteverändernden Prozesses erfolgen kann.

174. *ZHANG Dongshu*, 1993

4. Die TCM und die Entwicklung ihrer gesellschaftspolitischen Bedeutung

In China, dem Reich der Mitte, hat man im kulturellen Denken – was auch die traditionelle chinesische Medizin einschließt – geschichtsbezogener und auch in größeren Zeiträumen gerechnet. Dies berücksichtigend, möchte ich bei der Frage nach der Rolle der TCM im Rahmen der chinesischen Kultur der letzten Jahrzehnte einen geschichtlichen Abriß in den Vordergrund stellen. Das heutige Verhältnis zwischen westlicher und traditioneller Medizin – inklusive *qigong* – in China wird sich m.E. so besser verstehen lassen. Insbesondere wird dabei der dortige Stellenwert der Idee der westlichen (Natur-) Wissenschaften klarer, die in China bezüglich ihrer praktischen Möglichkeiten erst zunehmend über das Wirken von Ausländern im Laufe der letzten Jahrhunderte bekannt wurden. Als eine Konzept wurden sie erst gegen die letzte Jahrhundertwende rezipiert und übernommen. Es läßt sich nach der Darstellung dieser Entwicklung besser erkennen, daß sich dieser Stellenwert seit 1981 erneut zu ändern begann, im Sinne einer Relativierung seiner ausschließlichen westlich-positiven Gewichtigkeit.

Dabei wird ersichtlich, daß die Europäer zu Beginn dieser Entwicklung im 16./17. Jahrhundert erst nach Akzeptanz und Beherrschung der chinesischen Kulturtradition selber soweit akzeptiert wurden, daß sie mittels ihrer praktischen Fähigkeiten und Produkte überzeugen und schließlich die dahinter stehende europäische Vorstellung von „Wissenschaft“ einführen konnten. Seit der Mitte des letzten Jahrhunderts drang diese dann über Politik, Militär und Handel zunehmend rücksichtslos in China ein. Aus der folgenden Auseinandersetzung mit den Vor- und Nachteilen dieser Invasion ergab sich schließlich das Bedürfnis zur Wahrung eigener kultureller Vorstellungen, die zuvor schon mehr oder weniger – je nachdem auf welchem Gebiet – aufgegeben worden waren. Auf dem medizinischen Feld führte das zum Finden eigener Positionen zur neuen Bewertung der TCM und des *qigong*, wobei man jetzt nicht mehr den Westen und dessen Vorstellungen von Wissenschaft als Leitbild akzeptierte.

4.1 China und der Westen bis zum 19. Jahrhundert: ein Abriß ihrer wissenschaftsgeschichtlichen Kontakte

Die ersten direkten Kontakte zwischen China und Europa auf dem Seewege, ergaben sich als der Portugiese Jorge ALVAREZ 1513 oder 1514 nordwestlich von Hongkong landete. Für die daraufhin folgende Entwicklung der abendländisch-chinesischen Beziehungen, sollen ein paar Worte zu den chinesischen, ideologischen und institutionellen Voraussetzungen für einen Verkehr mit fremden Völkern erklärend hinzugefügt werden. W. FRANKE[175] beschreibt dies folgendermaßen: „Im kosmisch-universalistischen Weltbild des klassischen China sollte analog zur Anordnung der Gestirne am Himmel auch die Menschheit auf Erden organisiert sein. Wie am Himmel der Polarstern fest in der Mitte stände, und alle anderen Sterne um ihn kreisten, so sollte auf Erden der Zentralherrscher,

175.FRANKE, Wolfgang, 1962. S. 21.

der Kaiser, als Sohn des Himmels der ruhende Pol sein, um den sich die Menschheit bewegte. Der Kaiser steht als verbindendes Glied zwischen Himmel und Erde bzw. zwischen Himmel und den Menschen. Der Wohnsitz des Kaisers, d.h. im engeren Sinne die Kaiserliche Residenz und im erweiterten das Mittelreich, chung-kuo (der heutige chinesische Name für China), ist das Zentrum der bewohnten Welt der Ausgangspunkt aller Kultur und Zivilisation. Um das Mittelreich herum gruppieren sich die Außenstaaten, wai-kuo [*waiguo* ist der heutige Ausdruck für Ausland]. Mit zunehmender Entfernung vom Zentrum vermindert sich auch der Grad ihrer Kultur und Zivilisation. Die besonderen geographischen und ethnischen Gegebenheiten ermöglichten es, daß sich diese Theorie zwar nicht vollständig, aber doch weitgehend mit der Wirklichkeit in Einklang bringen ließ."

Es entwickelte sich also ein „Kulturalismus" aufgrund der Überlegenheit über die Barbaren. Diese übernahmen in der Regel bewundernd chinesische Kultur und Lebensweise, wurden sinisiert und gaben ihre ursprüngliche Eigenart auf. Im Norden dagegen waren die schnell beweglichen Steppenbewohner mit ihrer Reiterei den Chinesen meist militärisch überlegen. Sie konnten China oft militärische Niederlagen beibringen. Aber damit ein Barbar chinesischer Kaiser werden konnte, mußte er sich in das chinesische System einfügen. Da der chinesische Kaiser, gemäß ihrer Vorstellung, kraft seiner überlegenen menschlichen Qualitäten und seiner allumfassenden Gnade für alle Menschen herrschte, kamen die Barbaren an den chinesischen Kaiserhof, um in den Genuß der Segnungen der chinesischen Kultur zu gelangen. Das sich daraus entwickelnde Tribut- Gesandtschaftssystem bewährte sich gut und wurde für die Chinesen der einzig denkbare Umgang mit fremden Völkern. Es war aber völlig ungeeignet im Verkehr mit den nationalistischen, industrialisierten Ländern des Westens. Da der Handel für China ein Teil des Tributsystems war und es bei diesen Denkkategorien blieb, mußte es schließlich zum Eklat kommen: der politisch-ideelle Wert des Tributes stand gegen den materiellen Wert.

Konkret betrachtet zeigte es sich, daß der Begründer der Chinamission, der Jesuit Matteo RICCI, schnell erkannte, als er 1582 nach Macao kam, daß es darauf ankam den Missionaren eine feste und angesehene Stellung in der sozialen Struktur Chinas zu schaffen. Über die Vorbedingung, wie ein eingehendes Studium chinesischer Sitte, Sprache und Kultur gelangte er bis zur kaiserlichen Audienz in Peking. Seit Beginn der wieder rein chinesischen *Ming*-Dynastie, 1368, war die Weltoffenheit der allerdings später arabisch-persisch dominierten Mongolenzeit, die Marco POLO 1275-1292 am Hofe des KHUBILAI KHAN erlebte, einer Fremdenfeindlichkeit gewichen. Trotzdem konnte RICCI, besonders als Nicht-Mohammedaner, die Gunst der oberen Hierarchie erwerben und wurde folglich von der gesamten abhängigen Bürokratie mit Achtung und Zuvorkommenheit behandelt. Er näherte sich der chinesischen Auffassung, da er angab, in erster Linie die Lehren der chinesischen Weisen studieren zu wollen und sich danach bei der Verkündigung des Wortes Gottes als im Einklang mit der konfuzianischen Überlieferung ausgab. Das päpstliche Verbot der Tolerierung der chinesischen Riten 1715 und das Aufzwängen europäischer christlicher Normen im Rahmen des Überlegenheitsgefühls von abendländischem Nationalismus und Kolonialismus mit der Anordnung des Papstes,

Missionare ohne kulturelles Vorstudium in China arbeiten zu lassen, führte zum kaiserlichen Verbot der katholischen Mission in China.

Vorher hatte jedoch mittlerweile der Westen seine Überlegenheit auf manchen Gebieten demonstriert. So fanden unter den von Matteo RICCI überbrachten Geschenken besonders Prismen und Uhren mit Schlagwerk großes Interesse. Ein späterer Nachfolger, der Jesuit Johann Adam SCHALL VON BELL, gewann die Gunst des letzten *Ming*-Kaisers durch seine Kenntnisse in Astronomie und die Herstellung von Kanonen.

Nach NEEDHAM[176] büßten die chinesischen kulturellen Errungenschaften im Vergleich zur Alten Welt ihre Überlegenheit mit dem „Überholpunkt" ein, den er für die Astronomie/ Mathematik/ Physik auf das Jahr 1610 festlegt, für die Botanik auf 1700 oder 1780 und für die Medizin auf 1800, 1870 oder 1900.

Dies wurde aus westlicher Sicht als Stagnation der kulturellen und wissenschaftlichen Entwicklung Chinas bewertet. Ihre Ursachen waren für den Westen schwer verständlich. Dazu gibt es nun Erklärungen durch neuere Thesen.

Nach HENDERSON[177] soll die Übernahme westlicher astronomischer Vorstellungen Kritik hervorgerufen haben, die soweit ging anzunehmen, daß eine einheitliche Weltordnung nach traditioneller Idee unbegreifbar oder überhaupt nicht vorhanden sei. Die Begeisterung der ersten *Qing*-Kaiser für Lehren außerhalb der üblichen traditionellen Studienbereiche machte die Gelehrten offener, sich mit diesen technischen Ideen zu beschäftigen. Dabei soll aber gleichzeitig, nach SIVIN[178], auf lange Sicht hin, statt einer Verdrängung, eine Wiederbelebung traditioneller astronomischer Ideen eingesetzt haben. Eine ähnliche Entwicklung zeichnet sich in der Gegenwart im medizinischen Bereich ab.

Das Opium, wohl vor der *Tang*-Zeit in China ebenso unbekannt wie der Tee, danach als Medikament verwandt, war 1729 als das erste Verbot erging, noch in relativ bescheidenen Mengen ins Land gesickert. Der Handel der Ostindischen Kompanie mit Zinn, Blei und Stoffen nach China und dem Einkauf von Tee ließ die chinesische Handelsbilanz aktiv bleiben, bis Anfang des 19. Jahrhunderts, als der Opiumhandel, nach dem Heimischwerden des Tabaks, sich gewaltig ausweitete. Schlimmer als die Folgen für die Volksgesundheit waren die Auswirkungen des Opiumschmuggels auf die Beamtenschaft, die, je mehr sie daran verdiente, desto unaufhaltsamer korrumpiert wurde[179].

„Der Versuch, das Paradies auf dem Weg über den Körper zu erreichen, nachdem ein kühler Zeitgeist den Weg über den Geist verschüttet hatte, wurde in großem Stil tatsächlich zum ersten Male in China unternommen", so formulierte BAUER[180].

Der sich immer mehr zuspitzende Konflikt zwischen Chinesen und Engländern führte 1840 zum sog. Opiumkrieg und den „Ungleichen Verträgen" von 1842, als einem Ausdruck westlicher Vorherrschaft. Die leidvolle Zeit von 1840 bis 1945 war geprägt von

---

176.NEEDHAM, Joseph, (1977) 1993. S. 120 ff
177.HENDERSON, John, 1984.
PETERSON, Willard, 1986
178.SIVIN, N., 1988
179.FRANKE, Herbert und TRAUZETTEL, Rolf, 1968. S. 313 f.
180.BAUER, Wolfgang, 1974. S. 379 ff.

Revolutionen, erfolglosen Reformversuchen und Aufständen. Dabei forderten die Aufstandsbewegungen im dritten Viertel des 19. Jahrhunderts (insbesondere Taiping-, Nian- und Hui-Rebellion) ebenso viele Opfer wie der gesamte Zweite Weltkrieg in Europa und im Pazifik.[181] Diese Epoche wurde das „Jahrhundert der chinesischen Revolution" genannt. Es zeigten sich in Folge auslandsfeindliche Massenunruhen, die oft durch Geheimgesellschaften gelenkt wurden, wie beim Boxeraufstand um 1900. Als weitere Reaktion breitete sich unter großen Teilen der chinesischen Intelligenz ein westlich-nationalistisches Ideengut aus.[182]

So hatte sich schon im Opiumkrieg die westliche Überlegenheit auf Gebieten der Technik, des Handels und auch des Militärs gezeigt. Das Ergebnis war ein beginnender Zusammenbruch chinesischer traditioneller Vorstellungen.

Dabei spielte auch das Eindringen westlicher Medizinvorstellungen und die Darstellung ihrer Fähigkeiten eine große Rolle.

4.2 Traditionelle und westliche Medizin in China bis 1949

Das medizinische Kollegium des Hofes war während der *Kangxi*-Periode (1662-1723) reglementiert worden. Die neue Körperschaft war nur ein sehr schwaches Abbild der vorausgegangenen Dynastien. Der 1692 durch die Medizin der Patres gesundete Kaiser stand der ausländischen Medizin positiv gegenüber[183]. Durch die von Pater PARENNIN[184] 1722 fertiggestellte Sammlung anatomischer Karten, im Auftrage des Kaisers angefertigt, zeigte sich die Unvollständigkeit der traditionellen chinesischen Medizin das erste Mal überwältigend. Dieses mandschurische Anatomiebuch wurde vom kaiserlichen Hofe geheimgehalten[185] und nie gedruckt oder ins Chinesische übersetzt.

Dies läßt die vorsichtige Interpretation zu, daß der mandschurische Kaiser auf dem chinesischen Thron dieses Buch, das die westlichen anatomischen Vorstellungen zeigte, und seine Implikationen als destabilisierenden Faktor für die chinesischen Verhältnisse ansah.

Hintergrund der Zurückhaltung der Chinesen in Chirurgie und Leichensektionen war die Vorstellung, einerseits die im Körper circulierende Lebensenergie nicht zu stören und andererseits den Körper unversehrt den Ahnen und dem Kosmos zurückzugeben. Wenn man an die erstrebte Ausgeglichenheit zwischen *yin* und *yang* im Mikrokosmos Mensch wie auch im Makrokosmos denkt, wird bei einer angenommenen oder erfahrenen Erdenergie in einem balancierten Naturverständnis nach dem maßgeblichen Regeln der Geomantie (*fengshui*) auch erklärbar, warum die traditionellen Chinesen außerdem

---

181. MACHETZKI, Rüdiger, in: TAUBMANN, Wolfgang u.a., 1987. S. 57
182. MACHETZKI, R., 1987, S. 58
183. WONG und WU, 1932, S. 132 f.: die erste erfolgreiche westliche Medikamentenkur für den Kaiser stammte vom Hofe LUDWIG XIV. und die zweite war Chinarinde, die die Missionare aus Indien mitgebracht hatten.
184. WONG, K.C. und WU, Lien-Teh, 1932, S. 133 ff.: Pater Dominique PARRENIN (1669-1741) übersetzte die „L'anatomie de l'homme suivant la circulation du sang, et les nouvelles decouvertes par Dionis" ins mandschurische und fügte in einem neunten Band eine Abhandlung über Chemie, Toxikologie und Pharmakologie hinzu.
185. HUARD, P. und WONG, Ming, 1968, S. 120 ff.

Zurückhaltung im extensiven Bergbau übten. Trotzdem ist bekannt, daß Autopsien an Menschen durchgeführt wurden[186]. Da jedoch ursprünglich, wie erwähnt, das Hauptinteresse in der TCM auf die funktionellen Aspekte sogar bis in feinenergetische Bereiche hinein gelegt wurde, waren anatomische Korrelate nicht besonders interessant, da ja nicht diese therapiert werden sollten, sondern das funktionelle Ungleichgewicht.

Außerhalb der kaiserlichen Paläste herrschte eine Art Wohlfahrtseinrichtung im medizinischen Bereich, zu einem jedoch zu gering bemessenen Teil, vom Staat finanziert. Die wohltätigen buddhistischen Stiftungen der früheren Dynastien hatten die Bedeutung verloren. Die Ausübung der privaten Medizin, von Geomanten, Wahrsagern und Zukunftsdeutern über Barbiere und Masseure zu Augen-, Ohren-, Zahn- und Kräuterärzten sowie Akupunkteuren konnte das Absinken sowohl des Niveaus als auch der flächendeckenden medizinischen Versorgung für die Ärmsten nicht verhindern.

Angelsächsische Ärzte[187] in China zeigten im 19. Jahrhundert ihre therapeutischen Erfolge in Chirurgie und Hygiene. Sie schufen eine gemeinsame wissenschaftliche Terminologie und gaben medizinische Werke heraus, wie den Atlas anatomischer Tafeln durch den Arzt und Missionar der „London Missionary Society“ Benjamin HOBSON, 1851, in Kanton. Als Folge lagen die wichtigen medizinischen Posten in den Städten Chinas seit Mitte des 19.Jahrhunderts in den Händen der Engländer[188].

Bei diesem Hintergrund ist es verständlich, daß die Chinesen ihre Traditionen mehr und mehr geringschätzten. Während der *Tang*-Zeit, einer der Blüteepochen der TCM, war die Medizin reorganisiert worden. Man schuf eine offizielle Einrichtung, die auch über 300 Lehrende und Studenten sowie einen medizinischen Kräutergarten beherbergte. Das Studium wurde durch Examen sanktioniert, die vor dem 624 n.Chr. geschaffenen, damals sogenannten, *Tai yi shu*, dem „Großen Medizinischen Dienst“ abzulegen waren[189]. 1822 erging nun ein Erlaß des kaiserlichen Hofes die Akupunktur- und Moxibustionsabteilung der Kaiserlichen Akademie für Medizin für immer abzuschaffen, denn „Akupunktur und Moxibustion sind nicht geeignet, Anwendung beim Kaiser zu finden“[190].

Daß andererseits in der ersten Hälfte des 19. Jahrhunderts in zunehmender Zahl Veröffentlichungen über traditionelle chinesische Medizin in englischer und auch in französischer Sprache erschienen und aus dem Zusammenhang gerissene „Akupunktur“-Versuche in Europa unternommen wurden, änderte daran nichts.[191]

Zum einen erschien die westliche Medizin damals den Chinesen der TCM überlegen aufgrund des anatomischen Wissens und der hygienischen Kenntnisse. Diese waren einerseits die Voraussetzungen der Chirurgie und ermöglichten andererseits eine Gesundheitspolitik.

186.SIVIN, Nathan, 1988
187.HUARD, P. und WONG, Ming, 1968, S. 131 ff
188.WONG und WU, 1932, S. 245 ff
HUARD, P., WONG, Ming, 1968, S. 133 ff
189.HUARD, P., WONG, Ming, 1968, S. 33, s. auch im *Zhongyi dacidian* (Großes Wörterbuch für TCM), Peking, 1981, S. 23.
190.Foreign Languages Press (Hrsg.). 1987. S. 7.
191.s. HEISE, Th., 1996, S. 85-97

Zum anderen war es der Ausdruck „Wissenschaft", der alles in den Bereich des Machbaren zu rücken schien. Verfechter dieser westlichen „Wissenschaft" waren *YAN Fu*, *LIANG Qichao* und *CHEN Duxiu*. Letzterer kreierte den Ausspruch: „Um Herrn Wissenschaft zu unterstützen, müssen wir uns den traditionellen Künsten entgegenstellen"[192]. Er begriff TCM als völlig unvereinbar mit Wissenschaft.

Auch der spätere Politiker SUN Yat-sen (*SUN Yixian*), alias SUN Chung-Shan (*SUN Zhongshan*) (1866-1925), war nach dem Übertritt zum Christentum ein starker Kritiker traditioneller Vorstellungen geworden. Nach dem Studium der westlichen Medizin in Hongkong eröffnete er seine Praxis in Macao. Ein anderer bekannter Arzt, *WU Liande*[193] (1879-1959), studierte, in Malaysia geboren, in London Medizin und trat 1908 in den kaiserlichen chinesischen Gesundheitsdienst ein. Ab 1910 leitete er den Quarantänedienst und vertrat sein Land auf internationalen Konferenzen[194]. In dem von ihm und WONG 1931 herausgegebenen Werk, sehen sie die Zeit der TCM-Anwendung nur als eine geschichtliche Periode der Medizin vor der Übernahme der westlichen Medizin an, ohne zu diskutieren, ob oder gar welchen Wert sie in diesem neuen Rahmen noch haben könnte.

ZHANG Zongliang sagte: „Jeder weiß, daß das moderne China die Wissenschaft braucht. Die moderne Medizin ist ein Teil der Wissenschaft, während die althergebrachte Medizin nur die Philosophie eines Narren ist[195]."

YUAN Shikai, der Präsident der Chinesischen Republik (1911-1949) wollte einen neuen Götterpantheon inthronisieren, der für die nationale Sache geeigneter sein sollte. So kämpfte er besonders in der Zeit bis 1915 gegen die volksreligiösen Vorstellungen und für den wissenschaftlichen Fortschritt, umgeben von in Japan ausgebildeten Chinesen. Auch CHIANG Kai-shek (*JIANG Jieshi*) wollte mit einer Restauration konfuzianischer Werte und Ideale nicht nur die Staatsordnung und -macht stabilisieren, sondern auch definieren was „chinesisch" ist. Die weitere Trennung von „Religion" und „Aberglaube" führte zu Gesetzen wie der „Vorgehensweise zur Abschaffung von Berufen der Wahrsagekunst, Astrologie, Gesichts- und Handlesekunst, Zauberei und Geomantik" im Jahr 1928.[196] So zeigte der Staat moderne Ideale und Religionsfreiheit, z.B. gegenüber dem organisierten Buddhismus, wobei andererseits die Staatsmacht besonders auf dem Land ihre Kontrolle über Unkontrollierbare(s) zu verschärfen suchte, wozu auch viele der lokalen Volksgötter und ihre „abergläubischen" Anhänger sowie Praktiken zählten.

Nur wenige waren der Meinung wie *NIE Zongkuan*, der 1931 schrieb, daß der TCM konkrete Realität und Beweis zugrunde lagen, während die westliche Medizin mit ihrem formalen Materialismus nur einen Teil der Wissenschaft darstelle und TCM, die das Spirituelle und das Materielle verbinde, auf eine vollständigere Art wissenschaftlich sei[197].

192.CROIZIER, Ralph, 1968, S. 70 ff
193.FLOHR, Carsten: The Plague Fighter: Wu Lien-teh and the Beginning of the Chinese Public Health System. In: Annals of Science, 53, 1996, S. 361-380.
194.HUARD, P., WONG, Ming, 1968, S. 157 f
195.CROIZIER, Ralph, 1968, S. 76
196.DUARA, Prasenjit, 1991.
197.CROIZIER, Ralph, 1968, S. 81 ff

Aus letzterem wurde abgeleitet, TCM als einen nationalen kulturellen Bestandteil anzuerkennen, eine Haltung, die sich damals jedoch nicht durchsetzte.

Es fehlte nicht an Versuchen eine neue und typisch chinesische Identität zu schaffen, wie z. B. durch *KANG Youwei* (1858-1927). Er begann, wie viele vor ihm, mit neuen Konfuzius-Interpretationen, was letztendlich zu seiner Idee der „Großen Gleichheit" im Zeitalter des „Höchsten Friedens" führte.

Er forderte die radikale Befreiung der Frau, wobei dies natürlich nur im Rahmen einer nicht minder radikalen Auflösung der traditionellen Familie, die in ihrer streng patriarchalischen Ausprägung in China besonders entwickelt war, möglich war. Die Ablösung der Familie durch Einrichtungen des Weltstaates sollte auch kostenlose Krankenhäuser, Altersheime und Sanatorien beinhalteten. Ärzte hätten hierbei schon allein wegen der für jedermann vorgeschriebenen, täglichen medizinischen Untersuchung eine Schlüsselstellung gehabt[198].

Um 1835 war in Kanton die erste Missionsklinik eröffnet worden. 1889 waren es 61 und kurz nach der Jahrhundertwende schon 326 Hospitäler und zusätzlich 244 Praxen für ambulante Therapie[199].

Bis etwa 1920 bestimmte die finanzielle Unterstützung durch die Missionsgesellschaften das Bild der westlichen Medizin in China – ein Bild, das dem Standard der Medizin in Europa und in den USA nur selten entsprach[200]. Daher wurden erste Schritte zur Hebung des Niveaus eingeleitet durch die Gründung der „Deutschen Medizinischen Schule" (i.e. „*Tong-ji* Universität") in *Shanghai* 1907[201] und den Kauf des „Union Medical College" in Peking (P.U.M.C.). Letzteres erfolgte durch die Londoner Missionsgesellschaft mit Hilfe der Rockefeller Stiftung und war die Voraussetzung für dessen westliche Standardisierung im Jahre 1914[202]. In diesen beiden neuen Universitäten lehrten auch zahlreiche ausländische Professoren. Diese bessere Ausbildung in den Städten führte aber nicht zu einer Verbesserung der Gesundheitsversorgung auf dem Lande, da es insgesamt noch zu wenig westlich ausgebildete Ärzte waren, die außerdem meist in den städtischen Regionen blieben. Die Zahl dieser Ärzte stieg 1920 auf 600 ausländische und 900 chinesische[203]. 1927 gab es schon 3000 und 1937 9000 chinesische Ärzte westlicher Ausbildung[204]. Andere Quellen[205] nennen für 1935 14000-20000 westlich ausgebildete Ärzte, von denen nur 7000 registriert[206] waren und 500 Krankenhäuser mit 20799 Betten. Für 1930 werden demgegenüber 1,2 Mill. TCM-Ärzte und 7 Mill. traditionelle Apotheker angegeben[207].

---

198. BAUER, W., 1974, S. 433 ff
199. CROIZIER, Ralph, 1968, S. 37 ff
200. UNSCHULD, P. U., 1980. S. 198.
201. FISCHER, W., 1958.
202. BOWERS, J., 1970.
203. BALME, Harold, 1921. S. 181.
204. CROIZIER, R., 1968. S. 54 ff
205. HUARD, P. und WONG, Ming, 1958. S. 159
206. In der chinesischen Geschichte entzogen sich immer wieder Menschen, z.B. durch Flucht in die Berge, um sich nicht der herrschenden Macht beugen zu müssen.
207. SIDEL, Victor: Medical Personnel And Their Training, S. 154: FABER, K.: Report On Medical Schools In China: Geneva, League Of Nations, Health Organizations, 1931. In: QUINN, Joseph R. (Ed.), 1973.

Die Studentengeneration der „4. Mai-Bewegung“ 1919 kämpfte gegen alles Rückständige und Imperialistische und in diesem Rahmen nicht nur gegen den Vertrag von Versailles, sondern auch gegen die „abergläubische“ TCM. Gleichzeitig bestand in dieser Zeit eine starke Ambivalenz in der Ablösung der vorherrschenden Idee von China als der einzig wahren Zivilisation versus China als eine Nation im Wettstreit mit vielen anderen[208]. Dabei fand sich auch ein Bestreben, die Unabhängigkeit und Kreativität der chinesischen Kultur in die Waagschale zu werfen. Dafür wollte man die Beherrschung der modernen Wissenschaft und somit internationale Anerkennung und Macht gewinnen. Dieses Bestreben offenbarte sich auch deutlich in den letzten Jahrzehnten im Verhältnis von westlicher Medizin zu TCM, bzw. auch innerhalb von *qigong* – Praxis und – Erforschung. Innerhalb der 30er und 40er Jahre war jedoch die praktische Situation dadurch bestimmt, daß liberale Intellektuelle außerhalb der Regierung sowie das modern westlich medizinisch orientierte Gesundheitsministerium bestrebt waren, das Institut für Nationale Medizin und seine Anhänger an der Verbreitung und Weiterentwicklung der TCM zu behindern.

Die auch heute noch weitverbreiteten und gern gelesenen Autoren wie *LU Xun*, der selber zwei Jahre Medizin in Japan studiert hatte, *BA Jin* und *LAO She* befürworteten die moderne Medizin in ihren Werken[209].

4.3 Medizin in China seit 1949

Die Einstellung *MAO*'s zwischen den beiden Polen der modernen Wissenschaftsgläubigkeit und der Bewahrung der traditionell naturverbundenen Werte war 1940 eindeutig „modern“ bestimmt: „Natural science is one of man's weapons in his fight for freedom. For the purpose of attaining freedom in society, man must use social science to understand and change society and carry out social revolution. For the purpose of attaining freedom in the world of nature, man must use natural science to understand, conquer and change nature and thus attain freedom from nature."

Dieses Zitat aus der „Maobibel“[210] prägte lange die Einstellung von Millionen Chinesen auch in Bezug auf das Verhältnis von westlicher zu traditioneller Medizin, bzw. bezüglich der neuen Interpretationen zur TCM.

Im Jahr 1949 gab es 20000[211] bis 35000 westlich ausgebildete Ärzte für 600 Millionen Chinesen und ca. 10 bis 20 Mal soviele TCM-Ärzte[212].

208.CROIZIER, R., in: LESLIE, Ch. (Ed.), 1977. S. 341 ff

209.CROIZIER, R., 1968. S. 72 ff

210.Foreign Language Press (Ed.), 1966. S. 204-205

211.People's China: 9-11, October 1, 1950: 18000-20000. s. SIDEL, 1983, S. 29ff., 155, Leo A. ORLEANS: Medical Education and Manpower in Communist China. Aspects of Chinese Education, edited by C.T.HU NewYork, 1969, p. 218, 20000-41400 westlich ausgebildete Ärzte 1949 in China, nach chinesischen Schätzungen.
Angesichts der Flucht zahlreicher Ärzte vor der kommunistischen Regierung nach Taiwan, in die USA und das übrige westliche Ausland dürften eher die untersten Schätzwerte der Wirklichkeit näher kommen.

212. 10-40000 westliche gegenüber 236000-500000 traditionellen Ärzten, nach CHABOT, lt. HILLIER und JEWELL , 1983, S. 67.

Mit der Gründung der Volksrepublik China 1949 wurde die Verflechtung zwischen politischer Ideologie und Gesundheitspolitik noch deutlicher. Da klar war, daß die wenigen westlich ausgebildeten Ärzte die Gesundheitsversorgung nicht garantieren konnten, wurde die TCM u.a. deswegen, nach ihrer starken Reglementierung durch die *Guomindang*-Regierung 1929, die einem inoffiziellen Verbot gleichkam, als kulturelles Erbe wieder favorisiert. So verlangte *MAO Zedong* 1944 in seiner berühmten Rede während der *Yenan*-Konferenz, daß sich moderne und traditionelle Ärzte zusammentun und den Standard der TCM heben sollten, um dem Volk besser zu dienen[213]. Dabei stellte er die westliche über die traditionelle Medizin. Letztere hatte er jedoch im Bürgerkrieg auf dem Lande und besonders während des Langen Marsches als Hilfe für seine Truppen schätzen gelernt. Im Juli 1941 sagte er: „Rettet die Sterbenden, helft den Verwundeten und praktiziert revolutionären Humanismus“[214].

Als die Qualifikation für TCM-Ärzte 1955 neu bestimmt wurde, wurden 486700 Ärzte registriert[215]. Zu diesem Zeitpunkt war die Bedeutung der Einführung der Prävention zur Hebung des schlechten Gesundheitszustandes aller Bevölkerungsschichten deutlich geworden, wobei es verschiedene Probleme gab. Um die alte konfuzianische Meinung, daß körperliche Arbeit ehrenrührig ist, Körperübungen ein Zeitverlust und eine sportliche Wettkampfniederlage ein Gesichtsverlust, zu bekämpfen und damit den schlechten Gesundheitszustand auch an den Universitäten zu verbessern, wurde das „50-1-8 System“ eingeführt[216]. Dies besagte: höchstens 50 Stunden Wochenarbeitszeit, eine Stunde körperliche Ertüchtigung täglich sowie 8 Stunden Schlaf. Gleichzeitig wurden dafür 1951/1952 die frühmorgendlich über Lautsprecher öffentlich verbreiteten Radiosendungen mit musikalisch untermalten Körperübungen eingeführt. Die alles durchdringende Lautstärke motivierte zum frühen Aufstehen und das Praktizieren der allgemeinen gymnastischen Übungen machte später *qigong*-Übungen in Bewegung als Alternative sicherlich leichter akzeptabel.

Die ersten acht Präsidenten der „Chinese Medical Association (CMA)“ waren im Westen ausgebildet worden. Eine Gruppe der CMA hatte 1949 den Plan gefaßt, die TCM auszulöschen. Daher erhielt die TCM erst nach zwei offiziellen Kritiken *MAO*'s 1953 an die Adresse des Gesundheitsministeriums, in dem die einflußreiche CMA gut vertreten war, 1954 Zutritt zur CMA. Sie stellte jedoch selbst 1956 erst 6% der 15000 Mitglieder[217].

Es wurden vier Institute für TCM in *Chengdu*, Peking, *Shanghai* und Kanton mit fünfjährigen Studienkursen gegründet, sowie die Akademie für TCM in Peking.[218]

1957 wurde das Büro für TCM vom Wirtschaftsministerium in das Gesundheitsministerium transferriert.[219] Dies war ein wichtiger Schritt für den Status und die Integration

213. RIFKIN, S., in: QUINN, J. (Ed.), 1973, S. 142, lt. Mao, Selected Works, Foreign Language Press, Peking, vol.3, 1965, S. 236.
214. *Xin yi yao xuan* (Eine Auswahl zur Neuen Medizin), Vorreden
215. SIDEL, V., in QUINN, J. (Ed.), 1973, S. 154
216. HILLIER und JEWELL, 1983, S. 69
217. HILLIER und JEWELL, 1983, S. 73
218. HILLIER und JEWELL, 1983, S. 314
219. HILLIER und JEWELL, 1983, S. 315

der TCM ins Gesundheitssystem. Erneute Vorstösse gegen die TCM gipfelten 1957 während der Zeit der zunehmenden Meinungsfreiheit unter der Bewegung „Laßt 100 Blumen blühen“ in Kritik an der schlechten TCM-Forschung und dem Vorschlag, die TCM sollte sich auf Geschichtsschreibung beschränken. Unterstützt gefühlt hatten sich die Vertreter dieser Meinung durch die Anlehnung an das sowjetische Ausbildungssystem der Medizin, inklusive dem Gesundheitsarbeitersystem des 2 Jahre ausgebildeten „Feldscher“ und der einflußreichen Idee der Konditionierung des Verhaltens nach PAWLOW. Darüber vernachlässigten sie sogar die Tatsache, daß damals über 80 % der Patienten die traditionelle Kräutermedizin benutzten. Dessen Management lag in der Hand des Handelsministeriums, während die 1952 beginnende Penicillin-Produktion und andere westliche Pharmaka durch das Ministerium für Chemische Industrie kontrolliert wurden, ohne jede Kooperation zwischen den Ministerien.[220]

Von 1955-1957 wurde das Gesundheitsministerium in der politischen Presse zunehmend stärker angegriffen, besonders da es sich der TCM entgegenstellte[221]. Nach CROIZIER war es jedoch auch eine Methode um im Westen Studierte oder westlich Ausgebildete als gefährlich für die maoistische Politik und somit als „bourgeois“ zu entlarven, wenn sie sich einseitig für die westliche Medizin stark machten. Dies führte später schließlich dazu, daß für viele Jahre die „richtige Ideologie“ wichtiger wurde als die qualifizierte Ausbildung (“Red versus expert”).

Die wirtschaftliche Verschlechterung 1956 und die Erkenntnis, daß das sowjetische Medizinsystem die Städte zu sehr bevorzugte, führten nach den Diskussionen der „100 Blumen-Bewegung“ zur *Beidaihe* Konferenz 1958 mit der weitergehenden Institutionalisierung der revolutionären Massenbewegungen für ein neues kollektives Gesundheitssystem. Die Gesundheitsministerin *LI Dequan*[222] verkündete schon ein Jahr später während des „Großen Sprung nach vorn“, daß die Hälfte der ländlichen Kommunen funktionierende medizinische Einrichtungen habe. Der 12-Jahresplan für ländliche Gesundheit sah hierbei auch eine Unterstützung der TCM sowie eine Ermutigung der westlichen Ärzte zum Zusatzstudium der TCM vor. Dieses „Laufen auf zwei Beinen“ wurde zu dieser Zeit auch vom Gesundheitsministerium unterstützt.

LI Zhisui[223], der *MAO*'s Leibarzt seit 1954 war, skizziert dessen private Haltung zur TCM anläßlich einer starken Erkältung im Juli 1956, als seine westlichen Medikamente versagten: „Der erste Parteisekretär von Shandong, Shu Tong, überredete Mao, einen berühmten Facharzt für chinesische Medizin – Dr. Liu Huimin – aus Jinan kommen zu lassen. Zum erstenmal war Mao bereit, sich auf traditionelle Art behandeln zu lassen. Er vertraute der chinesischen Medizin nicht, obwohl er sie offiziell weiterhin förderte, und er haßte den heißen, bitteren Kräutersud, das Markenzeichen dieser alten Heilmethode. Verärgert über die hartnäckige Erkältung, entschloß er sich, es trotzdem einmal damit zu versuchen.

220.HILLIER und JEWELL, 1983, S. 72 ff
221.SIDEL, Ruth und Victor, 1983. S. 33 f.: David M. LAMPTON: The Politics of Medicine in China: The Policy Process, 1949-1977 (Boulder, Col.: Westview Press, 1977) pp. 45-47.
222.HILLIER und JEWELL, 1983, S. 85
223.*LI Zhisui*, 1994. S. 229

Ich habe die Wirkungsweise der chinesischen Medizin nie verstanden, aber viele Kräuterkuren scheinen zu helfen. Mein Vater wurde einmal von einem berühmten chinesischen Arzt auf diese Weise geheilt, nachdem die westliche Medizin versagt hatte. Auch ich war der Meinung, daß Mao diese Methode ausprobieren sollte."

Da der Erfolg für ihn aber nicht ausreichend war, änderte *MAO* seine private Meinung nicht grundsätzlich. Sein Leibarzt berichtete, daß er ihn später im Frühjahr 1965 bei einer schweren Bronchitis und Laryngitis mit traditioneller Kräutermedizin erfolgreich heilen konnte, so daß *Mao* schon nach zwei Tagen die ersten Worte und nach weiteren drei Tagen wieder normal sprechen konnte. Als *Mao* danach alle Warnungen ausschlagend schwimmen ging, begründetete er dies folgendermaßen: „All ihre Behandlungsmethoden, dieses und jenes Heilverfahren, die chinesische oder die westliche Medizin – nichts hilft wirklich. Schwimmen ist immer noch das wirksamste Mittel."[224]

Für die Volksgesundheit hatte er jedoch einen anderen Standpunkt, der von der Staatsraison geprägt war. Aus dem September 1958 stammt das berühmte, an das Gesundheitsministerium gerichtete Zitat von *MAO*: „Die Lehre der traditionellen chinesischen Medizin ist ein riesiges Schatzhaus, und wir sollten sie mit den größten Anstrengungen erforschen und sogar noch verbessern" (*"Zhongguo yiyaoxue shi yi ge weida de baoku, yingdang nuli fajue jiayi tigao"*)[225].

Überschwemmungen in *Henan* 1959, Frühjahrstrockenheit im Südwesten, später auch im Norden Chinas, und Hungerkatastrophen sowie besonders Wirtschaftskrisen von 1959 bis 1962[226] – das Jahr 1960 war das erste der „drei bitteren Jahre" – als auch der Abzug der sowjetischen Experten 1960 führten zu Destabilisierungen und Kritik an *MAO*'s Politik. Darunter litt auch die medizinische Versorgung. 1965 betrug nach der Umstrukturierung der medizinischen Ausbildungsstätten, da parallel zum Anstieg von westlich ausgebildeten Ärzten auch die Bevölkerung gewachsen war, das Arzt/Patientenverhältnis immer noch weniger als 1:5.000 verglichen mit 1:1000 in den damaligen Industrieländern[227]. In der Provinz *Guangdong* betrug es 1967 1:10000 im Gegensatz zu 1:600 in seiner Provinzhauptstadt Kanton. Bei den TCM-Ärzten gab es keinen nennenswerten zahlenmäßigen Anstieg und für 1965 wurde ein Verhältnis von 1:1500 berichtet. 1971 soll es in *Shanghai* fast dreimal soviel westlich ausgebildete und in Peking fünfmal soviel wie traditionel ausgebildete Ärzte gegeben haben[228].

In der Direktive von 26. Juni 1965, die die Kulturrevolution mit einleitete, klagte *MAO Zedong* das Gesundheitsministerium an, nur ein „Ministerium für die Gesundheit der städtischen Herren" zu sein[229]. Dessen Auflösung 1967 war seine Konsequenz.

Während der Kulturrevolution wurde die TCM im Kampf gegen die bourgeoise Kultur mit ihren sogenannten „alten vier", d.h. den „abergläubischen" alten Ideen, kulturellen Sitten und Gebräuchen, zunehmend von dem als konfuzianisch verachteten Theorie-

224. *LI Zhisui*, 1994. S. 448
225. Xin yi yao xuan
226. DOMES, Jürgen, 1971, S. 110 ff.
227. SIDEL, R. u.V., 1983, S. 29 u. 34
228. SIDEL, in: QUINN, J. (Ed.), 1973, S. 158 u. 162
229. SIDEL, R. u. V., 1983, S. 4

gebäude wie *yin yang* und der *wuxing*, Fünfelementenlehre, befreit. Dies zeigte sich auch während der „Anti-*Lin* (*Biao*) Anti-Konfuzius (*Pi Lin pi Kong*)"-Kampagne 1974.

Schaut man sich die während der „Kulturrevolution" erschienenen Lehrbücher[230] für Barfußärzte an, so sieht man, daß eine sehr reduzierte TCM, bestehend aus den wichtigsten Akupunkturpunkten und einigen Kräutern sowie ihren jeweiligen Indikationen ohne größere theoretische Grundlagen beschrieben wurde. Die moderne westliche Medizin nahm den größeren Teil der Ausbildung ein, die mit meist nur drei Monaten sehr kurz war und wobei die Barfußärzte inhaltlich deutlich überschätzt und überfordert wurden.

1975 gab es in China 1,8 Mill. Barfußärzte, die sich, als nach dem offiziellen Ende der sogenannten Großen Kulturrevolution (1966-1976) der politische Druck nachließ und Qualität wieder wichtiger wurde – statt wie zuvor „red versus expert" – , langsam auf 1.5 Mill. im Jahre 1980[231] verringerten und auf 1.4 Mill. im Jahre 1981[232].

Einen wichtigen Einfluß hatte hierbei, daß nach dem Absetzen der linksradikalen Gesundheitsministerin *LIU Xiangping*[233] einer Vertrauten der politisch als konterrevolutionär abgeurteilten „Viererbande", der Nachfolger *JIANG Yizhen*, beschrieben als ein Veteran der Roten Armee und Chirurg[234], sowie der nach dem Sturz 1967 wieder rehabilitierte Vizeminister für öffentliche Gesundheit *QIAN Xinzhong*, ihren Akzent 1978 auf Wissenschaft und Technik in der Medizin sowie die Rehabilitierung in der Kulturrevolution abgeurteilter Fachkräfte setzten und in der Betonung der ländlichen Gesundheitsversorgung weiterhin einen Schwerpunkt sahen. Das „Chinese Medical Journal" hatte kein politisches Editorial mehr seit 1978, was eine gewisse Stabilisierung kennzeichnet. 1979 wurde *QIAN Xinzhong* Gesundheitsminister und forcierte den Ausbau von ländlichen Krankenhäusern anstelle von direkter Gemeindeversorgung.

Bei dem Empfang eines Teiles der Abgeordneten der Nationalen Konferenz für die TCM-Wissenschaft trat *MAO*'s Nachfolger, der Vorsitzende *HUA Guofeng*, im selben Jahr für die Erforschung von *qigong* ein.

1987 waren die meisten Barfußärzte entweder Dorfgesundheitsarbeiter geworden oder auch Landärzte, und es gab überall kleine Ausbildungsstätten, die mit dem Kreiskrankenhaus zusammenarbeiteten. Das Ziel war, 80% der Patienten auf der Ebene vor den Kreiskrankenhäusern abzufangen, und nur ein kleiner Bruchteil sollte in die Landeskrankenhäuser gelangen[235]. Die praktische Unterstützung für die unteren Ebenen war aber fraglich geworden. Außerdem hatte TCM hierbei ihren früheren Stellenwert eingebüßt.

230.*Shanghai zhongyi xueyuan, Zhejiang zhongyi xueyuan, deng: „chijiao yisheng" shouce*, 1970. (Institute für traditionelle chinesische Medizin von *Shanghai*, *Zhejiang* usw.: Handbuch des „Barfußarztes", 1970.) *Shanghaishi Chuanshaxian Jiangzhen gongshe weishengyuan: chijiao yisheng jiaocai*, 1973, 1977. (Hygieneinstitut der Gemeinde *Jiangzhen*, Kreis *Chuansha*, Stadt *Shanghai*: Lehrmaterial für den Barfußarzt, 1973, 1977.)

231.SIDEL, R. u. V., 1983, S. 31

232.World Health Organization, 1983. S. 18.

233. *LI Zhisui*, 1994, S. 37

234.HILLIER und JEWELL, 1983, SS. 115, 124ff

235.Interview mit Prof. *CHEN Zhiqian*, ehem. Direktor des First University Hospital in *Chengdu*, 1987

Während der Kulturrevolution, in der die schulmedizinische Ausbildung von sechs auf drei Jahre gekürzt wurde, stellte man „primary health care" vor die hochtechnische Medizin. Offiziell wurden die Prävention, die Versorgung der 80% Landbevölkerung, die Integration der TCM mit der westlichen Medizin, die Einkind-Familie, Flexibilität in der weiteren Entwicklung der medizinischen und Gesundheitsversorgung sowie die Ausbildung des Gesundheitspersonals[236] betont. Die Macht und das Prestige der westlich ausgebildeten Ärzte wurden in der Kulturrevolution angeprangert und politische Zuverlässigkeit war deutlich wichtiger geworden als qualifiziertes Fachwissen. Die Ärzte wurden besonders während der chaotischen und blutigen Zeit bis 1976 angehalten, mit dem gesamten medizinischen Personal und Hilfspersonal auf gleicher Basis zusammenzuarbeiten, um dem Volke zu dienen. So verrichteten viele Krankenschwestern ebenso die Arbeit von Ärzten[237] und konnten diesen Status auch nach der Kulturrevolution beibehalten. Gleiches galt für Barfußärzte, die fünf Jahre Erfahrung und ein abschließendes Examen aufweisen konnten, seit 1981[238] für eine gewisse Übergangszeit, um diejenigen zu entschädigen, die zwar qualifizierende Erfahrung, aber während der Kulturrevolution keine ausreichende Schulbildung bekommen hatten.

Das soziale Ansehen des Arztes im alten China hatte im Zusammenhang mit seiner erkennbaren Gelehrsamkeit gestanden. Nur in dem Nachahmen der Gelehrtenschicht und einem exakten Auswendiglernen der alten und daher anerkannten Medizinklassiker, konnte man sich als höherrangiger und somit konfuzianischer Arzt, *ruyi*, behaupten. Dieser mußte – da schon wohlhabend – nicht zum Gelderwerb seinen Beruf ausüben, sondern tat dies um die konfuzianischen Tugenden zu praktizieren[239]. Man übte sich gegebenenfalls in erneuten Kommentaren zu den Klassikern, riskierte aber in diesem zunehmend erstarrenden System keine echten Neuentwicklungen.

Diejenigen Ärzte, die dagegen die stärker erfahrungsheilkundliche praktische Patientenversorgung leisteten, hatten einen Handwerkerstatus und waren hierarchisch nicht zu Veränderungen im System in der Lage. Geheimzuhaltende Familientraditionen behinderten sie zusätzlich.

In der weiteren Entwicklung übertrug sich das Prestige der Wissenschaft auf die westlich ausgebildeten Ärzte. Das machte eine Zusammenarbeit zwischen traditionellen und westlichen Ärzten fast unmöglich, was *MAO* erkannt hatte. Nach der Kulturrevolution und dem Tode *MAO*'s wurde die von ihm verordnete zwangsweise Verschmelzung der beiden Medizinsysteme zur „Neuen Medizin", *xinyi*, in entsprechend zusammengeketteten Krankenhäusern, wieder aufgelöst und alte Strukturen und Gegensätze zeigten sich erneut. Durch die Landeinsätze, auf denen sich meist jeweils ein Drittel der städtischen Ärzte rotierend befand, waren die Ärzte jedoch wieder mit den medizinischen Traditionen stärker in Berührung gekommen, was das Interesse mancher geweckt hatte. Obwohl während der sogenannten Kulturrevolution sehr viele Kulturträger ermordet worden wa-

236.WHO, 1983, S. 26
237.HENDERSON, Gail E.und COHEN, Myron S., 1984. S. 53 ff.
238.WHO, 1983, S. 52
239.CROIZIER, R., in: QUINN, J. (Ed.), 1973, S. 7.

ren, wurden so während der anschließend einsetzenden Liberalisierungsphase bis 1989 zuerst die bis dahin verbotenen Bestandteile der TCM wieder aufgearbeitet und integriert. Außerdem begann langsam eine neue Forschung, die zum einen anfing, die TCM in einem über die schon vorher wissenschaftlich bearbeitete Elektroakupunktur-Analgesie[240] hinausreichenden Rahmen zu erforschen und zum anderen erneut eine Synthese anstrebte. Das bedeutete, daß neben der *xiyi*, westlichen Medizin, und der *zhongyi*, traditionellen chinesischen Medizin, auch die *jieheyi*, verbindende Medizin, als Synthese und (wieder) neue Medizinform gefördert wurde und Bücher unter diesem Titel oder unter speziellen Bezug darauf veröffentlicht wurden. Sogar neue Forschungsschwerpunkte zeichneten unter diesem Namen.

Während früher die TCM in einem Lehrling/Meister-Verhältnis eher anerzogen als unterrichtet wurde, wurde 1955 die Akademie für TCM mit Forschungsinstituten in Peking gegründet und Kurse für westlich ausgebildete Ärzte abgehalten, die den Vorteil haben, daß man ein reduziertes Maß an Wissen einer größeren Menge an Studenten unter staatlich kontrollierten Bedingungen anbieten kann. Weitere Institute folgten in allen größeren Städten. Hier wird jetzt die TCM seit der Kulturrevolution in einem „internationalen" Frontal-Klassenunterricht und mit späterem bedside-teaching unterrichtet. Mit Unterstützung des von 1970 bis 1976 wieder langsam aufgebauten Gesundheitsministeriums wurden schließlich auch von der WHO anerkannte TCM-Zentren in Peking, Nanking und *Shanghai* gegründet.

Die „Wissenschaft" westlicher Prägung, mit ihrer bisherigen technischen und wirtschaftlichen Überlegenheit ist weiterhin dabei China zu erobern. Es bringt den Vertretern dieser Richtung mehr politische Macht und Ansehen einerseits im eigenen Volk, aufgrund der Hebung des wirtschaftlichen Lebensstandards, und andererseits im Ausland in der Hoffnung auf Marktanteile.

Medizinisch ergaben sich so in der Zeit von 1976 bis 1989 Auswüchse. Viele Medizinprofessoren und Einheitsführer probierten auf den verschiedensten Wegen, zu Geld für ihr Krankenhaus zu kommen und dafür oft die modernsten Röntgenapparate und Laboreinrichtungen etc. im Ausland zu kaufen. Diese verstaubten dann aber mangels ausgebildetem Personal nutzlos und dienten nur als Prestige- und Vorzeigeobjekte.

Gebremst wird dieser Vorgang durch den traditionellen Kulturalismus. Dieser hat zur Folge, daß man sich sicher ist, durch entsprechende politische Kontrolle nur gewünschte Bestandteile aus dem Westen importieren zu können und ungewünschte ideelle Werte der westlichen Kultur, die mit den Begriffen „Freiheit", „Individuum" etc. verbunden sind, herausfiltern zu können.

Der Traum vom schnell zu erreichenden Prestige in der eigenen Gesellschaft, internationalem Renommé, Reisen ins Ausland, dem Eintreffen zahlreicher ausländischer Ärzte, die die chinesische Weisheit wieder anerkennen und davon lernen wollten, schien na-

240.Berichte des begleitenden Journalisten J.RESTON während des NIXON Besuches in der VR China, August 1971, über die schmerzbetäubende Wirkung der Akupunktur sowie beobachtete Operationen unter Akupunktur-Anästhesie führten in Europa und den USA zu einem Akupunkturboom. S. auch HEISE, Th., 1996, S. 100 ff.

he. Es erschien mittels Nacheifern der internationalen Wissenschaft möglich, nachdem die politisch dogmatische Einengung gelockert worden war, sich der Integration von TCM und westlich orientierter Medizin ungezwungener zu nähern. Im Laufe der Erfahrungen der folgenden Jahre zeigten sich aber die enormen Bremsen der politischen Mißgunst und der alles erschwerenden Bürokratie. Dazu kam, daß die Vorerfahrungen für die Vorgehensweise bei den angestrebten wissenschaftlichen Untersuchungen meist fehlten. Somit fielen selbst Forschungen, die positiv verliefen, für die wissenschaftlichen Augen des westlichen Auslandes unbefriedigend aus. Zum anderen aber ist man über dem Bestreben, die alte „Wissenschaftlichkeit" im Sinne der früheren „objektiven Naturwissenschaft" zu erfüllen, oft zögerlich mit eigenen Ansätzen. In einem neu entstehenden Verständnis von Wissenschaft, Philosophie, Umwelt und Natur mit veränderten Gewichtungen, bringen diese Ansätze durchaus von den Traditionen abgeleitete Aspekte mit ein, wie an verschiedenen Präventiv- und Rehabilitationsmaßnahmen gezeigt wird, sowie hiermit verbundene funktionelle Betrachtungsweisen aus der TCM, die für einen Teil der internationalen Wissenschaftsgemeinde mittlerweile nicht nur annehmbar sind, sondern als sie um wesentliche Gesichtspunkte bereichernd erkannt werden. Diese Erkenntnis drang erst seit Ende der 80er Jahre vermehrt ins Bewußtsein.

Die TCM war nie eine Konstante, sondern im Rahmen der chinesischen Kultur durch die Geschichte hindurch einem ständigen Wandel unterworfen. Nach der blutigen Kulturrevolution, die selektiv eigene kulturelle Wurzeln abschneiden wollte, entschloss man sich, westliche Technik und Wirtschaftsmodelle zu übernehmen, die augenscheinlich kulturneutral und (daher) überlegen schienen. Dabei ist die Entwicklung einer TCM, die nach einer gewissen Umdeutung in den Städten bei einer erneuten Annäherung an die Schulmedizin und einer beginnenden Erforschung durch sie eine „Verwestlichung" erfuhr wohl auch nur eine vorübergehende Erscheinung. Bei dem Mangel und dem schwierigen Zugang zur medizinischen Versorgung war die Teilnahme der Menschen hierbei eher durch Aktivität geprägt, wie die letzten Jahrzehnte zeigten und wird sich wohl weiterhin aktiv in gewisser Eigenständigkeit entwickeln. Man kann dabei wohl soweit gehen zu sagen, daß die eigenverantwortliche Beschäftigung mit Gesundheit, d.h. der Gesunderhaltung bzw. Genesung, in China ausgeprägter ist, als im heutigen Mitteleuropa.

5. Geschichtliche Entwicklung seit 1949

Die Mehrzahl der chinesischen Schriften zum *qigong* fangen mit Sätzen an wie: „*qigong* ist ein Erbstück unserer traditionellen Kultur". Kultur ist jedoch auch immer bedingt durch die zeitgeschichtliche Komponente, wie dies schon an der Entwicklung der Bewertung der TCM in den letzten 300 Jahren gezeigt wurde. Um daher auch hier die geschichtliche Entwicklung des *qigong* seit der Gründung der Volksrepublik China 1949 umfassender hervortreten zu lassen, wird im folgenden das Spannungsfeld zwischen der offiziellen Politik, besonders in Hinblick auf die Gesellschaft und die Kulturpolitik, und zwischen den Einflüssen auf die TCM dargestellt sowie die persönlichen Lebensläufe der *qigong*-Buchautoren zusammen mit den Erläuterungen, die ihre Werke betreffen.

5.1 Die Anfänge des modernen qigong von 1953-1966

Schon Ende der 40er Jahre praktizierte der spätere Leiter des *Beidaihe qigong*-Sanatoriums *LIU Guizhen* (1920-1983)[241] eine Art von gesunderhaltenden Übungen, die ihm von *LIU Duzhou*, dem fünften Nachfolger der Traditionslinie, übermittelt worden waren. Nachdem sein Magengeschwür dadurch nach 102 Tagen abgeheilt war, entschloß er sich, die Regel, daß nur eine Person pro Generation voll unterrichtet werden durfte, zu brechen und machte diese *neiyanggong* (innerlich nährenden Übungen) der öffentlichkeit bekannt.

Dies fiel gerade in die Zeit, als *MAO* die TCM als chinesisches Kulturgut sowie als notwendige Versorgungsstütze für die Bevölkerung stärker favorisierte. Gleichzeitig organisierte er die TCM-Ärzte, womit er sie sowohl kontrollierte als auch aufwertete. In der Akupunktur führte diese neue Politik 1954 zu Anfangsversuchen mit der Elektroakupunktur, wobei an Stelle der mechanisch drehenden Reizung eine elektrische Stimulation erfolgt. Die Elektroakupunktur-Anaesthesie/Analgesie/Hypalgesie[242] wurde aus der mechanischen Akupunktur-Anaesthesie ab 1958 entwickelt.

Die neuen *qigong*-Aktivitäten begannen damit, daß *LIU* Patienten, die die gleiche Erkrankung wie er ehemals hatten, mit seiner Übungsmethode, die innerhalb von zwei Monaten bis zu 80% Erfolg brachte, behandelte. Er war einer der ersten, der in diesem Jahrhundert offiziell *qigong* als Therapieform für eine Patientengruppe zur Behandlung einer definierten Erkrankung einsetzte und der Erfolg gab ihm recht:

„1953 wurden mit der Unterstützung des Amtes für Gesundheit der Provinz *Hebei* und der Partei sowie der administrativen Regierung der Stadt *Tangshan* die Vorbereitungen für den Bau der *Tangshan Qigong*-Sanatoriums-Ambulanz getroffen."[243]

241.Wenn nicht näher angegeben, beziehen sich Lebensdaten und Lebensläufe auf *LIN Yagu*, *ZHANG Tiange* u.a.: *Zhonghua qigong daquan* (Vollständige Ausgabe zum chinesischen *qigong*), *Nanjing daxue chubanshe*, 1993 oder *WU Hao: Zhongguo dangdai qigong quanshu* (Vollständiges Buch zum modernen chinesischen *qigong*), *renmin tiyu chubanshe*, 6/1993 oder *GUO Zhouli* und *DONG Gangzhao* (52)

242.Diese verschiedenen Bezeichnungen im Laufe der Einführung im Westen spiegeln die wechselnde Einschätzung der Wirksamkeit der Methode wider.

243.(115) S. 1

Aufgrund der positiven medizinischen Ergebnisse, die außerdem gerade in die neue politische Richtlinie paßten, hatte 1955 die Gesundheitsministerin *Li Dequan* bei der Eröffnungszeremonie zur Gründung der Chinesischen Akademie für Traditionelle Chinesische Medizin *Liu*'s Arbeit gewürdigt.

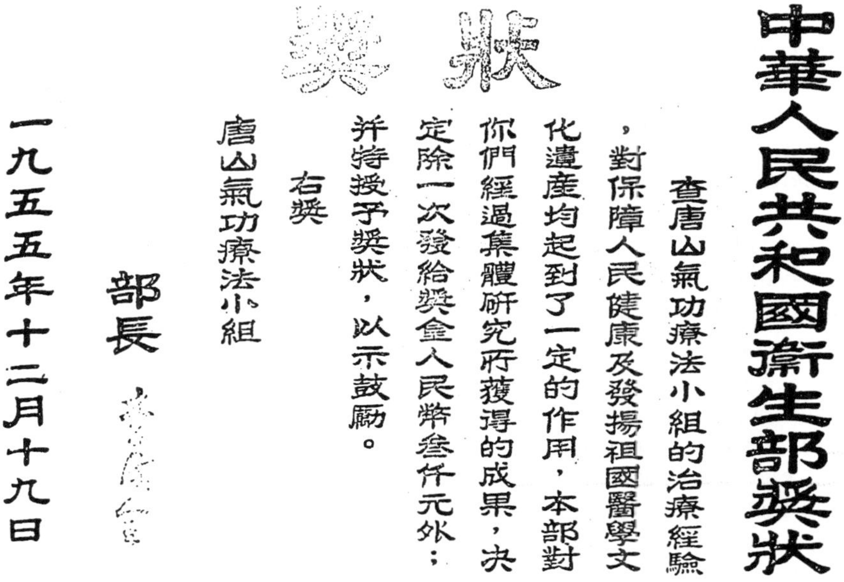
中華人民共和國衛生部獎狀

獎狀

查唐山氣功療法小組的治療經驗，對保障人民健康及發揚祖國醫學文化遺產均起到了一定的作用，本部對你們經過集體研究所獲得的成果，決定除一次發給獎金人民幣叁仟元外；并特授予獎狀，以示鼓勵。

右獎

唐山氣功療法小組

部長

一九五五年十二月十九日

Abbildung 32: Die Verdiensturkunde vom Gesundheitsministerium für Tangshan, 1955.

Als Folge wurde 1956 mit der Unterstützung des Gesundheitsministeriums und der Provinzregierung von *Hebei* die erste *qigong*-Abteilung in *Beidaihe* gegründet. Es folgte als drittes *Shanghai* (1.7.1957) und dann weitere Gründungen in *Tianjin*, Nanking, *Liaoning*, *Gansu*, Peking, *Zhejiang* und anderen Städten und Provinzen, in Form von Krankenhäusern, Sanatorien, *qigong*-Abteilungen oder Ambulanzen. 1957 erschien *Liu*'s Buch „*Qigong*-Therapie“, und in dem Vorwort schrieb er, *qi* bedeute „Atemübung“ und *gong* bedeute die „ständige Regulierung von Körperhaltung und Atemübung“. Dies zeigt den Versuch, die angestrebte wissenschaftliche Denkweise gemäß dem westlichen Stand der Naturwissenschaften und der Medizin auf *qigong* zu übertragen. Dabei orientierte man sich gemäß der Zeitströmung an der Wissenschaft im Sinne des sowjetischen medizinischen Modells, wobei die Forschungen zum Konzept des Konditionierten Reflexes von Pawlow Pate standen.

Diese enge Auffassung des *qigong* änderte *Liu*, der 1958 zusammen mit *Jiang Weiqiao* (1873-1958) ein weiteres Buch (79) zur *qigong*-Therapie veröffentlichte, erst nach der „Kulturrevolution“. Dies hatte danach weitreichende Konsequenzen. *Jiang Weiqiao* hatte schon 1914 sein erstes Buch mit dem Titel *Yin Shizi jingzuofa*, die Übungsmethode des Sitzens in Stille nach *Yin Shizi*, veröffentlicht. Diesem waren weitere gefolgt. Nach

1949 erschien *Zhongguo de huxi xi jing yangshengfa* (Die chinesische gesunderhaltende Methode in Stille mit Übung der Atmung), *Yin Shizi jingzuofa weisheng shijian tan* (Gespräche über die Gesundheitspraxis und die Übungsmethode des Sitzens in Stille nach *YIN Shizi*) u.a. Dabei bezog er sich jeweils auf in seinem Leben zu verschiedenen Perioden ausgeführte Übungen, wie den kleinen Himmelskreislauf, die Übungsmethode des Sitzens in Stille nach *YIN Shizi*, die buddhistische Methode des *zhiguan* (s. Kap. 6.3) der *Tiantai*-Richtung und die *zangmi*-Übungen.[244]

Einige weitere *qigong*-Bücher erschienen um die Zeit des „Großen Sprung nach vorn", als die Betonung der TCM, die *MAO* gerade als *baoku* (Schatzkammer) bezeichnet hatte, soweit wuchs, daß auch westlich ausgebildete Ärzte ihre Kulturverbundenheit, i.e. Ideologiefestigkeit, durch Zusatzkurse in TCM beweisen mußten. „Lernen von den Massen" beinhaltete für die westlich ausgebildeten Ärzte das Lernen von den alten TCM-Praktikern auf dem Lande. Kurzfristig kehrte sich hierbei die Gewichtung der beiden Medizinsysteme zugunsten der TCM um.

Von einer Arbeitsgruppe für *qigong*-Behandlung aus *Shanghai*, dem drittältesten Zentrum für *qigong*, wurde ebenfalls 1958 Lehrmaterial zur *qigong*-Therapie herausgegeben (164). Es wurde in dem Vorwort betont, daß man, im Gegensatz zu *LIU Guizhen* in *Tangshan*, erst auf gut einjährige Erfahrungen zurückblicken könne. – *Qigong* eingesetzt für medizinisch vorbeugende oder heilende Zwecke wurde jetzt seit *LIU Guizhen* offiziell nach seinen Worten als *qigong*-Therapie bezeichnet. – Die Wichtigkeit dieser *qigong*-Therapie und die Notwendigkeit dieses Buches aus *Shanghai* wurde über die erwähnten Anfragen interessierter Stellen verdeutlicht und mit dem Hinweis unterstrichen, daß ein Artikel über die einjährigen Erfahrungen mit *qigong* als Lungentuberkulose-Therapie bei 500 Patienten in einem Sanatorium in der UdSSR[245] bereits erschienen sei. Das neue naturwissenschaftliche Konzept zu *qi* ging in diesen Buch über den Bezug zur Atmung hinaus und schloß noch – „wie es schon die Menschen des Altertums sagten" – „die gedankliche Gemütsstimmung" mit ein, die das *qi* bei Ärger in verkehrter Weise aufsteigen lasse und bei Freude sinken lasse. Dies wäre wichtig zu bemerken, weil bei hitzigem *qi* Übungsfehler oder Krankheiten entstehen könnten. Daraus ist ersichtlich, daß damals auch schon vor Abweichungen und resultierenden Nebenwirkungen gewarnt wurde. Auf verschiedene Körpersensationen beim Üben und Empfinden des *qi* wurde aufmerksam gemacht, was die Altvorderen *neiqi* (das innere *qi*) genannt hätten und weswegen die Erklärung des *qi* nur über das Trainieren der Atmung nach der Meinung der Arbeitsgruppe in *Shanghai* nicht ausreichend wäre. Man müßte zur Erklärung wohl das Trainieren des Nervensystems und des Willens hinzufügen. Entsprechend sollten die *neigong* (inneren Übungen), im Altertum der Weg des *yangsheng* (der Gesunderhaltung) genannt, jetzt als Übungen zur Bewußtmachung und Stärkung der inneren Organe betrachtet werden. Während *LIU Guizhen* sich in seiner Interpretation zu dieser Zeit materialistischer zeigte, schwankte man in *Shanghai* noch. Es wurde probiert, zwischen traditioneller und mate-

244.*LIN Yagu* u.a., 1988. S. 49f.
245.*Jiankangbao*, 11.10.1958, Nr. 4: "*Qigong liaofa zai Sulian Gelimu liaoyangyuan* (Die *qigong*-Therapie im russischen Sanatorium von Gelimu)".

rialistisch-modernisierter Sichtweise, d.h. zwischen einer funktionell-energetischen und einer morphologisch-anatomischen Betrachtung, einen Mittelweg zu finden, ohne allerdings dafür klare Konzepte anbieten zu können. Dabei erteilte man jedoch Versuchen der Mystifizierung eine eindeutige Absage. Erste physiologische Untersuchungen und Messungen an Akupunkturpunkten vor und nach der Therapie mit *qigong*, *taiji quan* und *tuina*-Massage wurden angestellt.

Um 1958 erschien von der „Revolutionären Messeausstellung zur nationalen Medizin, Pharmazie, Hygiene und Technik" ein Büchlein (160) mit dem Titel „*Qigong*, *anmo* und *gefa*[246] als Therapiemethoden". Hierin werden vor allem die bisherigen kasuistischen und groben statistischen Erfahrungen mit der *qigong*-Therapie in *Tangshan* wiedergegeben.

In *Beidaihe* fand dann 1959 zur *qigong*-Forschung der erste Erfahrungsaustausch auf nationaler Ebene für 16 Tage statt, unter Teilnahme von 64 Einheiten aus 17 Provinzen, Städten und Autonomen Gebieten. In *Shanghai* ging es ein Jahr später mehr um einen nationalen Austausch bezüglich der *qigong*-Lehre. *Qigong*, das früher in seinen ursprünglichen Formen wohl eher der individuellen, transpersonell-spirituellen Weiterentwicklung besonders auch im Daoismus und Buddhismus gedient hatte und nur in geringerem Maße bzw. zu Beginn einer Übungskarriere zur persönlichen Gesundung eingesetzt wurde, war mittlerweile zu einem kleinen, aber schon ziemlich anerkannten Gebiet innerhalb der traditionellen chinesischen Medizin geworden und die fachliche Vernetzung und die Querverbindungen wurden deutlicher. So erschien 1962 von *GU Daifeng* (1884[247]-ca.1970) ein dünnes Buch (36) über die *anmo*-Massage mit deutlichen Bezügen zum *qigong*, das zwei Jahre später schon die vierte Auflage erlebte. Diese populäre Form der Selbstbehandlung zeigt zum einen den aufklärerischen Ansatz dieser Zeit und macht zum anderen aus der Not der mangelhaften, traditionellen wie auch besonders westlichen, medizinischen Versorgung eine Tugend.

1959, und in weiterer verbesserter Auflage 1963, erschien von *HU Yaozhen* (71), dem berühmten Akupunkturarzt aus Peking, der seit den 30er Jahren schon viele Schüler hatte, und der während der „Kulturrevolution" 1972 verstarb, ein Buch mit dem Titel „*Qigong* und *baojiangong*". Er unterschied hierin *zhiliaogong* (die therapeutischen Übungen), die er mit *qigong* gleichsetzte und in der ersten Buchhälfte behandelte, von den *baojiangong* (gesunderhaltenden Übungen) die im zweiten Buchteil bearbeitet wurden. Unter ersteren ging er auf Übungen in Ruhe und Bewegung ein und unter letzteren nannte er: 1. *taiji*-Übungen, 2. *HUA Tuo*'s Kunst der Fünf Tiere (Kranich, Bär, Tiger, Hirsch, Affe), 3. *liuhe xinyi quan neigong* (die Inneren Übungen des Faustkampfs mit Herz und Aufmerksamkeit in sechsfacher Verbindung). Auch in theoretischen Aspekten knüpfte er in seinem Buch immer wieder sofort an praktische Übungsaspekte an.

QIN Zhongsan (1886-1972), auch ein Mitstreiter von *HU Yaozhen*, brachte 1959 in *Shanghai* sein Buch „*Qigong*-Therapie und Gesundheitspflege" (154) heraus, das 1961

246.*gefa* ist eine Schneidemethode zum Ausleiten mittels dicker, dreikantig angeschliffener Akupunkturnadel
247.Lt. Vorwort von (36)

in der fünften Auflage schon fast 120000 Exemplare erreichte. Gemäß dem Vorwort von *LIU Guizhen* empfängt man bei seiner *qigong*-Therapie besonders mittels gedanklicher Aufmerksamkeit das *qi*, wobei für ihn typischerweise die Standübungen im Vordergrund stehen und die Übungen in Stille und Bewegung miteinander verbunden werden. Auch reihte er mehrwöchige Perioden verschiedener Atemtechniken in besonderer Abfolge aneinander.

Ende 1959 gab die Forschungsabteilung für chinesische Medizin der Provinz *Zhejiang*, als eines der neu hinzugekommenen *qigong*-Zentren, ein zweibändiges Werk „*Qigong*-Therapie" heraus (275). Der erste, mir nicht vorliegende Band soll die jüngsten Ergebnisse bis 1957 zusammenfassen. Der zweite Band berichtet über die neuesten Erfahrungen mit Grundlagenforschungen zur Therapie und zu den klinischen Ergebnissen bei verschiedenen Erkrankungen.

ZHOU Qianchuan (1908-1971) veröffentlichte 1960 sein Buch zu den 12 *Emei*-Übungen (284), das sehr bekannt wurde. Nach bewegten Ausbildungsjahren wurde dieser vielseitig begabte Mensch, mittlerweile Militärarzt, 1939 schwer krank. Während dieser Zeit erlernte er auf dem Berg *Emei* buddhistisch orientierte *qigong*-Übungen, die jedoch auch daoistische Einflüße haben und verfolgte diesen Pfad auch nach seiner Gesundung weiter. Seit 1958 arbeitete er im Forschungsinstitut für TCM der Provinz *Shanxi* in der Grundlagenforschung und verbreitete gleichzeitig seinen *Emei-qigong*.

Mittlerweile hatte *qigong* in dieser Zeit von 1953 bis 1960 als Therapiemethode wie auch als Forschungsgegenstand in den TCM-Instituten vieler chinesischer Provinzen ein erstes Interesse gefunden. Nachdem der wissenschaftliche Forschungsstand um 1960 bezüglich des *qigong* und der übrigen TCM jedoch keine weiteren Erklärungsmethoden brachte und auch die histologische Akupunkturpunktforschung des Nordkoreaners KIM Bonghan 1963 international nicht bestätigt werden konnte, fiel die TCM in ihrer Bedeutung wieder weit zurück. Es erschienen nach 1960 nur noch einige weitere Auflagen der oben beschriebenen *qigong*-Bücher, bevor 1965 mit *MAO*'s Devise „Ärzte auf das Land" die Verbesserung der praktischen Gesundheitsversorgung zur "rural health care" – Bewegung mit den Barfußärzten führte. Im Juni 1965 sagte *MAO*: „Legt den Schwerpunkt der medizinischen und Gesundheitsarbeit auf die ländlichen Gebiete"[248]. In diesem politischen Programm, das international großes Aufsehen erregte, wurde die TCM für die Barfußärzte unter der Vernachlässigung eines Teiles des „abergläubischen" Theoriegebäudes mit nur einer begrenzten Anzahl ausgewählter Akupunkturpunkte und Kräuter gelehrt und genutzt.

Zur Unterweisung in die TCM wurden besonders zur Unterstützung der Möglichkeiten der sogenannten Barfußärzte[249] zahlreiche Bücher publiziert, die sich dann in der Kulturrevolution auf die analog zur „Maobibel" in rotes oder später auch blaues Plastik eingebundenen kleinformatigen Bücher beschränkten. Sie enthielten fast nur Themen zur Akupunktur und Kräutermedizin. In der von *MAO* gegründeten *Xinyi* („Neuen Medi-

248.*Xin yi yao xuan,* Vorreden S. 1
249.HEISE, Th., in: WIEDERSHEIM, Robert u.a. (Hrsg.), 1991. S. 51-69

zin") wurde in wenigen Büchern neben der vereinfachten und standardisierten „Neuen Akupunktur" auch *shuizhen* (Pharmaka-Injektions-Akupunktur) und *erzhen* (Ohrakupunktur bzw. Elektro-Ohrakupunktur) sowie einige *tuina*-Massagemethoden beschrieben[250].

Bis dahin läßt sich die Entwicklung der offiziellen Haltung zum *qigong* als einem Teil der TCM beschreiben. Mit dem offiziellen Beginn der sogenannten Großen Kulturrevolution fand *qigong* bestenfalls keine offizielle Beachtung mehr. Schriftliche Quellen aus dieser Zeit waren mir nicht zugänglich.

In welchem Verhältnis private und offizielle Meinung höchster chinesischer Politiker zueinander stehen und sich durch staatsmännisches Kalkül bzw. menschliche Schwächen unterscheiden, wird im folgenden verdeutlicht.

1956 wurde *MAO*' s Frau *JIANG Qing* in der Sowjetunion wegen eines Gebärmutterhalskrebs im frühen Stadium erfolgreich behandelt. Danach bekam sie starke Ängste vor einem erneuten Ausbrechen der Erkrankung. Wegen dieser und anderer psychischer Probleme stimmte *MAO* 1957 in Peking dem Vorschlag seines Leibarztes[251] zu, daß sie *taiji quan* mit einem Lehrer erlernen sollte, den das Gesundheitsbüro von der Sportkommision in *Shanghai* empfohlen bekommen hatte. Auch in den folgenden Monaten im Sommerferienort *Beidaihe* reagierte sie aber weiterhin auf Korrektur von Atmung und Haltung sehr nervös und machte nur sehr langsame Fortschritte.

Die *qigong*-Abteilung in *Beidaihe* wurde, im Gegensatz zu allen anderen, auch während der Kulturrevolution nicht geschlossen. *MAO Zedong* lebte weiter zur Sommerfrische in unmittelbarer Nachbarschaft zu ihr, und viele hohe Politiker bedienten sich dieser Institution und ihrer Möglichkeiten für die persönliche Gesundheit, obgleich große Teile des Theoriegebäudes der TCM und auch therapeutische Methoden wie *qigong* im Rahmen der „Kulturrevolution" als bourgeois und inakzeptabel galten. Eine solche Doppelmoral zeigte sich auch bei weiteren Einstellungen *MAO*'s. Er propagierte strenge Moral und Prüderie in Bezug auf Sexualität und Monogamie und verfolgte Relikte der alten Gesellschaftsform. Andererseits „versammelte (er) junge Konkubinen um sich und eiferte darin den entarteten Herrschern früherer Zeiten nach", wie sein Leibarzt[252] schrieb. *MAO* behauptete, die daoistischen Sexualpraktiken würden ihn gesund erhalten, weswegen er zum häufigen Geschlechtsverkehr am liebsten mit mehreren Frauen ins Bett ging. „Oft händigte Mao ihnen das daoistische Aufklärungs-Handbuch *Geheimnisse des einfachen Mädchens* [*SU NÜ jing*] aus, damit sie sich auf die Rendezvous mit ihm vorbereiteten." (s. Kap. 2.2.3)

Trotzdem verfolgte und verurteilte er besonders während der Kulturrevolution die kulturellen Traditionen des Daoismus, Konfuzianismus und Buddhismus.

Eigentlich gibt es zwischen den nicht nur äußerlich, sondern auch inhaltlich stringent durchgeführten daoistischen Sexualpraktiken[253] keine scharfe Grenze zu manchen traditionellen daoistischen *qigong*-Übungen. *MAO*'s Haltung gegenüber dem *qigong* war je-

---

250.Xin yi yao xuan
251.*LI Zhisui*, 1994, S. 269 ff.
252.*LI Zhisui*, 1994, S. 385 ff.

doch mehr als ambivalent. Offiziell befürwortete er neben dem Schwimmen die Bewegungsübungen in den verschiedenen Sportarten sowie im Rahmen des *taiji quan*. Artikel in *qigong*-Zeitschriften[254] diskutierten seine diesbezügliche Einstellung:

„*Mao Zedong* betrachtet es so, daß es sein kann, daß die *jingzuofa* (Übungsmethode des Sitzens in Stille) des Herrn *Yin Shizi* [s. Kap. 6.2] einen Sinn hat. Aber er selbst wagt sich nicht daran, da er meinte, daß Bewegung das Prinzip des Universums sei. Daher war er gegen *jingzuo* und setzte sich für *donggong*, Übungen in Bewegung, ein. Er [*Mao*] schrieb: ‚Kürzlich gab es einen Herrn *YIN Shizi*, der redete von der Übungsmethode des Sitzens in Stille und prahlte, daß seine Methode Sinn habe. Aber er schätzte die Bewegung gering und schädigte so seine Gesundheit. Das ist vielleicht ein Grund, daß ich es nicht wagte mich dem zu widmen.'"

Ein anderer Artikel sagt schon deutlich in seiner Überschrift[255], daß es keinen Grund zur Annahme gibt, daß der Vorsitzende *MAO* selber *qigong* geübt habe.

5.2 Die Wiederaufnahme des qigong 1976-1982

Für die Zeit der Kulturrevolution war mir kein schriftliches Material zugänglich. Wie auch andere Bereiche der traditionellen Kultur, fiel der Bereich des *qigong* in Ungnade. Nach der blutigen Zeit der Großen Kulturrevolution, in der VR China offiziell mit den Jahren 1966 bis 1976 angegeben[256], herrschte verständlicherweise noch große Angst bezüglich dessen, was von der Obrigkeit in Zukunft akzeptiert oder geduldet würde, ohne Gefahr zu laufen, dafür sein Leben zu riskieren. Dies betraf natürlich auch besonders jene kulturellen Dinge, zu denen *qigong* zählte. Dabei spielten die jeweiligen Einstellungen der Gesundheitsminister immer eine gewisse Rolle.

Nachdem die Hochschulen wieder geöffnet worden waren, herrschte großer Mangel an Fachliteratur. Im März 1976 erschien von *CAO Xizhen* ein Büchlein (12) in für diese Literatur sehr hoher Auflage (1983 schon über 1,4 Millionen und 1985 in revidierter Fassung in Hongkong auf Englisch herausgegeben) über die vorbeugende *anmo*-Massageform, wobei der nahe Bezug zum *qigong* dargestellt wurde. Hiermit stellte sich die vor der Kulturrevolution zuletzt noch geduldete Form der Selbstbehandlung wieder ein. Auch das von *GU Daifeng* revidierte Buch (36) zu diesem Thema erlebte eine Neuauflage und hatte im Mai 1980 schon fast die Millionengrenze erreicht.

Das Interesse an *qigong* wuchs erneut, und in dem Buch *Yiliao tiyu changshi* (289) (Grundwissen der Krankengymnastik) – Untertitel: *manxingbing tiyu liaofa* (Gymnastik-Therapiemethoden für chronische Erkrankungen) – , herausgegeben im November 1976 im Volkssportverlag, wurde *qigong* als ein therapeutisches Verfahren schon wieder erwähnt. Interessant ist dabei, daß auf der linken Hälfte des Buchdeckels drei Skizzen

---

253.So gibt es gelegentliche Hinweise auf diese Übungen in den Büchern der letzten Jahre. Der erste ausführlichere Artikel in der Zeitschrift *Qigong yu kexue*, *Qigong* und die Wissenschaft, erschien darüber 1990, 10, S. 31 f.: „*Fang zhong shu yu daojiao yin yang di guanxi*. (Die Beziehung zwischen dem daoistischen *yin yang* und der Kunst im Schlafgemach.)"

254.*WANG Dianzhi*: „*Mao Zedong tan qigong*" (*Mao Zedong* spricht über *qigong*). In: *Qigong yu kexue, Guangzhou*, 1990, 8, S. 37

255.*ZHANG Taozhi*: „*Mao zhuxi lian qigong" meiyou genju*. (Es gibt keinen Grund für die Annahme „der Vorsitzende Mao übte *qigong*".) In: *Qigong yu kexue, Guangzhou*, 1989, 3, S. 38

256.Obwohl die eigentliche Zeit der Großen Kulturrevolution *wenhua dageming* 1969 zuende war und ihr offizielles Ende 1978 verkündet wurde, geht man in China im allgemeinen Sprachgebrauch von den Jahren 1966 bis 1976 aus.

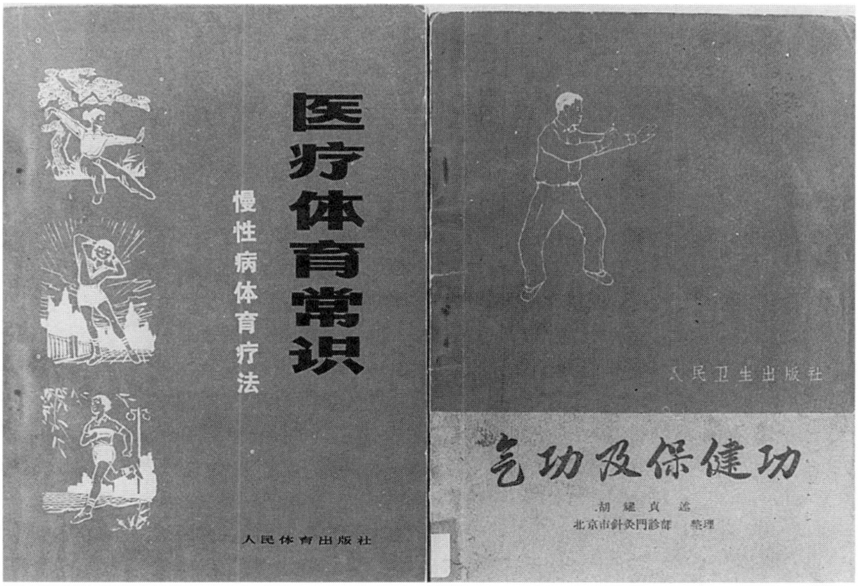

Abbildung 33: Re.: HU Yaozhens Buch (71) von 1959/1963. Li.: Das Krankengymnastikbuch von 1976 (289), ebenso mit einer taiji quan-Stellung oben.

von Frauen sind, wobei die oberste – also erste – eine typische *taiji quan*-Haltung zeigt, die zweite mit kurzer Sporthose eher eine gymnastische Dehnübung als eine traditionelle *daoyin*-Übung aus dem *qigong* darstellt, während die unterste in kurzer Sportkleidung „joggt".

In diesem Buch wurde einleitend ein Zitat des Vorsitzenden *MAO* (*Mao zhuxi yulu*) vorangestellt, in dem auf den präventiven Charakter der Körperertüchtigung hingewiesen wird und alle ermuntert werden, an Sportarten teilzunehmen. Dabei wird zuletzt auch *taiji quan* aufgezählt.

In dem Vorwort des Buches, verfaßt von *ZHUO Dahong* aus dem *Guangzhou Zhongshan yixueyuan* (*Zhongshan* Medizinisches Institut Kanton), führt dieser noch während der Kulturrevolution im August 1975, nach den zeitentsprechenden politischen Phrasen, zugunsten der krankengymnastischen Verfahren die Argumente an, die man später wieder, aber auch schon vor 1966, für *qigong* angab: „Krankengymnastik, auch Körpererziehungstherapie genannt, [diese] Methode ist einfach, kostenlos, man kann sich selbst abhärten, kann zunehmend den Körper stärken bezüglich der Abwehrkraft gegen Krankheiten, die physiologischen Funktionen verbessern, die Krankheit[sbewältigung] vorantreiben, um die Gesundheit und die Arbeitskraft schneller wieder herzustellen."

1957 hatte der ehemalige Kampfgefährte *MAO*'s, der damalige Innenminister und spätere oberste Gerichtshofpräsident *XIE Juezai*, im Vorwort zu *LIU Guizhen*'s Buch geschrieben: „Was die *qigong*-Therapie betrifft, so kann jeder sie ausüben, sie ist kostenlos, macht keine Schwierigkeiten, man kann Krankheiten vertreiben, den Körper stärken, sich vollständig erneuern[257] und das Leben verlängern."

Das zweite Unterkapitel vom ersten Hauptabschnitt in dem Buch *Yiliao tiyu changshi* (289) heißt: „Wie hat sich die Krankengymnastik entwickelt“ und diskutiert die Funde von *Mawangdui* ”...„*daoyinshu*“ *(ji baojian ticao) he* „*tunashu*“ *(ji huxi ticao)...*”, ”..."die Kunst des Leitens und Führens“ (das bedeutet Gesundheitsgymnastik) und „die Kunst, das Alte auszuwerfen und das Neue einzuziehen“ (das bedeutet Atemgymnastik)...”[258]. Danach wird *yiliao tiyu* (Krankengymnastik) in 7 große Untergruppen eingeteilt[259]:

1. *yiliao ticao* (therapeutisches Turnen)
2. *yiliao yundong* (therapeutische Bewegung)
3. *qixie zhiliao* (Gerätebehandlung)
4. *qigong*
5. *anmo* (manuelle Behandlungstechniken) ["Akupressur“ etc. s. Kap. 2.2.5-6]
6. *shuiyu* (Wasserbad), *kongqiyu* (Luftbad), *riguang* (Sonnenbad), und *duanlian* (abhärtende Übungen mit natürlichen Mitteln)
7. *laodong zhiliao* (Arbeitstherapie)

Hierunter werden die beiden ersten Punkte als die wichtigsten bezeichnet. Zu 4. wird angeführt: „*Qigong* ist eine ruhig die Körperstärkung (*tiyang*) und Atmung (*huxi*) sowie Bewegung (*yundong*) miteinander verbindende Körperkräftigungsmethode (*jianshenfa*), ist eine Arbeit (*gongfu*), das „*qi*“ zu üben. *Qigong* ist geeignet zur Behandlung von allgemeinen chronischen Erkrankungen, so hat es dabei für Neurasthenie (*shenjing shuairuo*), Bluthochdruck, Magen- und Zwölffingerdarmgeschwüre usw. ziemlich offensichtliche Erfolge."

Am Ende des Buches wird jeweils gesondert noch etwas eingegangen auf:

1. *taiji quan*
2. *wuqinxi* (Spiel der Fünf Tiere),
3. Übungen nach dem *Yijin jing* (Klassiker der verwandelten Muskeln)
4. *baduanjin* (acht Brokatübungen)
5. *shierduanjin* (zwölf Brokatübungen)
6. *baojian ticao (=daoyin)* [Gesundheitsgymnastik (=Lenk- und Leitübungen)]
7. *baojian anmo* (Gesundheitsmassage)
8. *qigong*; – was es ist [hier findet sich jetzt plötzlich wieder neben dem Bezug zur Atemluft auch der zum körpereigenen *yuanqi* (Ur-*qi*) kurz angemerkt, jedoch ohne irgendwelche weiteren Folgerungen für die Theorie oder die Therapie], – für welche Krankheiten es eingesetzt wird, – wie man es gut übt, – welche ungewöhnlichen Reaktionen auftreten können, – wie man *fangsonggong* (entspannende Übungen) übt und *qiangzhuanggong* (stärkende Übungen) sowie *neiyanggong* (innerlich nährende Übungen) und auch *taiji donggong* (*taiji*-Bewegungsübungen)
9. *taiji ban* (die Übungen nach dem *taiji*-Gedanken mit dem Stock).

Es fällt dabei auf, daß hier viele Übungen aus dem *qigong*-Absatz ausgegliedert aufgeführt werden, die später von den meisten Autoren als spezielle Untergruppen des *qigong*

257.*quan sheng* ist ein klassischer Ausdruck, der bedeutet den natürlich möglichen Lebensprozeß zu verwirklichen, also eher qualitativ, was nicht unbedingt mehr Lebensjahre bedeutet
258. (289) S. 49
259. (289) S. 51

Abbildung 34: Re.: GU Daifengs Büchlein (36) zur anmo-Massage von 1964. Li.: GUO Lins erstes Buch zum Neuen qigong 1981 (46).

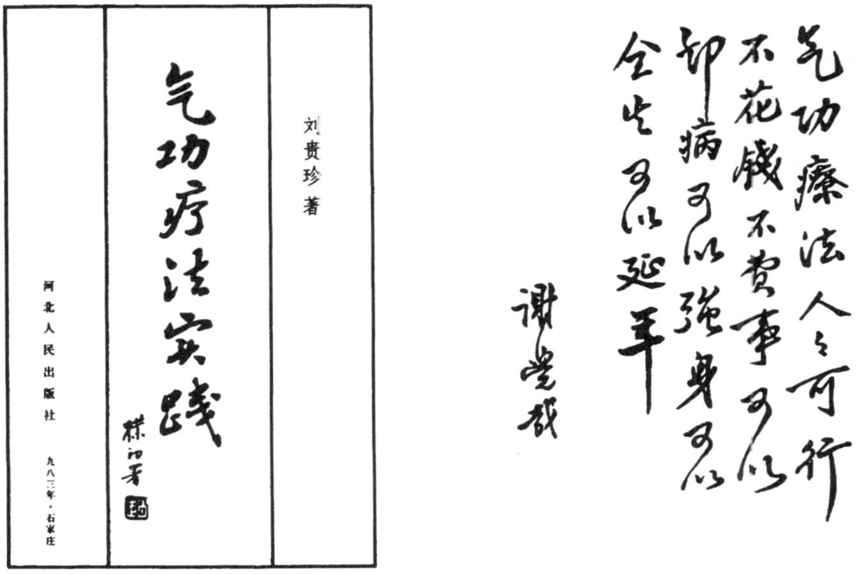

Abbildung 35: Die 2./3. Seite des Buches von LIU Guizhen (115) mit der Kalligraphie von XIE Juezai rechts.

betrachtet werden. Das könnte durchaus damit zusammenhängen, daß *MAO* – und damit die damalige allgemeine kultur- und gesundheitspolitische Ausrichtung – dem *taiji quan* näher stand als den „Inneren Übungen“ und man sich daher vorsichtig mehr auf die Übungen in Bewegung und solche mit Selbstmassage-Anteilen bezog und die anderen Übungen nur kurz streifte.

Das vollständige Bild-Material zu den in diesem Buch von 1976 nur kurz erwähnten *daoyin*-Übungen von *Mawangdui* wurde erst April 1979 in Form von Wiedergaben der Originalabbildung sowie ihrer Rekonstruktion mit einem begleitenden Kommentarheft herausgegeben (135). Es hatte weniger Einfluß auf die weitere Gesamtentwicklung, als man denken könnte. Daher findet man unter den hier bearbeiteten 290 Büchern nur zwei spätere (2, 189), die bei der Bucheinbandgestaltung auf diese Originalabbildungen aus dem dritten vorchristlichen Jahrhundert zurückgreifen. Dabei beschäftigte sich u.a. *LUO Shiming* (123) inhaltlich mit diesen und reihte sie in den zeitgeschichtlichen Kontext ein. Auf die übrigen aus dem Grab von 168 v. Chr. stammenden medizinischen Werke, die auf Seide und Bambus geschrieben wurden, auch über Themen, die den sexuellen, ernährenden *yangsheng*-Übungen nahestehen, soll hier nicht weiter eingegangen werden[260].

Abbildung 36: Li.: Das Werk zur qigong-Geschichte (189) von WANG Buxiong und ZHOU Shirong. 1989. Re.: Auch hier auf dem Cover (123) Bezüge zur Tradition (Kleidung) und zur Langlebigkeit (Siegelzeichen), 1987.

Als eines der ersten Bücher nach der Kulturrevolution zum Themenkreis *qigong* im weiteren Sinne wurde im November 1976 durch ein Stadtteilkrankenhaus in *Shanghai* in

260.S. HARPER, D., 1987

Zusammenarbeit mit der dortigen Forschungsabteilung für Bewegungstherapie am Sportinstitut ein Buch (163) zu den 18 therapeutischen Übungen herausgegeben. Gemäß dem noch revolutionär-kommunistisch orientierten Zeitgeist findet sich in dem Werk keine persönliche Autorennennung, was bei dem neuen-alten Thema natürlich auch zur persönlichen Sicherheit der Betreffenden beitrug. ImVorwort wird betont, daß jedes Volk ein gutes Niveau der Körperertüchtigung brauche, weil es sonst um das Gesundheitsniveau und um die seelisch-moralische Verfassung des Staates (*guojia de jingshen mianmao*) schlecht bestellt sei. Außerdem hätten die häufig gesehenen Erkrankungen des Körperhalteapparates auch Einfluß auf die Arbeitsproduktionskraft. Die präventiven und kurativen Übungen würden sportliche und gesundheitliche Aspekte verbinden, wie es in der Medizin und den Kampfkünsten des Altertums auch der Fall gewesen sei. Über das Studium der *baduanjin* (acht Brokatübungen) und dem *wuqinxi* (Spiel der Fünf Tiere) sei man schließlich zur Zusammenstellung dieser 18 Übungen gelangt, deren Wirksamkeit auch durch die klinische Praxis bestätigt worden seien.

1980 folgte ein weiteres Buch (184) zu diesen Übungen von der Sportredaktion herausgegeben, mit einigen Fallberichten und einem kurzen Anhang zur Selbstmassage. Das 1981 von *ZHUANG Yuanming* u.a. unter dem gleichen Titel (287) veröffentlichte Buch (1983 unter (288)) zeigt ganz ähnliche Übungen, während die im gleichen Jahr ebenfalls in *Shanghai* entstandenen und etwas später publizierten 18 *taiji-qigong*-Übungen ähnlichen Namens von *LIN Housheng* (112) deutlich mehr differieren. Beide können ihre Bezüge zu den *wushu* (Kampfkünsten) jedoch nicht verleugnen.

Nach *MAO*'s Tod und dem Sturz der „Viererbande“ sowie einer gewissen politischen Stabilisierung erschien 1979 in der Provinz *Gansu* von *LI Shaobo* (1910*), einem leitenden TCM-Arzt am Institut für TCM der Provinz *Gansu*, der *qigong* schon über 50 Jahre praktizierte, das Buch zur Methode, wie man das *zhenqi* (wahre *qi*) bewegt (94). Der 75-jährige *KE Yushen* ging in seinem Vorwort dazu vom Juli 1978 ebenso wie *LI Shaobo* in seinen ersten Sätzen mit Hilfe von Zitaten aus dem *HUANG DI neijing* auf den Kern als Voraussetzungen zu seinen Übungen ein: ohne politische Vorsicht stellte er die traditionelle TCM-Lehre mit *qi* als dem *zhenqi* dar, was weit über die noch gängige Lehrmeinung des reinen Bezugs zur Atmung hinausging. Daneben stellte er die übrigen im Anfangskapitel 2.1 aufgezeigten Grundsubstanzen der TCM mit *jing* (Essenz), *xue* (Blut), *jinye* (Säften) und *shen* (Geist) dar und griff dabei die Beziehungen von *qi*, *jing* und *shen* gemäß der Lehre von den *renshen sanbao* (drei menschlichen Schätzen) (S. Abb. 52 und 53) heraus. Auch auf die drei durch entsprechendes Üben möglichen energetischen Verwandlungsstufen von *jing* in *qi*, von *qi* in *shen* und von *shen* in *xu* ging *LI Shaobo* unter den mir bekannten Autoren erstmalig seit der sogenannten Kulturrevolution wieder ausführlich ein. Dann führte er dies weiter aus und stellte schließlich sein fünfstufiges Übungsmodell mit einigen krankheitsbezogenen Fallvorstellungen sowie mit Statistiken zur Gastroptosis und zum Bluthochdruck vor.

Nicht nur die Gesundheitspolitik inklusive ihrer Einstellung zur TCM orientierte sich jetzt wieder mehr an den 60er Jahren. Es erfolgten auch Neuauflagen, wie z.B. die des Artikels von *JIAO Guorui*, der 1962 über die theoretischen Grundlagen des *qigong*-Übens erschienen war, sowie ein Artikel von *TAO Zucai* aus dem Forschungsinstitut für Mechanik in der chinesischen Akademie der Wissenschaften über die modernen *qigong*-Forschungsergebnisse. Es gab dabei auch Vergleiche mit Yoga, Biofeedback, Psychoenergetik, MAHARISHIs Transzendentaler Meditation, den Fähigkeiten Uri GELLERs und den Theorien von Ilja PRIGOGINE. Diese waren der ersten Darstellung der *qigong ziwo kongzhi* (oder abgekürzt *zikong*) *liaofa* (Selbstkontrolltherapie mit *qigong*) von *ZHANG Mingwu* (1920*) (6) und *HAN Qiusheng* (s. auch (53)) vorgegliedert. Herausgeber war noch die Sportabteilung des Gewerkschaftsbundes der Stadt Peking. *ZHANG Mingwu* arbeitete in den 50er Jahren in einer Pekinger Elektromeßgerätefabrik, erkrankte an Bluthochdruck und koronarer Herzkrankheit mit anschließendem Schlaganfall und Halbseitenlähmung rechts. Nach drei Jahren des Übens von *taiji quan* und weiteren drei Jahren *qigong* war er völlig genesen. Seitdem widmete er sich der Erforschung des *qigong* und therapierte auch Patienten. Die spätere Monographie (53) von *ZHANG Mingwu*, schon von der Pekinger *qigong*-Forschungsgesellschaft wahrscheinlich noch während des Jahres 1980 herausgegeben, erhielt bis auf die Farbe das gleiche Cover mit dem Kranich als Symbol der Langlebigkeit (6), wie das oben erwähnte Büchlein. Dies macht den Einfluß deutlich. Die 2. Vorrede des Buches (6) von *LÜ Bingkui*, dem damaligen Abteilungschef der Abteilung für TCM im Gesundheitsministerium, ebenso wie die 1. Vorrede als Schlußwort zur nationalen *qigong*-Forschungstagung in Peking 1979, gingen besonders auf die neu zu definierende Bedeutung des Ausdrucks *qi* (s.u.) ein. Das Leitwort des Buches, vor dem Abdruck des Zitates von *XIE Juezai*, gab der Nachfolger *MAOs*, *HUA Guofeng*: „Die Therapiemethode des *qigong* muß man mit wissenschaftlicher Methodik sehr gut erforschen".

***Abbildung 37:** Li.: Kranich und Pinie, die Symbole der Langlebigkeit, in Verbindung mit diesem wichtigen qigong-Werk (6). Re.: ZHANG Mingwus Buch (53) mit gleichem Cover.*

ZHANG Huimin brachte ebenfalls 1980 – also noch vor der Einleitung der *qigong*-ideologischen Wende durch *LIU Guizhen* – ein allgemeines Buch zur *qigong*-Therapie (254) in *Tianjin* heraus, welches ein deutlich politisches Vorwort beinhaltet. „Nach der Zerschlagung der Viererbande hat dank der Fürsorge der Partei und der Regierung die Erforschung von Theorie und Praxis unseres chinesischen *qigong* eine große Entwicklung erreicht", hieß es, so daß sich der Autor genötigt sah „aufgrund des Wunsches einiger Personen aus den riesigen, an *qigong* interessierten Volksmassen" dieses Buch zu schreiben.

Das Buch über das Diamant-*qigong* von *YANG Shaoqing* erschien in Zusammenarbeit mit dem TCM-Lehrer *SUN Zhigao* im September 1980 (242) in der Provinz *Hunan*. Er betont in seinen Bewegungsübungen das Element der Stille. Obwohl das Buch bei einer relativ hohen Auflage von 343000 in vielen Buchläden Chinas zu finden war, wird sein Stil, der in der Namensableitung auf einen buddhistischen Übungsstil zurückgehen soll, in China selten geübt. Es bestehen trotz Ähnlichkeit des Namens keine Beziehungen zu dem Werk von *WU Zhongsen* (219) oder den tibetischen Übungen. *SUN Zhigao* publizierte später zwei weitere Büchlein (174-5) zu seiner *qigong*-Variante.

Im Dezember 1980 wurde von *LIN Hai* (1923*)[261] aus *Shanghai* im Verlag der TCM-Forschungsabteilung in *Shanghai* erstmals sein Buch herausgegeben, das einen neuen Weg vorzeichnete. Es hieß „*Qigong* ist eine Wissenschaftsrichtung, die die potentielle Körperenergie entwickelt" (106). *LIN Hai* beschäftigt sich mindestens seit 1963[131] mit der Erforschung von TCM und *qigong*. Von 1977 an war er für mehrere Jahre der Vorsitzende des *Shanghai* TCM-Forschungsinstituts, gründete die *qigong*-Ambulanz und -Forschungseinrichtung, wo er *qigong*-Meister wie *LIN Housheng*, *ZHAO Wei*, *QUE Ashui* (1919-1982) versammelte und Forschungen in klinische wie naturwissenschaftlich-theoretische Richtungen veranlaßte. Später wurde er Vorsitzender verschiedener *qigong*-Vereinigungen. Sein Buch, das sich erneut mit den Grundlagen des *qigong* beschäftigte, wie schon der Name „potentielle Körperenergie" für die Entwicklungsmöglichkeit des *qi* zeigt, fand kurz darauf thematisch eine revolutionierende Fortsetzung von noch berufener Hand.

Im Vorwort seines Buches „Praxis der *qigong*-Therapie" schrieb der Altmeister *LIU Guizhen* bei der Neuauflage im Oktober 1981: „Das *qi* in *qigong* beinhaltet nicht nur das *qi*/die Luft[262] der Atmung, sondern auch das richtige *qi* im menschlichen Körper". „Wir nennen die Selbsttraining-Übungen mit dem Zweck das richtige *qi* im menschlichen Körper zu kultivieren *qigong*". Aufgrund von *LIU*s Berühmtheit und seiner politischen Einbindung, war dies jetzt tatsächlich gleichbedeutend mit einem offiziellen und quasi staatlich genehmigten Wandel im Konzept des *qigong*. Dies zeigte sich auch in der Tatsache, daß dann Mitte 1982 die erste *qigong*-Zeitschrift gegründet wurde (s. Kap. 5.3.2) und in ihr viele neue und alte Ideen zum *qigong* heftig diskutiert werden konnten. Dieses Ereignis motivierte ebenfalls die Autoren, wie die langsam steigenden Publikationsraten deutlich machten.

261. *WU Hao*, 1993

262. Im modernen Chinesisch wird dies *qi* als von *kongqi* = Luft abgeleitet gesehen und auch als Atem übersetzt (s. Kap. 1.1).

Ein weiteres Büchlein aus *Beidaihe* zur Vorstellung der dort von *LIU Guizhen* angewandten Therapie- und Übungsmethoden des *qigong* erschien im März 1981 (59). Es wandte sich zur eher populären Aufklärung an den *qigong*-Anfänger oder -Autodidakten, wie es im Vorspann heißt.

LIN Housheng (1939*) aus *Shanghai* veröffentlichte im Juli 1981 sein Buch „*Qigong* macht Menschen gesund" (108) in Kanton. Auch später veröffentlichte er mehr in Südchina und machte seine Übungsstile persönlich in Südostasien bekannt. Etliche in- und ausländische Zeitschriften berichteten davon[263]. Er stammte ursprünglich aus der Provinz *Fujian* und sein Geburtsort war der Sitz eines Klosters der Südlichen *Shaolin*-Schule, wo er ab dem 16. Lebensjahr täglich zu trainieren begann. Später fing er nach der Prüfung im *Shanghai* Sportinstitut zu studieren an, wobei er gleichzeitig weitertrainierte. 1964 entdeckte er zufällig seine Fähigkeit *waiqi* (äußeres *qi)* aus der Hand abzustrahlen. 1977 begann seine Zusammenarbeit mit der Chinesischen Akademie der Wissenschaften und dem *Shanghai* Kernforschungsinstitut in der Person von *GU Hansen*, wie auch mit dem Physiker *QIAN Xuesen*. Ein anderer Schwerpunkt wurde seit 1981 mit großem Erfolg seine *qigong*-Anästhesie. Diese untersuchte man wissenschaftlich während einer Vielzahl der verschiedensten Operationen, besonders im Kopfbereich.

In der Folge wurden zum Thema *qigong* einige allgemeiner bildende Werke veröffentlicht, die zu verschiedenen *qigong*-Stilen und Themenbereichen einen größeren Überblick gaben. Sie sind in den Einzelheiten kurz und präzis gehalten. So gab *YAN Hai* (gest. 1988)[264] mehrere ausführliche Werke heraus. 1981 war es eine erste Kollektion von Arbeiten zum *qigong* (232) von meist bekannten *qigong*-Meistern, wie *LIU Guizhen*, *JIANG Weiqiao, GUO Lin*, *MA Jiren*, *HU Yaozhen, GUAN Yongnian, YU Yongnian, CHEN Yingning*, *QIN Zhongsan*, *ZHOU Qianchuan*, *WANG Anping*, *HU Bin*, die in der vorliegenden Arbeit fast alle mit eigenen Monographien noch zur Sprache kommen. Das Vorwort des Volkssportverlags betonte auch hier, daß *qigong*, „diese kostbare Perle", durch das Chaos der letzten 10 Jahre und wegen der Depression als Folge der ultralinken Viererbande in den letzten Zügen gelegen habe. Das schriftliche *qigong*-Material sei fast ausgestorben gewesen. Einiges sei privat als nicht-öffentliches *neibu*-Material gedruckt worden, oder die alten Werke seien als Geheimsache angesehen worden. Aus diesem Grund sollte dieses Buch mit seinen bekannten Autoren, die gleichzeitig *qigong*-Meister sind – von denen als erster *CHEN Yingning*, der Vorsitzende der bisher bekämpften daoistischen Vereinigung, vorgestellt wird (!) – , (mit 441 Seiten qualitativ wahrscheinlich und quantitativ sicherlich an der Spitze) wieder einen Bezugsrahmen schaffen. Aufgrund des durchschlagenden Erfolges wurde 1985 (234) ein genauso erfolgreicher Ergänzungsband (von 717 Seiten!) veröffentlicht. Auch hier waren eine Vielzahl von Autoren vertreten, wozu neben einigen der bekannten aus dem ersten Band noch weitere bekannte wie *ZHANG Tiange*, *LI Zhiru*, *WANG Ruiting* und *LIN Hai* hinzukamen. Das 1982 ebenfalls

263.*LIN Housheng* zeigte mir 1987 diese Artikel aus Hongkong, Singapur und Malaysia. Da mir aber seine gegenwärtige Adresse nach dem Umzug in die USA nicht bekannt ist, können dazu keine näheren Angaben gemacht werden.

264.Gemäß mündlicher Information von *ZHANG Tiange*

von *YAN Hai* herausgegebene Werk zu häufigen medizinischen Vorbeugemethoden (233) beschäftigt sich mehr mit sportlichen und weniger mit *qigong*-Aspekten.

Ebenfalls eine weitere Verbreitung erfuhr die von *TAO Bingfu,* dem Bibliothekar einer Pekinger Universität (*Shifandaxue*)[265], und *YANG Weihe* herausgegebene Reihe, die von 1981-1989 nacheinander in vier Teilen im Volksgesundheitverlag (176-9) erschien. Hier wurden *qigong*-Stile sowohl geschichtlich und inhaltlich, als auch in ihrer krankheitsbezogenen Therapie in Fallgeschichten vorgestellt. Auf die gleiche Weise probierten viele umfassendere Werke sich dem Thema zu nähern, wobei es je nach praktischer und theoretischer Einarbeitung zum *qigong* wie auch zur TCM und der westlichen Schulmedizin zu ganz verschiedenen Ergebnissen kam. Eine große Rolle spielte dabei auch das wissenschaftliche Verständnis des Autoren, wobei man viele Werke nur populärwissenschaftlich nennen kann, da sie ohne klare Zusammenhänge Standardphrasen ohne tieferen Hintergrund anbieten.

Noch als *neibu*, also als nicht-öffentliches Material, wurde von *WANG Anping* (1939*) im September 1981 der erste Teil seines Buches „*Yiquan*-Übungsreihe zur Körperstärkung" (187) zuerst in *Kaifeng*, später in *Xuzhou* herausgegeben. Dazu schrieb der Gewerkschaftsbund der Stadt *Kaifeng* ein Vorwort, das den Genossen *WANG Anping*, *qigong*-Meister am städtischen Arbeitersanatorium, und seine über 10000 Heilerfolge anpries, und auf der Rückseite wurde die Verbindung von TCM und westlicher Medizin befürwortet. Der zweite Teil, ungefähr 1985 (188) erschienen, war nicht mehr *neibu*. Die Bücher zu diesem Themenkomplex waren nach der offiziellen Wende 1981 schon so verbreitet und zahlreich, daß es keinen Sinn mehr ergab, sie als „für den internen Gebrauch bestimmte" Bücher in den Verkehr zu bringen.

5.3 Das „qigong-Fieber" 1983-1989

Während bis 1983 eine ziemlich chronologische und vollständige Abhandlung der *qigong*-Literatur möglich war, stieg danach die Publikationsrate derartig an, daß man inhaltlich zu trennende Gruppen unterscheiden kann, wobei eine weitere chronologische Bearbeitung nur noch in einzelnen Bereichen sinnvoll ist. Daher wird hier eine Gliederung nach den wichtigsten Themengruppen mit exemplarisch ausgewählten Werken in den Vordergrund gestellt. Für diejenigen, die sich erstmals mit dieser Thematik beschäftigen, wird dieser Abschnitt zu Beginn wie eine trockene Aufzählung von Namen, Buchtiteln und Daten erscheinen, die eher ermüdend wirkt. Kann man aber in zunehmenden Maße mit den in der vorliegenden Arbeit immer wieder vorkommenden Autoren etwas verbinden, so erkennt man dies als einen unverzichtbaren und kulturbezogenen Bestandteil der Entstehungsgeschichte der heute bekanntesten *qigong*-Werke.

Auf Grund der großen Bücherzahl im Rahmen dieses „*qigong*-Fiebers" [so auch der Titel eines Buches über die *qigong*-Entwicklung 1988 (150)], können und sollen nicht alle Werke aus der Bibliographie abgehandelt werden. Der Akzent liegt vielmehr auf

265.Gemäß mündlicher Information von *ZHANG Tiange*

Beispielen für die Entwicklung der verschiedenen Stilrichtungen, um daran anschließend eine leichtere Orientierung in der Bibliographie zu ermöglichen, als Basis für weiterführende Untersuchungen. Hierfür versteht sich dieses Kapitel als Grundstein.

Interessant ist bei der Bezeichnung *qigong*-Fieber für diese Epoche die erneute Parallele zwischen Politkultur und *qigong*-Kultur. So läßt sich in den 80er Jahren nicht nur ein *qigongre* (*qigong*-Fieber) finden, sondern in der gleichen Zeit gibt es in anderen kulturellen Bereichen ebenfalls den Ausdruck des *re* (Fieber). Man spricht von einem *wenhuare* (Kulturfieber)[266], *rujiare* (Konfuzianismus-Fieber) und *guoxuere* (Nationalstudien-Fieber)[267]. Dabei stellt *wenhuare* (Kulturfieber)[268] eine „breite Auseinandersetzung über die chinesische Kultur in Vergangenheit, Gegenwart und Zukunft mit dem Ziel, Weg und Richtung der modernen Kultur Chinas zu bestimmen, (dar). Die Diskussion begann um das Jahr 1983 herum und erreichte ihren Höhepunkt Ende der achtziger Jahre, ist aber bis heute keineswegs beendet." Das *guoxuere* und das *rujiare* sind dagegen eher ein Zeichen des „kulturellen Konservativismus", der sicherlich vom Ideellen her dem *qigongre* näher steht. Auch 1992 noch sprach man in *qigong*-Zeitschriften vom *qigong*-Fieber.[269]

Insgesamt deutet dies jedoch klar auf die kulturideologischen Verflechtungen hin. So wird man kritisch anmerken müssen, daß die ganze Welle der beabsichtigterweise den Nationalgeist stärkenden „Qigongologie" auch mit unter diesem Gesichtspunkt abgewogen werden muß. In den 70er Jahren sprach man zuerst von einer „Akupunkturanaesthesie" und dies Schlagwort ging zusammen mit überzeugten und überzeugenden chinesischen Patienten, die dazu die Maobibel in der Hand hielten durch die Weltpresse. Erst nach den anschließenden Forschungen im Westen[270] konnte dies teils verifiziert, teils relativiert werden und führte dazu, daß man schließlich nur noch von einer „Akupunkturanalgesie" sprach, deren Indikation im Westen bei sich zunehmend verbessernden Anaesthetika und Analgetika spärlicher wurde. So bleibt auch hier abzuwarten, wie die Sachlage der „*qigong*-Wissenschaft" nach chinesischer und westlicher und damit kulturdistanzierter Erforschung aussehen wird.

5.3.1 Im Spiegel der Veröffentlichungen und ihrer Autoren

5.3.1.1 Neuere Ableitungen von qigong-Stilen

Die Wende von 1981 mit der Neudefinition des Terminus *qigong* wurde durch die folgenden vier Bücher untermauert, wobei die verschiedenen Erscheinungsorte das landesweite Interesse an *qigong* zeigen:

---

266. STAIGER, Brunhild, 1989. S. 870-878
267. LEE Ming-huei: Das „Konfuzianismus-Fieber" im heutigen China. Unveröffentlichtes Manuskript (Symposium `Confucianism: Origins—Developments—Perspectives.´ in Leipzig 4/1997), Academica Sinica, Taipei.
268. STAIGER, Brunhild, 1989. S. 870
269. *Zhongguo qigong*, 4, 1992, Rs.
270. HEISE, Th., 1996, S. 100 ff.

- Im Februar 1982 in Peking über die Standübungen (249) von *YU Yongnian*, die dieser seit 1944 bei dem Kampfkunst- und *qigong*-Meister *WANG Xiangzhai* (202) studiert hatte.
- Im August 1982 in *Jinan* zur *qigong zikong liaofa* (Selbstkontrolltherapie mit *qigong*) (260) von *ZHANG Mingwu*, *HAN Qiusheng* (Juli 1982 in *Fuzhou* (54)) und *SUN Xingyuan*.
- Im April 1983 in *Nanjing* zum *hexiangzhuang qigong* (Kranichstil-*qigong*) von *ZHAO Jinxiang* (274).
- Im Dezember 1983 in *Chongqing* zu den Fünf-Tiere-Übungen von *XIANG Yanghui* (223).

  Die im ersten und letzten Stil beinhalteten Elemente gelangen jetzt zu einer stärkeren Betonung, die sich auch innerhalb von anderen Stilen bemerkbar machte, wie z.B. für die Standübungen im *kongjin qigong* (*qigong* der freien Kraft) des *HUANG Renzhong* (1943*) aus Kanton oder im *Shaolin neijin yizhichan* aus *Shanghai* oder für das „Spiel der Fünf Tiere“ bei den Übungen von *JIAO Guorui*. Dahingegen markierten die beiden anderen Bücher die ansteigende Verbreitung dieser beiden Stile: der etwas einfacheren *qigong zikong liaofa* (Selbstkontrolltherapie mit *qigong*) – neben dem ursprünglicheren *xinqigong* von Frau *GUO Lin* – und dem *hexiangzhuang qigong* (Kranichstil).

Zum *xinqigong* (Neuen *qigong*) der Frau *GUO Lin* (1909-1984) gab es von 1981-89 einige Bücher (43-51, 134, 180, 243). Frau *GUO Lin* mußte sich in ihrem Leben sechs großen chirurgischen Operationen unterziehen[271]. 1949 wurde ihr wegen Gebärmutterkrebs der Uterus herausgenommen. 1960 mußte die Harnblase teilweise entfernt werden, aber es kam zu keinem Stillstand der Erkrankung. Statt zu verzweifeln widmete sie sich dem *qigong*. Die aus Kanton stammende und seit den 50er Jahren in Peking lebende Autorin betont in ihren Vorworten, daß ihr *qigong* nicht allmächtig, aber sehr nützlich und auch gut in Verbindung mit der westlichen Medizin anwendbar sei. Daher hätten es alleine bis 1980 schon über 7000 Menschen erlernt. Ihre Mutter habe auch Übungen ausgeführt und sei 102 Jahre alt geworden. Sie entwickelte ihren Stil seit 1970 und lehrte ihn seit 1977 in den Parkanlagen. 1984 starb sie 75jährig an einem Schlaganfall, und es wird betont, wie bescheiden sie lebte und allen Kranken mit den Übungen helfen wollte, die sie selber „tagtäglich jahrein jahraus“ unterrichtete.

5.3.1.2 Traditionellere Ableitungen von qigong-Stilen

Das altbekannte Buch von *ZHOU Qianchuan* über die 12 *Emei*-Übungen wurde 1983 wieder aufgelegt (284) und ebenso 1984 das Werk von *QIN Zhongsan* zur *qigong*-Therapie und Gesundheitspflege (154). 1986 erschien die Wiederauflage des Buches von *HU Yaozhen* (71), durch *HU Lijuan* (69) revidiert. Der neue Titel hieß jetzt „*Qigong*-Übun-

---

271. *CUI Lili*, 1989, S. 16-20

Abbildung 38: Re.: Eines von Frau G*UO* *Lins Büchern (51). Li.:* Z*HANG* *Mingwus Selbstkontrolltherapie mit qigong (260).*

Abbildung 39: Re.: Z*HAO* *Jinxiang präsentiert seinen Kranichstil-qigong (270). Li.:* M*A* *Litang präsentiert sein Nährendes qigong (126).*

gen in Stille und Bewegung von *Hu Yaozhen*". Es enthält auch Hinweise zu „Inneren Übungen" – respektive den *xiao zhoutiangong* (Kleinen Himmels-Kreislauf), die von 1965 bis 1981/82 – insbesondere wegen ihrer Verbindung zum bekämpften Daoismus und Buddhismus – nicht mehr publiziert worden waren. – *LI Shaobo* war im Jahre 1979, wie erwähnt, eine frühe und mutige Ausnahme. – Herausgegeben wurde es jedoch, trotz der Trendwende in der *qigong*-Definition und wachsender Literaturverbreitung mit beginnendem *qigong*-Fieber, immer noch als nicht öffentlich erhältliches (*neibu*) Buch – interessanterweise vom *qigong*-Behandlungszentrum für alte (Polit-) Kader in *Yanbei*, Provinz *Shanxi*. Dies deutet erneut daraufhin, daß die Politiker – ohne sich zu sehr in Schußrichtung bringen zu wollen – für ihre Gesundheit das verlangten, was sie als positiv empfanden, wie auch schon *MAO* sogar während der Kulturrevolution in *Beidaihe* diese für andere im Grunde verbotenen Übungen für hohe Politiker gesundheitlich einsetzen ließ.

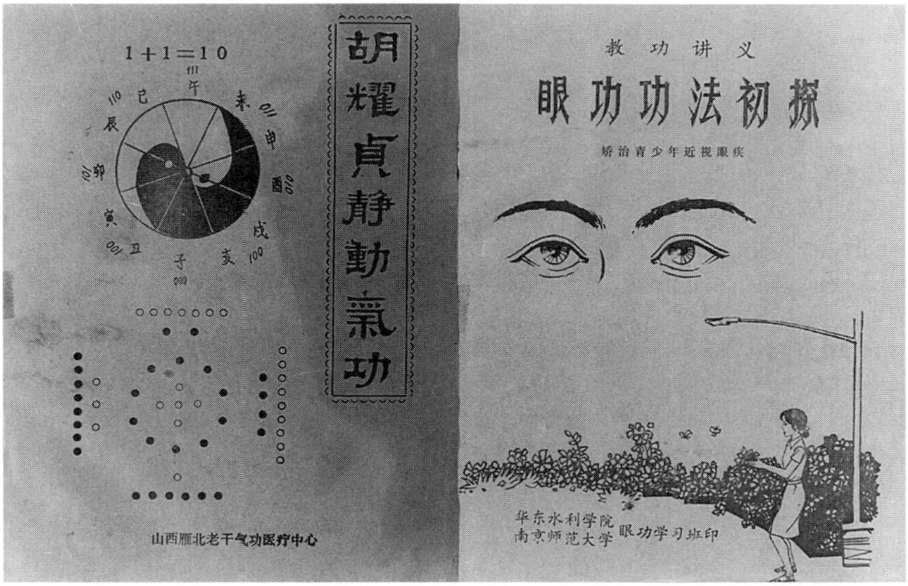

Abbildung 40: Li.: Die Wiederauflage von HU Yaozhens Werk (69). Re.: Qigong bei Augenerkrankungen (71).

Dayangong (Wildgans-Übungen), die zum Teil dem daoistischen *Kunlun*-Stil entlehnt sind, werden von der in Peking wohnenden Frau *YANG Meijun* (1895*) (239, 240) und ihrem Sohn als Nachfolger jährlich beispielsweise in Kanton im April und meist auch im September unterrichtet. Diese füllten zum Beispiel im April 1987 ein Sportstadion mit 200-300 Leuten zum wiederholten Male.

Der teilweise aus der gleichen daoistischen Wurzel abgeleitete und mit anderen Elementen vermischte moderne Kranichstil-*qigong* von *ZHAO Jinxiang* entwickelte 1983 durch *WEI Lian* (210, 211), einem Meister in Nanking, eine Extremvariante, die *zifa*-Übungen mit Katharsis auslösenden Übungen verband. Dabei nahm der Meister, oder in

Abbildung 41: Re.: Das erstmalig schon 1959 erschienene und 1984 wiederaufgelegte Buch von QIN Zhongsan (154). Li.: Hier wird die Verbindung zwischen Meridianlehre, Akupunktur, Massage und qigong betont (227).

geringerem Maße auch die von ihm Ausgebildeten, mit den Schülern einen manchmal auch engeren Körperkontakt auf. Dies geschah in einem zu dieser Zeit diesbezüglich sonst sehr restriktiven modernen China. So unterstützte er nicht nur mit seinen Händen, sondern auch mit seinem Körper gewisse Übungshaltungen oder machte sie überhaupt erst möglich, wie z. B. beim extremen Zurücklehnen. Als Betrachter gewann ich den Eindruck, daß sich hier auch hysterisch veranlagte Menschen demonstrativ bewegen und abreagieren[272].

So fanden sich allmorgendlich im Stadion von Nanking 30-100 Menschen zu diesen Übungen mit ihrem Meister ein, der damit eine lokale Popularität erlangte und auch in anderen Orten der Provinzen *Zhejiang* sowie *Fujian* Gruppen unterrichtete.

Im Gegensatz dazu sind die verwandten Wildgansstil-Übungen von Frau *YANG* ohne bekanntere lokale Varianten allerorten zu finden. In Nanking ist er, nebst einigen anderen, in verschiedenen Parkanlagen mit kleinen Gruppen vertreten.

REN Yingqiu, der verstorbene "Vice-President of All-China Association of Traditional Chinese Medicine and Professor at the *Beijing* College of Traditional Chinese Medicine" schrieb die Einführung zu dem von *LUO Xiwen* und *SHI Jizhao* übersetzten „*Shanghan Lun*", "Treatise on Febrile Diseases Caused by Cold" (ca. 200 n.Chr.) des *ZHANG Zhong-*

272.Man ist sogar versucht, Parallelen zwischen der strengen viktorianischen Erziehung mit dem Auftreten des arc de cercle (d. h. dem ebenso nach hinten sich neigenden, zum flic-flac übergehenden Körperbogen als Körpersprache mit dem von FREUD in der Psychoanalyse so gedeuteten sexuellen Inhalt) und dieser „*qigong*-Form", im bezüglich des „Körperlichen" und Sexuellen zu dieser Zeit puritanisch eingestellten China zu sehen.

Abbildung 42: YANG Meijun präsentiert ihr Wildgans-qigong (240). Re.: LIN Housheng und seine Assistentin präsentieren die 18 taijiqigong-Übungen (112).

jing[273]. Darin sagte er: “Traditional Chinese medicine is still new to the world beyond China. As a general rule, man can not appreciate the full significance of a subject unless he understands its actual implications. In recent years, the study of “outer Vital Energy” of *Qigong*, a type of traditional Chinese breathing exercises, using modern scientific means has revealed the actual existence of “Vital Energy” (*qi*). This has cleared up an issue that had remained controversial during the previous thousand years. With the deepening of similar studies on the basic elements of Chinese medicine, more and more „mysterious“ concepts will be verified … In 1973 N. Goldberg explained the function and relationship between cyclic AMP and cyclic GMP within the cell as being analogous to certain concepts of *Yin-Yang* philosophy.”

Während *REN* also eine Entwicklung wissenschaftlicher Methoden zur Verifikation der TCM sieht – wobei er weiter geht als *MAO* und die Kulturpolitik danach –, betont der englische Chemiker und Sinologe Joseph NEEDHAM in seinem Vorwort zu diesem in der VR China herausgegebenen Buch stärker das Geschichtliche und ein mögliches Hinzufügen von sinnvollen Teilbereichen der TCM zu der „internationalen“ „objektiv-naturwissenschaftlichen“ westlichen Medizin und damit die Überlegenheit der westlichen Medizin: “The fact that the terminology and the concepts are really mediaeval, whereas the concepts of modern-Western medicine are essentially scientific, does not mean that we cannot look forward to an oecumenical medicine of the future, which I think will em-

273.ZHANG *Zhongjing*, 1986.

body all the clinical insights as well as the techniques characteristic of Chinese and Japanese medicine, while remaining firmly based on modern biological science."

Dies ist auch eine in China viel diskutierte Meinung, wobei NEEDHAM sein Lebenswerk, die enzyklopädische Reihe "Science and Civilization in China" (1956-) noch unter der Maxime anging, die chinesischen Wissenschaften, wie Astronomie, Alchemie und TCM, seien Protowissenschaften, die durch die Entwicklung der modernen Wissenschaften völlig überholt wurden.

Von 1984-88 erschienen über das *yang qigong* (nährende *qigong*) des Herrn *MA Litang* (1903-1990), einem alten *Guomindang*-Führer, sechs Werke (126-131). Er betont in seinem Stil die Übungen der Lautzeichen, die sein Schüler *SUN Zhen* 1985 (173) ausführlich in den Bezügen zur TCM darstellte. Aus der Provinz *Hebei* stammend, übte *MA* seit seiner Kindheit die Kampfkünste. In jungen Jahren erkrankte er und übte daraufhin *jinggong* (Übungen in Stille) sowie später mit seinem Lehrer *yangshenggong* (innerlich nährende Übungen). Als Universitätsprofessor in Kanton verband er dann *qigong*, *wushu*-Kampfkünste und Medizin in seiner Arbeit zu einem ganzen. Die Wurzeln seines Stils sah er im Konfuzianismus und im Daoismus.

5.3.1.3 Neue waiqi-Übungsstile

Seit 1988 wurden vor allem in Südchina verschiedene Werke zum *qigong* des *YAN Xin* (1950*) verbreitet (86, 136, 152, 235 a und b). Das letzte Werk erschien sogar mit zwei Lehrkassetten. Er betonte die *teyi gongneng* („außergewöhnlichen Fähigkeiten"), die hier im Sinne von parapsychologischen Fähigkeiten verstanden werden, und die man mit *qigong* erlangen bzw. fördern kann, sowie in diesem Zusammenhang besonders das *fa waiqi* (Ausstrahlen von äußerem *qi*). *YAN* stammt aus der Provinz *Sichuan* und arbeitet als Arzt an der Forschungsabteilung des TCM-Instituts von *Chongqing*. Da er im Auftreten und Vorgehen sehr unkonventionell ist, wird er von einigen *qigong*-Experten, die aus der modernen TCM kommen und die konservativ-westliche Wissenschaftsidee verfolgen, bezüglich seiner „Wissenschaftlichkeit" nicht ernst genommen.

WANG Liping (1949*) aus der Provinz *Liaoning* betont in seinen Übungen ebenfalls das Element des Ausstrahlens von *waiqi*, äußerem *qi*. 1963 traf er in den Bergen auf zwei daoistische Mönche, die *qigong* zur Krankenbehandlung anwandten. Sie standen in der 17. Generation der Überlieferungsreihe des daoistischen Drachentorstils und *WANG* lernte bei ihnen. Als Privatdruck veröffentlichte er 1985 ein handgeschriebenes, hektographiertes Heft (194) und ein Büchlein (195) zum klassischen *Lingbao*, den inneren Übungen zur Erlangung der "Fähigkeit des durchdringenden Wissens".

5.3.1.4 Traditioneller gebliebene qigong-Stile

Im folgenden Abschnitt sollen die in der zweiten Hälfte der 80er Jahre zunehmend in Erscheinung tretenden traditionellen daoistischen und buddhistischen Übungen bespro-

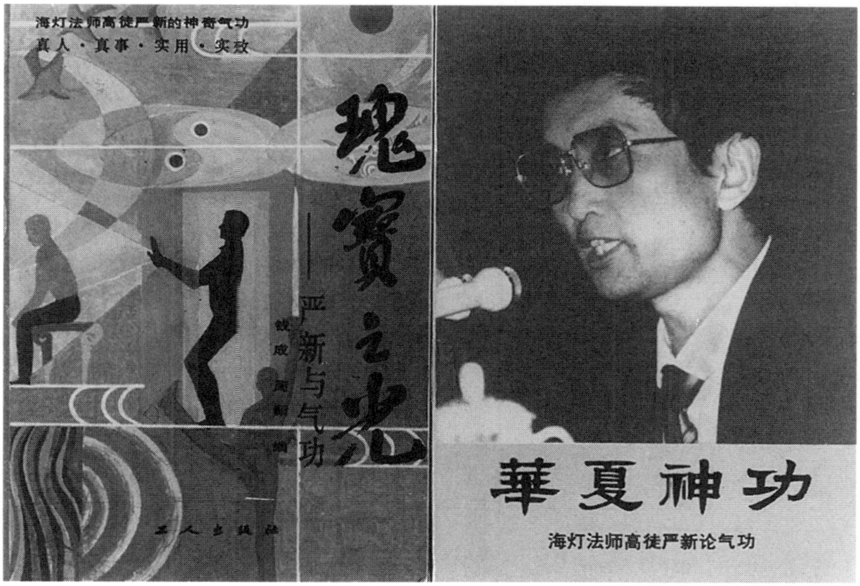

***Abbildung 43:** Zwei Werke [li. (152), re. (247)] über* YAN *Xin und sein qigong.*

chen werden, wie sie entweder als Neuauflagen von Klassikern bzw. neuen Zusammenstellungen alter Übungen oder in relativ unverfälschter Traditionskette überliefert wurden.

Die Sparte konfuzianische *qigong*-Stile gibt es eigentlich nur in der theoretischen Aufteilung nach den verschiedenen philosophischen Schulen. Pragmatischerseits spielen sie keine Rolle und daher gibt es hier keine weitere Darstellung dazu. Im *qigong*-Wörterbuch von *LÜ Guangrong* (121) steht zu diesem Thema sehr wenig. Es wird u.a. erwähnt, daß die Grundlagen der *bagua*, des *yin yang* und der *wuxing* mit der Soziologie, Medizin und Psychologie verbunden würden. Vom konfuzianischen Standpunkt, der immer auch die gesellschaftlichen Interessen der herrschenden Schicht vertrat, seien die Übungen in Stille die wichtigsten Übungen, da „nach der Stille auch der Friede eintreten könne".

5.3.1.4.1 Daoistische Abstammungen

1986 wurde von einer Arbeitsgruppe ein per Hand geklammertes Heft (281) und 1989 ein Buch (191) zu dem Thema daoistische Übungen für Frauen herausgegeben. Ersteres hat „aus dem 24. Jahr der Republik", 1935, entsprechend „dem Jahr 4632 nach dem Gelben Kaiser" ein Vorwort des ehemaligen Vorsitzenden der daoistischen Vereinigung *CHEN Yingning* (1880-1969)[274], der im *Baiyunguan* (Kloster der weißen Wolke) in Peking residierte. Beim zweiten Buch handelt es sich um die direkte Neuauflage eines

274.MIURA, K., in: KOHN, L. (Ed.), 1989, S. 332

Klassikers. Diese Berücksichtigung spezieller Übungen für Frauen im daoistischen Rahmen stellt eine Besonderheit im patriarchalischen China dar, in dem der Daoismus noch 1986 einen schwierigen Stand hatte, der sich erst langsam besserte.

Abbildung 44: Privatdruck zu daoistischen Frauenübungen (281).

Daoistische Klassiker zum *qigong* wurden erstmals wieder 1985 angeboten, jedoch nur ohne Impressum und unter der Hand als kleine Privatdrucke (172, 277). Die offizielle Herausgabe einer Klassikerkopie 1982 (155) und erneut 1984 (155) in Peking und *Hubei* (185) war damals noch eine Rarität und Ausnahme. So war 1985/86 in Nanking jede Verlagsteilauslieferung des für *qigong*-Liebhaber interessanten zweiten Bandes des von dem daoistisch orientierten Arzt *CHAO Yuanfang* verfaßten Werkes aus dem Jahr 610 (140) bei einer zweiten Auflagenhöhe von 26.630 innerhalb von wenigen Tagen vergriffen – im Gegensatz zum ersten Band, der titelgemäß nur Beschreibungen zur Äthiologie und Symptomatologie von Krankheiten enthielt.[275]

Zum Thema daoistisches *qigong* wurden – allein aus dem Titel schon ersichtlich – noch einige Bücher in der Phase der wachsenden politischen Liberalisierung herausgegeben, wie in Peking 1987 (120), mit vielen Zitaten aus dem *Daozang*, der wohl wichtig-

275. Einige Übersetzungen daraus zu psychiatrischen Krankheitsbildern s. in HEISE, Th., 1997

sten daoistischen Klassikersammlung. Auch die Veröffentlichungen von *XU Zhuoren* als Herausgeber (229-231) 1988/89 beziehen sich auf bzw. beinhalten alte Klassiker. Eine Wiederauflage daoistischer Klassiker (226) wurde 1989 von dem Redaktionsteam der Zeitschrift *QI GONG* in der Provinz *Zhejiang* initiiert. Eine weitere Neuauflage von *Song*- und *Qing*-zeitlichen Klassikern (252) erschien in Peking.

Auch Kopien von am Ende der Kaiserzeit publizierten, daoistisch beeinflußten Werken (269) wurden wieder herausgegeben. *Ming*- und *Qing*-zeitliche daoistische und buddhistische Klassiker (212) erschienen 1987 in der Provinz *Henan*.

Das *Ming*-zeitliche *qigong*-Kapitel von *GAO Lian* wurde 1986 erst als Teilausgabe (33) und 1988 (34) dann als Gesamtauflage neu aufgelegt.

Zum daoistisch wie auch buddhistisch beeinflußten *Emei-qigong* erschienen verschiedene Schriften aus einer Traditionslinie (30, 31, 246, 283, 284) von 1960-1988.

In verschiedenen Städten wurden Bücher über Übungen des Altertums herausgegeben, 1986 (2), (96) und 1988 (99), (157). Sie sind Sammelsurien hauptsächlich daoistischer Übungen.

JIN Bin, dessen Buch „Die daoistische *Yangsheng*- und *Changshou*-Übungslehre“ (82) 1988 in Peking herauskam, ist vermutlich der Lehrer von *BIAN Zhizhong*, der drei Werke (7-9) in verschiedenen Städten herausgab. Das erste davon beschäftigt sich mit den daoistischen *huichungong* [Übungen zur Rückkehr zum Frühling (des Lebens)]. Diese vier daoistischen Bücher haben Vorreden von dem 1983 nach Amerika ausgewanderten chinesischen Biologen *NIU Manjing* oder beziehen sich auf ihn und seine *renti shengming de kexue* [die Wissenschaft vom Leben des menschlichen Körpers (und dessen Fähigkeiten)] (s.u. (263)). 1987 erschien parallel mit der chinesischen Ausgabe (9) eine englische Übersetzung[276] zu den daoistischen Übungen der "*Huashan* Mountain School", die *BIAN* nach 40 Jahren Übungserfahrung veröffentlichte: "Past research work on ancient health preservation has been limited to written records and various schools of boxing, bodybuilding exercises and *qigong* (breathing exercises). Very little work has been done on the exercise and theories of Daoism, and some prejudices against them existed. *Bian Zhizhong*, having long wanted to serve the people, decided to break from the old Daoist prohibition: "No passing on to either parents or children" and publicized the Exercises for Health and Longevity, a secret legacy of the All-True Daoism from the Huashan Mountains School." Hier zeigt sich die vorsichtige Kritik an der Verurteilung des Daoismus, die in der Kulturrevolution begann, und die Betonung der Eigenart der daoistischen Übungen, die *BIAN* damit vom übrigen *qigong* abgrenzt und deren öffentliche Weitergabe er erst vier Jahre vorher begann. Im Vorwort wird die Wichtigkeit der speziellen, nicht gymnastischen oder arbeitsmäßigen Art von Bewegung betont und zur Unterstützung ein neueres Politikerzitat hinzugefügt: "The late Chinese premier Zhou Enlai said, "Of nutrition, air and movement, movement is the most important.""

Ein weiterer, besonders der daoistischen und auch etwas der buddhistischen Tradition verpflichteter *qigong*-Meister, der sich entschloß, mit Unterstützung seiner Lehrerin und

276. *BIAN Zhizhong*: Daoist Health Preservation Exercises. China Reconstructs Press, Beijing, 1987.

Mutter, seine ebenfalls bis dato geheim überlieferten Kenntnisse öffentlich zu lehren, war 1986 der 43jährige *ZHANG Zhixiang*. Er stammte aus *Ezhou* bei *Wuhan*, wo er 1988 ein ausgedehntes Gelände erwarb und ein Trainings- und Forschungszentrum mit Krankenhaus für sein *yuanji qigong* gründete, das auf das *taiyi dao* der *Jin*- und *Yuan*-Dynastie zurückgeführt wird. Die erste Monographie dazu erschien erst 1991 und war zweisprachig. Sie erklärt das ihnen spezifische *yuanji*-Signum, ein *taiji-yin yang* Symbol mit einem gelben Punkt in der Mitte, folgendermaßen: "... the three Jis (Taiji, Huangji and Wuji) are the reflection of the basic law of development of the universe on which all the creation proceeds from being invisible to being visible and then from being visible to being invisible." "The Huangji is which is centralized in the Taiji because of being polarized and harmonized by "Yang" in "Yin" and "Yin" in "Yang"."[277]

5.3.1.4.2 Buddhistische Abstammungen

Buddhistische Bücher zum *qigong* kamen 1985 in Peking wieder auf den Markt, zuerst noch in hektographierten, improvisierten Handausgaben ohne Impressum (40a und 40b). Zu den verschiedenen *Shaolin*-Übungen erschienen ab 1986 aus verschiedenen Schulen entsprechende Bücher: von *DE Qian* in Peking und *Henan* (20-23), von *JIANG Lizhong* und *LIN Shunrong* in *Shanghai* (77), von *LIN Housheng* aus *Shanghai* in Kanton (109) und von *WANG Ruiting* (1930*) aus *Shanghai* in *Shenxi* und Nanking (198-200). *WANG* war 1963 in *Shanghai* auf *QUE Ashui* getroffen, der die schon fünf Jahre bestehenden Erfrierungsschäden an seinen beiden Beinen heilte. Darauf begann *WANG* mit diesem als Lehrer *qigong* zu üben, um schließlich selbst andere zu heilen.

Im Rahmen der Aufarbeitung der alten Literatur wurden die Neuauflagen von zwei Werken aus den Jahren 1915 und 1919 in *Tianjin* 1987/88 publiziert (182, 183).

Schon 1985 erschien anonym ein Buch (14) zum *chanmigong*, der tibetisch beeinflußt ist und aus dem sich die Zen-Übungen entwickelten. Ein bekannter Vertreter dieser Richtung ist *LIU Hanwen* (1921*), der diesen Stil in zahlreichen Kursen seit 1980 verbreitet.

Tibetisch-buddhistische Werke erschienen 1988 in *Xian* (16) sowie *Haerbin* (84), und 1989 in Peking (265, 279). Sie waren weniger auf medizinisch-therapeutische Bedürfnisse zugeschnitten. Das authentischste (84) entstand aus dem Zusammenleben mit nationalen, lamaistisch orientierten Minderheiten, was zu einem Interesse des *Han*-chinesischen Autoren *LAN Zhongming* an ihrer Kultur geführt hatte.

1993 gab *LI Hongzhi* (1951*) sein Werk zu den *falun gong*, Dharma-Rad-Übungen, in Peking heraus. Diese buddhistischen Übungen verbreiteten sich rasch und wurden auch in Deutschland[278] bekannt. In Peking war sein Buch 1997 nicht mehr käuflich zu erwerben. Gemäß der Information einer Buchhändlerin war das Buch in Ungnade gefallen, da der Autor bei einer *qigong*-Konferenz öffentlich den Mißstand des Anbietens von *qigong*-Kursen zu hohen Preisen angeprangert hatte und seine Übungen kostenlos lehrte.

277. *FU Jingliang*, 1991.
278. ARNDT, Ulrich, 1997.

Abbildung 45: Re.: Buddhistische, gesundheitsorientierte Übungen aus Shaolin (21). Li.: Aus der Kampfkunst abgeleitete Shaolin qigong-Übungen (217).

Abbildung 46: Re.: Tibetisch-buddhistisches qigong (84). Li.: Kranich und aufgehende Sonne finden sich häufig als Hoffnungsträger in Verbindung mit qigong (58).

5.3.1.5 Kampfkunstorientierte qigong-Stile

Eine weitere große Gruppe sind die *qigong*-Stile, die direkt aus den *wushu*, Kampfkünsten, entlehnt sind. Da die buddhistischen Mönche hier ihre eigenen Traditionen hatten, sind viele Stile buddhistisch geprägt. Zwischen den Kampfkünsten (s. Kap. 6.6) und dem Bereich der *qigong*-Übungen sind Abgrenzungen schwierig, und es sollen daher nur die weniger einseitig kampfbezogenen Stile aufgeführt werden.

Zu den harten *Shaolin*-Übungen gab es in Peking einige Veröffentlichungen (216-218, 23), ebenso zum *ying (qi)gong* (harten *qigong*) (117, 137). Von dem über 80jährigen PEI *Xirong* aus *Shanghai* und seinem Schüler erschienen zum *Wudang qigong* drei Werke (148, 149, 170). Weitere Bücher zu den *wushu*-Gesundheitsübungen kommen häufig aus der Schule von dem *wushu*- und *qigong*-Meister WANG *Xiangzhai* (1886-1963) zum *xingyi quan* (Faustkampf der Gestalt und Aufmerksamkeit), auch *xinyi quan* (Faustkampf der Herzensaufmerksamkeit) oder *dacheng quan* (Faustkampf der großen Vollendung) genannt (202, 203, 204, 208, 209, 225, 236). Es gibt aber auch eine Anzahl von Publikationen aus verschiedenen Schulen (161, 169, 220, 237, 280) bzw. speziell zu *bagua*-Übungen (116, 186). Zahlreiche Bücher entstanden zu *taiji*-orientierten *qigong*-Übungen (39, 41, 42, 91, 97, 112, 132).

WANG *Peisheng*, der durch chinesische und englische Bücher zum *Wu*-Stil *taiji quan* bekannt wurde, veröffentlichte mit seinem Schüler CHEN *Guanhua* ein zweisprachiges Büchlein zum *shiyong yigong*, (Praktische Übungen der Aufmerksamkeit) "relax and calming qigong"[279]. Sein Lebenslauf ist typisch für die Zeit vor der Gründung der Volksrepublik. "Wang Peisheng, born in 1919 in Hebei Province, now lives in Beijing. At 13, Wang started to learn the Buddhist *Qigong* from his teacher, a nun named Miaochan Fashi in Jile'an, a Buddhist nunnery in Beijing. Wang Peisheng then studied the Taoist *Qigong* under an old Taoist Wang Zhenyi. In addition, he has been imbued in many other types of *Qigong*. Wang was also learning Confucian self-cultivation methods from Jin Hu and Xu Zhenkuan. At this time he learned *Taijiquan* and other forms of Chinese martial arts from various masters." Seit 1949 lehrt er *taiji quan* und *qigong* an verschiedenen Institutionen. Der Koautor CHEN *Guanhua* wurde 1924 geboren und absolvierte eine Ausbildung in Elektrotechnik und als Russisch-Übersetzer mit folgender Tätigkeit in diesen Bereichen. „Chen began practising *Qigong* for several months in 1946. He once again began in 1963 and has practised *Qigong* continously since then. His master was Qin Zhengsan. Since 1981 Chen has been learning *Qigong* from Wang Peisheng."

Interessant ist, daß WANG, der im Schüler-Meister-Verhältnis über eine buddhistische Erziehung zum *qigong* kam, was auch den Rahmen für das von ihm gelehrte *qigong* absteckt, nach chinesischer Sicht sehr bescheiden erst im ehrwürdigen Alter etwas darüber schreibt. Sein späterer Schüler CHEN mußte nach 1960 nicht mehr für russische Experten dolmetschen und begann 1963 erneut *qigong* zu üben, zu einer Zeit, in der die TCM und das *qigong* für ein paar Jahre wieder stärker favorisiert worden waren.

279.WANG *Peisheng*, 1986.

In der neunten Generation, d.h. seit über 250 Jahren, so schrieb der aus der Provinz *Shandong* stammende *MA Chun* (1925*), wurde sein Stil, der vom *Shaolin wushu* abgeleitet wurde und auch Lautzeichenübungen (*liuzijue*) enthält, in der Familie weitergegeben (124). Er schrieb als damaliger stellvertretender Direktor des *Shanghai* TCM-Forschungsinstituts ein Grußwort für *LI Zhiru* (1919*), einem aus der Provinz *Shandong* stammenden westlich ausgebildeten Arzt vom *Taihu*-See. Dieser hatte zu dem dort entwickelten *Taihu-qigong* seit 1986 drei Bücher geschrieben (101-3), von denen das erste sehr viele Fallbeispiele enthält.

Abbildung 47:* *Li.: Bagua-Übungen (116). Re.: Das Spiel der Fünf Tiere (223).

5.3.1.6 Gesundheitsorientierte qigong-Stile

Eine weitere Gruppe an *qigong*-Büchern sind deutlich gesundheitsbezogener und teilweise auch klar medizinisch orientiert, wobei – wie eben erwähnt – auch Fallbeispiele eingearbeitet sind.

Das „Spiel der Fünf Tiere", *wuqinxi*, wurde in verschiedenen Variationen und Qualitäten behandelt, teils als Hauptinhalt des Werkes (35, 47, 76, 104, 223) und teils als ein Kapitel unter anderen (81). Es dient schon deutlich allgemeineren Aspekten der Gesunderhaltung.

Etwas mehr rehabilitative Aspekte wurden manchmal besonders betont (65, 66, 233, 286). Ein schon 1982 erschienenes Werk (233) über häufige medizinische Körperstärkungsmethoden ist der sechste Band einer Reihe, die sich insgesamt überwiegend mit sporttherapeutischen Methoden beschäftigt. Als einleitender Abschnitt wurde der Wiederabdruck des Buches *kexue de neigongquan* [Wissenschaftliche Innere Übungen mit der Faust (durchgeführt)] (261) aus dem Jahre 1928 von *ZHANG Naiqi* (1896-1977) gewählt, der Innere Übungen mit *taiji quan* verband und Wissenschaftlichkeit betonte. – Die Einleitung der Wiederauflage von 1984 (261) schrieb übrigens *WU Tunan*, der der Lehrer des in Kap. 7.2 interviewten *ZHANG Yu* und auch der Lehrer meines *taiji quan*-Lehrers war. – Auch andere Kapitel dieses Buches zur Rehabilitation liegen zwischen eher sportlicher, *taiji quan* betonter Ausrichtung, die *MAO* propagierte, und *qigong*. So handelt das vierte Kapitel von *ZHANG Tiange* (1935*), dem langjährigen Leiter der *qigong*-Forschungsabteilung des *qigong*-Rehabilitationskrankenhauses in *Beidaihe*, vom *taiji neigong*, woraus seine späteres Werk mit *LI Jingwu* resultierte (91). Dieses prägnante Büchlein wurde 1991 in leicht erweiterter Form von *ZHANG* alleine herausgegeben. Auch der von ihm zusammen mit *ZHAO Baofeng* und *TIAN Hongji* verfaßte „Grundriß der chinesischen *qigong*-Lehre" (268) besticht durch seine Klarheit.

Das Buch „Rehabilitative Behandlungsmethoden" (65) wurde 1984 von dem 72 jährigen *HU Bin* herausgegeben, einem TCM-Arzt, der als zweiten Ausbildungsgang noch westliche Medizin studierte und in Peking am TCM-Forschungsinstitut arbeitete. Der bekannte Autor, der auch ein Buch über die klinische Behandlung innerer Erkrankungen mit Kräutermedizin schrieb, gab in diesem Buch über Rehabilitationsmethoden den manuellen Techniken breiten Raum und führte auch Akupunktur und Moxibustion für rehabilitative Bereiche weiter aus. Die Hälfte des Buches nimmt jedoch eine Abhandlung über seine 19 *qigong*-Untergruppierungen ein, mit einem kurzen Anhang über *taiji quan* und *baduanjin* (acht Brokatübungen). Sein 1986 erschienenes Buch (66) gibt dem *qigong* weniger Raum zugunsten der in seinen früheren Arbeiten kürzer behandelten Themen.

Bei den *qigong*-Büchern über Therapien und Behandlungsbeispiele stehen die Augenerkrankungen und die Alterskrankheiten im Vordergrund. Zu ersteren erschienen Übungen gegen Kurzsichtigkeit für Jugendliche 1983 in Nanking (171) und 1984 (141) sowie ein Faltblättchen (207) 1987 in *Shanxi*. Ein Buch zur Behandlung von Alterskrankheiten mit ein paar Krankengeschichten und dem Vorwort des ehemaligen Gesundheitsministers *CUI Yueli* (244) kam 1988 in Peking heraus. *KUANG Ankun*, der inzwischen verstorbene Leiter des Forschungszentrums für Bluthochdruck in *Shanghai*, war 1988 der Hauptherausgeber eines Buches (83), das ein gutes Beispiel für die Zusammenarbeit zwischen der westlichen Medizin und dem *qigong* der TCM darstellt, mit ausführlichen klinischen Forschungsergebnissen. Schon 1982 erschien in Peking (98) ein Buch wie man Tumorerkrankungen zu Hause behandeln kann.

Ein nicht ganz befriedigender Versuch, Behandlungsmethoden und -fälle zusammenzustellen, wurde von einem Verlagsredakteur (193) unternommen. Erfolgreicher ist dagegen das Buch von *LIN Xi* (113). Es gibt eine gute Darstellung von Krankheiten und ihren Behandlungen mit verschiedenen *qigong*-Arten, teils mit schulmedizinischen Untersuchungsergebnissen. Schon 1983 wurde ein Büchlein herausgegeben (92), das auch Krankenstatistiken enthält. Die 1987er Neuauflage eines Buches aus dem Jahre 1932 (201) gibt genaue Anleitung zur *qigong*-Behandlung für bestimmte TCM-Diagnosen.

Die Behandlung von 29 chronischen Krankheiten mit Fallbeispielen wird in einem anderen Werk (87) ausführlich erklärt. 1988 erschien eine redaktionelle Zusammenstellung von 200 *qigong*-Behandlungsfällen (168). Diese Bücher verdeutlichen das allgemeine klinische Interesse an *qigong*, sowie das Bemühen, eine größere Transparenz für Behandlungsmethoden zu erreichen.

Aus dem Überschneidungsgebiet von *qigong* mit verschiedenen manuellen Behandlungsformen entstanden mehrere Werke (1, 12, 36-38, 197, 227), die sich dieses wichtigen von alten TCM-Ärzten allgemein betonten Themas annehmen.

Abbildung 48:* *Re.: Fallbeispiele zur qigong-Behandlung von 29 chronischen Erkrankungen (87), auch mittels waiqi. Li.: Traditionelle Kalligraphie „qigong" vereint mit moderner englischer Wissenschaftssprache (224).

Wissenschaftliche Forschungsergebnisse, auch zum Thema *waiqi*, wurden veröffentlicht und schon 1981 sehr präzis von der *qigong*-Forschungsgesellschaft in Peking (5) diskutiert sowie in erweiterter Form 1985 (74). 1986 folgten weitere Publikationen hierzu von einem Arzt mit Fallbeispielen (206) und ein weiteres Werk, das aus der gleichen Schule stammte (68), sowie ein Buch mit ausführlichsten naturwissenschaftlichen Forschungsarbeiten (224), inklusive EEG-Untersuchungen. Der Militär, Physiker und Atomwissenschaftler *QIAN Xuesen*, der auch Mitglied der Politischen Konsultativkonferenz des Chinesischen Volkes und Präsident von Chinas Gesellschaft für Wissenschaft und Technik ist und der die Forschung bezüglich *renti kexue* (*renti shengming de kexue*) (s. Kap. 5.3.2), *qigong* und Parapsychologie stark befürwortet, schrieb zur Forschungsdiskussion einige Aufsätze (278, 153). Er geht davon aus, daß die Verschmelzung der TCM mit diesen drei genannten Gebiete bald zu Ergebnissen führen wird, die eine Revolution für die gesamte Wissenschaft zur Folge haben werden ((152) S. 26). Seine Meinung wurde in dieser Form auch in der englischsprachigen Beijing Review[280] 1989 wiedergegeben, wobei man sich zur Unterstützung gegen kontroverse Meinungen zusätzlich auf den Biophysiker *BEI Shizhang* und den Nuklearphysiker *QIAN Sanqiang* berief.

GUO Zhouli, der Herausgeber der Zeitschrift *Qigong yu tiyu* (*Qigong* und Sport) brachte 1989 ein Buch heraus (52), in dem er meist noch praktizierende *qigong*-Meister vorstellte.

Reißerisch aufgemacht erschien 1988 ein Buch (248), das auf der Titelseite in Grasschrift verkündete, es gebe Menschen, die könnten auf einer Telefonschnur balancieren, anderen mit einer Handgeste die Kraft wegnehmen, aus 1000 km Entfernung heilen – wenn man z. B. Leberkrebs habe, werde über die Lebergegend die Hand bewegt, was den Leberkrebs lindere – , oder sie könnten die Hand als Messer benutzen, um Ziegelsteine zu zerteilen wie andere Rettich mit dem Messer zerschneiden. Das Buch ist ein Sammelsurium von oberflächlichen Artikeln, die auch unbekanntere *qigong*-Meister vorstellen.

5.3.1.7 Allgemeinere Werke

An allgemeineren und zusammenfassenden *qigong*-Lehrbüchern müssen die folgenden Werke genannt werden. *MA Jiren* (1918*), der aus einer alten TCM-Arztfamilie in der Provinz *Zhejiang* stammt, schrieb 1983 „Die chinesische *qigong*-Lehre“ (370 S.) (125), die viele wichtige Aspekte behandelt. Im Vorwort gibt er an, daß er als Grundlage für sein Werk das 1958 erschienene *qigong*-Buch aus *Shanghai* (164) sowie seine klinischen Erfahrungen genommen hat, um dann mit dem dialektischen und dem historischen Materialismus als gedankliche Leitlinien und mit Hilfe der Erfahrungen anderer *danwei* (Arbeitseinheiten) dieses Buch zu vollenden. *MA Jiren*, der 1948 am Neuen Chinesischen Medizininstitut in *Shanghai* und 1951 an der dortigen Hochschule graduierte, erlernte in den folgenden Jahren *qigong* zur Heilung einer eigenen Erkrankung. Danach begann er *qigong*, besonders den *neidangong*, zu erforschen.

XIA Zhuangquan gab 1985 (221) und 1988 (222) allgemeinere Bücher zum *qigong* heraus, wobei sich das erstere besonders auch mit dem Ausstrahlen des *waiqi* (äußeren *qi*) beschäftigt. Beide Bücher haben ein Grußwort von *QIAN Xuesen*.

QIU Ling veröffentlichte 1987 einen Zusammenschnitt von Übungsstilen unter dem englischen Begleittitel „Chinese Qigong Illustrated“ (156), welches, in den klassischen Langzeichen gedruckt, augenscheinlich auch zum Verkauf in Hongkong und Taiwan gedacht war, da diese Zeichen dort die üblichen sind. Ein anderes Werk von ihm (157) gibt einige klassische Textstellen zu meist daoistisch orientierten Übungen wieder. Ein Buch mit Artikeln zahlreicher Autoren zum Thema Lehr- und Lernmethoden des *qigong* für die Schule (89) wurde 1988 von *LI Hanwen*, *YAN Hai* u.a. herausgegeben.

280.S. die beiden Artikel von *CUI Lili*

LIN Housheng bespricht in seiner 1988 in *Qingdao* erschienenen *qigong*-Lehre (110) die Stellung des *qigong* innerhalb der TCM, die Theorie und die klinischen Anwendungen inklusive der *qigong*-Anaesthesie, die Bezüge zur *teyi gongneng* (Parapsychologie) sowie die Nebenwirkungen u.a. und stellt 40 *qigong*-Stile kurz vor.

LIN Zhongpeng (114) publizierte 1988 ein Lehrbuch zum chinesischen *qigong*, das systematisch gegliedert ist und sowohl ausführlicher auf die geschichtliche Entwicklung als auch auf die Behandlungsmöglichkeiten mit *qigong* in den folgenden Gebieten eingeht: Erkrankungen des Nervensystems, der Atmungsorgane, der Verdauungsorgane, des Kreislaufsystems, der Sinnesorgane, des endokrinologischen Systems und Erkrankungen in der Geriatrie.

DONG Gangzhao gab 1988 als Redakteur das Buch „100 chinesische *qigong*-Stile" (25) heraus, in dem viele Fachleute ihre Spezialitäten vorstellen (s. Kap. 6.1-6).

Die „Entwicklungsgeschichte der Kunst der chinesischen *qigong*-Lehre" (189) wurde ebenfalls 1989 von *WANG Buxiong* und *ZHOU Shirong* publiziert (s. Kap. 6.7). Sie sollte auch in ausländische Sprachen übersetzt werden.

Die ersten und schon ausführlichen enzyklopädischen Wörterbücher zum *qigong* erschienen 1988/89 (118, 121) in *Chengdu* und Peking. Für ersteres wurden 6000 Eintragungen angegeben. Weitere Werke kamen in den folgenden Jahren auf den Markt, wie z.B. das *Zhonghua qigong daquan* (Vollständige Ausgabe zum chinesischen *qigong*) von *LIN Yagu*, *ZHANG Tiange* u.a. oder das *Zhongguo dangdai qigong quanshu* (Vollständige(s) Buch zum modernen chinesischen *qigong*) von *WU Hao*. Beide erschienen 1993.

5.3.2 *Qigong*-Zeitschriften und -Gesellschaften

Die *qigong*-Zeitschriften, die eine sehr wichtige Rolle spielen, sollen hier nicht unerwähnt bleiben. 1959 bis 1961 wurde die von *ZHANG Tiange* gegründete erste Zeitschrift zu diesem Thema mit dem Titel *Qigong* in *Beidaihe* mit sechs Nummern in Folge herausgegeben[281]. Über die anschließende Zeit bis 1978 wird auch in der geschichtlichen Zusammenfassung von *ZHANG* (91) keine Aussage gemacht!

Ende 1980 startete die vierteljährlich publizierte Zeitschrift *QI GONG*, die vom Herausgeberteam der *Zhejiang zhongyi zazhi* (TCM-Zeitschrift der Provinz *Zhejiang*) in *Hangzhou* ins Leben gerufen wurde. Das erste Vorwort der Startnummer schrieb *LÜ Bingkui*, der damalige Abteilungschef für TCM im Gesundheitsministerium. *GU Hansen* vom *Shanghai* Atomkernforschungszentrum verfaßte dazu seinen Beitrag „Die Resolution öffnet das Tor zum Geheimnis der *qigong*-Wissenschaft", und *LIN Hai* vom *Shanghai* TCM-Forschungsinstitut schrieb einen Artikel zur *qigong*-Forschung, in dem Ergebnisse zur naturwissenschaftlich theoretischen und praktischen *waiqi*-Forschung diskutiert werden, die auch den Hauptinhalt des ersten Heftes bilden. 1983 erschien die Zeitschrift schon zweimonatlich und ab 1987 monatlich. Seit April 1989 werden mit *LIU Zheng* an

281. (91) in erweiterter Auflage 1991, S. 16

Abbildung 49: Jugendliches kampfkunstorientiertes Training als Titelbild der Zeitschrift QI GONG.

erster Stelle sowie *LÜ Zhi* und *FANG Chunyang* zusätzlich Einzelpersonen als Herausgeber genannt. Dies zeigt eine öffentliche Betonung des Individuums, gegenüber den früher absolut im Vordergrund stehenden Herausgebergruppen in Form der *danwei* (Arbeitseinheit).

Mitte 1982 begann in Kanton die Zeitschrift „*Qigong* und die Wissenschaft" ihr Erscheinen, unterstützt von der Forschungsgesellschaft für *qigong*-Wissenschaft. *LAN Xianghui*, als Provinzregierungsvertreter, *CHEN Yuangao*, als Vertreter der Sportvereinigung von Kanton, und *ZHANG Qin* vom Provinzgesundheitsamt, die alle drei einen Posten in der „Kantoner Forschungsgesellschaft für *qigong*-Wissenschaft" hatten, schrieben das Vorwort, *LIU Guizhen* verfaßte die Grußrede und Frau *GUO Lin* die Glückwunschrede. Interessant ist zu erwähnen, daß schon in dieser ersten Nummer ein Artikel zum Konzept des *qi* von *LIN Fanwei* erschien, der sogar die Diskussion von KIRLIAN-Aufnahmen mit einschloß und 1979 schon in den USA veröffentlicht worden war. 1983 erschien die Zeitschrift zweimonatlich und danach jeden Monat.

Zhonghua qigong (Chinesisches *qigong*) ist das Publikationsorgan der „Chinesische(n) Forschungsgesellschaft für die *qigong*-Wissenschaft der Studiengesellschaft für chinesische Medizin", das mit dem Chefredakteur *LÜ Bingkui* (s.o. und u.), der auch die Vorrede schrieb, im Juni 1983 mit einer Auflage von 400000 in *Wuhan* vierteljährlich

Abbildung 50:* MA *Litang im Arbeiteranzug.

startete. Ab Juni 1986 hieß der Chefredakteur *GAO Heting*,[282] und seit 1988 erscheint die Zeitschrift zweimonatlich.

Mitte 1985 wurde in *Xian* von *GUO Zhouli* (52) die erste Ausgabe von *Qigong yu tiyu* (*Qigong* und Sport) herausgegeben, seit 1988 zweimonatlich erscheinend. Der stellvertretende Vorsitzende der Chinesischen Nationalen Sportvereinigung *WANG Yaodong* und *QIAN Xuesen* (153, 278) schrieben Grußworte.

Die *Beijing qigong yanjiuhui* (Pekinger *qigong*-Forschungsgesellschaft) gab Anfang 1986 die erste Nummer der zweimonatlich erscheinenden Zeitschrift *Dongfang qigong* („Oriental Science Qigong“) heraus. In einem kurzen Grußwort auf der ersten Seite betonte *WANG Heshou* ohne weitere Verweise eine neue Ideenverbindung: „Benutzt die wissenschaftliche psychiatrische Forschung und entwickelt die chinesische *qigong*-Leh-

282.Die letzte mir zur Verfügung stehende Ausgabe ist Nr. 6 aus dem Jahr 1989 mit *GAO Heting* als Chefredakteur.

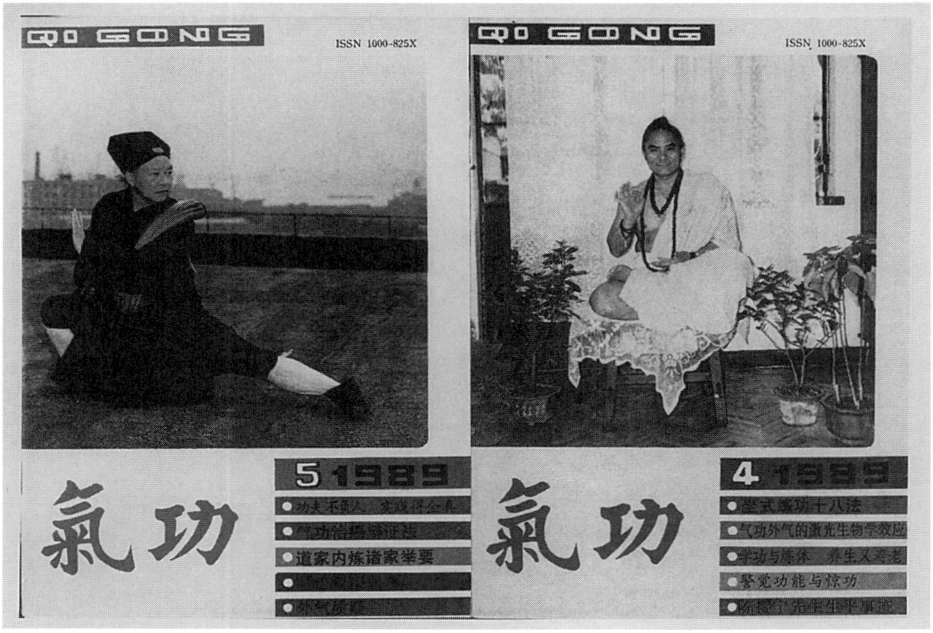

Abbildung 51: Re.: Ein ausländischer Gast übt buddhistisches chan qigong. Li.: Ein daoistischer Meister.

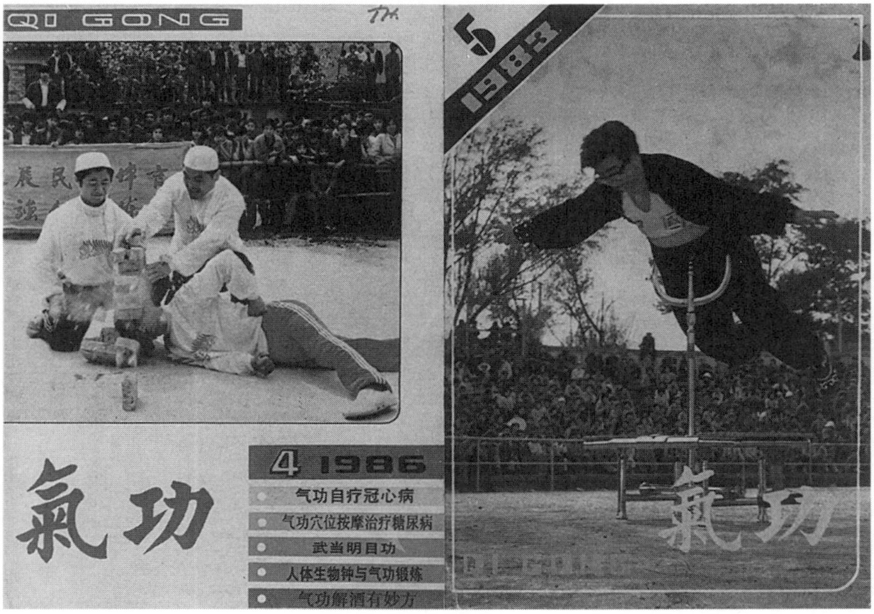

Abbildung 52: Hartes qigong.

***Abbildung 53:** Die Gründungsnummer von „Qigong und die Wissenschaft" mit der waiqi-Erforschung im Labor.*

re fort". *LÜ Bingkui* schrieb die Vorrede und der Vorsitzende der Gesellschaft und Hauptherausgeber *XU Yixing* die Einleitung. Der Vizeherausgeber war *PANG Ming*.

Kurz danach kam 1986 zweimonatlich *Zhongguo qigong* („Chinese Qigong") auf den Markt, die vom „*Beidaihe Qigong* -Rehabilitationskrankenhaus" und der *Zhongguo qigongkexue yanjiuhui*, (Forschungsgesellschaft für die chinesische *qigong*-Wissenschaft) herausgegeben wurde. Grußworte schrieben der chinesische Gesundheitsminister *CUI Yueli*, *LÜ Bingkui* und sein jetziger Nachfolger im Amt als Abteilungschef für TCM im Gesundheitsministerium *TIAN Jingfu*. *LIU Guizhen* schrieb den ersten Artikel. Die große Bedeutung von *Beidaihe*, wo viele gute Bücher und Tagungsschriften (62) herausgegeben wurden, läßt sich anhand dieser hochrangigen Politiker und Persönlichkeiten erahnen. Diese Zeitschrift macht auch einen wissenschaftlicheren Eindruck als die anderen, der jedoch noch von der Zeitschrift *Beidaihe qigong* übertroffen wird. Von dieser ist mir allerdings nur die Anfangsnummer vom September 1984 bekannt.

Außer den genannten Zeitschriften gab oder gibt es noch Zeitschriftenhefte von einzelnen *qigong*-Gesellschaften, die wenig verbreitet sind und meist nur wenige Ausgabennummern erlebten, oder andere, die von den Kampfkünsten ausgehen.

Abbildung 54: Der 98 jährige taiji-Meister Wu Tunan beim Üben 1983.

Von den verschiedenen *qigong*-(Forschungs-) Gesellschaften spielt die *Zhongguo qigong kexue yanjiu hui* (Forschungsgesellschaft für die chinesische *qigong*-Wissenschaft) eine große Rolle und soll daher ausführlich vorgestellt werden.

Das schon zitierte Heft (263) beinhaltet die internen (*neibu*) Protokolle zur Gründung am 25.12.1985, neben Eröffnungsvorträgen zur ersten großen Gründungskonferenz in Peking vom 28.-30.04.1986. Es nahmen viele wichtige Politiker teil, die alle entsprechende Ämter oder Mitgliedschaften bekamen und daher im Anschluß aufgeführt werden, um die enge Verflechtung zwischen allgemeiner Politik, Gesundheitspolitik, TCM-Politik und *qigong*-Politik erneut aufzuzeigen.

In der Vorrede, die hier wegen ihrer politisch richtungsweisenden Bedeutung ausführlicher zitiert wird, heißt es:

„Die Wissenschaft und Technik unseres Altertums lag für eine lange Zeitperiode in führender Weltposition und hat so für die menschliche Zivilisation einen riesigen Beitrag geliefert. Dies ergab sich so, weil in unserem Altertum im Prozeß des Verstehens des Kosmos und des menschlichen Lebens das System der Naturphilosophie mit chinesischer Ausprägung (*Zhongguo tese*) als etwas Umfassendes hervorgebracht wurde. Unter der Leitung eines solchen philosophischen Gedankensystems schufen unsere Vorfahren die besondere östliche Kultur, die brillant glänzend und reichhaltig ist. Die *qigong*-Wissenschaft und die sich auf sie gründende, (langsam) entstandene Medizintheorie, sind ein Teil davon.

Die Lehren der traditionellen chinesischen Philosophie wie *tianren heyi* (Mensch und Kosmos sind eins), *yuanqi lun* (Lehre vom Ursprungs-*qi*), *yin yang wuxing* (*yin yang* und die FünfElementhaften Wandlungspha-

Abbildung 55: East Health Expo 1994 mit qigong.

sen) usw. erkennen an, daß die Menschen und die Natur, die Natur und die Seele (*jingshen*) von gleicher Art sind.

Im Entwicklungsprozeß der Natur, der Geschichte und des Denkens richtet sich alles nach gemeinsamen grundlegenden Gesetzmäßigkeiten. Diese Art des Denkens in der Entwicklung der chinesischen Kultur, Wissenschaft und Technik durchdrang das Gebiet jedes Wissenschaftsbereiches (wie Astronomie, Kalenderwesen, Mathematik, Metallurgie, Chemie, Medizin, Musiktonkunst, Architektur, Literatur, Kunst, militärische Angelegenheiten und weitere Aspekte). Zahlreiche technische Erfindungen des chinesischen Altertums und ihr Gedankentum entstanden in dieser Tradition. Besonders manifestiert sich dies in der Medizin und Pharmazie (*yiyaoxue*) und in der glänzenden Entwicklung, die von der *qigong*-Wissenschaft erreicht wurde. Die Entwicklung unserer traditionellen Medizin und Pharmazie sowie die Überlieferung des *qigong* von Generation zu Generation bergen in sich die Essenz der chinesischen Kultur des Altertums. Sie besitzt in ausgebildeter Weise die besondere chinesische Denkweise des *bianzheng* (des Unterscheidens nach Syndrommustern). (Diese Denkweise) ist ein System der Methodenlehre, das reichhaltig Lebenskraft hat.

Ende des 19. und Anfang des 20. Jahrhunderts entwickelten die westlichen Naturwissenschaften eine tiefeinschneidende Revolution: die Relativitätstheorie, die Quantenmechanik, die Kybernetik und andere moderne Wissenschaften wurden nacheinander geboren. Seit dem 20. Jahrhundert entwickelten sich die westlichen Wissenschaften und die Technik zu voller Blüte; im wesentlichen sind sie aufgebaut auf den Grundlagen der westlichen modernen Naturwissenschaftstheorie (der Newton'schen Mechanik, der Theorie vom Elektromagnetismus, der Relativitätstheorie, der Quantenmechanik etc.), und die Methode des Analysierens von Experimenten ist ihr spezifisches Kennzeichen. Sie nehmen den Gegenstand des Studiums und zerlegen ihn und erhalten so alle Arten von einfachsten wesentlichen Elementen, wie Atome, Moleküle, Elementarteilchen, Lebensbausteine der Molekularbiologie etc., und erforschen ihre Grundeigenschaften.

Abbildung 56:** **WANG Ruiting in der Lohan-Stellung im buddhistischen qigong vor einer Buddhastatue in Datong. Rs. von qigong yu tiyu, 1, 1986.

Diese Denkart hat der zeitgenössischen Wissenschaft einen gewichtigen Beitrag geleistet; aber jetzt enthüllte sich die dem (positiven Beitrag) die Waage haltende (negativ zu bewertende) Beschränktheit.

Insbesondere ist es das tiefe Eindringen in die Forschung der Wissenschaft des Lebens, des Bereiches des Mikrokosmos und des Bereiches der Wissenschaft der Kosmologie und der Astronomie sowie die allen Dingen dieser Welt innewohnende Kompliziertheit im Verhältnis (Gegensatz) zur konservativen Denkweise, die sich im Laufe der Entwicklung der modernen westlichen Wissenschaft und Technik herausbildete, was den erkenntnistheoretisch tief einschneidenden Widerspruch zu Tage treten ließ.

Diesen Punkt haben bereits ein paar berühmte westliche moderne Wissenschaftler erkannt, und darüberhinaus haben sich in den letzten Jahren einige berühmte westliche Wissenschaftler sehr für den in der Entwicklung der klassischen chinesischen Wissenschaft und Technik enthaltenen Gedanken der Naturphilosophie interessiert.

(Wenn) wir hinsichtlich der Wissenschaft und Technik den fortgeschrittenen Weltstandard einholen und übertreffen wollen, dann sollten wir unsere ausgezeichnete klassische Wissenschaftstradition weiter entfalten und veranlassen, daß das Gedankengut der gegenwärtigen Wissenschaft Wurzeln in unserem eigenen Land schlägt.

Daher sollten wir hart arbeiten und aus allen neuen Errungenschaften der ausländischen Wissenschaft und Technik schöpfen, um dies zur Förderung des weltweiten wissenschaftlichen Austausches und zur Fortentwicklung unserer wissenschaftlichen Sache mit der Essenz unserer alten Wissenschaftskultur zu verquicken und zum Erforschen und Kennenlernen der Essenz der Natur und Heranbilden unserer eigenen Wissenschaftler mit hohen Niveau einen ganz neuen Weg zu gehen.

Abbildung 57: Qigong-Gruppenübungsbild, Oriental Science Qigong, 5, 1989.

Wir sind fest davon überzeugt, daß sich die Menschheit sicherlich eine Perspektive eröffnen wird, die die gegenwärtige Wissenschaftskultur gedeihen lassen wird wie nie zuvor. Unser chinesisches Volk wird bestimmt fortfahren, für die Welt gewichtige Beiträge zu leisten.

Heute kann kein einziger Zweig der Naturwissenschaft mehr voneinander abgetrennt werden, (sogar) bis hin zur Soziologie. Die Geschichte der Entwicklung der gegenwärtigen Naturwissenschaft beweist, daß jeder Wissenschaftszweig sich gegenseitig durchdringt. Dies ist ein wichtiges Gesetz für die Entstehung und Entwicklung der aufstrebenden neuen Wissenschaftsrichtung.

(Es) wird eine Forschungsaufgabe sein, die strategische Bedeutsamkeit besitzt: mittels des naturphilosophischen Gedankens, der reichhaltig im traditionellen *qigong* und in der Medizin und Pharmazie unseres Landes enthalten ist, betreiben wir auf verschiedenen Gebieten der modernen Naturwissenschaft neue Untersuchungen und bahnbrechende Forschung. Die Wissenschaft vom Leben des menschlichen Körpers (*renti shengming de kexue*[283]) als Kernstück nehmend, führen wir eine fächerübergreifende Forschung durch. (Dies) wird für die Förderung der blühenden Entwicklung der modernen Naturwissenschaften von weitreichender und epochemachender Bedeutung sein.

Dieser neue Weg wird dann *qigong* und die TCM mit den parapsychologischen Fähigkeiten (*teyi gongneng*) des Menschen vereinigen und dann wiederum zusammen mit der modernen Wissenschaft und Technik verbin-

283. Dieser Ausdruck beinhaltet die Erforschung aller Fähigkeiten des Menschen, insbesondere einschließlich der parapsychologischen Fähigkeiten. Dies ist seit Anfang der 80er Jahre ein sich ausweitendes Forschungsgebiet in China, wobei das Militär und die Raumfahrt hier teilweise Einfluß nehmen.

Abbildung 58: Qigong-Fieber 4/1992 auf der Rs. der Zeitschrift Zhongguo qigong.

den. Danach wird es sicherlich einen Wandel geben zu der marxistischen Wissenschaft, d. h. der wahren Wissenschaft. Im Prozeß dieser Vereinigung kann die gegenwärtige Wissenschaft auch noch (in dem Sinne) verändert werden, daß die moderne Wissenschaft wieder einen Schritt weitergebracht wird, was unvermeidlich dazu führen wird, daß eine Revolution in der modernen Wissenschaft ausbricht. Weil wir *qigong*, die TCM und die parapsychologischen Fähigkeiten des Menschen zusammen mit der modernen Wissenschaft und dem Marxismus verbinden, wird es nicht mehr die ursprüngliche moderne Wissenschaft sein, sondern eine noch weiter fortgeschrittene Wissenschaft, was zweifellos eine neue wissenschaftliche Revolution bedeutet. In diesem Prozeß werden Gedanken und Bewußtsein der Menschen sicherlich entsprechend (auf ein höheres Niveau) angehoben werden. Gleichzeitig ist (es) eine wahre Revolution der Kultur und des Denkens. In diesem Verlauf wird sich die Philosophie des Marxismus vertiefen (*shenhua*), weiterentwickeln (*fazhan*)[284] und zwangsläufig das marxistische Philosophiesystem veranlassen, voranzuschreiten und sich weiterzuentwickeln.

Wir wollen unter der Führung der Chinesischen Kommunistischen Partei und der Regierung mit allen zusammen diese langwierige, mühselige und ruhmreiche Aufgabe auf uns nehmen."

PENG Zhong, stellvertretender Komiteepräsident des ständigen Ausschusses des Nationalen Volkskongresses, der Ehrenvorstandspräsident wurde, legte zum Kongreß eine

284.*MAO* und *DENG* strebten wie alle chinesischen Politiker offiziel danach den Marxismus zu vertiefen und weiterzuentwickeln. Es handelt sich hier um eine politische Legitimierung im Sinne der herrschenden Doktrin. Zur Kaiserzeit war dies vergleichbar mit dem Berufen darauf, daß schon die Altvorderen, möglichst sogar schon Konfuzius, etwas gesagt haben, was als Vorläufer der eigenen Meinung gezählt werden konnte. Beides weist auf den großen Legitimationszwang in der chinesischen Kulturtradition hin. Was dieser „theoretischen" Aussage auf der praktisch-pragmatischen Seite gegenübersteht bleibt offen.

***Abbildung 59:** ZHANG Yuanming beim Praktizieren seines Stils.*

schriftliche Ansprache vor, da er sich damals gerade im Ausland befand. Er betonte: „In der Durchführung des Geistes der Reform soll man die *qigong*-Forschung und den Aufbau der Geisteskultur intensiv und gut in den Griff bekommen."

Die sechs stellvertretenden Ehrenvorstandspräsidenten waren bei der Gründung: *ZHAO Puchu*, stellvertretender Vorsitzender der Konsultativkonferenz des Chinesischen Volkes und Präsident der Chinesischen Buddhistischen Gesellschaft, *LIU Jianzhang*, ehem. Minister für das Eisenbahnwesen und Präsident des Chinesischen Altensportverbundes, *QIAN Xinzhong*, Mitglied der Chinesischen Zentralen Beraterkommission und ehem. Gesundheitsminister, *CUI Yueli*, Gesundheitsminister, *LI Menghua*, Vorsitzender der Staatlichen Sportkommission, und *HE Dongchang*, Vizepräsident der Erziehungskommission des Staatsrats.

Der sechzehnköpfige Beirat bestand aus: *LÜ Bingkui*, ehem. Abteilungschef der Abt. für Chinesische Medizin im Gesundheitsministerium, *REN Jiyu*, Direktor des Instituts für Religionswissenschaften an der Chinesischen Akademie für Sozialwissenschaften, *LIAN Guan*, Vizepräsident der Kommission für Angelegenheiten für Auslandschinesen, *YANG*

Abbildung 60: Die Vermischung buddhistischer, daoistischer und naturwissenschaftlicher Elemente (DNA) auf dem Cover eines Jahresbandes von Zhongguo qigong 1992.

Xiandong, Präsident der Chinesischen Gesellschaft für Agrarwissenschaften, *KUANG Anfang*, Professor an der 2. Medizinischen Hochschule von Shanghai, *LI Ziming*, Rektor der Universität für Polizeioffiziere des Ministeriums für öffentliche Sicherheit, *ZHANG Dainian*, Direktor des Instituts für Gegenwartsphilosophische Forschung an der Pekinger Universität (*Beida*), *Frau ZHANG Caizhen*, Vizepräsidentin der Staatlichen Sportkommission, *LUO Qing*, ehem. stellvertretender Vorsitzender der Konsultativkonferenz des Chinesischen Volkes von Peking, *ZHOU Shiyi*, Professor an der Pädagogischen Hochschule von *Xiang Tan* der Provinz *Hunan*, *HU Jinan*, Professor für Psychologie an der Pädagogischen Hochschule von *Hua Dong* (in *Shanghai*) und Präsident der Nationalen Gesellschaft für Psychologie, *YUAN Hongshou*, ehem. Beirat der Chinesischen Forschungsgesellschaft für *qigong*-Wissenschaft der Studiengesellschaft für Chinesische Medizin[285], Professor an der Medizinischen Universität für Beamte und Arbeiter in *Hebei*, *JIANG Shengjie*, Vorsitzender des Komitees für Wissenschaft und Technik des Ministeriums für Atomindustrie, *NIE Chunrong*, ehem. Sekretär des Sekretariats der Chinesi-

285.„*Zhonghua qigong*“ ist das Publikationsorgan der Gesellschaft, das mit dem Chefredakteur *LÜ Bingkui* (s.o.) Juni 1983 mit einer Auflage von 400000 vierteljährlich startete. Ab Juni 1986 hieß der Chefredakteur *GAO Heting* und seit 1988 erscheint sie zweimonatlich.

schen Gesellschaft für Wissenschaft, *QIAO Peixin*, ehem. Vizedirektor der Chinesischen Volksbank und *HUANG Jingbo*, ehem. Provinzminister von *Qinghai*.

Der Ehrenvorstand bestand aus 110 Mitgliedern, darunter viele bekannte *qigong*-Lehrer und -Meister.

Es gab 135 Vorstandsmitglieder und der Vorstandsvorsitzende war *ZHANG Zhenhuan*, ehem. Vorsitzender der Kommission für Naturwissenschaft und Technik am Verteidigungsministerium. Sein Stellvertreter für die Routinearbeit war *JIANG Ming*, ehem. Stellvertretender Vorsitzender der Kommission für Naturwissenschaft und Technik am Verteidigungsministerium und Vorsitzender der Staatlichen Kommission für Wissenschaftliche und Technologische Beratung.

Die übrigen stellvertretenden Vorstandsvorsitzenden waren:

- *YU Qinghe*, Sekretär des Sekretariats für die Nationale Gewerkschaft und Vorsitzender an der Propagandaabteilung,
- *LIU Bangxian*, Beiratsmitglied der Provinzregierung von *Shaanxi*,
- *YANG Chao*, ehem. Sekretär des Provinzsekretariats von *Sichuan* und Vorsitzender der Konsultativkonferenz der Provinz *Sichuan*,
- *CHEN Bingzhi*, Vorsitzender des Ständigen Ausschusses des Nationalen Volkskongresses der Provinz *Henan*,
- *ZHANG Jingtao*, Beiratsmitglied der Provinzregierung von *Shandong*,
- *HU Ximing*, Stellvertretender Gesundheitsminister,
- *ZHAO Shi*, Stellvertretender Vorsitzender des Ständigen Ausschusses des Nationalen Volkskongresses der Provinz *Liaoning*,
- *XU Cai*, ehem. Stellvertretender Vorsitzender der Staatlichen Sportkommission, Disziplinarausschußvorsitzender der Staatlichen Sportkommission, Leiter des Zeitungsverlages „Sport“ und Vorsitzender des Nationalen *Wushu*-Verbandes,
- *CUI Jian*, Stellvertretender Vorsitzender der Beratungskommission der Provinz *Zhejiang*,
- *HUANG Zhizhen*, Vorsitzender des Ständigen Ausschusses des Nationalen Volkskongresses der Provinz *Hubei*,
- *KOU Qingyan*, Vorsitzender der Beratungskommission der Provinz *Guangdong*,
- *SHU Wen*, Stellvertretender Vorsitzender des Ständigen Ausschusses des Nationalen Volkskongresses der Stadt *Shanghai*.

Die neun ständigen Routinevorstandsmitglieder stellten:

- *ZHANG Zhenhuan*, ehem. Vorsitzender der Kommission für Naturwissenschaft und Technik am Verteidigungsministerium,
- *JIANG Ming*, ehem. Stellvertretender Vorsitzender der Kommission für Naturwissenschaft und Technik am Verteidigungsministerium und Vorsitzender der Staatlichen Kommission für Wissenschaftliche und Technologische Beratung,
- *LI Zhinan*, Mitglied des Büros für Parteigeschichte des Chinesischen Zentralkomitee, Abteilung Süd,
- Frau *FENG Lida*, Stellvertretende Chefärztin des Allgemeinkrankenhauses der Marine [s. Kap. 7.3.2],

- *NI Nongpan*, ehem. Mitglied der Parteiorganisation an der Chinesischen Akademie, Direktor des Instituts für Information der Wissenschaft und Technik an der Chinesischen Akademie [s. Kap. 7.2],
- *ZHANG Xing*, ehem. Leiter des Instituts für Wissenschaft der Nationalen Sportkommission,
- *XIAO Song*, ehem. Sekretär des Parteikomitees der Baumaschinengesellschaft der Stadtregierung von Peking und Stellvertretender Leiter des Kontrollbüros,
- *JIANG Haoran*, ehem. Vorsitzender der Nationalen Gewerkschaft für das Maschinen- und Hüttenwesen,
- *XIE Huanzhang*, Professor an der Pekinger Hochschule für Industrie [s. Kap. 7.3.2].

Generalsekretär wurde *LI Zhinan* und seine drei Stellvertreter wurden *NI Nongpan*, *ZHANG Xing* und *XIAO Song*.

In der Satzung wurden im ersten Kapitel unter dem Titel „Allgemeine Bestimmungen“ drei Punkte festgelegt. Der erste betraf die Unterordnung der Gesellschaft unter die Kommunistische Partei Chinas und die Volksregierung. Der zweite bezieht sich auf die Grundlagen des Marxismus-Leninismus und der *MAO Zedong*-Ideen sowie auf den Maximen „An der politischen Richtlinie der Partei festhalten“ und „Laßt hundert Blumen blühen, laßt hundert Schulen miteinander wetteifern“ sowie der „wissenschaftlichen Haltung des Suchens der Wahrheit in den Tatsachen“. Weiter heißt es, „entwickelt einen Geist der harten Pionierarbeit und erschließt den Schatz des *qigong*, der in China schon eine lange Geschichte hat; erforscht und ordnet die praktischen Erfahrungen des *qigong*; untersucht und diskutiert die Beziehungen von *qigong* zu jeglicher Wissenschaft und außerdem die theoretischen Grundlagen ihrer Wissenschaft.“

> „Als Werkzeug wurde dazu die China eigene moderne *qigong*-Lehre gegründet. Sie soll die Entwicklung der Wissenschaft vom Leben fördern, zum Gedeihen der Sache der sozialistischen, wissenschaftlichen Kultur und um den ‚Vier Modernisierungen‘[286] zu dienen und der Menschheit zum Wohl zu gereichen.“

Im dritten Punkt wurde die Zusammenarbeit mit den verschiedenen Abteilungen erwähnt, wie wissenschaftliche Forschung, Erziehung, Gesundheit, Leibeserziehung und Kultur.

Diese kulturpolitische Ansprache zur *qigong*-Konferenz im Jahr 1986 muß auch im Rahmen der „Kultur-Fieber“-Debatte gesehen werden. Die „alte (konfuzianische) Tradition“ und die „neue (sozialistische) Tradition“ standen der Modernisierung Chinas, wie sie gerade dabei war zu erfolgen, im Wege und führten zu einer „Krise der chinesischen Kultur“ und einem „Wertevakuum“.[287] Die chinesische Kultur wurde daraufhin Gegenstand offizieller, intellektueller und popuärwissenschaftlicher Diskussionen, was zum *wenhuare*, „Kultur-Fieber“, führte. Dieses beinhaltete seit Beginn der 80er Jahre Auseinandersetzungen mit verschiedensten Ebenen der chinesischen Kultur wie Literatur, nationaler Psyche und Volkskultur, sich widerspiegelnd in dem *qigongre*, *qigong*-Fieber, und später dem *Yijingre*, dem *Yijing*-Fieber. Das wird auch von GEIST so gesehen[288].

---

286. Die vier Modernisierungen begannen nach dem Sturz der „Viererbande“ und beziehen sich auf Landwirtschaft, Industrie, Landesverteidigung und Wissenschaft und Technik sowie nach dem 3. Plenum des XI. ZK auch auf die Reform des Wirtschaftsystems.
287. GEIST, 1996, S. 3

Ebenso findet sich bei dem Atomphysiker *QIAN Xuesen* 1982 der Begriff *wenhuaxue*, „Kulturologie“[289] und auch 1986 der Begriff *qigongxue*, „Qigongologie“ (153) der schon 1985 (221) in einem Buchtitel auftauchte. Ganz ähnlich wie die obigen Politikersätze zum *qigong* heißt es im „Beschluß des ZK betreffend die Richtlinien für den Aufbau der sozialistischen geistigen Zivilisation“ vom 28.09.1986: „Die grundlegende Aufgabe des Aufbaus der sozialistischen geistigen Zivilisation ist, (...) die ideologisch-moralische Qualität und die wissenschaftlich-kulturelle Qualität der ganzen chinesischen Nation zu erhöhen.“[290]

5.3.3 Zusammenfassung zum „*qigong*-Fieber“

Wir finden seit 1983 die Neuentstehung bzw. die eigentliche Verbreitung von *qigong*-Stilen, die im Jahre 1989 schon sehr bekannt sind. Dies sind insbesondere:

- das x*inqigong* (Neues *qigong*) von Frau *GUO Lin*,
- die *qigong zikong liaofa* (Selbstkontrolltherapie mit *qigong*) von *ZHANG Mingwu*, *HAN Qiusheng* u.a.,
- das *hexiangzhuang qigong* (Kranichstil-*qigong*) von *ZHAO Jinxiang* mit Abspaltung von *PANG Heming* und Weiterentwicklung des ursprünglichen Stils durch die beiden Kontrahenten,
- das y*angqigong* (Nährendes *qigong*) des *MA Litang*,
- das d*ayan qigong* (Wildgans-*qigong*) der Frau *YANG Meijun*,
- das *taijiqigong* von *LIN Housheng* oder in der Form von *ZHANG Tiange* oder von *ZHAO Zhongdao* bzw. seinem Schüler *GUAN Yongnian.*

Desweiteren gibt es leichte Abwandlungen von buddhistischen, daoistischen oder anderen traditionellen Übungsformen, die jetzt erneut Popularität erlangten. Daneben stehen unverändert überlieferte Übungsformen, die, meist als Teile formell oder informell, dem jeweiligen Erfahrungsstand des Übenden entsprechend, mit weiteren Übungen zusammen gelehrt werden. Dazu gehören:

- das *Shaolin neigong*, z.B. in der Form des *neijin yizhichan* (der inneren Kraft – Einfingermeditation) von *LIN Housheng* oder von *QUE Ashui* (1919-1982) und seinem Schüler *WANG Ruiting*,
- die *baduanjin* (acht Brokatübungen),
- die w*uqinxi* (das Spiel der Fünf Tiere), z.B. in der Interpretation von *JIAO Guorui*,
- die Übungen zu den Bergen *Emei*-von *ZHOU Qianchuan* oder *JU Zanfa*- oder *Kunlun*[291] ,

288. GEIST, 1996, S. 3f.
289. GEIST, 1996, S. 7
290. GEIST, 1996, S. 26
291. *Kunlun* ist nicht nur der Name eines Gebirgszugs im Norden Tibets oder ein Akupunkturpunkt am Fuß. Ein für meditative Übungen wichtiger Lokalisationspunkt im Gehirn wird auch als *Kunlun* bezeichnet. Das hängt damit zusammen, daß in der chinesischen Mythologie die Weltachse, der *Kunlun*-Berg mit seinem „Paradies“-Gipfel, als Aufenthaltsort der irdischen Unsterblichen, den Polarstern berührt – die Basis geht bis in die Höllen. So wird parallel zum kosmologischen *Kunlun* der *Kunlun* im Mikrokosmos Mensch gesehen.

- das *kongjin qigong* von HUANG *Renzhong* (bzgl. der beiden letzten gelang es mir nicht, Literatur zu erhalten, s. auch Kap. 5.3.1.1 und 6.4) u.a.

All diese landesweiten Aktivitäten führten, wie gezeigt, zur Gründung zahlreicher lokaler und weniger überregionaler *qigong*-Vereinigungen, teils stilgebunden, teils buddhistisch oder daoistisch geprägt, teils übergreifend. Einige initiierten in Verbindung dazu Zeitschriften, die sich aber wohl nur dann länger halten konnten, wenn sie öffentlich und in möglichst großer Zahl vertrieben wurden. Die politisch einflußreichste Gesellschaft ist sicherlich die in Peking ansässige „Forschungsgesellschaft der chinesischen *qigong*-Wissenschaft“, wie ihr Gründungsprotokoll mit den weitgefächerten und hochrangigen Namen zeigte. Hier wird das „System der Naturphilosophie mit chinesischer Ausprägung“ betont und die „chinesische Denkweise des Unterscheidens nach Syndrommustern“. Diese integrierenden chinesischen Denkansätze sollen dabei Möglichkeiten bieten, die die puristische westlich-analytische Methode nicht zuläßt und deren chinesisch-westliche Verbindung der marxistischen Wissenschaft zu einem epochemachenden Aufschwung verhelfen soll.

Nicht zu Unrecht wird angegeben, daß dies „ein paar berühmte westliche moderne Wissenschaftler“ erkannt hätten[292], und daß man in China *qigong*, die TCM sowie die parapsychologischen Fähigkeiten des Menschen mit der modernen Wissenschaft und dem Marxismus verbinden und erforschen wolle[293]. Wie jene westlichen Wissenschaftler auch, so vermuten sie, daß in diesem Prozeß die Gedanken und das Bewußtsein der Menschen auf eine höhere und subtilere Ebene angehoben werde[294], was dann zu einer Revolution führe. Dieses Erkennen der Forschungssituation durch die westlichen Wissenschaftler betrifft aber nicht nur das Inhaltliche, sondern auch das Formale. Wie ich in zahlreichen Gesprächen hörte, mußte leider immer wieder die Erfahrung gemacht werden, daß die Verbindung mit dem Marxismus bisher hauptsächlich zu bedeuten scheint, daß es inhaltlich nicht nachvollziehbare, politisch bedingte hohe Schranken in der wissenschaftlichen Zusammenarbeit gibt.

---

292. Es erfolgt an dieser Stelle keine Namensnennung, aber es dürfte sich hier wohl am ehesten um amerikanische Forscher auf den Gebieten der Meditation und Bewußtseinsforschung handeln. Zu den durch ihre auch ins Deutsche übersetzten Publikationen bekanntesten gehören der Internist von der Harvard Universität Prof. Herbert BENSON, der Psychiater, Psychotherapeut und Bewußtseinsforscher bezüglich „Veränderter Wachbewußtseinszustände“ [(VWB) = Altered States of Consciousness (ASC)] Dr. Stanislav GROF (ehem. psychiatrischer Professor der Johns Hopkins Universität), der Psychiater und Philosoph von der kalifornischen Universität in Irvine Prof. Roger WALSH und der bekannte Philosoph und humanistische Psychologe Ken WILBER. Die Hauptforschungsgebiete betrafen dort jedoch nicht das moderne chinesische *qigong*, sondern traditionelle indische, tibetische und japanische Meditationsformen. Es gibt hierbei allerdings besonders über die buddhistischen Übungen große Überschneidungen.

293.In diesem Sinne s. WALSH, Roger & Frances VAUGHAN (Hrsg.), 1988. S. 256: „... Das volle Verständnis erfordert nicht weniger als die Betrachtung sämtlicher Variablen – also des ganzen Universums. In diesem Stadium bricht das Modell isolierbarer begrenzter Systeme zusammen – es erweist sich als illusorisches Kunstprodukt. Das naturwissenschaftliche Modell hat sich selbst an den Rand der Absurdität geführt, und hier wird jetzt die ganzheitliche, unteilbare, vernetzte und unüberschaubar vielfältig determinierte Natur der Welt sichtbar. Das herkömmliche Kausalitätsdenken reicht dafür natürlich nicht mehr aus, und ein neues Modell muß an seine Stelle treten, das die wechselseitige Bedingung sämtlicher Komponenten berücksichtigt. Jeder Teil ist Spiegelbild des Ganzen."

294.S. auch WILBER, Ken (Hrsg.): Das holographische Weltbild. Barth, München u.a.O., 1988

Trotzdem fanden sich auf den ersten internationalen *qigong*-Konferenzen 1986 in *Shanghai* und 1988 in Peking[295] langsam zunehmend ausländische Gäste. So waren 1988 schon die Länder Australien, Deutschland, Finnland, Hongkong, Indonesien, Japan, Kanada, Taiwan und die USA vertreten.

Betrachtet man die Ausbildung der Autoren von *qigong*-Büchern, soweit sie eruierbar ist, lassen sich zwei große Gruppen abgrenzen, die „Empiriker" und die „Theoretiker". Die erste setzt sich aus denen zusammen, die vorhandene *qigong*-Stile aktiv in Kursen bekannt machen und dabei teilweise auch eigene Stilrichtungen entwickelt haben. Nachdem diese privaten Stile ihre Wirksamkeit unter Beweis gestellt haben und sich dann auch weiter verbreiten, werden sie in den *qigong*-Vereinigungen schließlich von den dort teilnehmenden Politikern offiziell akzeptiert und gefördert bzw., wie beim Kranichstil, nach negativen Rückmeldungen reglementiert. Die Urheber dieser Stile kamen hauptsächlich zu diesem pragmatischen Zugang, weil sie ihre eigene Erkrankung bekämpfen wollten und zum Teil, weil sie aus Interesse oder Tradition übten. Es handelt sich also um eine empirisch begründete Autorenschaft. Die zweite große Gruppe besteht weniger aus den offiziellen Buchgelehrten früherer Zeiten, sondern eher aus modernen Journalisten, Redakteuren oder anderen, die meist selber gar nicht Übungen praktizieren, die jedoch vorhandene Schriften kompilieren, kopieren oder redigieren – je nach Verständnis mit mehr oder weniger Erfolg. Diese beiden Gruppen lassen sich nach SIVIN[296] in ähnlicher Weise auch in der traditionellen Astronomie finden. Dort wurden früher durch private Individuen ("Empiriker") außerhalb der Gruppe der offiziellen Gelehrten ("Theoretiker") wiederholt Kalenderreformen initiiert und von offizieller Seite, die maßgeblich blieb, übernommen. Heute dagegen kann man in der *qigong*-Wissenschaft diesbezüglich eher eine Akzentverschiebung feststellen. Es spielen weniger die offiziellen Gelehrten bzw. die modernen Herausgeber der *qigong*-Bücher und ihre theoretischen Darstellungen die entscheidende Rolle (mit Ausnahme der Wende durch die neue *qi*-Interpretation durch *LIU Guizhen*), sondern eher die privaten Individuen und ihre empirischen Stilabwandlungen. Diese Entwicklung ist besonders deutlich seit 1981 zu beobachten.

Es finden sich bei dem Einstieg zum *qigong* zwei, häufig verbundene, traditionell akzeptierte Vorgehensweisen:

- erstens über das Bücherstudium schon akzeptierter Schriften, die in einer traditionsbewußten Entwicklungsreihe (*jia*) stehen und weniger, wie im antiken Athen, in konzeptionell fest umrissenen und so eher unverändert tradierten Schulen,
- zweitens über die Empirie.

Dazu schreibt SIVIN[297], daß die Literaten Theorie und Therapie niemals trennten, trotz ihrer Abscheu vor körperlicher Arbeit – wozu man ja auch Übungen in Bewegung zählen könnte. So war die Theorie ein systematisches Erörtern von Diagnose und Therapie und bestand nicht aus abstrakten Doktrinen. Eine kumulative Arbeitsweise führte dabei schon 100 v. Chr. zu medizinischen Fallstudien. Andererseits traten auch zahlreiche me-

295.The First World Conference For Academic Exchange Of Medical Qigong. *Beijing*, 1988
296. SIVIN, N., 1988, S. 63
297. SIVIN, N., 1988, S. 63

dizinische Texte, besonders solche, die zur Alchemie gehörten – m.E. auch schon bei früheren daoistischen Strömungen[298] –, als Offenbarungen auf und wurden als solche weitergegeben.

Dies zeigt, daß neben empirischen und rationalen Studien auch meditative u.a. Arten des Wissenserwerbs üblich waren.

Während in früheren Jahrhunderten sicherlich die meisten Verfasser oder Kommentatoren von Werken, die heute unter dem Begriff *qigong* zusammengefaßt werden, zu den „individualistischen" oder den „traditionsgebundenen" Praktikern gehörten, so gibt es heute zusätzlich eine starke zweite Gruppe, die, wie gesagt, überwiegend kompilatorisch arbeitet. Zusätzlich jedoch gibt es eine dritte und kleinere Gruppe, die nach Ausbildung in traditioneller chinesischer und/oder westlicher Medizin auf der Grundlage einer wissenschaftlichen Ausbildung versucht, in einem Abstraktionsprozeß mit dem Ableiten von Regeln nach westlichem Wissenschaftsbegriff ihre Erkenntnisse zu veröffentlichen. Dies führte zu unterschiedlichen, später noch weiter zu diskutierenden Ergebnissen.

In der Politik gab es hierzu deutliche Parallelen in den Modernisierungsslogan (s. auch Kap. 4). Einer der frühesten war von *ZHANG Zhidong* 1898 „Chinesisches Wissen zur Grundlage nehmen und sich westliches Wissen zunutze machen"[299]. Im Rahmen der Debatte der favorisierten Verwestlichung contra Traditionsbesinnung hatte 1920 *LIANG Qichao* dazu aufgerufen die westliche Kultur anhand der „drei großen Weisen Konfuzius, Laozi und Mozi" und der östlichen Kultur zu retten[300]. Die pragmatische und relativ tolerante Haltung nach 1949 wurde nach der radikalen Ablehnung während der Kulturrevolution schließlich nach dem 3. Plenum des XI. ZK im Dezember 1978 erneut durch ein chinesisches Entwicklungsmodell ersetzt mit dem „Sozialismus chinesischer Eigenart (*you Zhongguo tese de shehui zhuyi*)"[301].

Einer von *DENG Xiaoping*s Lieblingsausdrücken wurde dann dies *tese*, wörtlich „die besondere Färbung". Diese war erwünscht bei der Entwicklung der chinesischen Art von demokratischem Verständnis, das grundlegende Unterschiede zum europäischen Demokratieverständnis aufzeigt.[302] Gleichermaßen sollte der Sozialismus, die Wirtschaft und die Modernisierung eine besondere, chinesische Färbung haben. Dieser gängige Ausdruck wurde daher für das *qigong* ebenso übernommen, wie für das spezifische Naturphilosophieverständnis, das auf die Wissenschaft einwirken sollte.

Demokratie soll nicht Selbstzweck sein wie in Europa, mit der Vorstellung vom autonomen Individuum und seiner freien Entfaltung. Vielmehr soll dabei das Ganze sowohl

---

298. WEI Hua-tsun (252-334 n.Chr.) folgte schon in ihrer Jugend Diätvorschriften, indem sie Fuling-Pilze und Sesam aß, übte Atemgymnastik und zog sich oft in die Abgeschiedenheit zurück. Nachdem ihre Söhne schon erwachsen waren, soll sie nach dreimonatiger Vorbereitung die Schrift aus der Hand der Götter empfangen haben. Man befahl ihr diesen „Klassiker des inneren Bildes der gelben Halle" „Tag und Nacht zu memorieren. Wenn sie ihn 10 000 mal gelesen habe, sei sie fähig, Götter und Geister zu erblicken, habe ein angenehmes Gefühl in den sechs Nebeneingeweiden und könne die drei *Hun*-Seelen in harmonische Übereinstimmung bringen. Die fünf Hauptorgane kämen zum Erblühen und das Aussehen werde wieder wie das eines Kindes. Das sei dann der Weg des Nicht-Sterbens." (S. HOMANN, Rolf, 1971.)

299.GEIST, 1996, S. 13

300.GEIST, 1996, S. 15

301.GEIST, 1996, S. 16

302. WEGGEL, O., 1997, S. 655

den Individualinteressen als auch den „subjektiven Rechten" des einzelnen auf freie Entfaltung übergeordnet sein.[303]

Die kontrovers diskutierte fünfte Modernisierung ist die Forderung nach mehr demokratischen Freiräumen. Gerade an dieser Stelle sieht man, daß die politisch befürwortete Beschäftigung mit *qigong* und das *qigongre*, wie die ganze Rückbesinnung auf die eigene Kultur und das *wenhuare*, auch dazu dienen soll, von der Idee der westlichen Demokratie abzulenken, um wie beschrieben eine eigene chinesische Entwicklung zu steuern.

Auch die in der chinesischen Medizin und allgemeinen Philosphie hinreichend bekannte „Angst" vor Harmoniestörungen und Chaos führte sehr häufig zu Konsenslösungen, die das Identitätsparadigma bestärkten. All dies findet sich in der Politik sowie in der TCM und in der *qigong*-Geschichte immer wieder. Die dynamische und komplementäre *yin yang*-Dualität mit dem daraus folgernden chinesischen Konsensdenken steht klar dem abendländischen Kulturmuster des Dualismus mit dem Konfliktmodell gegenüber[304], welches dialektisch im Sinne HEGELs ist und zur Annahme einer linearen Entwicklung verleitet. Von einigen Forschern wird dieser Relativismus in China auf die schamanische Grundlage der chinesischen Philosophie zurückgeführt. Alle chinesische Philosophie sei relativistisch, so wie es auch die europäische in der Mystik sei, wo sie auf das schamanische Denken zurückkomme.[305] Und somit hat jede Wahrheit nur einen relativen Charakter, so daß herrschende Vorstellungen in China weniger drückend empfunden worden sein sollen: sie konnten leichter in irgendeiner Weise mit der subjektiven Erkenntnis und Überzeugung in Einklang gebracht werden. So sollen, nach der Meinung vieler Sachkenner Chinas, wesentliche Elemente der maoistischen Phasen Chinas zumindest zum Teil auf das anarchisch-daoistische kulturimmanente Erbe zurückgeführt werden können.[306] Dem würde auch *MAO*s ambivalente Einstellung zur TCM-Ablehnung für sich und Empfehlung für andere – und zum daoistoiden Sexualleben – Akzeptanz für sich und Verbot für andere – entsprechen. Auch der Glaube an eine wirklichkeitsverändernde Macht des menschlichen Bewußtseins zeigt sich sowohl in der Politik[307] als auch in der medizinischen Philosophie und im *qigong* mit seinen Möglichkeiten zum Heilen und zum spirituellen Wachstum. Dies erzeugte jedoch auch einen Zwang zum Fortschritt und zur Modernisierung, wie ihn *HU Yaobang* 1984 in politischer Hinsicht äußerte und als eine der gigantischsten Unternehmungen in der Geschichte der Menschheit bezeichnete, die keine Kraft auf Erden aufhalten könne.[308] Der umbruchhafte Wandel in der chinesischen Kultur seit zwei Jahrhunderten, der wesentlich durch ausländische Mächte erzwungen und beeinflußt wurde, ist sicherlich verantwortlich für einen Großteil der Ambivalenz, die diese Dauerkontroverse „Modernisierung oder Verwestlichung" beziehungsweise „östliche Substanz – Westliche Technik" prägte.[309] Somit ist China heute auf allen Gebieten weder eine sozialistische noch eine

303. WEGGEL, O., 1997, S. 655
304. POHL, K.-H., SS. 69, 79
305. ERKES, Eduard, 1949, S. 33
306. MACHETZKI, Rüdiger: Die Besonderheit chinesischer Politik. In: TAUBMANN, Wolfgang (Hrsg.), 1987. S. 65
307. MACHETZKI, R., in TAUBMANN, W. (Hrsg), 1987, S. 66
308. MACHETZKI, R., in TAUBMANN, W. (Hrsg), 1987, S. 67

kapitalistische und natürlich auch keine traditionelle Gesellschaft mehr. Sie ist vielmehr, nach WEGGEL, „eine Übergangsgesellschaft auf dem Wege zum Metakonfuzianismus. Dreierlei ist mit ‚Metakonfuzianismus' gemeint, nämlich erstens eine eigenständig-chinesische Antwort auf die Herausforderung des Westens, zweitens ein spontan gelebter, weil nicht mehr nach alter Art schulisch vermittelter Lebensstil und drittens ein zwar vielfach gebrochener und mit zahlreichen Beimischungen versehener, in seiner Substanz aber immer noch höchst eindrucksvoller empirischer Befund von überkommenen Denk- und Verhaltensweisen. China befindet sich in einer Art Renormalisierungsprozeß, der freilich nicht in die Vergangenheit zurückführt, sondern die Möglichkeit zur Ich-Findung in der modernen Industriegesellschaft eröffnet."[310] Diesem Ziel dienen neue Institute, wie das im Juli 1997 an der Chinesischen Akademie der Sozialwissenschaften eingeweihte „Forschungszentrum für östliche Kultur", wo das wissenschaftliche Niveau gehoben werden soll, um einen Beitrag zur Schaffung einer neuen Kultur für das 21. Jahrhundert zu leisten. Dieses wird sogar schon häufig als ein Jahrhundert der östlichen Philosophie und Kultur proklamiert.[311] WEGGEL führt die dazu wichtigsten sieben Werte des Metakonfuzianismus auf: Gemeinschaftsbezogenheit[312]; Lernen durch Nachahmen; das Denken in hierarchischen Kategorien; Ordnung mit Gesicht wahren und wenig Sinn für Utopien; Dualismus von dem, was zur eigenen Arbeitgemeinschaft (*danwei*) gehört, und von dem, was sich außerhalb befindet; Bürokratie; die Wirtschaftstugenden mit Leistung, Sparsamkeit und Korporativität.

Ob man nun dem Ausdruck „Metakonfuzianismus" zustimmt oder nicht, all diese in der Tagespolitik angetroffenen Elemente und Auswirkungen der traditionellen chinesischen philosophischen Strömungen lassen sich in der TCM und besonders in der Entwicklung des *qigong* nachweisen. In den *qigong*-Gruppen morgens im Park finden wir

---

309. MACHETZKI, R., in TAUBMANN, W. (Hrsg), 1987, S. 68
310. WEGGEL, O., in: TAUBMANN, W. (Hrsg.), 1987. S. 83
311. STAIGER, Brunhild, 1997, S. 627
312. Daoismus wie Konfuzianismus oder Buddhismus waren selbstverständlich nie konstante Strömungen, sondern durch die jeweilige Zeitepoche stark beeinflußt. Dennoch kann man jeweils wichtige Grundideen mit größerer Allgemeingültigkeit bestimmen. WEGGEL (1987, S. 84 f.) kennzeichnet diese zum Konfuzianismus folgendermaßen: „Was Konfuzianismus/Metakonfuzianismus ganz im Gegensatz zur ‚protestantischen Ethik' betonen, ist/sind:
• Nicht das Ich, sondern das *Wir* (in der Familie, der *Danwei* und dergleichen).
• Nicht Vorrang der Rechte, sondern Priorität der *Pflichten* (man fragt also nicht primär ‚wie darf ich mich verhalten?', sondern ‚wie muß ich mich verhalten?'
• Nicht juristisch, sondern ‚*anständig*'.
• Nicht Betonung des individuellen Eigeninteresses, sondern der *Gruppeninteressen* im Sinne von ‚*Wechselseitigkeit*', wie sie schon in den ‚Fünf Bezogenheiten' (*wulun*) des *Konfuzius* angklungen ist und wie sie auch heute noch im Solidaritätsgeflecht eines modernen japanischen Industriebetriebs weiterlebt.
• Nicht Wettbewerb, sondern ‚*harmonische*' Zusammenarbeit (Wettbewerb gibt es nur im Transdanwei-Bereich, nicht jedoch in der eigenen Pyramide).
• Nicht Konfliktbereitschaft, sondern *Konsensbildung* aller *Danwei*-Angehörigen; Mehrheitsentscheidungen gelten als unbefriedigende ‚51 %-Demokratie', Klassenkampf wird als *luan* (Unordnung, Chaos) mißbilligt.
• Nicht *Laisser-faire*, sondern *Gruppenbindung* (im Sinne von Pietät, Loyalität, Seniorität usw.).
• Nicht Vorrang der ‚Sache', sondern Primat der persönlichen *Guanxi*.
• Nicht Professionalisierung und Spezialisierung sozialer Rollen, sondern ‚*Verpersönlichung*' und ‚Amateurideal'; ‚Führung durch moralische Überlegenheit' und – als Korrelat – ‚Bekundung völligen Vertrauens' sind weitere konfuzianische Idealvorstellungen.
• Nicht Extreme (‚Shakespeare-Charaktere', ‚faustische Unruhe oder Genialität'), sondern Harmonisierung der Gegensätze nach dem *Yin-Yang*-Muster sowie im Geiste des ‚Wegs der Mitte'.

eine Gemeinschaft, die durch Nachahmen der Bewegungen des Meisters lernt, ohne diese Übungen selbständig zu variieren, und es wird genau unterschieden, wer zur Gruppe gehört und vielleicht dafür auch bezahlt hat und wer nicht. Dies entspricht dem, was im (Meta-)Konfuzianismus beinhaltet ist. Als zentrale Kernidee jedoch finden wir, wie gezeigt, etwas aus dem Schamanismus und Daoismus Abgeleitetes, das teilweise nach konfuzianischen Vorstellungen gebändigt werden konnte.

In der täglichen Praxis hatte die Periode des „*qigong*-Fiebers" von 1983 bis 1989 dazu geführt, daß sich sehr viele Chinesen berufen fühlten, nach unterschiedlich ausgeprägten eigenen Vorerfahrungen oder Ausbildungen, selber *qigong* an andere zu unterrichten bzw. andere mittels solcher Übungen oder mit *waiqi*-Behandlungen zu therapieren. Auch der Wunsch nach zusätzlichen Gelderwerbsquellen im Rahmen einer sich zunehmend kapitalistisch orientierenden Gesellschaftsordnung war dafür ausschlaggebend. So kam es zu zahlreichen Fehlbehandlungen und Folgeerkrankungen bzw. Verschlimmerungen von bestehenden Leiden. Die staatliche Seite[313] sah sich durch das Ausmaß dieses Problems zum Handeln gezwungen. Am 19.10.1989 wurde in Peking von der *Guojia zhongyao guanli ju* (Abteilung zur Nationalen Verwaltung der Traditionellen Chinesischen Medizin) eine Pressekonferenz einberufen, auf der ein Entwurf zu einer Gesetzesvorlage vorgestellt wurde. In der später veröffentlichten Rede dazu heißt es, daß der gute Ruf des *qigong* dabei sei, durch die mangelnde Ausbildung von selbsternannten Lehrern und Heilern zerstört zu werden. Patienten starben schon an falscher oder fehlender, zusätzlich notwendiger medizinischer Behandlung. Wichtig sei zu sehen, daß die *waiqi*-Behandlung mittels Energie-Ausstrahlung eine noch nicht fertig ausgereifte oder genügend erforschte Therapieform sei. Man solle sich daher lieber auf *neiyanggong* (innere ernährende Übungen), *baojiangong* (gesunderhaltende Übungen), *jiangzhuanggong* (Standübungen) etc. beschränken. Man mache solche Fehler „unter dem Eindruck bourgeoiser Liberalisierung" und „wegen der unvollständigen gesetzlichen Bestimmungen zur traditionellen chinesischen Medizin". In den letzten Jahren wurden schon Erlasse verabschiedet wie „*Zhongyi yiliao jigou guanli tiaoli.* (Vorschriften für die Verwaltung von TCM-therapeutischen Institutionen)", „*Zhongyi shi, shì guanli tiaoli.* (Vorschriften zur Verwaltung von 3- und 5-jährig ausgebildeten TCM-Absolventen)" und „*Guanyu dui xianyou minjian zhongyi yiji zhi zhang renyuan jinxing fuhe de guiding.* (Betreffend die Vorschriften zur Durchführung der Überprüfung von vorhandenen, volkstümlichen, einseitigen Spezialisten in der TCM)". Nun wurde ein weiterer formuliert „*Guanyu jiaqiang qigongyiliao guanli ruogan guiding.* (Betreffend einige Anordnungen zur Stärkung der Verwaltung der *qigong*-Therapie)":

---

313. *Guojia zhongyao guanli ju* (Nationale TCM-Verwaltungsabteilung): *Jiaqiang zhongyi fagui jianshe, wanshan yizhengguanli zhidu cujin qigong yiliao shiye de jiankang fazhan* (Stärkt den Aufbau der gesetzlichen Bestimmungen zur TCM, vervollkommnet das System der Medizinverwaltung und fördert die Entwicklung der Gesundheit der *qigong*-therapeutischen Einrichtungen). *Zai „Guanyu jiaqiang qigongyiliao guanli ruogan guiding" xinwen fabuhui shang de jianghua – weishengbu fubuzhang jian guojia zhongyiyao guanliju juzhang Hu Ximing.* (In: „Betreffend einige Anordnungen zur Stärkung der Verwaltung der *qigong*-Therapie", Erläuterungen zum regierungsamtlichen Pressegespräch – *Hu Ximing*, Stellvertretender Minister des Gesundheitsministeriums und Abteilungsleiter der Abteilung zur Nationalen Verwaltung der TCM.)

Die Vorschriften müssen nun an Polizei, Schulen, Bereiche des Sports und an andere gesellschaftliche und staatliche Institutionen verbreitet und dann angewandt werden. Eine Umgehung dieser Bestimmungen und Prüfungen muß vermieden werden, damit die *qigong*-Therapie nur von qualifizierten Leuten ausgeübt wird. Die Verantwortung gegenüber dem Patienten ist das Kernstück und daher soll bezüglich der *waiqi*-Behandlung eine wissenschaftliche Haltung (*kexue de taidu*) beachtet werden. Im Prinzip ist also hiernach die Behandlung mit Energieausstrahlung (*waiqi*) ein Fach für die Forschung.

Für die Ausübung der *qigong*-Behandlung muß man mindestens ein dreijähriges Medizinstudium (*yishi*) aufweisen und außerdem braucht man zum Beantragen der Genehmigung für die Behandlung einer Erkrankung den Nachweis von mindestens 30 erfolgreichen Behandlungen. Danach müssen diese Fälle durch ein Fachgremium (*zhuanjia*) kontrolliert werden, bevor man die offizielle Genehmigung zur Durchführung der *qigong*-Therapie (*qigong yiliao xuke zheng*) erhält. Danach kann man seinen Beruf ausüben, wobei man vollständige Patientenakten führen muß. *Ying qigong* (hartes *qigong*), *wushu qigong* (Kampfkunst-*qigong*), *teyi gongneng* (parapsychologische Fähigkeiten) usw. sind nicht in diese Bestimmungen eingeschlossen. Nichtmediziner dürfen keine *qigong*-Behandlungen durchführen und auch niemanden dafür einstellen. Die öffentliche Anleitung von gesundheitsstärkenden *qigong*-Übungen (*qigong jianshen fangfa*) muß vom zuständigen TCM-Gesundheitsamt (*Zhongyiyao, weisheng xing zhengbumen*) genehmigt werden, nach offizieller „Darstellung von *gongfa* (Methode), *neirong* (Inhalt), *liaoxiao* (Wirkung), *xingshi* (Stil), *shoufei* (Preis) was angemessen und praktisch anwendbar sein muß“, usw.
Ein Gesetz für ins Ausland fahrende *qigong*-Lehrer muß den anderen Bestimmungen angepaßt werden. Journalistische Berichterstattung soll korrekt sein und entsprechende *qigong*-Werbung muß von staatlicher Seite her genehmigt sein.

Bei Verstoß ist mit Geldstrafe, Berufsverbot bzw. Gefängnis zu rechnen. Eine rückwirkende Überprüfung an Krankenhäusern zur Einhaltung dieser Bestimmungen ist unter Strafe erforderlich.

1995 begann man im *qigong*-Rehabilitationskrankenhaus in *Beidaihe* eingeladene *qigong*-Lehrer in Theorie und Praxis detailliert zu überprüfen. Innerhalb von zwei Jahren hatte man so 80 überwiegend männliche Probanten überprüft und bezüglich einiger physiologischer Untersuchungen vermessen. Die Ergebnisse hierzu sind noch nicht alle veröffentlicht. Die schon seit Jahren diskutierten gesetzlichen Neuregelungen (s.o.) waren zu diesem Zeitpunkt immer noch nicht offiziell verabschiedet worden.[314]

Es bleibt abzuwarten, wieweit diese Verordnungen greifen werden. Sicherlich sind die Grenzziehungen zwischen *qigong* und seinen Randgebieten schwierig, ebenso wie der zu führende Nachweis von erfolgreichen Behandlungen, was näher definiert werden müßte. Mir persönlich erscheint der Punkt der rückwirkenden Überprüfung nur sehr schwer realisierbar – besonders in einer Gesellschaft, die so stark auf sozialen Beziehungen (*guanxi*) und wechselseitigen Verpflichtungen aufgebaut ist, wie die chinesische.

314.Pers. Mitteilung September 1997 von *ZHAO Lianting*

6. Zu Inhalt, Einteilung und Entwicklung der verschiedenen qigong-Untergruppen

Wie in der gesamten TCM, so wird auch in Bezug auf das *qigong* versucht, ein lückenloses theoretisches Gebäude aufzustellen, in das alle vorhandenen Konzepte (*qi*, *yin yang*, *wuxing* etc.) und Systeme (der Diagnosestellung, der Therapieverordnung etc.) (s. Kap. 2) problemlos und lückenlos zu integrieren sind. Aber genauso wie bei einer Diagnose nach der theoretischen Erörterung für die Praxis, z. B. einer Akupunkturbehandlung, eine Gewichtung von sich dabei eventuell widersprechenden Unterpunkten vorgenommen werden muß, so ist auch die *qigong*-Lehre kein in sich völlig harmonisch geschlossenes System, und es ist auch nicht alles eindeutig theoretisch klärbar – weder in der Einteilung noch in der Entwicklung. Aus der folgenden Darstellung der Theorie und ihrer Widerspiegelung in der Praxis werden einerseits die Ansprüche und andererseits die Nicht-Einlösbarkeit einiger dieser Ansprüche deutlicher, wie z. B. das Fehlen einer durchgängigen Einteilung der *qigong*-Schulen oder einer einheitlichen Definition der Inhalte. Wie zu erwarten, werden Einteilung und Definition stark durch die kulturgegebenen Werte der jeweiligen chinesischen Zeitepoche bestimmt.

Im Vorwort seines Buches (25) „100 chinesische *Qigong*-Stile" gibt der weit recherchierende Redakteur *DONG Gangzhao*, der aber selbst wohl kein aktiver Experte ist, häufig wiederkehrende Meinungen wieder. Diese sollen daher – ebenso wie die Einleitungen zu den übergreifenden Kapiteln – hier stellvertretend vorgestellt werden. Der zusammenfassende Aufbau der Gruppierung der *qigong*-Stile ist mit den chinesischen Zeichen im Anhang (Kap. 9.5) angefügt. Der weitere Inhalt des Buches besteht darin, daß die bekanntesten Vertreter der jeweiligen Stile danach eine kurze Darstellung ihrer Spezialität geben[315].

„*Qigong* ist anders als (normale) Körperbewegungsübungen oder die traditionellen *wushu*-Kampfkunstübungen. Es hat seinen eigenen, besonderen Stellenwert innerhalb der medizinischen Gesundheitsfürsorge.

Innerhalb der mehrtausendjährigen Entwicklungsgeschichte des *qigong* infiltrierten theoretische Gesichtspunkte das Gedankengut aller philosophischen Schulen. Bezüglich der praktischen Übungsaspekte wurde reichhaltige Erfahrung von zahllosen Übungsmeistern gesammelt. Es wurden in die Tausende gehende *qigong*-Übungen ausgeformt. Bis in die Gegenwart hinein gibt es wie früher vielfältige Arten, eine Stilrichtung steht dicht gedrängt neben der anderen. Seit der Gründung der Redaktion der Zeitschrift „*Qigong* und die Wissenschaft"[316] wurden ununterbrochen die Kräfte zum Ordnen und Sammeln von *qigong*-Methoden eingesetzt. Aufgrund der seit einigen Jahren angehäuften Grundlagen gibt es im Sammelregisterteil die Namen der Vertreter der *qigong*-Methoden, die dieses Buch „100 chinesische *qigong*-Stile" zusammenstellten und wir hoffen, daß sich aus den einmal wahrgenommenen Methoden das unermeßliche ozeangleiche Gesamtbild ergeben kann.

105 Arten sind in diesem Buch zusammengestellt. Über 100 Übungsmethoden wurden in diesem Buch gesammelt und in Gruppen geordnet und in eine Reihenfolge gebracht. Aber offensichtlich gehen die Meinungen über die Methode der *qigong*-Arteneinteilung immer noch auseinander.

315.(25) Vorwort S.1-2

316.Mitte 1982 erschien die erste Ausgabe dieser anfänglich zweimonatlich und ab 1984 monatlich herausgegebenen Zeitschrift , s. Kap 5.3.2

Es gibt eine Klassifikation nach der *qigong*-Funktion (*gongneng*), eine nach der Übungsform (*xingshi*) und eine nach dem methodischen Inhalt (*neirong*) oder auch von den Stilarten her unterschiedene Einteilungen – jede hat ihre Vorteile, keine ist ausreichend.

Ich denke die Klassifikation der Übungsmethoden hat nur zum Ziel, den Menschen den Ursprung und die Entwicklung (*yuanliu*) und die Wirkung (und Funktion) (*zuoyong*) leichter verstehen zu lassen, und (ist auch gut) für den Vergleich zwischen den Übungsmethoden. Zweifellos ist dies bezüglich der Erforschung der *qìgong*-Geschichte ein wichtiger Inhalt. Dennoch ist es gleichzeitig nicht so, daß man sagt, man nimmt eine bestimmte Übungsmethode und reiht sie in eine bestimmte Klassifikation ein. Eher ist es so, daß es um eine bestimmte Wirkung (und Funktion) geht. Außerdem ist die Klassifikationseinteilung nicht streng genau und ebensowenig kann sie ganz einheitlich sein. Oft hat eine identische Übungsmethode gleichzeitig mehrere Zugehörigkeiten.

Dieses Buch ist eine Materialsammlung: zur Bequemlichkeit des Nachschlagens für den heterogenen Leserkreis spiegeln sich schon bei der Eingliederung der Ursprung und die Entwicklung des Stils der Übungsmethode wider – ebenso wird die Funktion und die Form erwogen. Bei diesen verwickelten Beziehungen werden Klassifikationsmethoden so angewandt, daß mit Nachdruck danach gestrebt wird, der Leserschaft einen Überblick über die Situation der gegenwärtigen *qigong*-Übungen zu vermitteln. Da das Wissen des Autors Grenzen hat, werden die werten Leser gebeten, bei Flüchtigkeitsfehlern Kommentare zu geben und dies zu entschuldigen.[317]"

Die Schwierigkeit der Einteilung der *qigong*-Stile in Gruppen zeigt sich bei allen Autoren, die dies ernsthafter versuchen. Deutlich wird, daß es eine historische und/oder philosophische Zusammengehörigkeit gibt, die von einigen als Leitfaden genommen wird. Grob gesagt betrifft dies besonders die buddhistischen und daoistischen Richtungen, während die konfuzianischen eher eine untergeordnete Rolle spielen. Aber sehr oft wird nur auf die Zugehörigkeit zu dieser jeweiligen Richtung hingewiesen, die Einteilung jedoch (wie im folgenden) nach der Übungsform – ob in Stille oder in Bewegung – vorgenommen. Eine zusätzliche Klassifikationsmöglichkeit nach der *qigong*-Funktion wird heute häufig ergänzend genutzt. Dabei spielt die Unterteilung in erstens kampfkunstmäßige, eher sportliche *wushu* Richtungen, meistens äquivalent zu *yinggong* (hartem *qigong*), sowie zweitens in allgemein medizinisch therapeutische oder drittens in solche, die das Aussenden von *waiqi* zum Ziel haben, die größte Rolle. Während die Funktionseinteilung „Kampfkunst[318]/Sport" schon lange besteht, ist die „zur eigenen medizinischen Therapie" erst seit *LIU Guizhen* (115) 1953 und die des „*waiqi*-Ausstrahlens" (s. Kap. 6.4), auch für kurative Zwecke, seit 1981 offiziell bekannt gemacht worden. So finden sich unter den eigenständigen medizinischen Fachgebieten (*yike*) von der Blüteepoche der *Tang*-Dynastie bis zur *Qing*-Dynastie die Akupunktur (*zhenke*), zeitweise auch mit erwähnter Moxibustion (*zhenjiuke*), die Massage (*anmoke*) und Beschwörungsrituale (*zhuyouke* oder *zhoujinke*), neben den anderen Spezialgebieten, die je nach Notwendigkeit Kräuter, traumatologische Verfahren etc. benutzten[319]. *Qigong*-äquivalente Fächer tauchen dabei jedoch nicht auf.

317.Lieber Leser, diesem letzten Satz möchte ich mich gerne anschließen.

318.Die für *wushu* häufig gebrauchte Übersetzung „Kampfsport" oder „Sport" erinnert zu sehr an andere Sportarten aus der westlichen Welt, die keine feinenergetischen Bezüge kennen und einsetzen. Daher wird hier zur besseren Unterscheidung der Ausdruck „Kampfkunst" verwandt.

319.Hunan College of TCM, 1983. S. 703 ff

Eine Funktionseinteilung, die man „spirituelle Kultivierung" nennen könnte und die, wenn man schon in früheren Jahrhunderten in China im Sinne von DESCARTES und LINNÉ analysierend eine Systematisierung wie die heutige versucht hätte, wohl die wichtigste, wiewohl beim traditionellen Verständnis anachronistische und sogar paradoxe, da selbstverständliche Kategorisierung gewesen wäre, spielt bisher offiziell in der Volksrepublik China fast keine Rolle bzw. wird, wenn erwähnt, kaum spezifischer ausgeführt. Insofern stellen die hier im Kapitel im Vordergrund stehenden Bücher [(25) für die Kap. 6.1 bis 6.6 und (189) im Kap. 6.7] eine gewisse Ausnahme dar, indem sie sowohl auf daoistische als auch auf buddhistische Richtungen etwas mehr eingehen. Auf der anderen Seite entspricht dies jedoch genau der inoffiziellen Strömung.

6.1 Zu den Übungen in Bewegung[320]

„Die Übungen in Bewegung (*donggong*) [=ÜB] gehören zu den *qigong*-Arten und sind gegenüber den Übungen in Stille (*jinggong*) [=ÜS] ein großer Zweig. Sie beinhalten das Zusammenwirken der Arbeit von Gliedmaßen und Rumpf. Über die Kriterien und die Grenzen der ÜB gibt es bis heute immer noch Kontroversen. Einige vertreten die Ansicht, „Bewegung" (*dong*) sei etwas Absolutes, „Stille" (*jing*) sei [nur] das relative Gegenteil, [denn] auch wenn es sich „außen" (Gliedmaßen und Rumpf) nicht bewege, so bleibe es doch „innen" (*zangfu*-Organe) immer noch in Bewegung. [d.h.,] wenn sich Hände und Füße nicht bewegen, sind die Gedanken (*yinian*) immer noch in Bewegung (und somit) ist auch *qi* in fließender Bewegung.

Daher kann man in diesem erweiterten Sinn sagen, *qigong* besteht immer aus ÜB. Dementsprechend entsteht die Meinung, „innerliches Üben bezieht sich auf das *qi*, äußerliches Üben bezieht sich auf Sehnen, Knochen und Haut", als Standardklassifikation, wobei *qigong* nach „Inneren Übungen" (*neigong*) und „Äußeren Übungen" (*waigong*) eingeteilt wird.

Man achtet auf das Trainieren der Funktion der Gedanken (*yinian*), der Regulierung des Atems (*tiaoxi*), des *qi* und *xue* sowie der *zangfu*-Organe, um solche „Inneren Übungen" abzugrenzen. Man mißt dem Trainieren von Skelett, Haut und Kraft Gewicht bei, wenn man es als „Äußere Übungen" ansieht. Obwohl die Einteilung nach „innen" und „außen" in bezug auf die Funktion die Wirkung zum Ausdruck bringen kann, kann man unter Beachtung des Inhalts der Übungsstilmethode, der Gestalt, der Übungsweise und gewisser Besonderheiten, es nicht so [gut] erreichen, wie mit der Einteilung nach „Bewegung" und „Stille", um den Menschen einen [noch] klareren Eindruck zu geben. Überdies ist die Wirkung von *qigong* gewöhnlich umfassender Natur. Einige Übungsmethoden der „Äußeren Übungen" haben auch für die inneren *zang*-Organe, *qi* und *xue* ausgezeichnete Wirkungen.

Der Ursprung der ÜB kann auf die *daoyin*-Übungen zurückgeführt werden, und außerdem gab es schon in dem noch früheren Zeitalter des Kaisers *YAO* Aufzeichnungen, die zeigen, daß ‚es nicht ausreichte sich vor Kälte die Sehnen und Knochen Zusammenzukrümmen, daher tanzte man, damit es wieder zum Ausbreiten und Fließen [von *qi* und *xue*] kam'. d.h. man nahm die Form des ‚Tanzens' zum Führen [der Energie] im Körper, um stagnierende Prozesse zu beseitigen und wieder in Fluß zu bringen. [s. auch Kap. 3.1]

Das ‚Spiel der Fünf Tiere' von *HUA Tuo* ist dann ein Musterbeispiel von *daoyin*-Übungen des Altertums [s. Kap. 3.1 und 3.2]. ‚*Daoyin*' ist eine Art Leibesübung, ‚mittels Geistesaufmerksamkeit (*yi*) führt (*dao*) man die Bewegung'. Der zur *Tang*-Zeit lebende *WANG Bin* sagt, *daoyin* bedeutet Muskeln und Knochen zu schütteln und Gliedmaßen und Gelenke zu lockern.

Offensichtlich ist das Verhältnis [der Klassifikation] der ÜB immer noch ziemlich kompliziert. Im großen und ganzen kann man nach zwei großen Gruppen einteilen, nämlich den angeleiteten Bewegungsübungen (*youdao donggong*) und den spontanen [d.h. sich von selbst äußernden] Bewegungsübungen (*zifa donggong*).

Die angeleiteten Bewegungsübungen sind vom Entwurf her ein guter Weg. Anziehend bei dieser Form sind das Zusammenwirken von Vorstellungskraft (*yinian*), Atmung (*huxi*), Ausführung (*jinxing*) und Körpertraining

320. (25) S. 1-2

(*duanlian*), wobei im Körpertraining Schritt für Schritt gemäß festgelegten Gesetzmäßigkeiten vorgegangen wird.

Die spontanen Bewegungsübungen (es gibt auch manche, die meinen sie äußerten sich in dieser Form [nur] bei entsprechender Anleitung) sind während des Übens spontan auftretende Bewegungen. Außerdem beinhalten diese 1000 Körperhaltungen und 100 Formen [auch solche,] die vollkommen an die Natur angelehnt sind; es fängt völlig chaotisch an und kann jedoch allmählich eine gesetzmäßige Zusammenfassung bekommen. Bei der Übungsweise der spontanen Bewegungsübungen wird verhältnißmäßig viel Gewicht der ‚Bewegung der Gedanken (*yinian huodong*)‘ beigemessen, wobei man mittels der Aufmerksamkeit das *qi* gemäß den Meridianen (*jingluo*) lenkt und auf die Akupunkturpunkte achtet, oder die Aktivität der Gedanken wirkt zusammen mit der Kontrolle der Gestalt, so daß die [spontanen] Bewegungen provoziert werden.

Das Résumée der Besonderheit dieser Übungsmethode ist, erst die ÜS zu praktizieren, und danach, wenn man mit den ÜS seine Grenze erreicht hat, zu den ÜB überzugehen.

Doch es gibt auch (andere Vorgehensweisen), wie zum Beispiel beim ‚Kranichstil‘, wo man erst fünf Abschnitte ÜB hat, dann Standübungen [in relativer Stille] übt und aus den Standübungen zu den spontanen Übungen kommt.

Es gibt zahllose ÜB. Die in diesem Buch ausgesuchten Fakten erwähnen nur einen ganz geringen Teil. Außerdem sind im Kapitel zur Therapie und Verhütung von Erkrankungen und im Kapitel zum harten (*ying*) *qigong* die ÜB häufig gemäß den ‚*qigong*-Fähigkeiten‘ (*qigong gongneng*) unterschieden und aufgegliedert. Diesbezüglich gibt es noch eine [spätere] Erklärung. Dies Buch ist größtenteils gemäß der oben geschilderten Methode aufgeteilt. Innerhalb der angeleiteten Bewegungsübungen wird nach mechanisch nachahmenden Übungen und nach festgelegten Stilformen aufgeteilt. Darin wird unterteilt, ob es bei den festgelegten Stilformen für die unteren Extremitäten Gangübungen gibt, wobei nicht jeder Stil offensichtlich zusammenhängenden Charakter hat. Die in diesem Buch ausgewählten sind traditionell weiterbenutzte und überlieferte Übungsmethoden. Es gibt auch durch moderne Zeitgenossen an den Grundlagen der traditionellen Übungsmethoden umgeformte oder vervollkommnete Übungsmethoden, Schulrichtungen, Wirksamkeiten und Gestalten, wobei jede ihre Eigenart besitzt, woraus man den Aufbau und die Übungsmethode der ÜB ersehen kann. Aus diesen Tatsachen heraus gibt es zwischen den ÜB und den ÜS keine scharfe Grenzlinie; das Üben von ÜB beginnt häufig mit ÜS, dem In-Bewegung-bringen des inneren *qi (neiqi)*, dem Lenken [desselbigen] und dem Durchführen äußerer Bewegungen (*yinfa waidong*).

Allgemein kann gesagt werden, daß man bei den ÜB die Stille zum Speichern des *qi* nimmt, welches auf der Grundlage des *neiqi* das Blut (*xue*) in den Gefäßen (*mai*) ernährt und transportiert und der Impuls für Muskeln (*jin*) und Meridiane (*luo*) ist, und die Bewegung der vier Gliedmaßen und 100 Knochen nimmt man zum Harmonisieren von *yin* und *yang*, zum Antreiben von *qi* und *xue*, zum Anfeuchten von Muskeln und Knochen und zum Vorteil für die Gelenke. Aus diesem Grund lassen die ÜB das *qi*-Gefühl verhältnismäßig rasch entstehen.“

Zum Ursprung der Übungen in Bewegung (ÜB) wird, wie oft üblich, Kaiser *YAO* erwähnt. *JIAO Guorui*[321] (80, 81) schreibt dazu: „Die Anwendung der 5-Wandlungsphasen-Theorie innerhalb des medizinischen Qigong läßt sich bis in die Zeit des legendären Herrschers Yao (3. Jahrtausend v.u.Z.) zurückverfolgen.“ Nach einem Zitat aus dem „Kapitel über alte Musik“ aus den Frühling-Herbst Annalen des *LÜ Buwei*, ohne dargelegten Bezug zu *qigong* oder den *wuxing* (Fünf Elementhaften Wandlungsphasen) schreibt er plötzlich: „Die Verbindung von 5-Wandlungsphasen-Theorie und der frühesten Form des Qigong, nämlich des Tanzens, läßt sich historisch bis in das späte 2. Jahrtausend v.u.Z. (Beginn der Zhou-Dynastie) zurückverfolgen. Dazu heißt es in den Aufzeichnungen über Kaiser Ming in der ‚Dynastiegeschichte der späten Han‘ (*Hou Hanshu*): ‚Zu Beginn der Herrschaft des Kaisers Qin Shihuang gab es einen als *Wuxing* bezeichneten Tanz der Krieger.‘ Zu dieser Textstelle schreibt der Kommentator Li Shen: ‚Dieser Tanz trug ursprünglich die Bezeichnung Tanz der Zhou. Im 26. Jahr der Herr-

321.*JIAO Guorui*, 1994, S. 8

schaft Qin Shihuangs wurde er umbenannt in *Wuxing*, denn bei seiner Ausführung tragen die Tänzer Kopfbedeckungen und Gewänder in den Farben der 5 Wandlungsphasen.‘ Diese Quelle läßt also die Vermutung zu, daß es bereits um das Jahr 1060 v.u.Z. einen ‚Tanz der 5 Wandlungsphasen‘ (Tanz der Zhou) gegeben hat.“

Selbst wenn sich die obigen zeitlichen Einordnungen nicht ganz nachverfolgen lassen und auch der Bezug zu den Fünf Elementhaften Wandlungsphasen nicht ganz klar wird, so zeigt sich doch, daß rituelle, ursprünglich wohl schamanische Tänze in bezug auf den Beginn dieser ÜB in China diskutiert werden. Ein kurzer Artikel[322] bezieht sich dabei auf die *bagua* (die Acht Trigramme), die schon mit Bezug zum *yin yang* und den *wuxing* dreidimensional konzipiert wurden und zusammen mit Beschwörungssprüchen in der *Xia*-Dynastie (21.-16. Jh. v. Chr.) getanzt worden sein sollen. Während SIVIN[323] berichtet, daß, gemäß einer medizinischen Formelsammlung, weise Männer die Umrisse von Sternenkonstellationen austanzten, so erinnert ROBINET[324] an den in einem Manuskript des 3. Jh. v. Chr. erwähnten „„Schritt des Yu‘, ein vom Taoismus bewahrter und auch weiterhin praktizierter exorzistischer ‚Tanz‘, dessen Ursprünge demnach wenigstens bis in diese Zeit zurückreichen, daneben auch exorzistische Haltungen, die sich Jahrhunderte später in Schriften über die ‚taoistische Gymnastik‘ (*daoyin*) wiederfinden.“ (s. Abb. 27) Auch EICHHORN[325] erwähnt den „Yü-Schritt“ (*Yubu*) des legendären *YU*, Begründer der *Xia*-Dynastie. Es ist hier nicht der Ort, den genauen Ursprung dieser Tänze und ihre Bedeutung zu klären. Allerdings wird an den obigen Darstellungsarten deutlich, wie wenig systematisch und einseitig die chinesischen Bearbeiter dieses Thema diskutieren.

Weiterhin wird in der obigen Darstellung der ÜB nicht klar beschrieben, daß es sich bei den spontanen ÜB um eine Methode handelt, die nur für einige Jahre große Popularität genoß. Manche (245) behaupten, ohne es weiter auszuführen, daß sie von daoistischen Übungen abgeleitet wurden und schon Anfang der 50er Jahre mehr Verbreitung fanden, bevor sie als ein Element des Kranichstils so großes Aufsehen erregten. Nachdem diese spontanen ÜB wegen zahlreicher Nebenwirkungen bis hin zu Einweisungen in psychiatrische Krankenhäuser (s. Kap. 7.3.3) von staatlicher Seite her verboten wurden, mit Umschulungskursen für die entsprechenden *qigong*-Lehrer, sind sie seit 1986 selten anzutreffen, und die weiter bestehende Variante in Nanking (s. Kap. 5.3.1.2) bildet sicherlich eine Ausnahme. Was das Inhaltliche der spontanen ÜB betrifft, so ist im obigen Text erkennbar, daß es keine allgemein verbindlichen Regeln gibt und auch ihre Einbindung in andere Übungen unstrukturiert ist.

Dahingegen werden die allgemeinen ÜB mit der wichtigen Kontroverse „Bewegung“ versus „Stille“ auch in bezug auf die Gedanken gut dargestellt.

---

322. XING *Xingzhai*: *Zui gulao de wu pu-bagua wu pu*. Die ältesten Vorstellungen von Tänzen – die Vorstellungen des Tanzes der Acht Trigramme. In: *Qigong yu kexue*, 1989, 11, S. 35

323. SIVIN, N., 1988, S. 62

324. ROBINET, Isabelle, 1995, S. 63

325. EICHHORN, W., 1976, S. 15 ff. *YÜ*, der sich der Legende gemäß lahm gearbeitet haben soll im Dienste für sein Volk, woraus schließlich „eine Art Stolpertanz entstanden sei, der „Yü-Schritt“ (*Yü-pu*) genannt wurde. Es gibt aber nun Textstellen, aus denen hervorgeht, dass es sich dabei ursprünglich um einen vornehmlich von den Wu ausgeübten Beschwörungstanz handelte und das Zeichen eben mit diesem in Verbindung zu bringen sei".

Im weiteren Verlauf des Kapitels zu den ÜB, werden diese dreifach untergliedert in:
A) Übungsserien und bewegliche Schrittfolgen (*taolu, huobulei*),
B) festgelegte Übungsstile (*ding shi lei*),
C) spontane Bewegungsübungen (*zifa donggong lei*).

Unter A) werden drei *qigong*-Stile vorgestellt. Die Form der vorderen 64 Wildgans*qigong*-Übungen (es gibt auch noch die 64 hinteren Übungen) wird von *YANG Meijun* (239, 240) vorgestellt. Die vereinfachte Übungsform des *Emei qigong*, wird erläutert von der Forschungsgruppe zu den *Emei qigong*-Übungsformen aus Peking, als eine in der Südlichen *Song*-Dynastie auf dem *Emei*-Berg, einem der vier heiligen buddhistischen Berge, mit Bezügen zu daoistischen Übungen und besonders den buddhistischen Kampfkunststilen entwickelte und auf 12 Übungen vereinfachte Form. Frau *GUO Lin* (43-50) stellt ihre *xin qigong liaofa* (Neue *qigong* Therapiemethode) vor, die sie aus dem traditionellen *qigong* und dem *wuqinxi* (Spiel der Fünf Tiere) des Arztes *HUA Tuo* (ca. 190-265 n.Chr.) sowie nach modernen Erkenntnissen entwickelt habe.

Unter B) finden sich fünf Stilarten. *LIN Housheng* (109-112) stellt die von ihm entwikkelten 18 Übungsformen des *taiji qigong*, *taiji qigong shiba shi*, vor. Auch der anschließende Artikel von *DONG Shaoming* stellt eine Eigenentwicklung des *taiji quan* von seinem Lehrer und ihm selbst dar. Das folgende *liudong qigong* (*qigong* der sechs Bewegungen) von *XIA Shuangjin* u.a. ist aus der Kampfkunst und aus sportlichen Übungen abgeleitet. Das *wudang qigong* wird von seinem Gründer *PEI Xirong* (148-9) als eine von den Kampfkünsten abgeleitete – wie der Ausdruck *wu* (Kampf) zeigt – und besonders in *Shanghai* und Umgebung verbreitete Form beschrieben. Die *ba chang gong* (Übungen des Hochstreckens) wurden von dem Referenten *SHEN Zaiwen* zusammen mit seinem Vater entwickelt.

Unter C) sind fünf Arten abgehandelt. *LIU Hanwen* stellt den *chanmigong* (die geheimen *chan*-Übungen) vor, mit Betonung von innerer und äußerer *qigong*-Wirkung und der *tuna*-Methode sowie die *yin donggong* (geführten Bewegungsübungen). Der Artikel über die *zifa donggong* (spontanen Bewegungsübungen) bezieht sich auf einen Teil der Neuauflage (69) von *HU Yaozhen*, die in seinem bekannten Vorläuferbuch (71) nicht enthalten sind, sondern aus einem anderen Werk von ihm stammen sollen. Die nächsten beiden Kapitel sind den *hexiangzhuang qigong wujie donggong* (Bewegungsübungen in fünf Abschnitten nach dem Kranichstil-*qigong*) sowie dessen Standübungen (*hexiangzhuang zhanzhuang gongfa*) von *ZHAO Jinxiang* (270-4) gewidmet. Das letzte Kapitel bezieht sich auf die *zifa wuqinxi donggong* (Bewegungsübungen nach dem spontanen Spiel der Fünf Tiere) und ist von *LIANG Shifeng* (104).

Die Tierübungen existieren schon sehr lange und sind vermutlich aus dem Schamanismus entlehnt, in dem die Verbindung mit Hilfsgeistern, die auch tierischer Natur sein konnten, während ekstatischer Tänze eine große Rolle spielte. Im *ZHUANG ZI* (Kap. 15) werden Bär- und Vogelübungen erwähnt, die Funde von *Mawangdui* (168 v. Chr.) zeigen auch Tierübungen, und bei *HUAI NANZI* werden Enten-, Affen-, Eulen- und Tigerübungen erwähnt[326]. Diese Tierübungen wurden im Spiel der Fünf Tiere von dem berühmten Arzt *HUA Tuo* systematisiert. Gemäß der offiziellen Biographie in den Erzählungen der Drei Reiche (*Sanguo zhi*) erklärt *HUA Tuo* seinem Schüler[327]: "I myself have developed a series of exercises which I name the Five Animal Pattern. The five animals are the tiger, the deer, the bear, the monkey, and the bird. The practice of the patterns aids the elimination of diseases and increases the functioning of the lesser members. Whenever a disorder is felt in the body one of the Animals should be practiced until one perspires freely. When perspiration is very strong, one should cover the affected parts of the body with dust. In due course one will find the body lighter, more comfortable and a healthy appetite will return. (*Sanguo zhi* 29.2a)" In der VR China haben sich u.a. *LIANG Shifeng*, *HU Yaozhen* und *JIAO Guorui* mit dem Spiel der Fünf Tiere auseinandergesetzt. Während *HU Yaozhen* Übungen in Stille dem Spiel der Fünf Tiere vorgeschaltet sehen möchte und einen ergänzenden Charakter wahrnimmt, so fordert *JIAO Guorui*, daß man in Geist und Charakter unter Zuhilfenahme von Zoobesuchen vollständig ein Tier werden solle[328]. Weiter führt *JIAO Guorui*[329] in seinen theoretischen Erklärungen dazu die Fünf Elementhaften Wandlungsphasen auf. Hier nennt er in Bezug zueinander (vgl. Kap. 2.1) die

„5 Wandlungsphasen: - Holz - Feuer - Erde - Metall - Wasser -
5 Zang-Funktionskreise: - Leber - Herz - Milz - Lunge - Niere -
5 Strukturen: - Sehnen - Leitbahnen und Gefäße - Muskeln und gestaltendes Gewebe - Qi - Knochen -
5 Modi geistiger Aktivität: - *hun* - *shen* - *yi* - *po* - *zhi** -
5 Tiere: - Hirsch - Affe - Bär - Kranich - Tiger -
5 Übungsschwerpunkte: - Sehnen - Geist - Muskeln - Qi - Knochen -
5 Laute: - *ming* Röhren - *ti* Kreischen - *heng* Brummen - *li* Schreien - *xiao* Brüllen -"

neben weiteren Zuordnungen zur Handhaltung, Handkraft und Komplementarität. Die Fußnote zum *zhi** gibt an: „Die unterschiedlichen Modi geistiger Aktivität werden in den 5 Zang-Funktionskreisen gespeichert. Hierzu heißt es im Kapitel ‚*Benshen*' des ‚*Lingshu jing*': Was zusammen mit dem Geist (*shen*) kommt und geht, wird *Hun* genannt (...). Die Leber ist der Speicher des Blutes; das Blut behaust *Hun*. Ein Mangelzustand des Leber-Qi führt zu Gefühlen der Angst, Fülle ruft Zorn hervor."

Statt „Modi geistiger Aktivität" trifft „psychophysiologische Zustände" die Bedeutung dieser Reihe, da *hun*, die Hauchseele oder spirituelle Seele mit ihren drei Erscheinungsformen[330] und *po*, die Körperseele oder animalische Seele mit ihren sieben Erscheinungsformen, ebenso wie *jing*, die feinenergetische Essenz, nichts mit geistiger Aktivität zu tun haben, wie dies bei *zhi* (dem Willen) und beim *si* (dem Denken) der Fall ist. *Yi* (die Aufmerksamkeit) einzusetzen ist eine persönliche, nicht gekennzeichnete Interpretation von *JIAO Guorui*, ebenso wie seine Änderung der Reihenfolge, die traditionellerweise heißt: - *hun* - *shen* - *zhi* - *po* - *jing/si* - . Deutlich ist auch, daß die spirituellen Be-

326.MIURA, K., in: KOHN, L. (Ed.), 1989, S. 353ff.
327.DESPEUX, C., in: KOHN, L. (Ed.), 1989, S. 242
328.MIURA, K., in: KOHN, L. (Ed.), 1989, S. 354f.
329.*JIAO Guorui*, 1994. S. 19
330.*Taishang chu sanshi jiuchong baosheng jing*. 3ab (DZ 871, fasc. 580). Zit. n. KOHN, L.: Taoist Insight Meditation. In: KOHN, L. (Ed.), 1989, S. 204

griffe nirgendwo erklärt werden und auch der Begriff „Seele" nicht benutzt wird. Stattdessen schwenkt das erläuternde Zitat in der Fußnote auf zwei der fünf emotionellen Zustandsformen über, die dafür ansonsten nicht weiter genannt werden (vgl. Kap. 2.1). Was die Zuordnung der Fünf Tiere angeht, so ist sie bei *JIANG Hongjing* ((76) S. 93) gleich, jedoch findet sich bei *LIANG Shifeng* ((104) S. 31) die Reihenfolge: - Hirsch -Vogel - Affe - Tiger - Bär -. In der Zuordnung der Strukturen findet sich üblicherweise anstelle des *qi* die Haut mit den Körperhaaren.

Insgesamt ist klar zu sehen, daß der Versuch der Verwissenschaftlichung nicht systematisch durchgehalten wird und außerdem die Traditionen nicht korrekt wiedergegeben werden – weder die, wie sie heute allgemeiner anerkannt sind, noch die einer spezifisch zu nennenden Epoche. Dabei wird das Thema Seele und Spiritualität verfälschend umgangen, wie es dem Kontext der marxistischen Ideologie entspricht.

In dem obigen Kapitel zeigt sich, daß außer dem erklärten geschichtlichen Bezug von den *zifa wuqinxi donggong* und dem *chanmigong* nur der *Emei-qigong* eine verfolgbare Traditionslinie aufweist. Die übrigen zehn vorgestellten *qigong*-Stile sind Neuschöpfungen im Sinne von Modernisierungen nach neuen Erkenntnissen durch die Gründer. Für detailiertere Aussagen wäre hier jedoch ein theoretisches und praktisches Studium aller Übungsteile nötig.

6.2 Zu den Übungen in Stille[331]

„Die ÜS sind gegenüber den ÜB ein weiterer großer Zweig. Für ihre Übungszeit läßt sich kein festgelegter Körperhaltungsstil aufrechterhalten, jedoch gibt es für den Körper und die vier Gliedmaßen keine Bewegungsübungen. ÜS sind jedoch das Gegenteil von Stille, sie sind nicht unbedingt still.

Die Altvorderen sagen: Derjenige, der still ist, macht Bewegungen in der Stille, es gibt nichts, was er nicht bewegt.

Auch sagen sie: Stille beinhaltet gleichzeitig Bewegung.

Allgemein kann man sagen: Übungen in Stille sind äußerliche Stille bei innerer Bewegung. Die Ruhe der äußeren Gestalt von Gliedmaßen und Körper zeigt keine Bewegung. Aber die innere Gedankenkraft, die Aktivität des *neiqi*, alles ist in einer Bewegung, die eine bestimmte Richtung hat. Deshalb sind die ÜS auch eine Methode der ‚Stille inmitten der Bewegung'. Ihre grundlegendste Form ist, sich ganz auf die Regulierung des Atems zu konzentrieren. Auf die Aktivität der Vorstellungskraft (*yinian*) und die Aktivität der Atmung (*huxi*) bauend, wird das wahre *qi* (*zhenqi*) herangebildet, den Kreislauf von *qi* und *xue* vorantreibend, wobei das Meridiansystem (*jingluo*) durchgängig gemacht und aktiviert wird.

Gewöhnlich zeigt die Übungsmethode der ÜS eine verhältnismäßig klar erkennbare Tendenz zu einer Schulrichtung. Die Zusammenstellung in diesem Buch strebt mit allen Kräften danach, die komplizierten Beziehungen innerhalb der ÜS in eine grobe Ordnung zu bringen, die einige Aspekte der Fähigkeit der gegenwärtigen, in unserem Land weit verbreiteten ÜS widerspiegeln. Wenn man also vom Ursprung der Stilrichtungen spricht, so stehen die gegenwärtig populären Übungsmethoden größtenteils bezüglich konfuzianischer Schule, Buddhismus, Daoismus, Medizin usw. mit jeder Schule in einer Beziehung.

Die *zhoutiangong*-Stile sind größtenteils daoistischer Herkunft und man findet, wenn man [weiter] eindringt, [trotzdem] nicht wenig medizinische Prinzipien .

Zangmi ist ein wichtiger Zweig des [tibetisch-] buddhistischen *qìgong* und hat besonders hervorstechende, geheimnisvolle Eigenschaften [s. (279)].

331. (25) S. 152-153

Dieses Buch ordnet so, daß es für einen bestimmten Zweck eine Kunst-Schule gibt, die man klassifizieren kann. ‚Kunst-Schule' (*shushi*) bedeutet auch eine Methode. Von dem, was früher ‚Meister der Kunst' oder ‚Geomant' (*fangshi*) oder ‚Divinationskunst' (*shùshu*) genannt wurde, gibt es auch versteckte Beziehungen zum *qigong*, wobei die Beurteilungen nicht einheitlich sind.

Hier bezeichnen wir ‚Kunstfähigkeit' (*shuneng*) als eine (bestimmte) Richtungsart, um deutlich zu machen, daß es eine Art davon gibt, die durch Üben der Situation des *qigong*-Zustandes auftritt. Wenn man in diesen *qigong*-Zustand (*gongnengtai*[332]) tief eingedrungen ist, treten Methoden zum Diagnostizieren und Erforschen von Krankheiten auf und werden angewandt, die Ähnlichkeiten mit parapsychologischen Fähigkeiten haben. Natürlich können beim Üben zahlreicher Methoden parapsychologische Fähigkeiten auftreten. Die hier von uns aufgezeigte Krankheitsdiagnosekunst aus dem *YAN Xin - qigong* kann zeigen, wie konkret die Kunst der Krankheitserforschung angewandt wird.

Innerhalb des ‚*Lingbao*, der Kunst der Inneren Übungen (*neigong*) zur Fähigkeit des durchdringenden Wissens', von Herrn *WANG Liping* [(194,195)] gehören diese Übungen der Fähigkeit des Wissens (*zhinenggong*) und die Übungen des Ausgleichens (*pinghenggong*) zu den grundlegenden Übungen für die durch technisches Üben erreichten Fähigkeiten.

Das Regulieren/Ausrichten von Körper (*tiaoshen*), Geistesaufmerksamkeit (*tiaoxin*) und Atmung (*tiaoxi*) sind beim Formen der ÜS die drei wichtigsten Faktoren. Bei der Übungsmethode/-weise (*lienfa*) wird auf das Ausrichten des Körpers Gewicht gelegt, wie z.B. bei den Arten der Standübungen; es wird auf *tuna* (das Auswerfen des Alten und das Aufnehmen des Neuen) Wert gelegt, wie z.B. bei dem *yang qigong* (nährenden *qigong*), dem *sansanjiu cheng yuan gong* (3x3=9.Stufe der Übungen zum Ursprung) u.a.

Wenn man dann von der Funktion des *qigong* ausgeht, hat *tuna* zu den medizinisch therapeutisch vorsorgenden Übungen eine noch engere Beziehung; es wird der Schwerpunkt auf die Handhabung der Geistesaufmerksamkeit wie beim *zhoutiangong* gelegt. Unterschiede bezüglich Verständnis und Handhabung von Körperhaltung, Geistesaufmerksamkeit (*yinian*) und Atmung ließen unterschiedliche Stilrichtungen entstehen, z.B. das (läuternde) Praktizieren des *cunsi*[333] (Bewahren der Gedanken) [s. Kap.5.7] im Daoismus und das Gewahrwerden der Leere[334] in fester Versenkung im Buddhismus sind alles Übungsmethoden, die dem Trainieren der Stärkung und der Regulierung der Geistesaufmerksamkeit (*yinian*) den Vorrang geben. Obwohl die Wege gänzlich verschieden sind, kann mit allen zur Stille gelangt und in den *qigong*-Zustand (*qigongtai*) eingetreten werden. Damit kann man das jeweilige System jeder Stilrichtung darstellen."

In diesem Kapitelvorspann wird deutlich gemacht, daß es von den ÜS zahlreiche Querverbindungen gibt, die die historische und philosophische bzw. religiöse Ableitung betreffen, aber eben auch die damit verbundenen jeweiligen spirituellen Ziele, die allerdings nur selten detailliertere Erläuterungen finden. Andererseits finden sich Erklärungen bezüglich der Funktionen der ÜS mit Zusammenhängen zur medizinischen Therapie, wobei die *waiqi*-Therapie bzw. parapsychologische Zusammenhänge eine wichtige Rolle spielen.

Es entsteht jedoch der Eindruck, als ob die Erwähnung der einzelnen Übungsformen und geschichtlichen Beziehungen unzusammenhängend und ohne einen genaueren kulturgeschichtlichen Hintergrund gesehen werden. Hilfreich wäre es an dieser Stelle, übergreifend auf die historischen Wurzeln einzugehen. Für den daoistischen Bereich ist es wichtig festzustellen, daß viele Techniken zur Gesundheitspflege und Langlebigkeitspraktiken[335] unter Einbezug von Atmung, Gymnastik und Sexualpraktiken, die dem

---

332.Unter dem *qigongtai* oder auch *gongnengtai* versteht man, daß man nach entsprechender konditionierender Übung rascher in einen Veränderten Wachbewußtseinszustand (VWB) [engl.: Altered State of Consciousness, (ASC)] oder Außergewöhnlichen Bewußtseinszustand (ABZ) kommt.

333.Es geht um das Sammeln und (Auf)bewahren der Gedanken im Gegensatz zum Zerstreuen oder Verlorengehen. Vgl. die Jadeinschrift.

334.Dies entspricht dem jap. satori.

Daoismus zugeschrieben werden, schon vor ihm und auch parallel zu seinen Strömungen innerhalb von volksreligiösen Vorstellungen existierten. Im Daoismus[336] kann man den philosophischen Daoismus aus der Zeit des *LAO ZI* und *ZHUANG ZI* von der Tradition der *fangshi* oder auch *daoren* bzw. *daoshi*, den „Männern der Techniken", unterscheiden. Diese waren Außenseiter im Verhältnis zur offiziellen Lehre des KONFUZIUS, die sich der Astrologie, Geomantik, Wahrsagekunst, Magie und Medizin widmeten, einschließlich den Methoden zur Erlangung der Langlebigkeit und den ekstatischen Flügen. Die erste strukturierte daoistische Bewegung war die der Himmelsmeister und besteht bis in die Gegenwart fort. *GE Hong* (ca. 280-ca. 340) und seine Tradition knüpfte an das Milieu der Unsterblichkeitssucher der *Han*-Zeit an. *GE Hong*s Werk *BAOPU ZI* (Buch des Meisters der die Einfachheit umarmt) war wegweisend in seiner Betonung von Techniken zur Langlebigkeit. Die *Shangqing*-Schule, die im 4. Jh.n.Chr. Gestalt annahm, erlebte ihre Glanzzeit mit verfeinerten visualisierenden Körpermeditationstechniken während der *Tang*-Zeit. Das *lingbao*-Schrifttum, das wenig später in Erscheinung trat – ursprünglich bezeichnete dieser Ausdruck eine von der Gottheit besessene Priesterin[337] und wurde im allgemeinen als „heiliges Juwel"[338] übersetzt –, hat die Rituale der Himmelsmeister weiter ausgearbeitet und in Anlehnung an den Buddhismus den Heilsbegriff erweitert, so daß er sich auf alle Wesen erstreckte. In der *Song*-Zeit wurden die *lingbao*-Schriften weiter ausgebaut.

Eine fragmentarische Wiedergabe der *Lingbao bifa* des 11. Jahrhunderts findet sich in (277) und eine Teilausgabe in (229). Die Blütezeit der „Inneren Alchemie"[339] in der *Song*- und *Yuan*-Zeit (960-1368 n.Chr.) bringt in ihren *neidan*-Texten u.a. eine Tendenz zur Einbeziehung unterschiedlicher daoistischer Strömungen mit Atemübungen, Visualisationen und innerer Alchemie, teils mit chemischen Manipulationen[340]. Die Daoisten selber sprechen jedoch statt von *neidan* (dem inneren Zinnober) der inneren Alchemie, eher von *jindan* (dem goldenen Zinnober). Werke dazu aus den verschiedenen Epochen von *ZI Yangzhen*, *XIAO Tingzhi*, *CHEN Zhixu*, *JI Yangzi*, *WU Zhongxu* (auch in (212)), *SUN Ruzhong* (auch in (172)) und *SHEN Taixu* – sowie zu dem frauenspezifischen Thema des

335.Aufgrund seiner Relevanz soll hier an das auf *ZHUANG Zi* zurückgehende Konzept der *qi*-Dynamik erinnert werden, wobei jedes Ding einen Aspekt und einen Zustand von mehr oder weniger kondensiertem *qi* darstellt. Im kondensierten Zustand bedeutet es Leben und aufgelöst wird es zu undefinierter Potentialität. Gemäß den *Chu ci,* den Elegien aus dem Königreich *Chu* aus dem 4.-2. Jh. v.Chr., wie auch nach konfuzianischen Klassikern besitzt der Mensch zwei Seelen. Trennen sie sich für immer, bedeutet dies den Tod. Die Hauchseele *hun* strebt, dem *yang* zugeordnet, zum Himmel und die Körperseele *po*, dem *yin* zugeordnet, zur Erde. Auch diese beiden dynamischen Prinzipien müssen im Körper harmonisiert werden, wie auch die Gemütsbewegungen, Organe usw. (s. Kap. 1) z.B. im Rahmen von *qigong*-Übungen, oder Diätetik, Akupunktur usw.

336.ROBINET, I., 1995. S. 43 ff

337.ROBINET, I., 1995, S. 60

338.ROBINET, I., 1995, S. 215

339.Zitiert nach SIVIN, N., 1988, definiert H.J. SHEPPARD ("Chinese and Western Alchemy: The Link through Definition." Proceedings, 16th International Congress of the History of Science, Bucharest, August, Part C, pp. 181-88, 1981, S. 188): "Alchemy is the art of liberating parts of the Cosmos from temporal existence and achieving perfection which, for metals is gold, and for man, longevity, then immortality and, finally, redemption."

340.„Der die Bildung des natürlichen Zinnobers bestimmende Prozeß der spontanen Umwandlung des mit dem Blei vereinten „flüssigen Quecksilbers" zur Erzeugung des Zinnobers dauert 4320 Jahre, läßt sich freilich im Maßstab der Alchemie auf die Dauer eines Jahres verkürzen. Auch der alchemistische Ofen stellt eine Reduktion, eine Miniaturwelt dar," ROBINET, I., 1995, S. 154

letzten Autors auch 1989 in (191) – erschienen 1988 in einem Sammelband (231). Die *Jinxian zhenglun* (Wahre Abhandlung über die goldenen Unsterblichen) von *LIU Huayang* (212, 230) zeigt deren Praktiken im 18. Jahrhundert. *LIU Huayang* schrieb auch das 1794 erschienene *Huiming jing* (in: (212)) (Klassiker des Lebens in Weisheit) das zusammen mit dem *Taiyi jinhua zongzhi* (Umfassende Instruktionen betreffend die goldenen Blüte des großen Einen) in dem Buch von Richard WILHELM und C.G. JUNG[341] enthalten ist. Auch die innere Alchemie besteht bis heute fort.

Viele der Praktiken des *yangsheng* (der Kunst die „Lebenskraft zu nähren") und der Praktiken des *qi* und des *jing*[342] sind nicht speziell daoistisch, sondern auch Heilkundigen und Buddhisten bekannt und wurden früh säkularisiert. „Eine wirklich taoistische Färbung und Dimension erhalten diese Übungen dann, wenn bei ihnen das Ursprungs-Qi und gewisse, in besonderer Weise mit einer Bedeutung versehene Bereiche des Körpers, beispielsweise die *dantian*, Zinnoberfelder[343], eine Rolle spielen. Dann erst betreten wir tatsächlich den Bereich der taoistischen Praktiken, die darin bestehen, die Vorstellung von der Welt und somit des Körpers in bezug auf eine sie zentrierende und erhöhende Transzendenz zu gestalten. Seitdem findet somit das Ursprungs-Qi besondere Berücksichtigung, das durch den gesamten Körper und die ganze Welt zirkulieren muß, insofern als ja der Körper in Beziehung zum Universum gesetzt wird."[344]

Soweit zu einer kurzen Erklärung der in der obigen Kapiteleinleitung erwähnten Fachausdrücke, die teils zur Volksreligion und teils zum Daoismus gehören.

Die Übungen in Stille werden in diesem zentralen Kapitel in sieben große Untergruppen aufgeteilt:

A) *zonghe lei* (synthetische Stile)
B) *daojia gongfa lei* (daoistische Übungsstile)
C) *zhoutian gong lei* (Übungsstile mit dem kleinen oder großen Kreislauf)
D) *fojia gongfa lei* (buddhistische Übungsstile)
E) *shuneng lei* (Übungen zur Steigerung von Fähigkeiten)
F) *tuna lei* (Übungen um Altes auszuwerfen und Neues aufzunehmen)
G) *zhanzhuang lei* (Standübungen)

Unter A) werden acht Stile zu den ÜS vorgestellt. Der erste ist die von *MAO* erwähnte *Yin Shizi jingzuofa* [Methode des (meditativ) stillen Sitzens gemäß *YIN Shizi*], die stärker buddhistisch beeinflußt ist. Der Verfasser *JIANG Weiqiao* wurde 1873 geboren, war ein kränkliches Kind, das später Lungentuberkulose mit Bluthusten bekam und sich mit dieser meditativen Methode selbst heilte. Als Gelehrter veröffentlichte er Arbeiten über chinesische Philosophie und Buddhismus, wobei er die Methoden der buddhistischen *Tiantai*-Meditation in seinen Stil integrierte[345]. Seine Erfahrungen beschrieb er in dem 1914

341.SAKADE, Yoshinobu, in: KOHN, L. (Ed.), 1989, S. 29
342.ROBINET, I., 1995, S. 136 f und 157 ff
343.Es gibt im Menschen drei *dantian*, Zinnoberfelder. Das untere befindet sich handbreit unterhalb des Nabels, für Frauen wird es nach manchen Quellen auch im Nabelbereich angegeben. Das mittlere *dantian* befindet sich in der Höhe zwischen den (männlichen) Brustwarzen und das obere entspricht dem dritten Auge in der Stirn bzw. auch dem Kronenchakra, wobei auch die anderen beiden in der indischen Medizin bekannte Energiezentren/Chakren sind.
344.ROBINET, I., 1995, S. 159 f

erschienenen Buch gleichen Titels. Der zweite Stil sind die *neiyanggong* (innerlich ernährenden Übungen) vom Ende der *Ming*- Anfang der *Qing*-Zeit aus der Provinz *Hebei*. Er wurde ebenso wie der dritte Stil *qiangzhuanggong* (die stärkenden Übungen) von *LIU Guizhen* (115) vorgestellt und in *Beidaihe* von ihm und seinen Nachfolgern eingesetzt. Als viertes wird die *tunyue song jing fa* (Methode in Ruhe und Entspannung den Mond zu schlucken) von ihrem Gründer *YU Peilin* beschrieben. *HU Bin* (165-6) stellt das *song jing qigong* (*qigong* der Stille und Entspannung) vor und *LIN Hai* (106-7), der ehemalige Vorsitzende des *Shanghai qigong* Forschungsinstituts, geht ausführlich auf die *jing yang xing qi liubu gong* (die sechsstufigen Übungen um das *qi* zur Ruhe, zum Ernähren und in Bewegung zu bringen) ein. Die *fangsong gong* (entspannenden Übungen) von *MA Jiren* (125) und die deutliche Darstellung des *xiantian yi yuanqi gong* (*qigong* des vorgeburtlichen einen Ur-*qi*) von *CHEN Yanfeng* (18) bilden die letzten beiden Übungsstile.

Unter B) werden als daoistische Richtungen nur drei verzeichnet. *ZHUANG ZI tingxifa* (die Methode auf die Atmung zu hören wie *ZHUANG ZI*) wurde von *CHEN Yingning* weiterentwickelt. *Quan zhen gong chuxue xiuchi gangyao* (der Abriß um sich den Anfangsgründen der vollständigen, wahren Übungen zu widmen) wurde von dem über 70 Jahre alten *ZHAO Guang* vorgestellt, der sich in Peking innerhalb der TCM- Forschung mit *qigong* und *anmo* (Massage) beschäftigt hat. Wenn die Autoren älter sind, wird dies häufig angegeben und soll die Erfahrung und Ehrwürdigkeit unterstreichen. *QIU Ling* (156-7), ein bekannter Chefredakteur, hat sich in der TCM besonders für daoistisches *qigong* interessiert. Während es für Männer sehr viele Arten gebe, sollen laut *CHEN Yingning* seit der Antike für Frauen nur gut 20 Übungsstile entwickelt worden sein. Darüber forschte er und stellt die *longmen*[346] *nü gong* (Drachentor-Übungen für Frauen) vor. Der Daoist *CHEN Yingning* kommt auch in Thomas CLEARY's „Das Tao der weisen Frauen" in seinen Kommentaren zur Daoistin *SUN Buer*[347] aus dem 12. Jahrhundert zu Wort.

Unter C), den Stilen, die sich mit dem Kreisen des *qi* beschäftigen, werden fünf aufgezählt. Der erste ist die *zhenqi yunxingfa* (die Methode das wahre *qi* zu bewegen) von *LI Shaobo* (94), der jahrzehntelange Erfahrung am TCM-Institut der Provinz *Gansu* sammelte. Danach berichtet der TCM-Arzt *MEI Ziqiang* über *guqin zhaofeng yu qiaozhu huangui* (die Methoden ein Saiteninstrument spielen und den Wind fangen, den Bambus schlagen und nach der Schildkröte rufen) von seinem Meister *ZHANG Zhiyang*, mit dem Versuch, diese Methoden reduktionistisch rein naturwissenschaftlich zu erklären. *PENG Jingshan*, ein Akupunkturprofessor vom TCM-Institut in *Liaoning*, schrieb über die *qijing bamai huxifa* (Atemmethode der acht außergewöhnlichen Meridiane), der aber ein Üben des kleinen Kreislaufs mit dem „Üben von *jing* (Essenz) um sie in *qi* zu verwan-

345.MIURA, K., in: KOHN, L. (Ed.), 1989, S. 333

346.Die daoistische *Quanzhen*-Schule wurde als die nördliche und eigentliche *Quanzhen*-Schule von *WANG Chongyang* (1113-1170) gegründet und hat heute noch ihren Sitz in dem Haupttempel *Baiyun guan* (Kloster der weißen Wolke) in Peking. Neben ihr gibt es die südliche Schule, die als ihren Ahnherrn *ZHANG Boduan* mit seinem Hauptwerk *wuzhen pian* (252), Buch des Erwachens zur Wahrheit, sieht. Unter der *Qing*-Dynastie wurde die *Quanzhen*-Schule durch die aus ihr hervorgegangene *Longmen*-Strömung verdrängt, die sich auf *QIU Chuji* (1148-1227) berief. Sie führt heute noch die alchemistische Tradition des *neidan* fort. S. auch ROBINET, I., 1995, S. 314 f. und ROBINET I., in: KOHN, L. (Ed.), 1989, S. 306

347.S. auch in: ENDRES, Günther (Hrsg.), 1985, S. 63 ff.

deln“ vorangehen müsse. Erst dann könne man diese zur Gattung der Übungen des großen Kreislaufs gehörige Methode praktizieren, die dazu diene, „mit dem Üben von *qi* dessen Verwandlung in *shen* (Geist)“ zu erlangen. *LIU Liguang* beschrieb die *sui hua qi gongfa* (Übungsmethode der *qi*-Verwandlung zu folgen), die nach dem kleinen und dem großen Kreislauf kommt, um nach den beiden oben aufgeführten Schritten „*shen* (den Geist) zu üben und zur Leere zurückzufinden“. Die *bagua shi neiyanggong* (innerlich ernährenden Übungen der acht Trigramme) werden von *CHEN Rulü* in ihrer Abstammung von den Kampfkünsten erklärt.

Unter D) sind vier buddhistische Übungsstile verzeichnet. Die *jie jia die zuo qigong fa* [Methode der *qigong*-Übungen im Schneidersitz (im Buddha-Sitz)] von *LIU Peifan* ist eine traditionelle buddhistische Methode zum „Freiwerden von Begierde“ (*liyu*). Die *fojia xing gong ergen yuantong* (Anpassung der Gehörbasis mit buddhistischen Essenz-Übungen) stammt von *PANG Zhuru*. „Seine wahren Ergebnisse sind das Hineingehen an die Grenzen des Fixierens (*jinru dingjing*). Durch Festigen der Grenzen (wird die Überschreitung der Grenzen der Gedanken möglich, was im Sanskrit ‚samadhi‘ bedeutet, und es) entstehen dann (durch Sammlung) Weisheit (*guding*[348] *fahui*) und versteckte Fähigkeiten (*youfa qianneng*).“ Man kann die Grenze des Hörbereichs erweitern, versteckte Fähigkeiten induzieren sowie Weisheit und parapsychologische Fähigkeiten entstehen lassen. Als dritte Methode beschreibt *GUI Ming* die *da shou yin* (tibet. rgya chen po, sanskrit: mahamudra-) (Übung des großen Symbols mit der Hand), eine sehr wichtige tibetisch-buddhistische *zangmi qigong* -Methode. Der vierte Artikel ist von *LIU Zhaoqi* zum Thema „*Dayuan manjingyao*“ *yu baopingqi helian gongfa* [„Die Essenz der großen Vollendung“ (tibet. rdzogs(pa)chen(po), aus der rNyin-pa-Schule) und die Übungsmethode vereint mit dem *qi* des kostbaren Gefäßes (= dem menschlichen Körper) (tibet. bum-pa, sanskrit kundika/ kalasa, entsprechend der 1. Stufe der tantrischen Einweihung)][349].

Unter E) werden drei Übungen zur Steigerung von Fähigkeiten aufgeführt. *YAN Xin* (235) schreibt über die *kaizhi gong* (Übungen zur öffnung der Intelligenz) sowie über die *qigong zhenbingshu ji qi yiyi* (Kunst mit *qigong* Krankheiten zu diagnostizieren und dessen Bedeutung). *WANG Liping* (194-5) berichtet über sein *lingbao tong zhi neng neigongshu (lingbao*, die Kunst der Inneren Übungen zur Fähigkeit des durchdringenden Wissens), mit drei Übungsarten und neun Methoden, die Krankheitsdiagnose und -heilung einschließen.

Unter F) finden sich vier *tuna*-Übungen. Die erste ist von *MA Litang* (126-131) über seinen *yang qigong* (ernährenden *qigong*) unter Betonung der *liuzijue* (sechs Lautzeichenübungen) (s. Kap. 7.3.1). Die ältesten Quellen zu diesen finden sich im *Daode jing* (Kap. 29): “Some breathe *xu* and some breathe *chui*” und im *ZHUANG ZI* (Kap. 15): “*Chui, ju, hu, xi*, that's how we spit out the old and draw in the new”[350]. Die *sansanjiu sheng*

348.*Guding*, im Sinne von meditativer Stabilisierung; sanskrit samadhi, tibet. ting nge 'dzin
349.Lt. pers. Information von Stephan PÁLOS, dem ich hier für seine freundschaftlichen, sanskritologisch-tibetologisch-sinologischen Hilfestellungen danken möchte.
350.MIURA, K., in: KOHN, L. (Ed.), 1989, S. 356

yuan gong (3x3 = 9. Stufe der Übungen zum Ursprung) wird von *QU Chengchun* dargestellt. *QIAN Jin* beschreibt die von seinem Lehrer aus *Tianjin* stammenden *tanhuo gong* (Holzkohlenfeuer-Übungen). Mittels seinem *he qigong* (Schrei-*qigong*) heilte *WANG Mengsong* seine eigene Lungentuberkulose in den 50er Jahren unter Anleitung seines Vaters.

Unter G), den Standübungen, werden fünf verzeichnet. *WANG Xiangzhai* (202) schreibt über die *zhanzhuang gong* (Standübungen), die zehn Übungspositionen beinhalten, die auch *yiquan yang-sheng zhuang* (Standübungen zum Nähren der Lebenskraft mittels Faust und Vorstellungskraft) genannt werden. Weiter stellte *QIN Zhongsan* (154) seine *san yuan shi zhanzhuang gong* (Standübungen der drei Kreisformen) vor, die sich auf Füße, Oberarme und Hände beziehen, und *CAI Songfang* skizzierte den *wuji shi qigong*, der sich als ein Bestandteil des *Yang*-Stil *taiji quan* sieht und in seiner Erklärung auf den Gegenpol von *taiji*, dem Äußersten und Allumfassenden, nämlich auf *wuji*, das Nichtsumfassende und Apolare, beruft. Die von *Fudan*-Universitätsprofessoren aus *Shanghai* vorgestellte *baihe liang chi zhanzhuangfa* (Standmethode des weißen Kranichs mit kühlen Flügeln) entstammt ebenfalls dem *taiji quan*. Die *tong zhong gong* (Kupferglocke-Übungen) (auch *kongjin* genannt, die aber nicht mit dem *kongjin qigong* des *HUANG Renzhong* zu verwechseln sind) stammen von dem Autoren *MA Youzhong* (133), einem Arzt im Sanatorium in *Wenzhou*.

6.3 Zu den Kernmethoden (xinfa[351]) in den ÜS[352]

„Man sagt: Das Trainieren der Übungen (*liangong*) bedeutet, sich vollständig auf die Geistesaufmerksamkeit (*xinyi*) einzulassen. Auch wird gesagt: Was die Übungsmethode betrifft, so wird sie wie folgt klassifiziert: ‚*gong*' ist das Übungsgerüst (Haltung und Bewegung), und ‚*fa*' bedeutet die Methode des Geistes (Aufmerksamkeit) (*xin*), die Methode (*fangfa*), nach der man bei der Übung vorgeht.

Der [folgende bekannte] Lehrsatz hinterläßt etwas den Geschmack, am Buchstaben zu kleben, aber [es ist dennoch so, daß] jede vollständige *qigong*-Methode bezüglich der praktischen Seite inhaltlich das Regulieren von Geistesaufmerksamkeit (*tiaoxin*), von Körper (*tiaoshen*) und Atmung (*tiaoxi*) umfaßt, welche oft die drei wichtigen Faktoren des *qigong* genannt werden.

Dennoch hat jeder *qigong*-Stil und jede *qigong*-Übungsreihe ihr eigenes Schwergewicht und ihre Eigenart bezüglich der Methode. Dies ist schon die Eigenheit einer Übungsmethode und auch die Art des Einstiegs in die Übungen. Man kann dies als die zentrale Methode (*xinfa*) des *qigong* bezeichnen.

Dieses Kapitel hat acht Artikel aufgenommen, deren Autoren alle schon sehr lange die Übungen praktizieren. Es sind Gelehrte, die tief in die Materie eingedrungen sind. Den wichtigsten Inhalt stellen die Schilderung der Arbeit der Geistesaufmerksamkeit (*yinian huodong*) und der Methode, wie man die Atmung ausrichtet, dar. Der inhaltliche Kern ist, wie man die Fähigkeit in die Stille einzutreten übt und wie man *qi* erlangen kann. Das macht den Unterschied zwischen *qigong* trainieren und anderen Bewegungen aus. *Xing ming shuangshou* (das Bewahren von *xing* und *ming*)[353] ist ein ziemlich hoher Stand des Praktizierens des *neigong*. Herr *LIN Hai* hat es aus der praktischen Erfahrung mehrerer Jahrzehnte erreicht, Bewegung und Stille gleichzeitig bestehen zu las-

351.*Xinfa* wird im folgenden Text in unterschiedlicher Bedeutung verwandt. Meist wird es umgangssprachlich als „zentrale" oder „Kernmethode" verstanden. Manchmal heißt es aber auch Methode des „Herzen", im Sinne von „freischwebender geistiger Aufmerksamkeit". Die Bedeutung, die *xin* unter den *Jixia*-Gelehrten aus der Zeit der Kämpfenden Reiche hatte, findet sich hier nur noch in deutlich reduzierter Form. Die „Eigenherzkultivierung" bezieht sich kaum mehr auf Moral oder das Erkennen im Denkprozeß.

352.(25) S. 330-331

353. Die Erklärung dieser beiden Begriffe erfolgt Seite 164f. weiter.

sen [(106), (107)]. Grundsätzlich gilt, daß das Praktizieren der ÜS ein Weg zum *xing ming shuangshou* ist. [Das] hat eine ziemlich hohe Bedeutung in der Kunst des Lernens.

Welcher Art muß die Übungsmethode sein, um nach dem großen Himmelskreislauf (*da zhoutian*) noch tiefer einzudringen, und wie ist die Methode [beschaffen], um es zu praktizieren?

Die Methode von *LIU Liguang*, das *qi* punkt- und linienförmig über Gesicht und Körper zu lenken, ist aus einem neuen Gesichtspunkt heraus entstanden, indem er nämlich die moderne Medizin mit der eigenen jahrelangen Übungspraxis verband.

Der danach veröffentlichte Artikel [von *PANG Zhuru*] betrifft eine Kernmethode des *qigong*, die ziemlich viel Aufmerksamkeit von der *qigong*-Welt empfing. Der Leser kann die *guzhong xingqifa* (Methode das *qi* in den Knochen zu bewegen) dieses Autors (s. Kap. 6.2[354]) damit verbinden und zusammen studieren.

Steigen und Sinken, öffnen und Zusammenschließen (*sheng jiang kai he*) ist die hochgradig zusammengefaßte Form, die Bewegung (*huodong*) des *qi* zu schildern. Geistesaufmerksamkeit (*yi*) und *qi* folgen einander, sie sind aufs engste miteinander verknüpft.

Aufgrund der eigenen Übungspraxis stellte der alte Herr *PANG* vor, wie innerhalb des Übens bewirkt wird, daß die Bewegung der Geistesaufmerksamkeit (*yinian huodong*) einen richtungsweisenden Charakter [erhält]. In der Tat ist es so, daß man bewirkt, daß die Bewegung des *qi* eine Reihenfolge beim Verändern hat, und dies ist eine Methode (*fangfa*), schnell in den *qigong*-Zustand (*qigongtai*) einzutreten.

Das daoistische *qigong* ist ein wichtiger Richtungszweig des chinesischen *qigong*. Seine Ausformung (*xingcheng*) hat wichtige Bezüge zu den Gedanken und der Philosophie von *LAO ZI* und *ZHUANG ZI*. Hinsichtlich der Methode hat sie auch ihre ganz besondere Prägung, hervorgehoben werden muß das Regulieren der Geistesaufmerksamkeit (*tiaoyi*) als markanter Punkt.

Das Bewahren der Gedanken (*cunsi*) [s. Kap. 5.7], ein Ausdruck, der in sich einige Arten von Methoden des Gedankenbewahrens beinhaltet, ist eine relativ häufig gesehene *qigong*-Methode zum Ausrichten des Geistes. Zusätzlich kann man innerhalb der offensichtlich in der Gesellschaft am meisten verbreiteten *qigong*-Methoden auch etwas undeutlich diese Methode wiedererkennen.

Die Regulierung des Atems (*tiaoxi*) gehört zu den drei wichtigsten Faktoren des Übens. Obwohl sie ein wesentlicher Faktor ist, läßt sich jedoch nicht jedes Element abspalten und alleine üben. Hier zählen wir einige Methoden auf, um die der Atmung folgende Geistesaktivität mit der Atmung zusammenwirken zu lassen. Dieses hat eine unmittelbare Verbindung dazu, ob die Übung eine Wirkung zeigt.

Dem Atem als Kunstgriff (*jue*)[355] zuzuhören, ist eine Methode der buddhistischen Übungen, in die Stille einzutreten. Sie zählen, was die Stilrichtung der Methode des Aufhörens (der Gedanken) und des Sehens [im Sinne kindlichen Anstaunens] angeht, zum Inhalt des Übens von *zhi* und *guan* [samatha (sanskrit) und vipassana (pali) auf Grund der Tore der sechs Wurzeln (*Liugen*[356] *men zhong xiu zhi guan*[357]).

Beim ‚Lauschen auf den Atem' stehen das innere Verhalten (*xiu*) und das Üben (*lian*) in wechselseitiger Beziehung; das äußerste Ende (von dem, was man erreichen kann,) ist der Bereich des ‚*chan ding* (= samadhi)' vom ‚*chan*[358] *kongxu ji*' (‚samadhi der Leerheit und Ruhe').

Das ‚Übungsgerüst' (Haltung und Bewegung) und die Körperhaltung des *qigong* haben häufig das Nachahmen aus der Natur zum Inhalt, wie die Form (*xingtai*) der Nachahmung der Fünf Tiere, die Form des Drachen

354. Hier findet sich im Abschnitt F) jedoch nur eine buddhistische Übungsmethode dieses Autors. Die genannte Methode taucht dort nicht namentlich auf.

355.(173) zeigt ein Beispiel der Arbeit mit Merkversen (*jue*), was an dieser Stelle aber nicht gemeint ist. *Jue* bedeutet hier vielmehr eine Hilfestellung, so wie manche als Hilfestellung zum Einschlafen Schafe oder ihre Atemzüge zählen.

356.*Liu gen*, die sechs Wurzeln (der irdischen Begierden), bestehen aus den Tätigkeiten von Augen, Ohren, Nase, Zunge, Körper und Geistesaufmerksamkeit. Erst wenn man, im buddhistischen Sinne, frei von diesen Begierden ist, die ständig den menschlichen Geist gefangen halten, kann man zur Buddhaschaft gelangen. Interessanterweise fand sich in einem Dutzend volksrepublikanischer Wörterbücher zur TCM kein Hinweis auf diesen buddhistischen Ausdruck *liu gen*, sondern erst in dem in Hongkong herausgegebenen, kleinen Buch von Frank LIU und LIU Yan Mau: Chinese Medical Terminology. The Commercial Press, Ltd., 1980.

357.PÁLOS, Stephan, 1968, S. 189ff. Im *Liu miao fa men*, der sechsfachen esoterischen Schule des Chi Chi (*ZHI Zhi*) (538-597), des Gründers der buddhistischen *Tiantai*-Schule, werden *zhi* (anhalten) und *guan* (anstaunen) neben *shu* (zählen), *sui* (folgen), *huan* (zurückkehren) und *qing* (Reinheit) als weitere Methoden angegeben.

358.Entspricht in Sanskrit: Dhyana, s. (58) S. 26, entsprechend jap. Zen

und der Schlange usw. Beim Regulieren der Atmung (*tiaoxi*) gibt es auch Inhalte dieser Art, die ‚Schildkrötenatmung' ist eine davon.

Die sogenannte *lu gu wei lü* (Methode des Hirsches das Steißbein anzuschauen) der Altvorderen kann den *dumai*-Meridian und die *gui na bi xi* (Aufnahme mittels Nasenatmung wie bei der Schildkröte) den *renmai*-Meridian durchgängig machen. Insgesamt haben lebendige Wesen, sowie die nicht sprechfähigen Pflanzen oder Tiere alle die Notwendigkeit, atmen zu müssen. Sozusagen von der Seite des ‚Naturgesetzes'[359] her gesprochen, haben solche Arten von Atmungsmethoden wie beim Winterschlaf und bei der Embryonalatmung noch ein besonderes System zu erschließen.

Der Übungsstil der *tuna*-Atmung ist innerhalb der *qigong*-Lehre auch ein wichtiger Inhalt. Schwere Abweichungen bezüglich der Ausführung dieser Übungsmethode sind auch nicht selten.

Dieses Buch stellt auch traditionelle Richtungen inhaltlich vor. Bei der von Herrn *CHEN Yinglung* vorgestellten Methode, mit der man bei den obligatorischen Fertigkeiten nicht (wie bisher) dem Atemgeräusch nachhören muß, (d.h.) entgegen dem traditionellen `Zählen der Atemzüge und dem Hören auf den Atem (*shu xi, ting xi*)´, ist die Methode leicht zu üben. Theorie und Praxis sind begründet. Es lohnt sich, (das) zu erforschen und zu verbreiten."

Der Autor zeigt mit der Aufspaltung der ÜS in die oben stehenden beiden Kapitel eine zusätzliche Aufteilungsmöglichkeit, die jedoch in dieser Form ziemlich willkürlich und schwer nachvollziehbar ist. Man könnte daraus folgern, daß er nicht selber mit diesen Übungen vertraut ist. Aus diesem Grund wird in Kap. 6.7 eine weitere Einteilung vorgestellt, die gerade die ÜS ungewöhnlich erfahren und detailiert angeht.

Vereinfachend könnte man sagen, daß bei den ÜB die Aufmerksamkeit mehr mit der Bewegung verknüpft ist und die Beachtung der Atmung besonders bei den Anfängern in den Hintergrund tritt. Hingegen entfällt bei den ÜS die äußere Bewegung – mit Ausnahme der Bauchdecke – und die Kopplung der Aufmerksamkeit auch an die Atmung wird deutlich. In der Literatur wird dieser Punkt im letzten Jahrzehnt von Jahr zu Jahr stärker betont und detailierter ausgeführt.

Insgesamt werden in dem Kapitel zu den Kernmethoden in den ÜS acht Methoden aufgeführt. Von *LIN Hai* wird die Methode des doppelten Kultivierens von *xing* als auch von *ming*, *xing ming shuang xiu de fangfa*, vorgestellt, wobei sich *xing* auf Herz und Geist, *xin shen*, und *ming* auf das Nieren-*qi* (*shenqi*) beziehe. Nach seiner Meinung trete der Buddhismus dafür ein, stärker von *xing* auszugehen, und der Daoismus betone, stärker von *ming* auszugehen. Dieses ist ein sehr komplexes Thema, das hier nur oberflächlich gestreift wird, ohne daß *LIN Hai* auf den weiteren philosophischen Hintergrund dieses Bezugspaares *xing/ming*, verweist. So war z.B. *ZHANG Boduan*'s (984-1082) Absicht (erst 1988/89 wurde sein Werk wieder veröffentlicht (252) mit einem *Ming*-zeitlichen Kommentar in (226)), die drei Lehren des Daoismus, Konfuzianismus und Buddhismus miteinander zu verbinden, eine Idee, die man bis zur Zeit der Sechs Dynastien zurückverfolgen kann. Er legte schon besonderen Wert auf das Kultivieren von beiden Teilen des Bezugspaares: „*xing*, ("innate nature," translated as "essence" by CLEARY) and *ming*, ("human lot," "destiny", translated as "life" by CLEARY). The former, considered a priority of the Buddhists, was linked to spiritual techniques, whereas the latter was linked to longevity techniques (breathing, massage, circulation and induction of breath, concentration, visualization, sexual techniques, etc.) of the Taoists."[360] Statt auf weitere philoso-

359.S. *LAOZI*: *fa yu zi ran*, man hat die Natur als Gesetz

phische Erörterungen dieser Ausdrücke, geht *LIN Hai* auf die praktischen Implikationen ein. Er beschreibt das Kultivieren von sowohl *xing* als auch *ming* mit der „Arbeit des Kultivierens und Läuterns (*xiu lian*[361]) der Geistesaufmerksamkeit (*shen yi*) des oberen *dantian* (*xing*-Übungen), und des Nieren-*qi* des unteren *dantian* (*ming*-Übungen)." Auch in den weiteren Erklärungen zu diesem Übungsstil werden keine konfuzianischen oder buddhistischen Bezüge erörtert, sondern nur die teils aus dem Daoismus abgeleiteten medizinphilosophischen Darstellungen zu den drei *dantian* (Zinnoberfeldern), dem Kreisen des *qi* etc.

LIU Liguang schreibt über die *dian xian mian ti xing qi fa* [Methode das (wahre) *qi* punkt- und linienförmig über Gesicht und Körper zu lenken]. *PANG Zhuru* skizziert das *yinian huodong de shengjiang kaihe* (öffnen und Schließen, Steigen und Fallen der Geistesaktivität) und *YANG Fucheng* das *cun si – daojia qigong zhong de yinian huodong* (Bewahren der Gedanken – eine Geistesaktivität im daoistischen *qigong*). *ZHANG Tiange* und *ZHAO Baofeng* (267-8) beschreiben die *huxi bansui dongzuo* (atembegleitende Bewegung). *JIN Zhiliang* berichtet über das *tingxi yi jue* (Auf-den-Atem-hören, ein Kunstgriff), was auch eine Methode der *Chan*(/Zen)-Meditation ist. Die *guixi – wuwei gong naqifa* (Schildkrötenatmung – eine Methode des *qi*-Auswerfens der passiv handelnden Übungen) wird von *ZHAO Zhengshan* referiert. Der letzte Kurzartikel ist von *CHEN Yinglung* über die *chusheng tiaoxi fa* (Methode den Atem nach dem Ausatmungslaut auszurichten).

6.4 Zum Aussenden des waiqi (Ausstrahlformen)[362]

„Die Unterteilungen des *qigong* folgen der Geschichte, sich jährlich und monatlich verändernd, in einer unaufhörlichen Evolution. Sie haben engste Beziehungen zum zeitgenössischen philosophischen Denken und dem Fortschritt der Sozialwissenschaft.

In den jüngsten Jahren haben, infolge der durch die Anwendung der modernen Wissenschaften auf das *qigong* gemachten weit vorgedrungenen Fortschritte in der Forschung, einige sich mit der wissenschaftlichen *qigong*-Forschung befassende Personen empfohlen, die Basisfaktoren auszutauschen und ein Steigen oder Sinken oder Nichtvorhandensein (dieser) zum Kriterium zu machen, um *qigong* in Übungsarten einzuteilen, die einen speichernden Charakter (*zhu neng xing*) haben und solche, die einen abgebenden Charakter (*ji neng xing*) haben.

Speichern zu können beim Üben bedeutet, daß Energie (*neng liang*) gespeichert werden kann, oder (es ist) eine Methode zum Reduzieren der Energie und des Sauerstoffenergieverbrauchs. Übungsarten, die einen abgebenden Charakter haben, sind Übungsmethoden, die die Wirksamkeit besitzen, anzuregen (bzw.) Materie (*wuzhi*) zu ernähren und umzuwandeln.

Dies ist eine *qigong*-Unterteilung, die aus der Sicht der modernen Wissenschaft gemacht wurde. In Übereinstimmung mit tief in die Erforschung des äußeren *qi* (*waiqi*) Eingedrungenen und den Charakter der *waiqi*-Materie Verstehenden, nehmen wir Übungsmethoden, die *waiqi* ausstrahlen können, und nennen sie Übungsmethoden der ausstrahlenden Form (*fashe xing*). Dies alles spiegelt wider, daß die Entwicklung des *qigong* in Übereinstimmung mit der Entwicklung der modernen Wissenschaften ist, mit Orientierung auf ihre Innovationen. Die Absicht des „Kapitel über das Abgeben von äußerem *qi*" ist, den Standpunkt dieser Kategorisierungsmethode zu demonstrieren.

360.BALDRIAN-HUSSEIN, Farzeen, 1990, S. 335-341
361.Mit dem Feuer-Radikal geschrieben
362.(25) S. 350

Es gibt über zehn Übungsmethoden des Abgebens von *waiqi*. Dieses Kapitel stellt die Übungsverfahren in drei sehr unterschiedliche Abteilungen von Übungsmethoden zusammen. Es gibt (dabei solche) in Bewegung, in Ruhe, weitere, die dem Festhalten an der Geistesaufmerksamkeit (*yi*) Vorrang geben, und wieder andere, die nicht immer mit der Geistesaufmerksamkeit einhergehen. Aber alle sind gut wirksam, um *waiqi* abzugeben. Außerdem erzielten sie voll befriedigende klinische Ergebnisse."

Hier stellt der Autor die seit 1981 zunehmend in den Mittelpunkt gerückte und beforschte Funktion des *waiqi*-Ausstrahlens und der sie ermöglichenden *qigong*-Arten in den Vordergrund. Daß man danach, ob diese Fähigkeit mit dem jeweiligen *qigong*-Stil erlangt werden kann, eine entsprechende Einteilung vorschlägt, ist eine ganz neue Entwicklung. Sie zeigt, wieviel Wert dieser Funktion zur Zeit beigemessen wird. Nach orthodoxer buddhistischer Sichtweise würde man diese, allen fortgeschrittenen Adepten bekannten Phänomene als Makyo, Täuschung, und von dem wahren spirituellen Wachstum ablenkende Phänomene beurteilen und folglich nicht beachten. Eine Änderung dieser bisherigen Verhaltensweise wurde wohl erst mit dem Eindringen von westlichen, besonders wissenschaftlich analytischen Ideen zusammen mit der in eher unteren Kenntnisniveaus zunehmenden Kommerzialisierung des *qigong*-Unterrichts möglich.

Hinzu kommt, daß diese latent häufig vorhandenen Fähigkeiten in den westlichen Wissenschaften zur Zeit fast nicht zur Kenntniss genommen oder beforscht werden. In der chinesischen Literatur werden ohne richtigen Erfolg Vergleiche mit westlichen Verfahren und Methoden angestellt. Von daher gibt es von westlicher Seite für China auch keine ausreichend befriedigenden Erklärungsmodelle für diese „parapsychologischen" Phänomene und spezifischen Veränderten Wachbewußtseinzustände (VWB). Dies könnte eine Konsequenz aus JILEKs[363] Annahme sein, daß aufgrund rationalistisch-positivistischer Ideologien sich die normale Möglichkeit zur Manifestation einer psychogenen Dissoziation als Voraussetzung für weitere VWBs in der westlichen städtischen Mittelschicht verringerte. Folglich spielte dies nicht nur in der Alltagserfahrung, sondern auch in den Wissenschaften eine geringere Rolle. Ich möchte sogar schlußfolgern, daß die Menschen mit diesbezüglichen Fähigkeiten, die jene jetzt nicht mehr kulturell institutionalisiert verarbeiten können, zum Teil als Erkrankte ("Borderliner", „dissoziative Ströungen") die (zu) westlich-rationalistisch orientierten Psychiatrieabteilungen zu füllen beginnen. In China dagegen gibt es als grundlegend verschiedene Voraussetzung nicht nur ein unterschiedliches Weltbild und die Erfahrung von VWBs durch aktive Daoisten und buddhistische Mönche wie in alten Zeiten, sondern die *qigong*-Erfahrungen durch sehr viele moderne Menschen. Diese Erlebnisse beinhalten je nach Stil und Erfahrungstiefe verschiedene Arten von VWBs und damit auch Phänomene, die das *waiqi*-Ausstrahlen miteinschließen. Diese wollen jetzt erforscht werden.

Der erste, von *HUANG Renzhong* vorgestellte Übungsstil zur Ausstrahlung von *waiqi* (äußeres *qi*), ist sein *kongjin qigong* (*qigong* der leeren Kraft). Diesen Stil stellte er zusammen, nachdem er lange mit dem Meister *QUE Ashui* aus *Shanghai* und *SANG Shangxi* vom *Tiantai*-Gebirge den aus *Shaolin* stammenden buddhistischen *neijin yi zhi zhan gong* (Einfingermeditationsübung der inneren Kraft) geübt hatte. Der zweite Stil ist die

363. JILEK, 1989, S. 179

buddhistische *yi zhi zhan gong* (Einfingermeditationsübung), die von LIU *Yongyan* beschrieben wird. Ihre Besonderheit ist, die Aufmerksamkeit im unteren *dantian* zu sammeln, um erst das innere *qi* (*neiqi*) zu kultivieren und danach das *qi* in den Zeigefinger zu leiten und als äußeres *qi* (*waiqi*) auf Akupunkturpunkte auszustrahlen. In diesem Artikel werden Stellen aus dem *HUANG DI neijing* (Internen Klassiker des Gelben Kaisers) zitiert und kommentiert sowie Zusammenhänge aus der TCM erläutert, ohne jedoch auf buddhistische Werke zurückzugreifen. Als drittes wird von *TAN Yaojing*, der der nationalen Minderheit des *Zhuang*-Volkes in der Provinz *Guangxi* angehört, das buddhistische *xiuchi qigong* (kultivierende und haltende *qigong*) vorgestellt.
Bemerkenswerterweise stammen alle drei vorgestellten Übungsstile, die es ermöglichen *qi* abzustrahlen, von den buddhistischen[364] *chan*-Übungen ab, und nur einer davon wurde etwas umgeformt. Alle drei werden ungewöhnlich ausführlich beschrieben, jedoch nur bezüglich pragmatischer Gesichtspunkte, wie die Verbindung zur TCM sowie die Übungsdurchführung, nicht dagegen hinsichtlich ihrer Ableitung aus buddhistischen Quellen.

6.5 Zu den gesundheitserhaltenden Übungen[365]

„Das *qigong* des Altertums ist eine Methode, die im Verlauf ihrer Entwicklung die Theorie jedes einzelnen Gesichtspunktes, der nützlich für Krankheitsvorsorge, Krankheitsheilung und gehaltvoller (*yan nian*) wie zahlenmäßiger (*yi shou*) Lebensverlängerung war, miteinander verschmolz. Wenn man es sammelt und in der Haupttendenz ausarbeitet, ergibt sich daraus das therapeutische (*yilao*), präventive (*baojian*) *qigong*.

Obwohl recht viele *qigong*-Übungsmethoden die (medizinisch-) therapeutische Behandlung nicht zum Ziel hatten, so erzielten sie dennoch offensichtliche körper- und gesundheitsstärkende, krankheitsvertreibende und altersverlängernde Resultate. Es gibt auch bestimmte Übungsmethoden, die, um eine (systemische) Anleitung zu erzielen, aufgrund der medizinischen Theorie eingeordnet sind, vom Charakter her jedoch ganz offensichtlich auf bestimmte Krankheiten zugeschnitten sind. Insgesamt haben wir das Üben der Methode, Ergebnis oder Zielsetzung und alles, was für die Beziehung der Übungsmethode zu der Physiologie des Körpers, der Krankheitsursache und der Pathologie wichtig ist, in das Kapitel zum therapeutischen und präventiven *qigong* eingeschloßen. Wie das Lernen der Übungsmethode (eine jeweils spezifische) Bewegung, Stille und Sprechen (hat), so hat jede Schule, jeder Stil gleichermaßen selbst Bewegung und Stille. Weil das so einer Tatsache entspricht, hat jeder *qigong*-Stil therapeutische und präventive Inhalte. Schon daher kann man auch gar nicht sagen, daß nur gerade die Übungsmethoden in diesem Kapitel therapeutischen und präventiven Nutzen besitzen.

Die präventiven (*baojian*), nährenden (*yangsheng*) Übungen können auf eine lange Tradition zurückblicken. Es gibt Gelehrte, die meinen, daß über die Zeiten hinweg die Entwicklung der Übungsmethoden den Ursprung des *qigong* als völlig aus der therapeutischen Prävention ableitbar beweisen kann, aber nicht aus Religionen. Die präventiven (*baojian*), nährenden (*yangsheng*) Übungsmethoden jeder einzelnen Richtungsart sind in den Medizinklassikern der geschichtlichen Epochen verstreut zu sehen. Für alles, von der Theorie zur Übungsmethodik bis zu den klinischen Resultaten gibt es reichhaltige Erfahrungen und Belege. Bis zum heutigen Tage gibt es immer noch nicht wenige traditionelle, präventive und nährende Übungsarten, die ihre ursprüngliche Gestalt in der Volkstradition haben. Dieses Buch stellt davon eine Gruppe für den Leser zusammen. Bei der Methode, dieses Buch zusammenzustellen, wurde viel Gewicht darauf gelegt, die Methode des Übungsstils der von der Form herrührenden Stileinteilung gegenüberzustellen. (Bei) den Übungsmethoden gibt es gleichzeitig solche,

---

364.Weitere westlich-sprachige Quellen zu buddhistischen Übungen: LU K'uan Yü (Charles LUK), 1964. GREGORY, Peter N. (Ed.), 1986
365.(25) S. 383

bei denen Bewegung und Stille nebeneinander vorhanden sind. Die Formen sind vielfältig. Das Grundsätzliche spiegelt uns die in China weit verbreiteten Richtungen an präventiven und nährenden Übungsmethoden wider."

In diesem einleitenden Abschnitt zu den therapeutischen Übungen seines Buches, gibt der Autor völlig korrekt an, daß letztendlich jeder *qigong*-Stil therapeutische und präventive Inhalte hat. Diese Aussage ist sicherlich ähnlich zu sehen, wie die Legende, die berichtet, daß auf der Suche nach Heilpflanzen, BUDDHA nur denjenigen Schüler lobte, der kein „Un-kraut" finden konnte. Welche Erfahrungen mit Krankheitsbehandlungen im Laufe der Jahre zunehmend seit 1950 gesammelt wurden, wird in den Kap. 5 und 7.3.2 beschrieben.

Die Darstellung des Versuches, bei der Diskussion über den Ursprung des *qigong* den Faktor Religion zugunsten der therapeutischen Prävention abzutrennen, ist sicherlich weniger als Beschreibung eines Forschungsergebnisses, denn vielmehr als politische Absicherung zu werten, daß man mit frühzeitlichen Religionen, zu denen man Schamanismus zählt, nichts Beunruhigendes im Sinne habe.

Insgesamt werden hier die gesundheitserhaltenden, im Sinne von *yiliao baojian gongfa* (therapeutischen und präventiven Übungsmethoden) in vier Gruppen unterteilt:

A) *tonyong baojiangong* (allgemeine, vorbeugende Übungen)
B) *chuantong yangsheng gong lei* (traditionelle, Lebenskraft stärkende Übungen)
C) *anmo paida lei* (massierende und klopfende Arten)
D) *dui zheng gongfa lei* (krankheitsbezogene Übungsarten)

Zu A)

Unter den allgemeingebräuchlichen vorbeugenden Übungen werden sieben verschiedene aufgeführt. Die *Shaolin liu tong qigong* (sechsfach verbindenden *qigong*-Übungen aus *Shaolin*) werden von dem „im In- und Ausland berühmten" buddhistischen Mönch *SHE Haideng* ausführlich beschrieben. Die Übungen sind außerhalb der Kampfkunstübungen angesiedelt. Sie sind jedoch abgeleitet von den Kampfkünsten, aber in Verbindung mit der Medizin und der Theorie von *yin yang* und den Fünf Elementhaften Wandlungsphasen (*wuxing*). Das Wort sechsfach bezieht sich darauf, daß es für die funktionellen Organsysteme *xin* (Herz), *gan* (Leber), *pi* (Milz), *fei* (Lunge) und *shen* (Nieren) jeweils eigene Übungen gibt, denen sich als sechstes die *huobu hanxu wan ji gong* (Übung des 10000 Möglichkeiten beinhaltenden Lebensschrittes) anschließt. *ZHANG Zhitong*, „der berühmte *qigong*-Großmeister aus der Provinz *Taiwan*, Vorstandsvorsitzender der taiwanesischen ‚Chinesischen *waidan*-Übungen Gesellschaft' (*Zhonghua waidan gong xuehui*)", der aus einer Familie aus *Tianjin* stammt, schrieb einen ausgedehnten Artikel zu seinen *waidan gong* (Übungen des äußeren Zinnobers). Erst nachdem er schon in der Jugend einen Stil geübt hatte und in Taiwan wegen des ungewohnten Klimas Schwierigkeiten bekam und „Medikamente keinen Erfolg zeigten, erinnerte er sich an die vom Festland nach *Taiwan* mitgebrachten geheimen Werke zu Kampfkunstübungen, begann konzentriert zu üben und verband seine eigenen Übungserfahrungen damit, um die *waidan*-Übungen zu gründen und zu vervollkommnen." Es wird betont, daß „„aus den Säften *jing* (Essenz) entsteht, aus *jing* dann *qi* entsteht, und aus dem *qi* heraus *shen* (Geist) entsteht,‘ und *jing*, *qi* sowie *shen* sich in den drei (Energiezentren der Zinnober)felder(n) befinden“. *Jing*, *qi* und *shen* werden auch die *sanbao*, drei Schätze, des Menschen genannt.

Abbildung 61: Xingming guizhi Bd 1: Beziehung der drei Familien mit jing (feinenerget. Essenz), qi und shen (Geist) in Bezug auf shen (Körper), xin (Herz/mind) und yi (Geistesaufmerksamkeit). (Abb. in C. DESPEUX, 1979, S. 76).

Auch in diesem Beispiel finden wir wieder einen Menschen, der schon ursprünglich dem Daoismus nahestand und dann mittels der Bekämpfung seiner Erkrankung schließlich zur *qigong*-Meisterschaft gelangte. Es ist schon bemerkenswert, daß dieser Artikel aus der „Provinz *Taiwan*“, wie es an die volksrepublikanische Sprachregelung angepaßt heißt, vom „Festland“ berichtet, wie man es sonst besonders im taiwanesischen Sprachgebrauch findet, und daß dieser Artikel 1988 hier schon so feinfühlig gewürdigt wird. Die nächsten, kurzen Artikel sind über *qingshaonian qigong* (*qigong* für Kinder und Jugendliche) von *ZHUANG Guoren* und über die *muchun gong* (Holzpfahl-Übungen) von *ING Chengyan*. Die *fan huan gong* (Übungen des Zurückkommens und Zurückkehrens) werden von *ZANG Wenyan* im Sinne von Zurückkommen zur Wurzel und Zurückkehren zum Ur(-*qi*) beschrieben, früher auch *qu lao shu* (Kunst des Vertreibens des Alterns) genannt. Die Besonderheit dieser Übungen waren für Männer die Hoden-Übungen, die in der Antike besonders von Kriegern geübt worden sein sollen. Die *an qian gong* (oberen und vorderen Übungen) von *Li Yi*, sind von den *baduanjin* (acht eleganten oder Brokatübungen) und dem *Yijin jing* (Klassiker der leichten oder verwandelten Muskeln) abgeleitet worden. *Yuan Zifu* (250) erwähnt die buddhistischen *hun yuan yi qigong* (Übungen der vermischten Elemente zum Nutzen des *qi*).

Abbildung 62: Volkstümliche Bronzefigürchen (4 cm hoch; li. Ming-, re. Qing-Dynastie; eig. Samml.), wohl mit Bezug zu den sanbao und den dantian.

An dieser Stelle soll kurz auf die geschichtlichen Beziehungen des *Yijin jing* (Klassiker der leichten oder verwandelten Muskeln) und der *baduanjin* (acht eleganten oder Brokat[366] Übungen), sowie verwandter Elemente eingegangen werden, da sie als Übungsgrundlage sehr häufig benutzt und geschätzt werden und aus ihnen neue Stile entwickelt wurden.

Das eingangs (Kap. 5.2) erwähnte Werk über die Krankengymnastik (289) nennt gewisse Ähnlichkeiten zwischen diesen beiden Stilen, interpretiert *yi* als verwandeln (*gaibian*), *jin* als Muskelfleisch (*jirou*) und *jing* als Methode (*fangfa*), wobei letzteres im allgemeinen aber eher als klassisches Werk oder Klassiker übersetzt wird. Diese Methode werde gerne in der traditionellen Knochenheilkunde sowie Massage miteingesetzt. Die *baduanjin* werden als in acht Abschnitten (*jie*) ausgeführte Übungen erklärt, die über 800 Jahre alt sind und von denen es im Laufe der Zeit noch andere Zusammenstellungen gab, sowohl hinsichtlich der Zahl der Übungen als auch der Inhalte.

Selbst in einem Werk (24), das speziell letzteren Übungen gewidmet ist, werden, neben den üblichen Klassikerzitaten aus den Frühling-Herbst-Annalen des *Lü Buwei* mit der Angabe des Ursprungs des *daoyin* aus dem Tanz und dem Zitat aus dem *Zhuang zi* zu den *tuna*-Übungen, nur vorsichtige Vergleiche von Übungen aus dem Seidenbild von

366. Volksetymologische Interpretationen beziehen das „Brokat" darauf, daß die Übungen so wertvoll waren, daß man ihre Abbildungen auf teuren Brokat stickte, während andere sagen, daß die Übungen einfach nur so wertvoll wie Brokat seien.

Mawangdui mit den *baduanjin* angeführt. Ansonsten wird zur Frage des Ursprungs nur festgestellt, daß sich in der Art des *wuqinxi* (Spiel der Fünf Tiere) verschiedene Übungen entwickelten, die zur Zeit von *ZENG Zao* in der *Song*-Zeit im *Daoshu* zusammengestellt wurden und den heutigen *baduanjin* sehr ähneln. Solche sind auch im daoistischen Klassiker *Daozang* beschrieben.

MIURA schreibt, daß die *baduanjin*, von ihm übersetzt als die „eleganten Übungen in acht Abschnitten[367]“, erstmals zur *Song*-Zeit beschrieben worden sein sollen „in the *Yijian zhi* (Collection of Marvels from Yijian) by Hong Mai: “In the seventh year of the reign period Zhenghe (1117), Li Siju became administrative officer. He sat up half night and practiced a technique of breathing and gymnastics called ‘Elegant Exercise in Eight Sections.’” (*Yizhi* 9)

Dann bezieht er sich auch auf die Übungsbeschreibung von *ZENG Zao* in seinem *Daoshu* aus der Südlichen *Song*-Zeit. Weitere bekannte Aufzeichnungen finden sich im *Ming*-zeitlichen *Chifeng sui* (Knochenmark des roten Phoenix) und in dem spät *Qing*-zeitlichen *Neigong tushuo* (Illustrierte Erklärungen der inneren Übungen) von *WANG Zuyuan*. Das *Neiwaigong tushuo jiyao* (Das Wichtigste zu den mit Bildern erklärten inneren und äußeren Übungen) das von *XI Xipan* etwas später verfaßt wurde, soll sich nach MIURA in seiner Beschreibung der *baduanjin* leicht von der im *Chifeng sui* unterscheiden (Im 2. Teil des Buches von Sportlehrer *ZHOU* (285) findet sich der Reprint der alten *Ming*-zeitlichen Originalausgabe des *Chifeng sui*).

NEEDHAM[368] gibt als seine Definition von *daoyin* an, daß diese zwar Lenk- und Leitübungen für das *qi* seien, jedoch stand der Ausdruck nach seiner Meinung besonders für den Teil, der auch Selbstmassage beinhaltete, da Fremdmassage immer nur als *anmo* bezeichnet worden sein soll. So zitiert er Lehrer *NING* bei *ZENG Zao* im *Daoshu* (Grundlegende Prinzipien des *dao*) aus dem 12. Jahrhundert mit der Aussage, daß *xing qi* (s. Kap. 3.1) innerlich (die Zirkulation) und *daoyin* äußerlich (die Zirkulation des *qi*) reguliere. Der allumfassendere Ausdruck für physikalische Übungen sei *gongfu* (in seinen beiden Schreibweisen), die Ergebnisse (verdienstvoller) Arbeit, oder auch *neigong*, innerlich Erreichtes.

Zur Definition von *daoyin* betont DESPEUX[369] dagegen, daß *yin* hier in der Bedeutung von „heranziehen“ und „austreiben“ benutzt werde. Als Beweis für diese, nach ihrer Meinung auch schon zur *Han*-Zeit existierende Bedeutung, zitiert sie aus dem *Zhubing yuanhoulun* (140) (Abhandlung über Ursprung und Symptome der Krankheiten) (22.1512) von *CHAO Yuanfang*, aus dem Jahr 610: “The practice consists in drawing together in one's body all the bad, the pathogenic, and the malevolent forms of *qi*, then one follows them, pulls them in and makes them leave forever. This is why the practice is called *daoyin*, to guide and pull.”

Man darf m.E. wohl davon ausgehen, daß, obwohl sicherlich in vielen *daoyin*-Übungen Selbstmassageanteile zu finden sind, nicht der äußere Aspekt des Mittels, sondern

367.MIURA, K., in: KOHN, L. (Ed.), 1989, S. 348 ff.
368.NEEDHAM, Science and Civilisation in China, Vol. V: 5, S. 154 ff.
369.DESPEUX, C., in: KOHN, L. (Ed.), 1989, S. 239

der innere Aspekt des Inhalts, nämlich des energetischen Geschehens, im Vordergrund steht. Dies würde der „äußeren Regulierung (und von *xieqi*, dem pathogenen *qi*, reinigenden Zirkulation) des *qi*“ auch überhaupt nicht widersprechen, sondern eine sinnvolle, zusätzliche Erklärung geben.

Weiter geht NEEDHAM darauf ein, daß unter den 28 erhaltenen von mindestens 40 Farbabbildungen aus *Mawangdui* der bei *ZHUANG ZI* erwähnte Bärengang (*xiong jing)* und die Vogelstreckübung (*niao shen*) (Illustr.nr. 17 und 28) zu finden sind. Das bekannte, zum Ende der *Tang*- und Anfang der *Song*-Zeit zusammengestellte *Tai qing daoyin yangsheng jing* (Manual zum Nähren der Lebenskraft durch physikalische Übungen und Selbstmassage) enthält Übungen, die die Namen von legendären Personen tragen (*PENGZU*, der chinesische Methusalem; *CHISONGZI*, der Meister Rotpinie; Lehrer *NING (Fengzi)*, der Schutzpatron der Eisenarbeiter und Töpfer). Diese *daoyin*-Übungen existierten sicherlich schon in der *Han*-Zeit, und sie waren dem Daoisten *GE Hong* bekannt, der sie in seinem Werk *BAOPU ZI* anspricht. Eine genaue Beschreibung eines Übungssatzes findet sich jedoch im daoistischen Kanon *Daozang* in dem Text *Zhong Li baduanjin fa* [Methode der acht eleganten Übungen des *ZHONG Li(quan)*]. Durch die Aussage eines Textes des Jahres 1151 läßt sich die Originalniederschrift des Übungstextes jedoch auf das 8. Jh.n.Chr. datieren. NEEDHAM beschreibt auch die *wuqinxi* (Fünf Tiere Übungen) von *HUA Tuo* (ca. 190-ca. 265), die zur *Ming*-Zeit vollständig standardisiert waren. Diese Übungen sind sowohl im *Yangsheng daoyin fa* (Methode wie man die Lebenskraft mit Gymnastik und Massage nährt – wie NEEDHAM, der die Massage betont, es übersetzt) von ca. 1506 sowie im *Fo shou dan shu* [Buch des Elixirs (Zinnobers) für die Glücklichkeit und Langlebigkeit] enthalten. Im *Yangsheng daoyin fa* kommen ebenso die *baduanjin* (acht eleganten Übungen) vor.

Der Autor oder Herausgeber dieses Werkes war ein Daoist mit dem Pseudonym *tie feng ju shi* (Einsiedler vom eisernen Gebirge). Dieser brachte 1506 noch ein anderes Buch mit dem Titel *Bao sheng xin jian* (Geistiger Spiegel der Bewahrung des Lebens) heraus, das Übungen unter dem Titel *Taiqing ershisi qi shui huo ju san tu* beinhaltet. Diese Übungen erschienen auch unter der Bezeichnung *Chen Xiyi daoyin zuogong tu* [Bebilderte Übungen im Sitzen zum Lenken und Leiten (der Lebensenergie) gemäß Herrn *CHEN Xiyi*] in dem Abschnitt *Sishi tiao she jian* (Abhandlungen über das Pflegen und sich Ausrichten nach den vier Jahreszeiten) des Werkes *Zun sheng ba jian*, [Acht Abhandlungen (um sich) in Einklang mit der Lebenskraft (zu bringen)] von dem Gelehrten *GAO Lian* (33, 34). Der Name *CHEN Xiyi* (*CHEN Duan*) weist wohl auf den Urheber hin, ein Daoist der Anfang des 9. Jahrhunderts lebte und von dem auch das *taiji*-Diagramm stammen soll (s. Kap. 2.2.4).

Später, gegen Ende des 19. Jahrhundert, finden sich die *baduanjin* (acht eleganten Übungen) von *ZHONG Liquan* auch in den Büchern von *XU Mingfeng*, *FAN Wei* (155) und *WANG Zuyuan* [*Neigong tushuo* (Die inneren Übungen in Bildern erklärt)], jedoch mit buddhistischer Beeinflussung. In diesem letzteren Buch von 1881 befindet sich auch das *Yijin jing* (Klassiker der leichten Muskeln), das – ebenso nach NEEDHAM – zwar *DA MO* (Boddhidharma, 475 n. Chr.) während der Nördlichen *Wei*-Periode zugeschrieben wird, aber vielleicht doch nicht weiter zurückgeht als bis ins 16. Jahrhundert. In diesem Buch finden sich auch die Abbildungen zu den *shier duanjin tu* (zwölf eleganten Übungen). Ein anderer Klassiker, von der Kampfkunst her kommend, ist das *Quan jing* (Klassiker des Faustkampfes) von *ZHANG Kungzhao* und datiert wohl ins 18. Jahrhundert. Das in der chinesischen Bibliographie unter (182) verzeichnete Werk gleichen Namens wurde in der Erstauflage erst 1919 bei unklarer Autorenschaft mit Bezug auf klassische Quellen herausgegeben.

Da die genannten klassischen Übungen, die hauptsächlich Übungen in Bewegung darstellen, zum Aufbau neuerer Übungsstile mit unterschiedlichem Charakter dienten, wird auch in weiteren Abschnitten gelegentlich auf sie Bezug genommen.

Zu B)

Unter den traditionellen *yangshenggong* (Übungen zur Lebenskraftstärkung) sind ebenso sieben Übungen verzeichnet. Das *Huangshi Yijin jing* [(Klassiker der leichten (verwandelten) Muskeln nach der Familie *HUANG* (die den Kommentar zu diesem klassischen Werk schrieb)] wurde von *XIAO Xugui* beschrieben. Grundlage zu dem Klassiker sind die zu Übungen umgewandelten alltäglichen Bewegungsabläufe aus dem bäuerlichen Alltag. Die von *HOU Songshan* vorgestellte *jingang shier shi* (zwölfer Übungsform der Diamantübungen) ist ebenfalls vom *Yijin jing* abgeleitet. Angehängt an diesen Artikel wurde ein Lehrgedicht in traditioneller Art, zum besseren Einprägen. *ZHOU Yiguang* schrieb über die *Shaolin yijin xisui woshen tushuo shi shi* (zehn bebilderten Positionen im Liegen um das Rückenmark zu reinigen und die Muskeln zu verwandeln gemäß dem *Shaolin*-Stil). Hierbei wurde das *Yijin jing* mit dem *Shaolin*-Kampfstil verknüpft. Dabei bezieht sich das innere Üben auf *jing* (Essenz), das *qi* und *shen* (Geist) und das äußere Üben auf *jin* (sehnige Muskeln), *gu* (Knochen) und *rou* (fleischige Muskeln). Die *gudai yangsheng shiliu fa* (16 Methoden der antiken lebenskraftstärkenden Übungen) werden von dem Autor dieses Buches *DONG Gangzhao* (25-6) und von *YU Jianing* vorgestellt. Zwei *Ming*-zeitliche Werke, *Honglu dian xue* (Der tropfende Schnee vom roten Ofen) und *Yi men guang du* (Die ausgedehnten Aufzeichnungen vom Friedenstor) sowie das *Qing*-zeitliche *Neigong tushuo* (Innere Übungen in Bildern erklärt) bilden die Grundlage für diese Übungen, neben den *Zun sheng ba jian*[370] [Acht Abhandlungen (um sich) in Einklang mit der Lebenskraft (zu bringen)] [(33) und (34), dort als *Ming*-zeitlich angegeben]. Als Anhang daran finden sich die *shier duanjin* [zwölf (eleganten oder) Brokat-

370.NEEDHAM, Science and Civilisation in China, Vol. V: 5, S. 162. *Zun sheng ba jian* „(Eight Disquisitions on Putting Oneself in Accord with Life-Force) by a distinguished scholar, Kao Lien [*GAO Lian*], who lived in retirement and devoted himself to studying everything which could promote the health of mind and body." Dieses Werk von 1591 beinhaltet einen Teil, genannt *sishi tiao she jian* (Abhandlungen über das Pflegen und sich Ausrichten nach den vier Jahreszeiten), die einen Übungssatz namens *Chen Xiyi daoyin zuogong tu* [bebilderte Übungen im Sitzen zum Lenken und Leiten (der Lebensenergie) gemäß Herrn *CHEN Xiyi*] einschließt. Unter der Bezeichnung *taiqing ershisi qi shui huo ju san tu* erscheinen diese Übungen auch in dem Werk *Bao sheng xin jian* (Geistiger Spiegel der Bewahrung des Lebens), von einem Daoisten mit dem Pseudonym *tie feng ju shi* (der Einsiedler von eisernen Gebirge).

übungen]. *WANG Ziping* (posthum) und *WU Chengde* schreiben über die *qubing yannian ershi shi* (20 Übungsabläufe zur Lebensverlängerung und Krankheitsvertreibung). *DONG Renda* betrieb ein *Qing*-zeitliches Quellenstudium zu den *er mu qigong baoyang fa* (gesunderhaltenden Methoden in den *qigong*-Übungen für Ohren und Augen). Dazu untersuchte er u.a. das *Yangxing shu* [Buch mit (Lebenskraft) nährenden Charakter], das *baosheng bi yao* (Wichtigste aus den Geheimnissen zur Gesunderhaltung), aus dem *Jingyue quanshu* (Vollständiges Buch zur Gebirgslandschaft), aus der *bowu huibian yishu dian yibu hui kao* (Studiensammlung der medizinischen Abteilung des Wörterbuchs der Künste und der Kompilation der Naturwissenschaften).

Zu C)

Unter den massierenden (*anmo*, eigentlich: pressen/drücken und reiben) und klopfenden (*paida*, leicht klopfen und stärker schlagen) Arten sind sieben Übungen verzeichnet. Von *CHEN Yunhao* wird das *Chen jia men qigong* (*qigong* der Familie *CHEN*), das seinen Ursprung in der *Qing*-Zeit hat, vorgestellt. Hierbei wird die Übungsform des Auswerfens des Alten und Hineinnehmens des Neuen (*tuna*) mit der klopfenden (*paida*) Übungsform verbunden. Die *wai zhuang gong shier shi* (zwölf Formen der Übungen der äußeren Kraft) werden von ihrem Gründer, dem über 80 jährigen *CHEN Guangyu,* beschrieben, der Kampfkunstmeister (*wushujia*) und Arzt für Knochenheilkunde (*guke yishi*) ist. *CHEN Yinglong* berichtet kurz über das *qigong* des Klopfens, *paida qigong*, das dabei „hilft, daß *qi* und Blut fließen, die Meridiane durchgängig sowie die sehnigen Muskeln und Knochen stark und kräftig sind“. Die *ziwo anmo baojian gong* (gesunderhaltenden Übungen mittels Selbstmassage) stellt *ZHANG Yongning* dar. *CHEN Haojin* beschreibt die *zhong gong yun qi fa* (Methode, das *qi* in den mittleren Palast zu transportieren), was besonders das Knochenmark stärken und bei schweren Krankheiten helfen soll. Der erfahrene Arzt (*lao daifu*) *LI Zhiru* (101-3) berichtet über die *san 8 (!) yun qi fa* (Methode, das *qi* mittels der dreifachen 8 zu bewegen), die das *qi*-Gefühl besonders schnell entstehen lassen soll. *HUANG Xiaosong* stellt die *jingluo anmo meirong fa* (Methode, für die Schönheit die Meridiane zu massieren) vor.

Zu D)

Hier werden sieben krankheitsbezogene Übungsarten beschrieben. Die *gui yi qing jing fa* (Methode zum Zurückkehren zur ursprünglichen reinen Stille) wird von *ZHOU Qianchuan*, dem berühmten *Emei-qigong*-Lehrer ((283), (284), s. Kap. 5.1) dargestellt. Sie wird in diesem Falle nach der TCM-Diagnose ausgerichtet und besonders bei *yin xu* [*yin*(-Energie)-Mangel], und bei *huo ni* [die Feuer(energie) ist gegenläufig] eingesetzt, wobei die diesen Syndrommustern entsprechenden Krankheitsbilder natürlich nicht äquivalent mit westlich standardisierten Krankheiten sind. *CAI Kuei* und *YANG Yuanjing* beschreiben die *liao fei dong jing gong* (Übungen in Stille und Bewegung zur Lungenbehandlung), wobei hier neben der groben westlichen Diagnose ebenfalls noch die genauen Syndrommuster der TCM angegeben sind. Die *jing qigong fangzhi jinshiyan* (vorbeugende Behandlung der Kurzsichtigkeit mit *qigong*-Übungen in Stille), wird von *LÜ Jitang* (s. auch (122)) vorgestellt. *CHEN Jiyun* beschreibt die *roufu gong* (Übungen des Bauchreibens), die 1735 erstmalig aufgezeichnet wurden und 1899 unter dem Namen *yannian quebing fa* (Methode zur Krankheitsvertreibung und Lebensverlängerung) bekannt waren. Von *TANG Yunlong* werden die *shu gan dong jing gong* [Übungen in Stille und Bewegung zum freien Fließen der Leber(energie)], dargestellt, wobei sich der Autor ebenso auf *Qing*-zeitliche Quellen beruft. Die *gufa shutou gong* (Übungen zum Kämmen des Kopfes und Festigen der Haare), die die auf dem Kopf gelegenen Akupunkturpunkte aktivieren sollen, werden von *DING Houdi* vorgestellt und sind für verschiedene Erkrankungen wie Bluthochdruck, Schlaganfall, Kopfschmerzen usw. gut. Als letztes wird von *SHU Ling* die *qingtian lidi gong* (Übung, den Himmel zu stützen und auf der Erde zu stehen), beschrieben, die zum Festigen von *jing* (Essenz) dient.

6.6 Zum harten qigong[371]

„Dieses Kapitel faßt die Übungen (*gongfu*) in einem Teil zusammen, die besonderen Nachdruck auf das *qi* in bezug auf die Kraft (*li*) oder die Muskeln (*jin*), Knochen (*gu*), Haut (*pi*) und das Fleisch (*rou*) legen. Das beinhaltet Kampfkunst-(*Wushu-*) *qigong* und *yinqiang guan hou* (die silberne Lanze durchbohrt die Kehle), *shou pi zhuanshi* (die Hand spaltet den Ziegelstein) und andere harte Übungen, deren Namen das Kapitel zum harten *qigong* (*ying qigong*) bilden.

Viele Persönlichkeiten aus der Welt des *qigong* nehmen das besondere Üben von *neiqi* (innerem *qi*) mit dem Ziel des Nährens und der Prävention und nennen es weiche Übungen. Sie nehmen die Angriffs- und Abwehrkunst oder das besondere Üben von Muskeln, Knochen, Haut und Fleisch und nennen es harte Übungen. Obwohl diese Einteilungsmethode ihre Einseitigkeit hat, so kann sie aber doch immerhin ausreichend die Übungsmethode einer *qigong*-Kategorie widerspiegeln. Außerdem kann sie auch das *wushu-qigong* im Verhältnis zum *wushu* verkörpern.

Allgemein gibt es zwischen dem nährenden (*yangsheng*) *qigong* und den Übungsmethoden für Muskeln, Knochen, Haut und Fleisch der harten Übungen (*gongfu*) des harten *qigong* sehr viele Unterschiede. Es muß aber unbedingt aufgezeigt werden, daß die Übungsmethoden des harten *qigong* gleichfalls nützlich zur Körperstärkung sowie zum Heilen von Krankheiten und Wunden sind.

Das in diesem Kapitel Aufgezeichnete teilt sich in drei Klassifikationen. Die Basisübungen (*jichu gongfu*) des harten *qigong* zählen zu den allgemeinen Übungen des harten *qigong*. Im Detail hat das Trainieren von Übungen (*gongfu*) die Zielsetzung, bestimmte Gewebeorgane zu trainieren. Die Methode der Geistesaufmerksamkeit (*xinfa*) des harten *qigong* zählt zu den Übungsmethoden und ist eine Demonstrationsgelegenheit der Methode, das *qi* zu bewegen.

Es muß gezeigt werden, daß das harte *qigong* eine (Unter)gruppe von *qigong* ist, wie jede andere auch. Außerdem ist es nicht so, daß wenn man diese Übungsmethode versteht, man sie auch schon beherrscht. Es braucht unbedingt kontinuierliches Üben und lange Zeit, dann erst hat man das Übung(sniveau) (*gongfu*) erreicht, in dem die Haut wie Kupfer und die Knochen wie Eisen sind (*dongpi jiegu*).“

Der Ausdruck hartes *qigong* [*yinggong*, = *ying qigong*] wurde 1978 auf der nationalen *qigong*-Arbeitsberichtskonferenz anstelle des Ausdrucks Kampfkunst-*qigong* (*wushu qigong*) geschaffen ((111), S. 174), im Gegensatz zum weichen *qigong* [*ruangong* = *ruan qigong*], und sollte alle derartigen Übungen einschließen. Dieses neutrale Gegen-

371.(25) S. 532

satzpaar ersetzte dann auch das mehr buddhistisch inspirierte Gegensatzpaar von eigentlich gleicher Bedeutung *gang* (hart) und *rou* (weich), wobei letzteres als der sanfte Weg (*roudao*), japanisch Judo, bekannt ist.

Bei der Darstellung der Kampfkunst- *qigong*-Übungen verteidigt der Autor das „harte *qigong*" gegen die sicher größere Zahl der Leser dieses Buches, die eher dem „weichen *qigong*" zugetan sind. Es handle sich um ernsthafte Übungen, die man erst beurteilen könne, wenn man damit Erfahrungen gesammelt habe. Diesem Plädoyer liegt die Erfahrung zugrunde, daß diejenigen, die sich intensiver mit *qigong* auseinandersetzen, das „harte *qigong*" mit seinem Show-Charakter in den Übungen – wenn z.B. die silberne Lanze nicht die Kehle zu durchbohren vermag – zwar belustigt und eventuell gerne betrachten, aber eigentlich nicht ernst nehmen.

Dieses Kapitel zum harten *qigong* unterteilt der Autor in vier Gruppen:

A) *yinggong jichu gong lei* (Grundlegende Übungsarten des harten *qigong*), (sechs Übungen)
B) *jubu xiulian gong lei* (Übungsarten zum Kultivieren von Teilbereichen), (vier Übungen)
C) *yinggong xinfa* (Kernmethoden des harten *qigong*), (zwei Übungen)
D) *quan shu lian qi xinfa* (Kernübungen des *qi*-Übens mittels Faustübungen), (drei Übungen).

Auf diese speziellen, kampfkunstbezogenen Untergruppen soll jedoch nicht näher eingegangen werden.

6.7 Weitere Einteilungsschwerpunkte

Die „Entwicklungsgeschichte der Kunst der chinesischen *qigong*-Lehre" (189) wurde mit der Absicht, das Buch auch auf Englisch auf den Markt zu bringen, in sehr geringer Auflage herausgebracht. In ihrer Bucheinleitung (*xulun*) teilen *WANG Buxiong* und *ZHOU Shirong* die *qigong*-Übungen hier folgendermaßen auf:

I. *jinggong* (Übungen in Stille): *xujing* (*gong*) (Übungen der Leere und Stille), *tuna* (*gong*) (Übungen des Auswerfens des Alten und Hereinholens des Neuen), *cunxiangfa* (Methode des Bewahrens des Denkens), *neidanshu* (Kunst des Inneren Zinnoberfeldes), *zuo chan* (*chan xiu*) (sitzende (Zen-) meditative Übungen), *jingzuofa* (Methode des Stillsitzens), *liuzi qifa* (*qi*-Methode der sechs Lautzeichen, *liuzijue*), *wei qi fa* (Methode des sich dem *qi* Anvertrauens), *fangsonggong* (entspannende Übungen), *neiyanggong* (innere ernährende Übungen), *zhanzhuanggong* (Standübungen) (letztere in Überschneidung mit II.)
II. *donggong* (Übungen in Bewegung): *zhanzhuanggong*-(Standübungen) (letztere in Überschneidung mit I.), *daoyin* (Lenk- und Leitübungen), *anmo* (Druck- und Reibmassagetechniken), *paiji* (Klopfen und Schlagen), *zifa donggong* (spontane Bewegungsübungen), *ying qigong* (hartes *qigong*)

Als wichtigste „Übungsbesonderheiten der Übungen in Stille" (ÜS) führt er auf: *song* (Entspannung), *jing* (Stille), *guan* (meditative Betrachtung), *shou* (Wachsamkeit), *xi*

(Atmung). Dann führt er auf, welche der genannten Stile diese Merkmale selektiv miteinander verknüpfen, wobei diese Merkmale dann ausführlich erklärt werden:

1. *xu jing lei* (Arten der Leere und Stille). Dies wird mit Zitaten von *LAO ZI* und aus dem *HUANG DI neijing* näher erläutert.
2. *yi shou lei* (Arten der geistigen Aufmerksamkeit und Wachsamkeit). Hier wird die Ableitung aus 1. erklärt, die Bedeutung des *dantian* (Zinnoberfeldes), sowie der Verwandlung der *sanbao,* d.h. von *jing* in *qi*, dann in *shen* und schließlich der Rückführung in *xu* (Leere) an Hand von „*lian jing hua qi, lian qi hua shen, lian shen huan xu*“, (s. Kap. 1.1)
3. *guan xiang lei* (Arten der Betrachtung und des Denkens). Diese bestehen aus zwei wichtigen Teilen:
   A) *cunxiang* (das Bewahren des Denkens)
   B) *chanxiu* (die Pflege der *chan*-Meditation).

zu A)

Der Inhalt von *cunxiang* wird folgendermaßen erklärt: es besteht aus inneren und aus äußeren Bildgestalten, d.h. man nimmt sich innere oder äußere Bilder.

Die inneren Bilder bestehen aus drei Arten mit Untergruppen:

a) beschränkt auf die Vorstellung im Körper: Farbe (gemäß der kosmologischen Zuordnung nach den *wuxing*) der fünf Organe, Säftefluß, *qi*-Fluß (- Bewegung des *qi* in den Meridianen, – Orte, wo *qi* Erkrankungen antrifft), natürliche Miniaturbilder, menschliche Miniaturfiguren
b) nach außen gesandte und nach innen zurückgeholte Bilder, wechselnd: menschliche Miniaturfiguren, Miniaturgestalt des eigenen Körpers
c) innen erzeugte, nach außen verbreitete Bilder: Gefühl von gesteigertem Licht/ Glanz, ein Ausstrahlen des *neiqi* (inneren *qi*).

Hierbei bestehen die äußeren Bildgestalten aus zwei Arten mit Untergruppen:

a) äußere Bilder: Naturszenen, menschliche Miniaturfiguren, mythologische Gestalten, seltene Tiere, besondere menschliche Ereignisse
b) in den Körper gebrachte Bilder: Naturszenen, *qi*-Fluß, Säftefluß, übernatürliche Kräfte.

Im „Großen Wörterbuch des religiösen Daoismus[372]“, werden *cunsi* und *cunxiang* folgendermaßen erklärt.

> „*Cunsi* ist ein wichtiger Teil für die Ausübung des Daoismus, es ist nämlich ein bewahrendes Denken (*cunxiang*) für geistige Dinge, mit dem Prinzip Einheit ohne Trennung. Auf das ‚*Yunji qiqian*‘ (s.u.) bezugnehmend, steht im Kapitel *cunsi*: Beim *cunsi* gibt es drei Methoden; in dem wahren Klassiker der größten Methode gibt es 39 wahre Methoden: das Bild des *cunsi* bei *LAO ZI*, der Spruch über das *cunsi* von Urmutter und Urvater usw. Alles dies gehört zur Arbeit des *cunsi* bei stillsitzender Übung (*jingzuo*).

372.*Zhejiang guji chubanshe*: *Daojiao da cidian*. 1987. (Dieser *neibu* Reprint der in Taiwan erschienenen Originalausgabe – wo es wie in Hongkong keine Daoismus-verfolgende Kulturrevolution gegeben hatte – war in der VR China erst 1987 wieder möglichen)

Cunxiang ist nämlich *cunsi*. Im *Tian yinzi* steht: *Cun* (aufbewahren) bedeutet das Bewahren meines Geistes, *xiang* (denken) bedeutet das Denken an meinen Körper. Beim Augenschließen (*bimu*) sieht man die eigenen Augen. Beim Zurücknehmen der Gedanken (*shouxin*) sieht man sein eigenes Herz (*xin*) [hier eher als Geist zu verstehen, im Sinne des engl. mind]. Herz und Augen [gemeint ist die ablenkende Aktivität, die durch äußere oder innere Bilder und Gedanken in Herz und Augen erzeugt wird] verlassen meinen Körper nicht. Wenn ich meine Geist(esaufmerksamkeit, Vitalität) (*shen*) nicht (störend) beeinträchtige, dann (bedeutet das), ich (kann) voranschreiten im Bewahren des Denkens (*cunsi*)."

ENGELHARDT[373] führt an, daß der Ausdruck *cun* sogar schon im *Yi jing* (Hexagramm 1) erscheint, im Sinne von „Bestand haben, leben", und übersetzt ihn mit „aktualisieren", da er „sowohl eine anhaltende, verweilende Konzentration als auch das Bemühen, den gewünschten Vorgang konkret zu verwirklichen und zu physischer Existenz zu bringen", enthalte. Inhaltlich stimme ich mit dieser Übersetzung überein (im Gegensatz zu HOMANN?), obwohl m.E. statt „Konzentration" vielleicht „gleichmäßig schwebende Aufmerksamkeit" angebrachter wäre, da es weniger Anstrengung impliziert. Trotzdem scheint mir insgesamt der Ausdruck „Bewahren" der Gedanken (wie in der Visualisation) breiter anwendbar und genauso innig und folglich noch stimmiger.

Das *qigong*-Wörterbuch (121) verweist zum Begriff *cunsi* darauf, daß man auch *cunxiang* dazu sage und zitiert ebenfalls das *Yunji qiqian*, ein Buch des religiösen Daoismus aus der *Song*-Zeit, wohl um 1019 verfaßt, in dem *qigong*-Methoden geschildert werden, zusammen mit dem Kapitel zum *cunsi*, und dem Entwurf des *cunsi* von *LAO ZI*:

„‚Wenn man die Grundlagen des *dao* studieren will, nehme man das Bewahren der Gedanken als Oberstes (*Xue dao zhi ji, yi cunsi wei shou*).' ‚Als Hilfsmittel, um sich zu vervollkommnen, muß man die Gedanken bewahren (*Xiu shen ji wu, yao zai cunsi*).' Es ist auch so, wie man beim *qigong*-Üben sagt: ‚Ein Gedanke soll 10.000 Gedanken ersetzen (*Yi nian dai wan nian*)', daher ist ‚ein Gedanke (*yi nian*)' der Inhalt von *cunsi*. Ganz gleich, auf welchen Gedanken man sich konzentriert: das Zinnoberfeld, die fünf *zang*-Organe, die vier Zustände/Arten[374], das wahre *qi*, Sonne und Mond, den Manna-Tau usw., alles kann man nehmen."

KOHN[375], die sich auch intensiv mit dem *Yunji qiqian* beschäftigte, führt in diesem Zusammenhang aus jenem Werk den daoistischen Gedanken des *sanyi* (drei in einem) weiter aus: *shen* (Geist), *jing* (Essenz) und *qi* entsprechen den drei kosmischen Verwaltungen von Himmel, Erde und Wasser, den Augen, Ohren und Nasen der Menschen sowie den Charakteristika des *dao*: unsichtbar, unhörbar und subtilst im Gefühl. „Wenn man es erst einmal schafft das Eine zu bewahren (*shouyi*), so werden die 10000 (zahllosen) Dinge (von selbst) vollendet".

Man sieht, daß die beiden chinesischen Autoren des *qigong*-Buches ohne Heranziehung einiger wichtiger daoistischer Quellen probiert haben, die traditionellen Beschrei-

373.ENGELHARDT, U., 1987, S. 285

374.S. (31) S. 7: der Wesen abgeleitet vom *taiji*, oder den 4 Himmelsrichtungen, 4 Jahreszeiten, den 4 Elementen Metall, Holz, Wasser und Feuer (s. auch (121) S. 158). Da eigentlich eher von den 5 Himmelsrichtungen (einschließlich der Mitte), den 5 Jahreszeiten und den 5 Elementen gesprochen wird, wird hier der Bezug nicht ganz deutlich.

375.KOHN, Livia: Guarding the One. In: KOHN, L. (Ed.), 1989, S. 130ff.

bungsformen mit Beispielen aus der TCM und dem täglichen Leben, unter Wahrung einiger Kernaussagen, in eine moderne Sprache umzuformulieren.

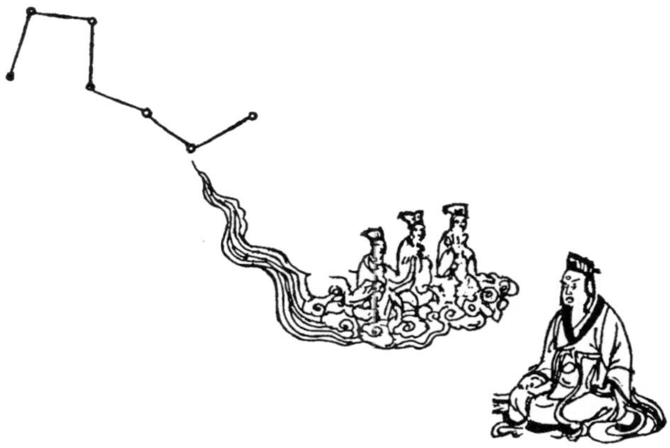

Abbildung 63: Stille qigong-Übung, die die Drei Einen, sanyi, vom Großen Wagen herabsteigen läßt (Abb. in KOHN*, 1989, S. 138).*

Fig. 1. The Three Ones descending from the Dipper. *Source: Shangqing jinque dijun wudou sanyi tujue* 上清金闕帝君五斗三一圖訣 9b–10a (DZ 765, fasc. 534)

Zu B)

Chanxiu, die Pflege der *chan*-Kontemplation: die Bedeutung der *zhi* (= samatha in Sanskrit und Pali) *guan* (= vipasyana in Sanskrit, vipassana in Pali) *fa* (der Methode des Bis-die-Gedanken-verschwinden und des Anstaunens) wird mit Bezügen zu tibetischen, japanischen und taiwanesischen Unterschieden dieser buddhistischen Methode erklärt. Es gibt dabei die drei Regulierungen im Sinne von Ausrichtungen und Harmonisierungen (*tiao*) des Körpers (*tiaoshen*), der Geistesaufmerksamkeit (*tiaoxin*) und der Atmung (*tiaoxi*) bzw. die fünf mit der zusätzlichen Regulierung der Nahrung (*tiaoyinshi*) und des Schlafes (*tiaoshuimian*), die beim *cunxiang* [s.o. unter A)] im allgemeinen nicht diese Rolle spielen.

1. *lian xi lei* (Arten der Atemübung). Als wichtigste Arten werden angeführt: *zhongxi* (das Folgen der Atmung), *xing qi* (Lauf des *qi*) (s. Kap. 3.1), *huxi jinggong* (Übungen der Stille mittels Atmung), *shiqi* [Essen (=Aufnahme) des *qi*], *guiyan* (Schlukken der Schildkröte), *taixi* (Embryonalatmung), *liuzi qifa* (*qi*-Methode der sechs Lautzeichen, *liuzijue*)
2. *song jing lei* (Arten der Entspannung und Stille)

3. *zonghe lei* (zusammengesetzte Arten)

Im zweiten und deutlich kürzeren Abschnitt ihrer Einteilung gehen die Autoren *WANG Buxiong* und *ZHOU Shirong* auf die Übungen in Bewegung ein. Dabei unterteilen sie in die drei Kategorien *daoyin* (Lenk- und Leitübungen), *anmo* mit *paiji* (=*paida*) (massierende und klopfende Übungsverfahren) und *zifa donggong* (spontane Bewegungsübungen). Der dritte Abschnitt ist als Anhang den aus Bewegung und Stille zusammengesetzten Arten gewidmet, wie dem *baduanjin* oder dem *shierduanjin* (s. Kap. 7.3.4).

6.8 Diskussion

Ein gewisser Eindruck zur Entwicklung des *qigong* in China und dem was man damit assoziieren möchte ergibt sich auch bei der Betrachtung der Bucheinbände. Hier kann man Symbole, besondere Schriftformen, Personen, thematische Darstellungen und abstrakte graphische Gestaltungen erkennen. Es finden sich wiederholt die traditionellen Symbole

Abbildung 64: Die positiven Energien der sanyi oder sanbao manifestieren sich über den daoistischen Bezug zu den Sternen des Großen Wagens in den Körperorganen (Abb. in ROBINET, 1993, S. 208).

Abbildung 65: Qigong-Ubung mit Visualisation der Sonne (Abb. in KOHN, *1989, S. 170).*

Abbildung 66: Qigong-Übung mit Bezug auf lunare Energien (Abb. in KOHN, *1989, S. 148).*

für Langlebigkeit wie der Kranich (6, 53) und die Kiefer (36, 46). *Yin yang*-Symbole (116, 51), gelegentlich die *bagua* (116), oder andere mit dem Thema [Augenbehandlung (171), Beziehungen zum Akupunkturmeridiansystem (227), tibetische Schrift (84), kämpfender Mönch (217), Buddhastatue (21)] in Beziehung stehende Symbolbilder tauchen ebenfalls auf. Nur die Reproduktionen alter Texte, gelegentlich in den traditionellen Langzeichen, benutzen alte, offiziellere kalligraphische Formen wie die Siegelschrift (269). Ansonsten wird die Grasschrift häufiger benutzt, die auch eher individuellere Abwandlungen zulässt. Eine deutliche Betonung der Individualität lassen natürlich Abbil-

***Abbildung 67:** Das Heranwachsen des energetisch-spirituellen Inneren Embryos bei ÜS im xingming guizhi Bd 4 (Abb. in* DESPEUX*, 1979, S. 65).*

dungen der *qigong*-Meister erkennen (247), vor allem wenn sie auch noch Autoren sind (112, 270, 126, 240). Eine Verbindung mit dem Modernen wird besonders bei der Darstellung von einem Lehrenden und einem Übenden in traditionellen Gewändern zusammen mit einer Übenden in moderner Kleidung (260) deutlich. Am häufigsten gibt es aber in Verbindung mit den oben erwähnten Darstellungen oder gelegentlich alleine abstraktere graphische Gestaltungen (Standübungsposition mit *waiqi*-Energiewirbel (87), Ausstrahlübung auf einen Sitzenden mit verschiedenen bunten, teils geometrischen Mustern (152)). Insgesamt wird auch hierbei der Versuch deutlich, alte kulturelle Inhalte in ihrer Tradition teilweise zu belassen und sie in erweiterter oder veränderter moderner Form fortzuentwickeln.

In den Vorlesungen für die *qigong*-Klasse am TCM-Institut in Nanking (WS 86/87) wurde das *qi* auch in bezug zum *neiqi* (inneren *qi*) und zum *zhenqi* (wahren *qi*) gesetzt, sowie in Gegensatz zur reinen Atemluft gestellt. *Qigong* definierte sich durch das Stärken und Bewegen des *neiqi*. Das Benutzen der *qigong*-Praxis zur Erforschung des Gesetzes der energetischen und stofflichen Bewegung des menschlichen Lebens sowie bezüglich seiner Verbindung zur Natur und der sich daraus ergebenden Wissenschaft, gilt als Kennzeichen der *qigong*-Lehre, *qigongxue*, im Englischen qigongology genannt. Dabei wurde betont, die dazugehörige Theorie beinhalte, daß man Natur und Mensch als organische Einheit betrachte, wobei *jing* (energetische Essenz), *qi* und *shen* (Geist) zusam-

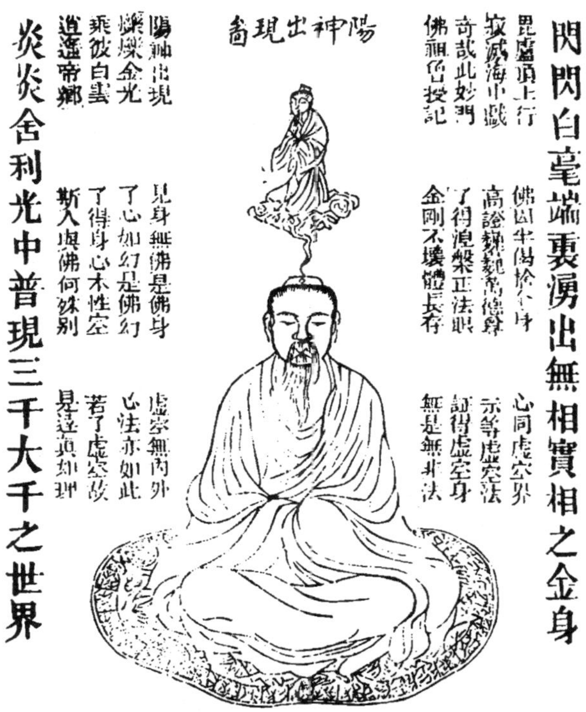

Abbildung 68: Erscheinen und Heraustreten der spirituellen yang-Energie im xingming guizhi Bd 4 (Abb. in DESPEUX, 1979, S. 80).

men zum Körper und den inneren Organen einen wechselseitigen Bezug haben. Zusätzlich habe jede spezielle Stilrichtung ihre eigenen theoretischen Grundlagen. So bezeichne man bei der Methodenforschung die *neiqiufa* (Methode der inneren Suche) auch als Prozeß des *neijing* oder *neiguan* (des Sehens nach innen), was mit der Reaktion auf die Verwandlung des *qi* (s. Kap.1.1), dem Phänomen des *jingluo*-Meridiansystems und der Bewegung der inneren Organe zu tun haben kann. Im ersten Übungsschritt soll im Erkrankungsfall die Krankheit bekämpft und ansonsten die Gesundheit gestärkt werden. Im zweiten Übungsschritt sollen die geistigen Fähigkeiten angehoben und die latenten Fähigkeiten geweckt werden. Dies war die moderne Interpretation der abgewandelten alten spirituellen Tradition des Daoismus und des Buddhismus.

Livia KOHN, die sich im Rahmen ihrer Untersuchungen ausführlich mit daoistischer und auch mit buddhistischer Terminologie auseinandersetzte, hat diesbezüglich im Gegensatz zu den modernen chinesischen *qigong*-Autoren eine klar durchstrukturierte Unterteilung vorgeschlagen, die daher hier im Original[376] wiedergegeben werden soll. „The term used for insight meditation is *guan*, which in the ancient dictionary *Shuowen jiezi* [ca. 2. Jh. n.Chr.] is explained as „to scrutinize“, “to examine carefully.” In Buddhist texts *guan* translates vipasyana, insight meditation, which contrasts with *zhi*, cessation.

376.KOHN, Livia: Taoist Insight meditation. In: KOHN, L. (Ed.), 1989, S. 195f.

In Taoism *guan* goes together with *ding*, a borrowing from the Buddhist term for dhyana, which, however, is also used together with *guan* in denoting the samatha-vipasyana pair. To distinguish Buddhist and Taoist usages for concentrative and mindfulness meditation respectively, I use cessation and insight for the Buddhist *zhiguan* and concentration and observation for the Taoist *dingguan*. To translate *guan* as observation also has the advantage that one can give its verb form as to observe.

Neiguan, "inner observation," (often also given as "inner vision") is used in Chinese religious literature in general in a very broad sense. It refers to the active, conscious introspection of one's own body and mind. As such it is sometimes even used interchangeably with *shouyi*, "guarding the One." Not only the subtler energies of life, but also the gods and spirits who habitate the human body are thereby revealed to the practitioner who, according to the *Neiguan jing*, is instructed to see the body as part of heaven and earth, raised through *yang* and nourished by *yin*, helped and garded by the spirit and material souls, organized in accordance to the five agents and the five tones, radiating with the power of the seven stars and eight luminaries."

Ebenso wie KOHN berichtet, daß in der chinesischen religiösen Literatur der Ausdruck *neiguan* in einem stark verallgemeinerten Sinn eingesetzt wird, ließ sich meinerseits zeigen, daß diese Verallgemeinerung von ursprünglich spezifisch je nach Zeitepoche und Philosophie- bzw. Religionsströmung eingesetzten Fachausdrücken auch in der heutigen *qigong*-Literatur anzutreffen ist.

Ganz offen diskutiert diese Frage ein Autor[377], der sein Werk ‚die wissenschaftlichen Grundlagen des *qigong*' nennt. Zum Thema *qi* sagt er: „Einige nennen es ‚das wahre Qi' *zhenqi*, andere sprechen wiederum vom ‚ursprünglichen Qi' *yuanqi*, oder vom ‚regulären Qi' *zhengqi*, oder sagen einfach nur Qi. In Japan bezeichnet man [das Qi aus dem Binomen Qigong] als ‚Geist-Qi' *lingqi*. Es ist schwierig, derartige Begriffe als [stringente] Bezeichnungen innerhalb einer modernen Wissenschaft zu würdigen. Um es [innerhalb einer rhetorischen Frage einmal] klar auszudrücken: Was haben Begriffe wie ‚wahres Qi' oder ‚ursprüngliches Qi' in den modernen Wissenschaften, wie der modernen Medizin, Physik, Chemie, Biologie, zu suchen? Deshalb sind wir gezwungen, die aus der klassischen chinesischen Terminologie überlieferten, mystifizierenden Begriffe in eine allgemeine, für alle Leute verständliche Sprache zu übersetzen und sie unter der Ausnutzung der innerhalb der modernen Wissenschaften gebräuchlichen Begriffe und [Fach]-Sprache zu ersetzen, um [Begriffe wie] ‚wahres Qi' und ‚ursprüngliches Qi' zu erklären." *XIE Huanzhang* räumt allerdings ein, daß eine geringe Zahl an Wissenschaftlern die traditionellen Begriffe und ihre Anwendungen bewahren müsse, um so noch den Klassikerschatz zum *qigong* ausgraben zu können.

Wenn jedoch *GUO Moruo* ohne fundierte Erklärungen *tuna* mit *daoyin* und dann *qigong* gleichsetzt und *YANG Meijun daoyin* mit *qigong* gleichsetzt (s.o.) und beide diese alten Teilbezeichnungen nicht dem modernen Begriff *qigong* unterordnen, so beginnt die Verwirrung. Bei allem Verständnis für eine gewünschte Vereinfachung sollte doch vor

377. (224) *XIE Huanzhang*: *Qigong de kexue jichu*. 1991. S. 27-33. Zit. n. KUBNY, 1995, S. 58 f.

dieser erst die theoretische Aufarbeitung erfolgen, damit man weiß, was man mit modernen Begriffen fassen kann. Außerdem dürfte es die Sache bedeutend vereinfachen, wenn direkt parallel zur Erforschung der Theorie und Geschichte, eine Aufarbeitung der praktischen Seite der Übungen damit einhergeht. Bei sofortiger Abkehr von den klassischen Begriffen besteht die Gefahr, daß schließlich keiner mehr weiß, wovon genau in dem modernisierten Text die Rede ist. Das Verständnis der alten Quellen wird so erschwert bis verfälscht, zumal wenn der Untersuchende in seinem theoretisierenden Bericht erkennen läßt, daß er selbst nicht die geringsten praktischen Erfahrungen hat. In privaten Gesprächen deutet sich jedoch als Korrektiv hierzu schon an, daß einerseits die *qigong*-Praktiker mehr ernsthaftes Interesse an den zunehmend wieder zugänglich werdenden alten Quellen haben und andererseits die philosophischen Theoretiker sowie aufs neue religiös aufgeschlossene Chinesen sich wieder mit modernen und alten Übungspraktiken beschäftigen. So kann man hoffen, daß in naher Zukunft, immer vorausgesetzt, daß die gesellschaftspolitische Entwicklung dies gestattet, qualitativ bessere Werke zum modernen und zum alten *qigong* entstehen werden.

Insgesamt läßt sich feststellen, daß in China probiert wird, die Unterteilung der *qigong*-Arten nach modernen, möglichst wissenschaftlichen Kriterien im Rahmen der heutigen Alltagswelt vorzunehmen. Innerhalb dieser Untergruppen versteckt, findet sich dann bei einigen wieder – gewissermaßen vorsichtig deutend und, wie gesagt, oft zu verallgemeinernd – die Einführung zur alten Terminologie und Phänomenologie der typisch chinesischen Kulturwelt, wie man sie in den alten Texten liest. Erinnert sei dabei auch noch stellvertretend an das *Huangting jing*[378] (beinhaltet in (226)) und seine ausführlichen Beschreibungen zur Meditation mit Visualisation von Körpergottheiten[379]. Dabei sei im Sinne von PETERSON (s. Kap. 4.2) darauf verwiesen, daß auch hier die Körpergottheiten mit ihrer kulturell determinierten Beschreibung des an sich Unbeschreibbaren, als Numen oder besser als energetische Entitäten interpretiert werden können.

Der Versuch chinesischer Autoren, einerseits für jeden verständliche Erklärungen aus der Alltagswelt zu liefern, die andererseits auch wissenschaftlichen Bestrebungen genüge tun – z. B. durch den Versuch einer Klassifikation –, zeigt deutlich den Wunsch nach Anerkennung sowohl in der Laien- als auch in der Fachwelt, wobei hier neben das traditionelle Verständnis auch ein wissenschaftliches treten soll, um unter den Gruppen Akzeptanz zu finden, denen das traditionelle Verständnis nicht (mehr) zugänglich ist oder nicht mehr ausreicht. Dieser Legitimationszwang (s. auch Fußnote 284) wurde früher dadurch befriedigt, daß man sich als in einer Linie stehend mit den Altvorderen begriff und dies aufzeigte, mindestens bis KONFUZIUS und *LAO ZI*, womöglich noch bis zu den legendären Kaisern. Andererseits stellte sich früher wohl nicht der Anspruch, von der Laien-

378.S. HOMANN, R., 1971, HEISE, Th., 1998a

379.Die bekannte amerikanische Psychiaterin und Thanatologin Elisabeth KÜBLER-ROSS schreibt in dem Vorwort zu KALWEITs Buch , 1988: „Daß die Schamanen bei der Darstellung ihrer Initiationserlebnisse oft eine sehr ungewöhnliche und symbolische Sprache verwenden, macht manche ihrer Berichte auf den ersten Blick schwer verständlich, und vielleicht muß man selbst ein Schamane sein, um diese Berichte in ihrer ganzen Tiefe würdigen zu können. Schließlich ist hier von außerordentlichen Erfahrungen in einer „vierten Dimension“ die Rede, in die diese Männer und Frauen auf der Suche nach paranormalen Kräften, der Fähigkeit zu heilen/oder die Zukunft vorauszusehen unter größten inneren Kämpfen und Schmerzen vorgedrungen sind.“

welt verstanden zu werden, da man sich entweder schriftlich für „Schriftgelehrte“ äußerte oder/und die Unterweisungen nur als oder mit Hilfe Eingeweihter verstanden werden konnten und in „geheimen“ Kreisen geübt wurden. Heute besteht demgegenüber bei der Mehrzahl der Anspruch, soviele Schüler wie möglich dem „eigenen“, möglichst selbst verbesserten oder kreierten Stil zugehörig zu zählen – als Ansatz zu einem neuen Individualismus in China – bzw. den Stil für die Gesundheit der Massen einzusetzen. Nach dem Start in einer solchen „en vogue“ Gruppe und womöglichen Wechseln zu anderen sowie schließlich dem Erreichen eines bestimmten Niveaus, erkennen viele Teilnehmer diese „Konsumhaltung“. Die Kontaktaufnahme zu einer traditionelleren Gruppe, in Denken und Üben mehr der alten Kultur verpflichtet, ist für viele von denen, die das erkennen, die Konsequenz. In diesen Gruppen wiederum steht – in den Parkanlagen wie in den Büchern – weniger das Besondere des eigenen und womöglich „besten“ Stils im Vordergrund, sondern es finden sich eher interessierte Diskussionen über Ähnlichkeiten und Unterschiede zu anderen Stilen, incl. indischer und tibetischer Formen (s.o.), wie z.B. der Vergleich zwischen der Übungsmethode der Sechs Lautzeichen (*liuzijue*) und Übungen mit den sechs Silben „om mani padme hum“.

Der heutige Legitimationsanspruch wurde also dahingehend abgewandelt, daß er jetzt bei den meisten an erster Stelle gegenüber der Welt der heutigen „Wissenschaft“ besteht. Bei vielen besteht er erst an zweiter Stelle darin, die Verbindung zur Tradition bis ins Altertum aufzuweisen. Letzteres ist aber dennoch ebenso die Regel, wenn auch oft sehr oberflächlich. Es muß jedoch gesagt werden, daß die wissenschaftliche Legitimierung in den Augen der konservativen Naturwissenschaftler meist nicht ausreichend ist. Hier steht die Frage an, ob eine Erweiterung oder Revidierung der sogenannten wissenschaftlichen Kriterien in dem Sinne vonnöten ist, wie es die Physik bei der Erweiterung der allgemeinen NEWTON'schen Physik zeigte. Es kamen Gesetze für besondere Bereiche, wie die Relativitätstheorie, Raum und Zeit im sehr Großen und Schnellen betreffend, und die Quantenmechanik, die Dinge im Bereich des äußerst Kleinen betreffend, hinzu, die besagten, daß wir uns kein mechanisches Modell von ihrem Ablauf entwerfen können[380], sondern ergänzende Vorstellungen benötigen. Wie die chinesischen Referenten im Vergleich eben mit der Relativitätstheorie und der Quantenmechanik immer wieder hervorheben, könnte es sein, daß wir mit *qigong* erneut in Bereiche kommen, die eine Erweiterung unseres bisherigen „Meditationsverständnisses“ und damit unserer Weltsicht notwendig machen. In China scheint man sich dessen sicher zu sein. In den letzten Jahren wird zunehmend eine Diskussion geführt, die 1985 im Rahmen von *wenhuare* und *qigongre* (Kultur- und *qigong*-Fieber) begann – wobei der Ausdruck *qigongre* 1992 noch recht gängig war (s. Abb. 49) – und sich mit den Auswirkungen von *qigong* und seinen verwandten Gebieten auf alle Aspekte des täglichen Lebens (Arbeit, Landwirtschaft, Handel, Sport, Erziehung, Militär, etc.) in der chinesischen Kultur beschäftigt. 1993 gab ein kurzer Artikel in der Zeitschrift „*Qigong* und die Wissenschaft“[381] z.B. an, daß die

380.LESHAN, Lawrence: Von Newton zu PSI. Rororo, Reinbek, Hamburg, 1986
381.*LUO Kexi: Quan guo shou jia „teyi gongneng ban“*. In: *Qigong yu kexue, Guangzhou*, 1993, 7, S. 42

Chinesen in der letzten Zeit daher soviele Goldmedaillen gewonnen hätten, weil sie innerhalb des Sportinstituts eine *qigong*-Klasse besucht hätten, mit dem Zweck ihre parapsychologischen Fähigkeiten auszubilden. Wenn dann auch im Sport einsetzbare Fähigkeiten auftreten, nenne man es „ die Himmelsaugen haben sich geöffnet (*tianmu kaile*)“.

So ist es wichtig zu sehen, daß trotz aller Theorienbildung der Satz eines erfahrenen *qigong*-Lehrers[382] gilt: „*Qi* entsteht durch das Üben und nicht durch das Nachdenken (darüber)“. Das ist eine klare Absage an einen rein kognitiven Zugangsweg zugunsten einer erfahrungsmäßigen Annäherung.

382.Mir namentlich leider nicht bekannt geworden, Nanking, 1987.

7. Die Praxis des qigong

Zur Darstellung der Praxis werden im folgenden beispielhaft das *qigong*-bezogene alltägliche Geschehen in einer Parkanlage in Peking beschrieben sowie drei Interviews in Peking und Kanton mit *qigong*-Übenden, die zu kulturpolitisch wichtigen Personenkreisen zählen, zusammengefaßt wiedergegeben.
Anschließend werden allgemein in der chinesischen Kultur überlieferte praktische Richtlinien zum *qigong* aufgezeigt und die therapeutische Einsetzbarkeit sowie die möglichen Nebenwirkungen besprochen. Anhand der verfügbaren Auflagenzahlen und -orte wird zum Thema der zeitlichen und räumlichen Verteilung der *qigong*-Literatur in der Volksrepublik China unter Einbeziehung der unmittelbaren Praxisbezüge Stellung genommen.

7.1 Tägliches Üben in den Parkanlagen am Himmelsaltar Tiantan

Ein weiterer wichtiger Gesichtspunkt zum *qigong* ergibt sich aus der Art der Einbindung in die Alltagskultur. Täglich kann man sehen, daß die frühmorgendlichen Übungen, was *taiji quan* oder kürzere *daoyin*-Übungen angeht, auch durchaus von Einzelpersonen am Straßenrand oder in geschützten Ecken durchgeführt werden. Für diejenigen, die jedoch etwas länger und abgeschirmter in Ruhe üben wollen, bieten sich die verschiedenen Grünstreifen und Parkanlagen an, wo man sich auch – mit zusätzlich sozialem Charakter – in Gruppen zusammenfinden kann.

Der *Tiantan*-Park umgibt den *Tiantan* (Himmelsaltar), der im Süden Pekings liegt. Der *Tiantan* ist der Platz, an dem die Kaiser der *Ming*- und der *Qing*-Dynastie dem Himmel Opfer darbrachten, für eine gute Saat Rituale ausführten etc. Selbstverständlich war eine wesentliche Voraussetzung bei seiner Errichtung eine günstige feinenergetische Lage gemäß den Gesetzen der Geomantie (*fengshui*). Vielleicht trägt das neben der schönen Parkanlage mit ausgesuchten Bäumen dazu bei, ihn zu einem Sammelpunkt von Frühaufstehern und Übenden in den Morgenstunden zu machen. Dabei finden sich neben Personen, die ihre Singvögel in den Käfigen spazierenschwingen, die Passagen aus chinesischen Opern üben oder Stimmübungen machen, mit ihren Radios spazierengehen, allgemeine Körpergymnastik (*huodong huodong*) oder „Opa und Oma-Disco" ausführen oder einfach nur einen Plausch suchen, viele, die Übungen unterschiedlicher Traditionen praktizieren und meist als erste den Park unmittelbar nach dem Aufschließen betreten. Im allgemeinen wird der Park wetterunabhängig im Winter um 6 Uhr und im Sommer um 5 Uhr geöffnet (manchmal eine halbe Stunde früher). Dabei sind die Übenden jedoch höchstens ein bis zwei Stunden anzutreffen bzw. zu identifizieren, da sie danach entweder wegen der Beendigung der Übungen nicht mehr auffallen oder sofort anschließend zur Arbeit gegangen sind.

Die Zahlen der ersten Untersuchung stammen aus der Zeit vom 20.-31.12.1986, ausgenommen den 24. und 25.12. Die Temperaturen lagen um 6 Uhr zwischen -5 °C und +2 °C mit Schneefall an einem und Graupelschauer an einem anderen Tag. An diesen beiden Tagen waren weniger Menschen unterwegs als an den übrigen Tagen. Da zu Anfang dieser Untersuchung erst die Übungsorte gefunden und die verschiedenen Stilrichtungen im Gespräch identifiziert werden mußten, dauerte die Zählung der Gruppengrößen selbst mit Fahrrad im Park mehrere Tage. Parallel dazu wurde von mir eine ethnomedizinische Fragebogenuntersuchung durchgeführt, die aber innerhalb dieser Arbeit nicht ausgewertet wird.

Als Einzelpersonen, die nicht näher identifiziert wurden, fanden sich ca. 40 Übende.

Die Zählung von Gruppen erfolgte in Fünferschritten, wobei in der Regel leicht aufgerundet wurde, da im Prinzip immer mehr zu einer Gruppe gehörten als anwesend waren.

Die erste Parkkarte betrifft die Lokalisierungen 1986/1987 und die zweite 1988. Die bei der ersten Karte für bestimmte Stile eingeführten Nummern und Gruppenbezeichnungen (a-f), falls ein Stil an verschiedenen Orten geübt wurde, gilt auch für die zweite Karte.

1. *Dayan qigong* (Wildgans-*qigong*) nach Frau *YANG Meijun*, 15 Personen
2. *Ma Litang yang qigong* (Nährendes *qigong* nach Herrn *MA Litang*), a= 10 P.
3. *Hexiangzhuang qigong* (Kranichstil-*qigong*) nach Herrn *ZHAO Jinxiang*, 5 P.
4. *Qigong ziwokongzhi liaofa* (Selbstkontrolltherapie mit *qigong*), insgesamt 30 P.: a=10, b-e= je 5
5. *Daojiao jingzuogong* (daoistische Übungen in Stille im Sitzen), 15 P.
6. *Xi bai yang qigong* (nährendes *qigong* des Atmens von Zypressenluft), a=15 P., b=5 P.
7. *He shi qigong* (*qigong* nach der *HE*-Familie), 10 P.

11. *Wuqinxi jianshencao* (gesunderhaltende Übungen des Spiels der Fünf Tiere), 15 P.
12. *Bagua gong* (Übungen gemäß den Acht Trigrammen), a u. b = je 5 P.
13. *Taiji quan*, meist *Yang*- manchmal *Chen*-Stil, insgesamt 30 P.: a u. d = je 10, b u. c = je 5
14. *Taiji jian* (Schwertübungen im *taiji*-Stil), 35 P.

Am 9.5.1987 gab es hierzu folgende Änderungen:

Zur Gruppe 1. waren 5 P. dazugekommen.

Die Gruppe 2.a war an die Stelle 2.b gewechselt und zählte 15 P.

Die Gruppe 3. zählte 60 P.

Die Gruppen 4.b und 4.c zählten je 15 P.

Die Gruppe 6.b war gewachsen auf 10 P.

Die Gruppen 13.a und c waren nicht zu finden, 13.b betrug 5 P. und die neue Gruppe 13.e betrug 15 P.

Die Gruppe 14. wurde in drei Gruppierungen mit je 15 P. unterrichtet.

Eine Gruppe 15. *yiliao baojiancao fudao zhan* [therapeutische gesundheitsstärkende unterstützende (Stand-)Übung], mit 100 P. war neu, jedoch nicht sicher den *qigong*-Übungen zuzurechnen.

Bei einer Untersuchung am 21. / 24. 10.1988 (starker Nebel, feuchtkalte Nässe) ergab sich folgende veränderte Situation:

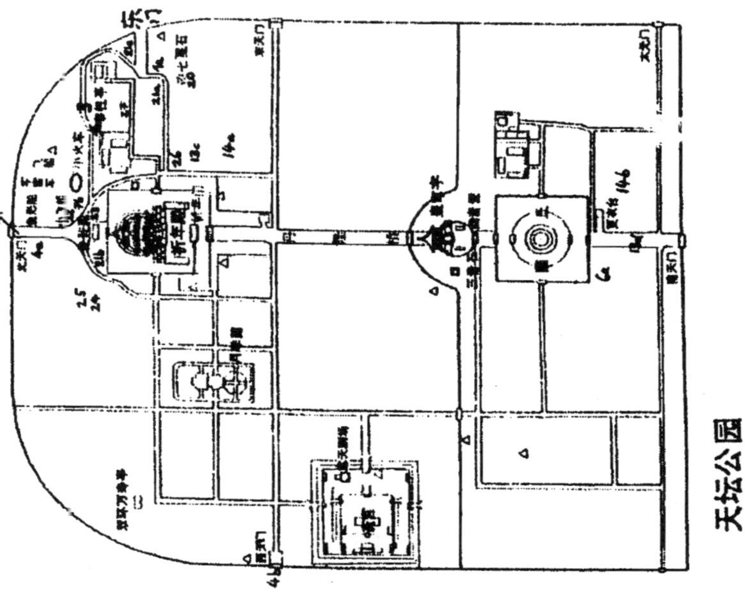

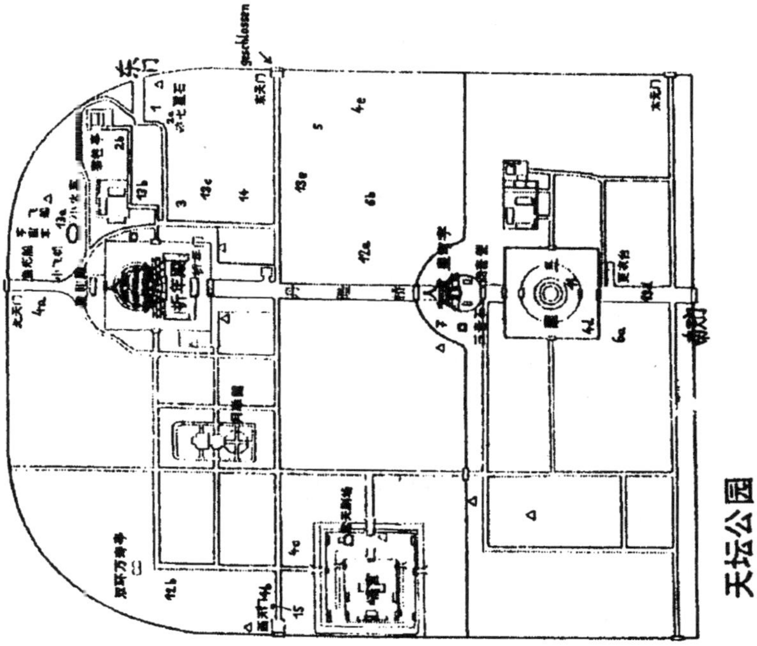

Abbildung 69: Park am Himmelsaltar Tiantan mit Ortsangabe der Übungsgruppen, li. 1986/87, re. 1988.

1. *Dayan qigong* (Wildgans-*qigong*), a=10 P. / 5 P., b= / 10 P.
3. *Hexiangzhuang qigong* (Kranichstil-*qigong*), 5 P. /
4. *Qigong ziwokongzhi liaofa* (Selbstkontrolltherapie mit *qigong*), a=20 P. / 15 P., b= 20 P. / 20 P.
6. *Xi bai yang qigong* (nährendes *qigong* des Atmens von Zypressenluft), a=20 P. / 10 P.
7. *He shi qigong* (*qigong* nach der *HE*-Familie), b=10 P. / 5 P.
13. *Taiji quan*, meist *Yang-* manchmal *Chen*-Stil, c=20 P. / , d=80 P. / , f= / 5 P.
14. *Taiji jian* (Schwertübungen im *taiji*-Stil), a=80 P. / , b=15 P. / 20 P.
20. *Guo Lin qigong* (*qigong* nach Frau *GUO Lin*), 5 P. / 0 P.
21. *Xing shen zhuanggong*, a=5 P. / , b= / 15 P., c=35 P. / 45 P.
22. *Kongjin qigong* (*qigong* der freien Kraft), 20 P. / 15 P.
23. *San jing gong*, 10 P. /
24. *Wu Zhaoxiang qigong xin shisan shi* (neues 13-teiliges *qigong* nach *WU Zhaoxiang*), 40 P. /
25. *Kunlun gongfa* (Übungsmethode nach dem Berg *Kunlun*), 30 P. / 15 P.
26. *Taiji jing shen qi zifagong* (oder: *zifa shen jing gong*) [spontane Bewegungsübungen mittels *jing* (Essenz), *shen* (Geist) und *qi* über den *taiji*-Gedanken], 10 P. / 10 P.
27. *Daoyin yangsheng gong*, 15 P. / 5 P.

Diese tabellarische und kartenmäßige Darstellung erhebt keinesfalls Anspruch auf Vollständigkeit. Sie ist zwangsläufig ungenau, da **ein** Untersucher bei der Beobachtung mehrerer Gruppen an verschiedenen Orten eingeschränkt ist. Einzeln Übende konnten Teile von Kleinstgruppen sein, die schon gegangen waren, bis sie erreicht wurden. Diese wurden nicht berücksichtigt, da sie zu selten gefragt werden konnten, wenn man ihren Übungsablauf nicht stören wollte. Das gleiche Problem ergab sich bei in Übung befindlichen Gruppen: es mußte gewartet werden, bis jemand von ihnen als nicht aktiv Übender erkannt wurde oder sich einer zum Gespräch mit dem offensichtlich darauf wartenden Ausländer bereit zeigte. Ein anderes Problem ist die Tatsache, daß sich manche Stilrichtungen auf andere Parkanlagen konzentriert haben, so daß trotz größerer Popularität des Stils von Frau *GUO Lin* und besonders des Kranichstils in seinen Varianten, diese im *Tiantan*-Park weniger repräsentiert waren.

Trotzdem läßt sich ein gewisser grober Trend erkennen. Dieser betrifft ein zahlenmäßiges Wachsen der Teilnehmer in fast allen Bereichen und eine überraschende jahreszeitliche Konstanz. Die Zunahme gilt hauptsächlich für neuere Stile. 24. *WU Zhaoxiang* brachte sein erstes Buch (214) zu seinem Stil 1988 heraus. Die übrigen neu aufgetretenen Stile erlebten zu dieser Zeit eine weitere Verbreitung, wie 22. *Kongjin qigong*, der wie der Kranichstil vom Wildgansstil abgeleitet war und durch die Schüler des aus Kanton stammenden Gründers propagiert wurde. Bei der im Mai 1987 stark angewachsenen Kranichstilgruppe könnte es sich wie auch bei 25., den *Kunlun*-Übungen, um Übende handeln, die ursprünglich an anderen Orten trainierten. Aber auch solche Verlagerungen geschehen oft, weil es am vorigen Ort durch zahlenmäßige Zunahme zu eng wurde.

Weiterhin fällt mit der deutlichen Vergrößerung der *taiji quan* und *taiji jian* Gruppe auf, daß diese nicht nur abnehmend an Zahl in der Nähe des zuerst geöffneten oberen Osttores liegen, sondern zunehmend am Südtor und außerdem auch später begonnen werden sowie zu einem Zeitpunkt noch aktiv sind, wenn alle *qigong*-Übenden schon aufgehört haben. Das heißt, sie sind einerseits im Konzept zeitungebundener und andererseits extrovertierter mit den Bewegungen von Faust oder Schwert. Ob dies eine Korrelation zu einer langsam zunehmend extrovertierten und westliche Einflüße aufnehmenden chinesischen Gesellschaft bedeutet, steht zur Diskussion an.

7.2 Drei exemplarische Interviews zum qigong

Die folgenden Interviews werden stellvertretend für die an vielen Orten in China geführten wiedergegeben. Sie wurden mit den nur chinesischsprachigen Interviewten ohne weitere Dolmetscher teilweise vertraulich geführt und durften (s. III.) dann nicht unmittelbar danach veröffentlicht werden, da die Forschungsergebnisse der Befragten noch nicht publiziert waren.

I. Am 7. Februar 1987 besuchte ich zum wiederholten Mal das *Xi Yuan* Krankenhaus im Norden Pekings.
ZHANG Yu, 39 Jahre alt, graduiert in TCM und seit 20 Jahren auf dem Gebiet des *qigong* und *taiji quan* tätig, gab mir Auskunft. Er arbeitete als einer von acht *qigong*-Ärzten auf der *qigong*-Abteilung dieses Krankenhauses. 1961 wurde eine *qigong*-Ambulanz eröffnet und 1987 wurden in diesem Rahmen täglich 60 Patienten dort mit *qigong* behandelt. Da die anderen Ärzte, bis auf einen, der gerade erst seine Arbeit neu angetreten und ohne volle *qigong*-Ausbildung war, z.Zt alle abwesend waren, hatte er die Patienten alleine zu versorgen. Deswegen war die gegenwärtige Patientenzahl verringert worden. Die wichtigsten dort behandelten Erkrankungen wurden angegeben als *shenjingguan neng zheng* (Nervenschwäche), *gaoxueya* (Bluthochdruck), *xinjiyan* (Herzmuskelentzündung), *weiyan* (Magenentzündung) und *manxingzhangyan* (chronische Darmentzündung).
Als seine Lehrer nannte er den damals 104 (?, s. Abb. 54) Jahre alten *WU Tunan*, Frau *GUO Lin* und *ZHAO Guang*. Er hatte neben dem *Wu*-Stil *taiji quan* viele *qigong*-Stile erlernt, dabei besonders *dayan gong*, Wildgans-*qigong* und *wudang gong*. Für sich selber praktizierte er aber nur noch den vor 20 Jahren begonnen *daojia neidan shu gong*, daoistische Übungen der Kunst des Inneren Zinnoberfeldes. Mangels Raum in der Ambulanz konnten sie nur noch ausgewählte Patienten in diesem *qigong*-Stil unterrichten. Die anderen wurden nur mit *fa waiqi*, also der *qi*-Übertragung von Arzt auf Patienten, passiv behandelt, verbunden mit einem Reinigen des Patientenkörpers von *xieqi* (pathologischem *qi*) oder einem Ingangbringen von nicht mehr regelrecht fließendem *qi* in den Meridianen (*jingluo*). Prinzipiell wurde jedoch selbstverständlich eine Kombination von passiver Behandlung zusammen mit eigenem Üben angestrebt. Letzteres sollte mittels des Stils erfolgen, der gemäß TCM-Diagnose als am geeignetesten herausgesucht wurde, eventuell

mit besonders zugeschnittenen Übungsteilen innerhalb dieses Stils, die gegebenfalls auch nur für diese Erkrankung geübt werden durften. Man hoffte 1988 auch eine stationäre Abteilung zu bekommen, denn dann würden sich die Raumprobleme verbessern. Die anschließende Behandlung von drei Patienten war eine kombinierte, wobei aber nur zwei von ihnen in meiner Gegenwart ihre Übungen ausführten, während alle drei eine *waiqi*-Behandlung auf die zur Behandlung ihrer Krankheit entsprechenden Akupunkturpunkte empfingen. Im Gespräch betonte *ZHANG Yu* die Wichtigkeit des Zurückgreifens auf alte, in seinem Falle daoistische Formen des *qigong*, nachdem man sich mit neu entwickelten oder abgeleiteten Formen beschäftigt hat. Im letzten Jahr waren ein paar Ausländer in seiner Abteilung zu Gast, teilweise, um ein Interview zu machen, teilweise, um ein paar Tage zu hospitieren.

Am Montag darauf hatte er in der Zeit von 10 Uhr 30 bis um 12 Uhr 30 ein Dutzend Patienten, von denen nur ein Teil seine *waiqi*-Behandlung empfing, während andere in seiner Anwesenheit übten. Im Gespräch stellte sich heraus, daß zwei dieser Patienten westlich ausgebildete Ärzte aus demselben Krankenhaus waren, die ursprünglich diese Behandlung jahrelang sehr skeptisch abgelehnt hatten.

II. Bei dem Interview, das *NI Nongpan* von der „China Association for the Study of Qigong Science" (*Zhongguo qigong kexue yanjiuhui*) am 24.12.1986 auf besondere Vermittlung hin gewährte, erklärte er sich leider außerstande, das von mir gewünschte Empfehlungsschreiben bzgl. der *qigong*-Untersuchungen zu geben. Seiner Aussage nach würden solche Schreiben nur von den regionalen *qigong*-Verbänden für die jeweilige Stadt ausgestellt, und er, obwohl übergeordnet, habe da keine Möglichkeiten. Aber auch in den regionalen Verbänden würde man kaum ein solches Schreiben ausstellen, sondern eher Interviews mit den dortigen *qigong*-Meistern organisieren. Weiter bejahte er, daß es in Peking ein *qigong*-Forschungsinstitut gebe, dies aber leider für Ausländer nicht geöffnet sei. (Später gab sich mir eine gut bekannte und in Deutschland lange Jahre als Stipendiatin ausgebildete Ärztin als neue Leiterin eben dieses Forschungsinstituts nicht zu erkennen. Ihr Sohn, Zahnmedizinstudent in Deutschland, entschuldigte diese Geheimhaltung mit der üblichen politischen Vorsicht.) Auf die Frage, welches die Aufgaben dort seien, war die Antwort, sie seien mannigfaltig und weiter gesteckt als z.B. in *Shanghai*. Hier flackerte die alte Rivalität zwischen *Shanghai* und Peking wieder auf. Mitgliederzahlen oder andere Angaben mochte er nicht äußern.

In einem Artikel der China Daily vom 26.1.87 nannte seine Gesellschaft die Zahl von 20 Millionen Menschen, die in China dabei seien, *qigong* zu lernen oder zu praktizieren. Dort wurden als Indikationen aufgezählt: Bluthochdruck, Magengeschwüre, Emphysem, chronische Leberentzündung, chronische Dickdarmentzündung und Krebs. Es sei auch verwandt worden zur Anaesthesie während Magen- und Schildrüsenoperationen.

NI Nongpan ist außerdem Mitherausgeber eines Werkes (266), in dem 1988 zwölf *qigong*-Stile in ihren Übungsabläufen bebildert und dabei recht ausführlich beschrieben wurden, wenn auch, wie meist, ohne größere Hintergrundinformationen. Die Autoren sind keine Überraschung, sondern bekannte Größen: *MA Litang*, *LÜ Jitang*, *WANG Yufang*, *LI Shaobo*, *YAN Xin*, *ZHANG Mingwu*, *ZHAO Jinxiang*, *HUANG Renzhong*, *YANG Meijun*, *PEI Xirong* und *ZHAO Yufeng*. Dabei ist nur letzterer, der über *neiyang gong* (die inneren nährenden Übungen) schrieb, in meiner Arbeit nicht weiter verzeichnet.

III. Am 16.2.1987 gewährte *YANG Xiaobin*, der Generalsekretär der *qigong*-Forschungsgesellschaft der Provinz *Guangdong*, ein Interview. Er nannte 700 Mitglieder und darunter 40 *qigong*-Lehrer sowie 200 mit der Erforschung Beschäftigte. Er berichtete von einer Abendschule für Erwachsene, die seit 1984 *qigong* und verwandte Fächer unterrichte. Dabei stünden besonders daoistische Methoden, jedoch auch buddhistische und Yoga im Vordergrund. Insgesamt jedoch gebe es dort wie in ganz Südchina weniger Untergruppen als im Norden, wo Peking mit der höchsten Vielfalt die Spitze einnehme. Die Dauer der angebotenen Kurse betrage zwischen zwei Wochen und einem Jahr. Seit 1985 gebe es eine Fabrik, die *qigong*-Geräte herstelle. Ihre 25.- *Yuan* teuren Apparate sollen einen ähnlichen Effekt, wie die *waiqi*-Ausstrahlung der *qigong*-Meister erzielen.
Die dort ansässigen *qigong*-Meister würden besonders erfolgreich *waiqi*-Behandlungen für Herzerkrankungen, insbesondere Arrhythmien, zur Suchtentwöhnung und bei Frakturen machen.
Bei letzteren habe es ein Meister soweit gebracht, daß die Patienten nach 15 Minuten Behandlung mit dem gebrochenen Fuß, ohne ihn stärker zu belasten, wieder nach Hause gehen könnten. Die volle Belastungsfähigkeit werde auch bei schwierigeren Brüchen meist im Laufe von 2-3 Wochen wiedererlangt. 3-4 Wochen nach einem Bruch habe er mit seiner Behandlung zwar auch noch Erfolg, jedoch müsse, falls die Stellung nicht optimal sei und wenn der Bruch länger als zwei Wochen zurückliege, der Knochen schmerzlos unter *qigong*-Einwirkung erneut gebrochen werden und danach mit einer weiteren *qigong*-Technik geheilt werden. In Zusammenarbeit mit westlichen Medizinern werde z.Zt dieses Verfahren an Lämmern untersucht, die nach bestimmten Heilungszeiten nach künstlichen Frakturen getötet und anatomisch-histologisch aufgearbeitet würden.

Ein anderer, von mir anschließend besuchter Forscher, untersuchte den Effekt von *waiqi*-Ausstrahlung durch verschiedene Meister auf das Keimen von Pflanzensamen und Mikroorganismen. Die Auswirkungen waren dabei im Verhältnis zur Kontrollgruppe deutlich zu erkennen, jedoch nicht für alle *qigong*-Meister in gleichem Ausmaß. Gleichzeitig berichtete dieser Forscher auf Anfrage, daß seiner Meinung nach seine Arbeit im Vergleich zu anderen Forschungsgebieten keinerlei Diskriminierung erfahre .

Von zwei weiteren Projekten, die derzeit an Schulen liefen, wurde in Kanton berichtet. Zum einen wurden in der Grund- und Mittelschule mittels *qigong* den Kindern ihre bis zu 1,5 Dioptrien starken Brillen abtrainiert, mit gutem Erfolg nach drei Monaten. Zum anderen wurde begonnen, mit 7-8-jährigen täglich 15-20 Minuten in der Schulpause

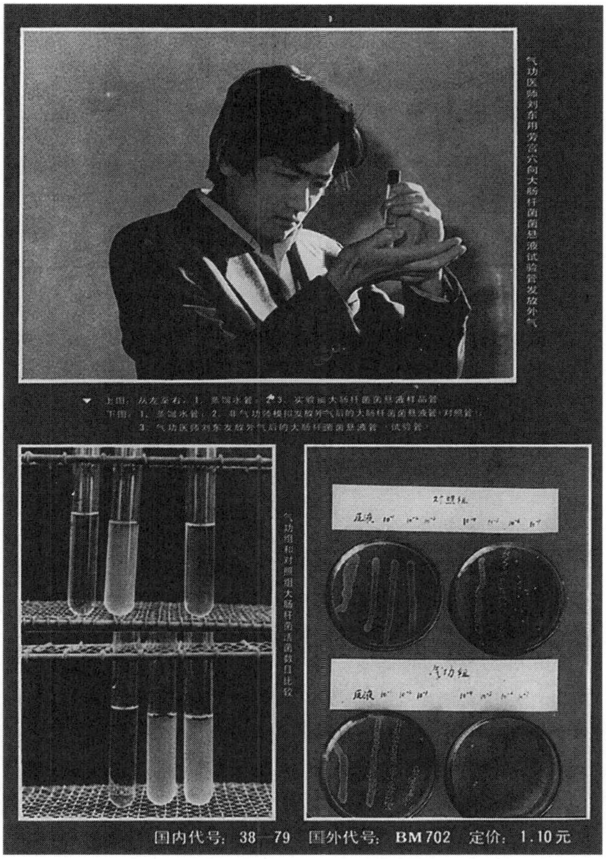

Abbildung 70: E. coli-Bakterien im Reagenzglas (o.) und im Ausstrich (u.) nach waiqi-Behandlung durch LIU Dong, im Gegensatz zu nicht behandelten E. coli mit ungebremsten Wachstum. Abb. in Zhonghua qigong, 3, 1989, Rs.

(oder abends) *qigong* zu üben. Dabei wurde eine Verdopplung des Lernerfolgs bei 100 beobachteten Schülern festgestellt.

7.3 Praktische Übungs-Bezüge

7.3.1 Allgemeine Richtlinien

Generell gesagt, mußten und müssen für die Durchführung von Übungen aus dem *qigong*-Feld immer bestimmte Regeln beachtet werden, die je nach Schule leicht variieren können. Heute jedoch werden viele dieser Regeln von vielen Therapeuten/Lehrern/Meistern aus verschiedenen Gründen (s. Kap. 5.3.3) nicht mehr verstanden, nachvollzogen oder akzeptiert.

Weitgehend allgemein anerkannt unter Qualifizierten sind die folgenden Kriterien.

Es gibt bestimmte bevorzugte Zeiten des Übens, die mit dem Zirkulieren der Energie in den mit den *jingluo* (Meridianen) verbundenen Funktionsorgansystemen zusammen-

Abbildung 71: Abb. in (224) S. 232. Die rechte sonst mit der linken identische Wasserreispflanze wurde mit waiqi bestrahlt und nach gleicher Entwicklungszeit und -bedingung (Wassermangel) aufgenommen. Nur die waiqi-behandelte wuchs ausreichend und mit Ährenansatz.

hängen. Allgemein als sehr gute Zeit gilt 23-1 Uhr (*dan*), jedoch auch von 11-13 Uhr (*xin*), sowie besonders 3-5 Uhr (*fei*) und 5-7 Uhr (*dachang*).

Man sollte nicht nach Alkoholgenuß oder mit vollem Bauch üben, d.h. erst 1/2 bis 2 Stunden nach dem Essen und auch nicht, wenn man vor lauter Hungergefühl abgelenkt wird.

Früher wurde den Novizen auferlegt, sich im ersten Jahr sexuell zu enthalten. Heute wird ernsthaften Anfängern empfohlen, zumindest in den ersten Monaten sexuell Rückhaltung zu üben, mindestens aber auf keinen Fall in den zwei Stunden nach den Übungen sexuell aktiv zu sein, um die hinzugewonnene oder geläuterte Energie zu schonen.

Wenn man sich in sehr extremer Stimmungslage befindet, darf man nicht üben.

Man sollte sich einen angenehmen Übungsort aussuchen und dabei keine Leute um sich herum haben, deren „Wellenlänge" so wenig übereinstimmt, daß man sich in ihrer Gegenwart schlecht fühlt. Solche disharmonischen Verhältnisse könnten, so lehrt man heute noch, pathologisches *qi* (*xieqi*) bei dem Übenden entstehen lassen. Außerdem darf der Ort keinesfalls Durchzug haben, um krankheitserregenden Wind (*fengxie*) zu meiden.

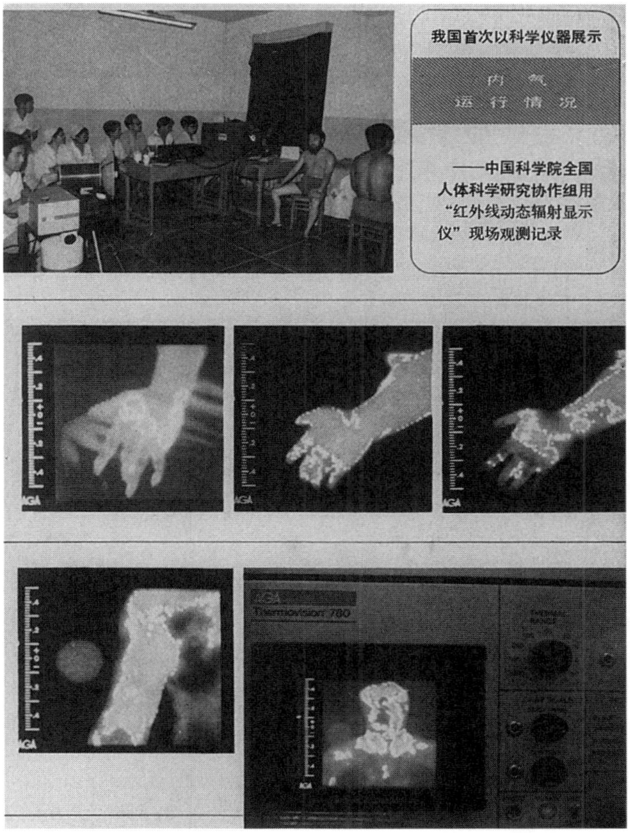

Abbildung 72: Messung der Infrarotstrahlung beim qigong. Abb. in Zhonghua qigong, 3, 1983, Rs.

Schlechtwetterzeiten, besonders im Sinne von Donner oder extremer Hitze, sind zu meiden.

In nicht bewußtseinsklaren Zuständen oder entsprechend leicht bewußtseinsgetrübten Zuständen durch Erkrankungen, insbesondere mit höherem Fieber, darf man nicht üben.

Zusammenfassend sollte es beim Üben *shufu* (angenehm) sein und die Kleidung nicht eng. Bezüglich dem Bedeckthalten der energetisch wichtigen Ellenbogengelenke und Kniee sowie Füße, gibt es bei sich modern gebenden Lehrern unterschiedliche Meinungen. Dies betrifft gleichermaßen das Tragen von oft aus energetischen Gründen abgelehnten Schmuckgegenständen, Brillen und Uhren beim Üben.

Die Übung sollte gemäß der Diagnose des Meisters ausgewählt werden.

Hierbei ist einerseits die Typendiagnose[383] wichtig, entsprechend:

A) *taiyin*: viel *yin* und wenig *yang* gemäß TCM-Diagnose, von der westlichen Medizin her als sehr introvertiert beurteilt, mit vorherrschendem parasympathicus, = Übungen in Bewegung

383.Hier in vereinfachter Darstellung gemäß Prof. *ZHANG Tiange* & *ZHAO Lianting* aus *Beidaihe*. Eine erste, aber unzuverlässige Übersetzung ins Deutsche von dem wichtigsten Referenzwerk unternahm Franz HÜBOTTER: Huang Ti Chen-chiu Chia i ching. Rothacker, Berlin, 1964.

empfehlenswerter, sonst sind leichter Nebenwirkungen möglich

B) *shaoyin*: verhältnissmäßig mehr *yin* und weniger *yang* gemäß TCM-Diagnose, von der westlichen Medizin her als sehr introvertiert beurteilt, eher parasympathicus vorherrschend, = Übungen in Bewegung empfehlenswert, eventuell unterstützt durch statische Übungen

C) neutraler Typ: keine Besonderheiten

D) *shaoyang*: weniger *yin* und relativ mehr *yang* gemäß TCM-Diagnose, ziemlich extrovertiert und eher Vorherrschen des sympathicus, = mehr statische *qigong*-Übungen und nur unterstützend Übungen in Bewegung

E) *taiyang*: wenig *yin* und mehr *yang* gemäß TCM-Diagnose, sehr extrovertiert und Vorherrschen des sympathicus, = statische *qigong*-Übungen sollten im Vordergrund stehen, das Beachten der Regulierung des Atmens (*tiaoxi*) und des Abgebens von überschüssigem *yang* ist wichtig.

taiyin - *shaoyin* - neutral - *shaoyang* - *taiyang*

YIN ☯ YANG

Aus dem eben Gesagten geht schon die Wichtigkeit der *yin yang*-Theorie hervor, die auch noch in weiterer Hinsicht beachtet werden muß. Da Frühling und Sommer *yang* zugehörig sind, soll *yin* zu diesen Zeiten genährt werden, so wie *yang* während dem *yin* zugeordneten Herbst und Winter. Daraus ergibt sich, daß im Prinzip Übungen in Stille in der warmen Jahreszeit zu bevorzugen sind, mit Speichelschluckübungen oder der Vorstellung etwas Kaltes zu sich zu nehmen. Entsprechend gehören Übungen in Bewegung eher in die kalte Jahreszeit, ebenso wie die Imaginationsübungen, daß Feuer in den Körper komme oder der Körper durch tiefe Atemübungen erhitzt werde. Dies wird in den klassischen Texten durchaus noch weiter ausgebaut, findet aber in der Praxis weniger Anwendung. So wird die Bewegung von *xue*, *qi* und den *zangfu*-Organen den verschiedenen jahreszeitlichen Zyklen zugeordnet. Zu Frühlingsbeginn sollte man die Übungen betonen, die das *yangqi* kultivieren und *qi* und *xue* harmonisieren. Während der nächsten Zeitepoche des Regens und Wassers sollten *xue* und *qi* durchgängig kanalisiert[384] und der Angriff des exogen pathologischen Windübels (*fengxie*) verhindert werden. Im dritten Zeitabschnitt sollte man die dreifache Wärme (*sanjiao*) regulieren und die Funktion des *xinbao* (Perikard) stärken. Während der vierten Periode mit der Sommersonnenwende sollte das Steigen und Fallen des *yin* und des *yang* von *gan* (Leber) und *dan* (Gallenblase) harmonisiert werden. In der fünften Periode sollte das *yangqi* von *gan* (Leber) durchgehend kanalisiert werden. In der sechsten Epoche sollte man das *ganqi* durchgängig kanalisieren und verteilen, *xue* stärken und die Augen zum Glänzen bringen. – Daran sieht man, daß verschiedene Kalenderperioden unterschiedliche Anforderungen an die Regulierung von Körperhaltung, Atmung und geistiger Aufmerksamkeit mit sich bringen. Besonders, wenn man lange Jahre hindurch praktiziert, ist diese Differenzierung wichtiger und nützlich.

384.*Shu* in der Bedeutung von „Hindernisse wegräumen um freien Fluß zu gewährleisten" wird hier mit „kanalisieren" übersetzt

Gemäß dem Erkrankungssyndrom muß ein Fall von Kältesyndrom möglichst mittags erhitzt und ein Mangelsyndrom tonifizierend aufgebaut werden. Ein Überflußsyndrom soll möglichst gegen Mitternacht abgeleitet werden. Dies entspricht den klassischen Texten.

Außerdem muß *qigong* entsprechend der weiteren Pathogenese der Erkrankung nach TCM-Regeln verschrieben werden.

Dies kann Unterstützung durch weitere therapeutische Verfahren der TCM als notwendig ergeben. Hierbei wurde in *Beidaihe* die Diätetik seit den 50er Jahren zunehmend betont, so daß man dort jetzt sogar von einer Regulierung von Körperhaltung, Atmung, geistiger Aufmerksamkeit und medizierter Nahrung spricht. Bei entsprechenden Indikationen wird jedoch auch eine Verbindung mit der westlichen Medizin (*jieheyi*[385]) gesucht, z.B. bei notwendiger Gabe von westlichen Beruhigungsmitteln (Tranquilizern) in Fällen psychischer Erregungszustände, die mit TCM schlecht zu behandeln sind. Gegebenenfalls wird von *Beidaihe* aus auch in westlich medizinische Bezirkskrankenhäuser überwiesen.

Außerdem haben viele *qigong*-Übungen besondere Anforderungen oder Indikationen, die dann beachtet werden müssen. Das hat zu Folge, daß bei entsprechender Notwendigkeit auch Überweisungen zu *qigong*-Therapeuten/Meistern in Frage kommen, die den in diesem Fall empfehlenswertesten Stil beherrschen.

Bezüglich der Körperposition bei bestimmten Übungen, orientiert man sich in *Beidaihe* an dem Klassiker „Sieben Abteilungen der daoistischen Sammlung", der von ZHANG *Junfang* in der *Song*-Zeit herausgegeben wurde:

- einfaches sitzen = für alle Indikationen
- halb angelehnt, halb sitzend = für Anfänger und bei schlechter Konstitution, insbesondere bei *yang*-Überschuß
- auf dem Rücken liegen = schlechte Konstitution, besonders bei Mangel im *zhong jiao* (mittleren Erwärmer) etc.
- auf der Seite liegen = Schwäche von *pi* (Milz) und *wei* (Magen), abdominellen Spannungen, Übersäuerung des Magens mit saurem Aufstoßen etc.
- halb sitzend, halb liegend = Mangel an *qi* und *yin* oder kompliziert durch *yang*-Überfluß oder Flußumkehr des *qi* etc.
- stehend, drei Umläufe = aufflammendes Feuer von *gan* (Leber) und *xin* (Herz), Flußumkehr durch Überschuß an *ganyang* (Leber-*yang*), Fülle mit Kopfschmerzen bei guter Konstitution etc.
- stehend, nach unten drückend = Überschuß an *ganyang* (Leber-*yang*), Schwindel oder Fülle mit Schmerzen bei schlechter Konstitution.

385.Die von *MAO* während der Kulturrevolution ideologisch aufgezwungene Vereinigung der traditionellen mit der westlichen Medizin zur „vereinigten Medizin" hielt wegen der nach der Kulturrevolution rasch wieder auftretenden Gegensätze im ideenphilosophischen Ansatz bei den sich als fortgeschrittener fühlenden westlich ausgebildeten Medizinern nicht lange. Dennoch war die Situation gegenüber vorher besser, da die traditionell chinesischen Mediziner selbstbewußter geworden waren und die westlich ausgebildeten etwas nachdenklicher und diesbezüglich interdisziplinär forschungsbereiter. Dazu trugen auch die Landeinsätze bei, während der sie stark mit TCM für primary health care in Berührung gekommen waren (S. auch HEISE, Th., in: Wiedersheim, R. u.a. (Hrsg.), 1991). Dies betraf alle Therapiemöglichkeiten, auch *qigong* wie ZHANG *Tiange* betonte.

Für die Atmung gibt es je nach der Übungsstufe bzw. gemäß der TCM-Diagnose verschiedene Regeln.

- natürliches Atmen = für Anfänger
- Betonung der Ausatmung = Überschuß von *ganyang*, Dehnungs- und Völlegefühl in Brust oder Abdomen, Fülle und Schmerzen des Kopfes etc.
- Betonung des Einatmens = Analprolaps durch Mangel an *qi* und im *zhongjiao* (Mittl. Erwärmer), Benommenheit und Herzklopfen, etc.
- abdominelle Atmung = Schwäche von *pi* (Milz) und *wei* (Magen), Schwäche von *pi* (Milz) und *shen* (Nieren), etc.
- Einziehen des Anus beim Atmen = Analprolaps, resultierend aus einer *pi*-(Milz)Schwäche, Stuhl- und Urininkontinenz, Spermatorrhoe, etc.
- Zählen der Atemzüge = *xinxue* (Blut des Herzens)-Mangel, Herzklopfen, Dysphorie, etc.

Bezüglich der Regulierung des Atems bezieht man sich in *Beidaihe* besonders auf die Tradition von „*WANG Ziqiao*'s *daoyin*-Methode" (dessen eigentlicher Klassiker als verloren gilt[386]) – das Einatmen durch den Mund und Ausatmen durch die Nase ist tonifizierend und umgekehrt ist es ableitend – und die „Aufzeichnungen zur Gesundheitsfürsorge und Langlebigkeit" – Hitzeableitung durch das Sprechen von *chui* beim Ausatmen, Entledigen von Windübel durch *hu*, Loswerden von Dysphorie mit *xi*, Leiten von *qi* mit *ke* und Beseitigen der Stagnation und Kanalisieren mit *xu*. Bei *yang*-Überschuß soll das Ausatmen betont werden und zum Tonifizieren von *qi* und *xue* das Einatmen.

Die *liuzijue*, sechs Lautzeichen-Übungen werden häufig angewandt und sind in einigen *qigong*-Stilen enthalten. Es gibt Interpretationen, die Verbindungen zu der tibetischen „om mani padme hum"-Rezitation herstellen. Konkret auf die funktionellen Organsysteme bezogen, werden die Lautzeichen folgendermaßen angewandt:

- *xu* Sprechen beim Ausatmen = bei Überschuß an *ganyang* (Leber-*yang*), Stagnation des *ganqi* (Leber-*qi*), Fülle im Abdomen, etc.
- *ke* Sprechen beim Ausatmen = bei aufflammendem Herzfeuer, Fülle in der Brust, Herzbeklemmung, etc.
- *hu* Sprechen beim Ausatmen = bei *pi* (Milz)-Transportstörung, abdominellen Spannungsgefühlen, Appetitlosigkeit, etc.
- *si* Sprechen beim Ausatmen = bei Fülle und Depression in der Brust, Umkehr des *feiqi* (Lungen-*qi*)
- *chui* (klingt fast chüi) Sprechen stärkt *shen*, die Nieren, und *jing*, die Essenz.
- *xi* Sprechen ist gut für *san jiao*, den Dreifachen Erwärmer.

Als Beispiel für das Lenken der frei schwebenden Aufmerksamkeit, fälschlich oft als „gewollte" und damit angespannte „Konzentration" angegeben, werden als Ziel einige Akupunkturpunkte genannt:

- *Mingmen* (LG/GV 4) = *shenyang* (Nieren-*yang*)-Schwäche, Aversion gegen Kälte, Lumbago, etc.

386.S. auch DESPEUX, C., in: KOHN, L. (Ed.), 1989, S. 257

- *Shaoshang* (Lu 11) = *feiqi* (Lungen-*qi*)-Schwäche, Husten, Asthma, etc.
- *Zhongchong* (KS/PC 9) = *xinqi* (Herz-*qi*)-Schwäche, Herzklopfen, etc.
- *Zusanli* (Ma /ST 36) = *pi* (Milz)-Transportstörung, abdominelle Fülle und Schmerzen, etc.
- *Dadun* (Le/LR 1) = *ganyang* (Leber-*yang*)- Überfunktion, Exzess an Herz- und Leberfeuer, etc.
- *Yongquan* (Ni/Kl 1) = *ganyin* (Leber-*yin*)- und Nieren-Schwäche, Überaktivität des Feuers, aufgrund von *yin*-Schwäche, etc.
- auf ein Objekt der Umgebung = Dysphorie, *ganyang* (Leber-*yang*)- und Herz-Überfunktion, etc.

Bezüglich der Anzahl von bestimmten Übungsteilen heißt es immer wieder, man möge sie 3, 6, 8, 24, 36, 64 oder 81 Mal durchführen (je nach Übungsteil), beziehungsweise links- oder rechts- , oben- oder unten-betonte Reihenfolgen in den Übungen einhalten. Ähnliches gilt für die Himmelsrichtung. Bei der Nachfrage, warum dies so gemacht werden solle, ergeben sich je nach Therapeut/Meister/Lehrer unterschiedliche Reaktionen.

Oft wird gesagt, es sei eigentlich egal, und man könne es gemäß der Zeit und den Räumlichkeiten machen, die man zur Verfügung habe. Diese Antwort wäre vorstellbar bei unzureichendem Wissen des Befragten oder wenn dieser denkt, daß das Gegenüber entweder zu wenig Kenntnisse des kulturellen Kontextes habe oder mit einer nicht völlig rational-naturwissenschaftlichen Antwort überfordert sein könnte. Eine andere Möglichkeit wäre, daß der Befragte selber nicht mehr an die alten Traditionen glaubt, auf die er sich berufen könnte, da die entsprechenden Erklärungen lange Zeit nicht nur verpönt waren, sondern in der Kulturrevolution entsprechendes Gedankengut bestraft und umerzogen wurde.

Nur selten wird auf alte Quellen rekurriert oder die Verschiedenheit entsprechend den einzelnen Traditionen erklärt, und es werden kaum Unterschiede in den Übungen für Frauen und Männer verdeutlicht oder die Zahlenmythologie, die in Form der Numerologie schon fast eine eigene Wissenschaft bildet, näher ausgeführt. Nach DESPEUX[387] soll bei rein therapeutischen Übungen die Himmelsrichtung keine Rolle spielen, im Gegensatz zu Übungen, die zur Langlebigkeit ausgeführt werden, d.h. also für sensiblere Ziele. Hier steht in der alten Tradition der Osten, der dem Frühling und damit der wachsenden Energie entspricht, deutlich im Vordergrund. Einige Übungen richten sich in der Himmelsrichtung nach der Jahreszeit und ganz wenige Übungen mit Massage müssen nach der Richtung des räumlichen Äquivalents des Geburtstages durchgeführt werden.

387.DESPEUX, C., in: KOHN, L. (Ed.), 1989, S. 251

7.3.2 Therapeutische Einsetzbarkeit und Forschungsergebnisse

Seit 1956 wurden, zuerst von *LIU Guizhen*, Patienten mit Magengeschwüren bis zu 80% innerhalb von zwei Monaten erfolgreich behandelt. Als weitere Indikationen kamen Zwölffingerdarmgeschwüre, Tuberkulose und andere Lungenerkrankungen, Bluthochdruck, Infektionskrankheiten des Verdauungstraktes und Neurasthenie hinzu.

Nach mündlichen Angaben von Prof. *ZHANG Tiange* (1994), dem Chefarzt und Leiter der Forschungsabteilung des *Qigong*-Rehabilitationszentrums in *Beidaihe*, werden mittlerweile über 80 chronische Erkrankungen mit *qigong* erfolgreich behandelt. Dabei ist jedoch die Wirksamkeit recht verschieden. Es gibt mittlerweile 34 *qigong*-Krankenhäuser[388], sehr viele Krankenhäuser haben *qigong*-Abteilungen eingerichtet, und ca. 40 Universitäten bieten *qigong*-Kurse an.[389]

So unterschiedliche Krankeitsbilder wie Stressfolgezustände, Schlaflosigkeit, akustische Halluzinationen, chronische Hepatitis B und Asthma sollen besonders gut therapierbar sein. Für andere Krankheitsbilder wiederum wird *qigong* nur unterstützend eingesetzt und muß länger geübt werden, wie bei Depressionen oder Herzerkrankungen mit Koronarer Herzkrankheit und im Erholungsstadium von Angina pectoris. Die *qigong*-Behandlung von angeborenen Herzfehlern ergab keine positiven Resultate. Bei Stoffwechselerkrankungen, z.B. frühen Stadien von Diabetes mellitus und Hyperthyreose, und besonders bei frühen Stadien von Augenerkrankungen mit Myopie bei Jugendlichen und Glaukom zeigen sich Erfolge. In der Gynäkologie werden Störungen der monatlichen Regel in Bezug auf Stärke oder zeitliche Verschiebungen und Entzündungen der weiblichen Genitalorgane erfolgreich behandelt, wobei gelegentlich unterstützend chinesische Kräutermedizin, seltener Akupunktur, eingesetzt wird. Bei der Therapie des Schlaganfalls mit Halbseitenlähmung ist die Diagnose nach den Regeln der TCM und die entsprechende therapeutische Differenzierung ganz besonders wichtig. Erkrankungen des Skelettsystems wie Arthritis sind gut behandelbar. Bezüglich der Behandlung von bösartigen Tumoren lassen sich besonders die gastrointestinalen Störungen wie Appetitlosigkeit nach schulmedizinischer Therapie oder die Anämie behandeln. Weitergehende Tumorheilungen sind selten und die Angaben dazu variieren.

Zwei Artikel in der *Beijing* Review[390] vom April 1989 gehen etwas ausführlicher auf die therapeutischen Erfolge und die naturwissenschaftliche Erforschung von *qigong* ein. Dabei wird betont, daß Mensch und Natur eine in wechselseitiger Beziehung stehende untrennbare Einheit bilden. Diese gelte es mit *qigong* auszubalancieren.

Eine Übersichtsstudie zu 1000 Patienten mit Magengeschwüren, durchgeführt von 1954 bis 1959, zeigte auf Röntgenbildern, daß sich das Narbengewebe unter *qigong*-Therapie in über 95% rasch zurückgebildet hat und keine Rezidiverkrankungen mehr auftraten.

388.*Cui Lili,* 1989, S. 16-20, S. 20-22.

389.Auch in Deutschland gibt es mittlerweile die ersten Untersuchungen zu den therapeutischen Erfolgen des *qigong*. S. REUTHER, I., 1997, zur Asthmatherapie und HEISE, Th., 1998b, zur Therapie psychiatrischer Erkrankungen.

390. *CUI Lili,* 1989

Weiter wird eine Studie von *LI Ziran* u.a. vom TCM-Forschungsinstitut in *Tianjin* zu 639 Patienten angeführt, die unter Bluthochdruck litten, der nach einer Übungssitzung manchmal schon um 10-12 mmHg und nach acht Wochen um 14-23 mm Hg fiel, begleitet von einem insgesamt deutlich verbesserten Wohlbefinden. Bei Langzeitbehandlung (1-3 Jahre) normalisierte sich der Blutdruck ausreichend bei 97,7% .

Zum Thema der Krebsbehandlung mit *qigong* werden als erfolgreiche Beispiele Frau *GUO Lin* und Herr *GAO Wenbin* angeführt. Letzterer wurde 1976 an der Lunge operiert und man fand ein Lungenkarzinom mit Lymphknotenmetastasen. Die anschließende Bestrahlungs- und Chemotherapie beeinträchtigte natürlich die weißen Blutkörperchen erheblich, ebenso die Verdauung und den Schlaf. Als die Ärzte ihm nur noch 6 Monate zu leben gaben, begann er 1977 mit *qigong*. Zwei Monate später fühlte er sich schon deutlich besser, und sein Blutbild hatte sich erholt. 1980 konnte röntgenologisch ein Stillstand der Krebsverbreitung festgestellt werden. Seitdem praktiziert er *qigong* weiter und unterrichtet es.

Eine Studie am *Shanghai qigong*-Forschungsinstitut mit 23 Patienten parallel zu ihrer Chemo- und Radiotherapie zeigte, daß *qigong* das Krankheitsgefühl, die Übelkeit und die Schwäche deutlich bessert, ebenso wie es die Bildung der weißen Blutkörperchen stimuliert.

Prof. *XIE Huanzhang* vom Maschinenbauinstitut in Peking zitiert in seinem Buch (224), daß mittels *qigong* 17% der Lungenkrebspatienten 5 oder mehr Jahre leben, gegenüber 7% in der Kontrollgruppe ohne *qigong*. Bei Magen- und Speiseröhrenkrebs sind es sogar 28% gegenüber 12% bei Männern und 10% bei Frauen in der Kontrollgruppe.

Wissenschaftler diskutieren als positiven *qigong*-Effekt bei Krebs den Anstieg von cAMP, das in Krebszellen vermindert ist, was einer der Gründe für ihr unkontrolliertes Verhalten sein könnte.

Frau Prof. *FENG Lida* vom Allgemeinen Marinekrankenhaus studierte den Effekt von abgestrahltem *qi*, *waiqi*, auf die mit Gebärmutterhalskrebs und Magenkrebs infizierten Zellen. Sie schwollen unter *qi*-Einstrahlung an, desintegrierten und starben ab. In 60 Experimenten mit *qigong*-Meistern, zeigte es sich, daß bei nur einer Behandlung 30,7% der Gebärmutterhals- und 25% der Magenkrebszellen abstarben. Auch zur Leukämie wurden experimentelle Untersuchungen von Frau *FENG Lida*[391] durchgeführt.

LI Caixi u.a. vom *Xiyuan* Krankenhaus bewiesen, daß bei weißen Ratten unter Langzeit-*qi*-Einstrahlung eine Verbesserung der Immunfunktionsparameter auftritt. Die chinesische Akademie für Landwirtschaft zeigte, daß nachdem Pflanzensamen dem *waiqi*-Effekt ausgesetzt wurden, diese Pflanzen dann früher reiften und widerstandsfähiger wurden (s. Abb. 61).

---

391. *FENG Lida* u.a.: A Study on the Effect of the Emitted Qi of Qigong on Human Carcinoma Cells. & The Effect of the Emitted Qi on the Immune Functions of Mice. & A Study of the Effect of the Emitted Qi on the L1210 Cells of Leukemia in Mice. In: The First World Conference For Academic Exchange Of Medical Qigong. *Beijing*, 1988. S. 1-4, & S. 4-5, & S. 6-7.

XIE Huanzhang (224) nennt das Universum als Gesamtkomplex ein „materielles", „energetisches" und „informatives" System, wozu KUBNY [392] folgende interpretatorische Parallelen zieht:

- materielles System (*wuzhi*) = Feinstessenz (*jing*);
- energetisches System (*nengliang*) = Geist (*shen*);
- informatives System (*xinxi*) = *qi*.

Daß diese Interpretationen als ein erster Versuch interessant, aber dennoch zu kurz gegriffen sind, zeigt schon die erste Parallele. Die Feinstessenz (*jing*) ist körperlich gesehen eben nicht nur die Samen- oder Scheidenflüssigkeit, sondern besonders der damit verbundene energetische Aspekt. *XIE* gibt die bis heute entwickelten Beschreibungskriterien für das äußere *qi* (*waiqi*), das er besonders untersuchte, wie folgt an:

- „empfangene Infrarotstrahlung [im] Niederfrequenzbereich
- magnetische Information [im] Niederfrequenzbereich
- subatomar fließende Signale (od.) Mikroinformationsfluß
- Infraschall
- biologischer Ionenfluß
- sichtbarer Strahleneffekt
- weicher Strahleneffekt."[393]

Ähnlich wie bei der Homöopathie beschreibt *XIE*[394] die therapeutische Wirkung des ausgestrahlten äußeren *qi* (*waiqi*) eines *qigong*-Praktikers bei äußerst geringer Energieleistung als wesentlich größer als in der Physiotherapie mit vielfach stärkerer infraroter Strahlung. Somit sei die wellenmäßig getragene Information dabei das Ausschlaggebende und nicht die Energie.

7.3.3 Nebenwirkungen

Nach den Angaben von *ZHANG Tiange* aus *Beidaihe* kam es aufgrund der zunehmenden Verbreitung von *qigong* und der Tatsache, daß sehr viele Chinesen ohne Qualifikation und die nötige Erfahrung unterrichteten, zu unerwünschten Nebenwirkungen oder Erkrankungen.

Außerdem waren zu früheren Zeiten die meisten Übenden nicht Patienten. d.h., daß sie psychisch stabiler waren und die Übungen zur Erweiterung psychophysiologischer Möglichkeiten bzw. als spirituelle Praktiken ausübten. Dagegen seien heute viele Übende (zu) jung und litten schon vorher zu ca. 77% unter Neurasthenie. Seiner Meinung nach spiele dabei die zerstörte Natur und das gestörte Verhältnis zur inneren und äußeren Natur eine große Rolle. Früher habe es weniger psychische Krankheiten gegeben, sondern eher Infektionskrankheiten.

Aufgrund von inneren und äußeren Faktoren kommt es zu einem Ungleichgewicht des *qi* und außerdem entsteht pathologisches *qi*, da das *qi* nicht mehr wie normal von alleine

---

392. KUBNY, M., 1995, S. 60
393. Zit. n. KUBNY, M., 1995, S. 61
394. KUBNY, M., S. 62 ff.

im Körper multipliziert und zirkuliert sowie gereinigt wird. Normalerweise gibt es acht mögliche Gefühlssensationen beim Wahrnehmen des *qi*: heißes, kaltes Gefühl, Taubheit, Schwere, Fließen, Tuckern, Leichtigkeit oder Prickeln. Wenn vor Übungsbeginn diese Zustände dem Schüler bekannt sind, oder sie bei zu langem oder zuviel Praktizieren des „kleinen Kreislaufs" auftreten, dann bestehe leicht die Gefahr einer Abweichung. Dies sei natürlich besonders bei unzureichender Anbindung an den Therapeuten/Lehrer möglich und bei Nichtbeachtung der Diagnosenstellung nach den Regeln der traditionellen chinesischen Medizin (TCM).

Es gibt zwei Stadien der unerwünschten Abweichungen (*piancha*):

- *Zouhuo* (eigentlich: Feuer unbeabsichtigt entstehen lassen) besagt, daß es zu einer Störung der Gefühlswahrnehmung kommt, indem man dabei – meist mit zu viel willentlicher Anstrengung und ohne die nötige freischwebende geistige Aufmerksamkeit – zu weit geht und übertreibt. Als Folge ist das *qi* disharmonisch und zirkuliert unkontrolliert nach den Übungen weiter und die Gefühlswahrnehmungsstörungen treten auf.
- *Rumo* (eigentlich: das Eintreten von Dämonen) bedeutet, daß es schon zu einer psychischen Störung gekommen ist, eventuell schon im Sinne einer psychotischen Dekompensation, die bei fehlender sachlicher und erfahrener Hilfestellung vom Exogenen ins Endogene sich verfestigend weitergehen kann.

Bekanntermaßen[395] tauchen bei meditativen und ähnlichen Praktiken solche Probleme immer wieder auf, insbesondere wenn sie ohne gute Lehrer geübt werden.

Zur Vermeidung solcher Ereignisse wurde in China früher, je nach Schule, eine Phase von drei Monaten bis drei Jahren vorgeschaltet, in der der Neuling sich des *xieqi* (pathologischen *qi*) teils durch bestimmte Übungen entledigen sowie sein *qi* und den Geist reinigen sollte. Erst danach wurde er eingeweiht in dem Sinne, daß er auch in anderen, jetzt für ihn nur positiv wirkenden Übungen unterwiesen wurde.

Aufgrund des „*qigong*-Fiebers" widmete man sich in *Beidaihe* seit 1987 der Betonung der Korrektur und der wissenschaftlichen Erforschung dieser sogenannten *qigong*-„Abweichungen" *zouhuo* und *rumo* und behandelte in dem Zeitraum bis 1992 schon über 200 Patienten aus dieser Problemgruppe.

1989 kam es dann zu einem Gesetzesentwurf zur staatlichen Reglementierung zum Schutz vor *qigong*-Abweichung (s. Kap.5.3.3), nach dem man sich zunehmend zu richten begann, der aber bis 1997 noch nicht verabschiedet war.

7.3.4 Ein Übungszyklus aus *Beidaihe*

Dieser Übungszyklus wurde von ZHANG *Tiange* aus dem *qigong*-Rehabilitationskrankenhaus in *Beidaihe* zusammengestellt (unveröffentlichtes Manuskript mit Fotos) und von mir übersetzt und kommentierend erklärt. Die Übungen sind überwiegend von den

395.SCHARFETTER, Christian, 1986. SCHARFETTER, Chr.: Der spirituelle Weg und seine Gefahren. 1996

shiliu duanjin (16 Brokatübungen) übernommen. Diese Serie sollte wie alle Übungen unter Anweisung bzw. später mit Rücksprachemöglichkeit in Form einer Supervision durchgeführt und geübt werden.

Im SchneiderInnensitz sitzen, die Wirbelsäule ganz gerade, als sei sie über dem höchsten Punkt des Kopfes (*baihui*) an einem Faden aufgehängt, die Schultern und der Bauch entspannt, den Blick leicht gesenkt. Die linke Hand umfaßt den rechten Daumen, die rechten Finger umschließen die linke Hand, so daß das *yin yang*-Zeichen entsteht. Die Hände ruhen auf dem Bauch vor dem unteren Energiezentrum (*dantian*). Die Zunge liegt immer am oberen Gaumen direkt vor den Schneidezähnen.

Langsam, mit der ganzen Aufmerksamkeit im unteren Energiezentrum, atmen, den Bauch bei jedem Atemzug mit den Händen empfangen und beim Ausatmen nachgehen. Einatmen durch die Nase, ausatmen durch den Mund und nach jedem Atemzug einen Moment lang die Luft anhalten.

1. 36 x die Zähne aufeinanderklappern, danach sollte sich einige Spucke gebildet haben. Wenn nicht, kreist die Zunge 8 x nach rechts und dann nach links im Mund, bis genügend Spucke da ist.
2. Die Spucke in drei Portionen teilen und diese nacheinander mit Stimmlaut runterschlucken und gedanklich in das untere Energiezentrum leiten. Dazu jedesmal das Kinn leicht heben und den Kopf etwas nach hinten bewegen.
3. Die Hände aneinander reiben, bis sie warm sind.
4. Dann mit den Handinnenseiten über das Gesicht streichen: Wangen, Nase, Stirn, Kinn, Augen.
5. Mit den Daumenknöcheln den äußeren Nasenflügelrand entlangstreichen unter Betonung der Richtung von oben nach unten und dies 8 x wiederholen.
6. Weiter mit den Daumenknöcheln 8 x von innen nach außen über die Augenbrauen fahren.
7. Anschließend sachte gleichermaßen von innen nach außen über die geschlossenen Augenlider streichen. Augenkreisen in beide Richtungen sowie horizontal und vertikal
8. Die Schläfenpunkte mit 2.(3.) Finger kreisend massieren.
9. Die Ohrläppchen 3 x nach unten und die Ohrenspitzen 3 x nach oben ziehen, danach die Ohrmuscheln mit den Händen reiben.
10. Die Hände auf den Ohren und mit den Fingern eine Weile hinter den Ohren und den Hinterkopf massieren.
11. Die Hände verschließen die Ohren, und die Zeigefinger schnalzen 8 x über die zugehörigen Mittelfinger auf den Schädel.
12. Die kleinen Finger werden beim Einatmen in die Gehörgänge gesteckt und 3 x schnell, mit Ausatmung, herausgezogen.
13. Die Hände verschränken und tief in den Nacken legen, 8 x nach hinten wippen, die Hände drücken dabei den Nacken nach vorne, und der Kopf geht zugleich nach hinten.

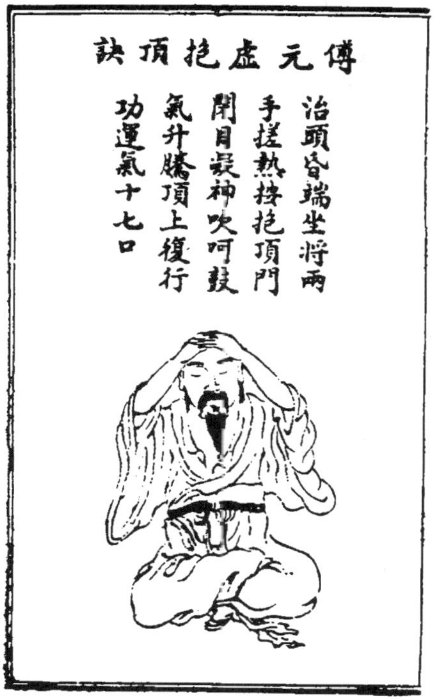

Fig. 4. An adept performing a self massage of the upper face area. *Source: Neiwai gong tushuo*

Abbildung 73: Die Übung des Gesichtreibens, Nr. 4 (s.o.). Abb. in KOHN (ed.), 1989, S. 286.

14. Die linke Schulter mit der rechten Hand 36 x nach hinten-außen-vorne kreisend üben, 24 x andersrum, entsprechend die andere Schulter.
15. Hände vor dem Körper mit gebeugtem Arm leicht zur Faust ballen. Fingerseite oben; angespannter und gerade sitzender Körper, 8 x mit einer Drehung aus der unteren Wirbelsäule heraus nach vorne boxen, der Kopf dreht mit, also in die Richtung des Armes, der nicht vorne ist. Dabei wird immer nach hinten zum Ellenbogen schauend im Wechsel links und rechts ausgeatmet.
16. Die Hände umfassen sich wie ganz oben beschrieben und reiben 36 x in die linke Richtung, danach 24 x in die andere Richtung, um das untere *dantian* kreisend, das ca. eine Hand breit unter dem Nabel liegt.
17. Beide Hände nach hinten nehmen, so daß die Handinnenflächen auf den Nieren liegen, schnell warmreiben.
18. Zeige- und Mittelfinger der einen Hand auf die der anderen legen und hiermit das Steißbein schnell reiben, oberflächlich und flächig, bis man schwitzt oder ein Wärmegefühl entsteht.
19. Beide Knie reiben, 36 x von innen nach unten und außen, 24 x zurück, Knieaugen drücken

Abbildung 74: Die Übung der Himmelstrommel, Nr. 11 (s.o.). Abb. in KOHN (ed.), 1989, S. 250.

20. Nacheinander linken und rechten *yongquan* (vordere Fußsohlenmitte) abends 81 x, tags 16 x mit Zeige- und Mittelfinger der anderen Hand erst punktförmig, dann großflächig rubbeln.
21. Den *daimai* kreisen lassen: Hände in die Seiten, Aufmerksamkeit in die Hüften und im Becken kreisen, ganz nach vorne, über den Boden, im vorderen Halbkreis einatmend, im rückwärtigen ausatmend, den Blick die ganze Zeit geradeaus, der Schwerpunkt liegt unten, die Beine wackeln nicht, beginnend im Uhrzeigersinn und dann zurück, 8 x oder 36 x pro Seite.
22. Sojabohnen ausstreuen: mit der rechten Hand aus der linken hohlen Hand nehmen und in weitem Bogen (aus dem Becken heraus) 8 x oder 16 x nach rechts streuen, dann umgekehrt.
23. Beine gerade ausstrecken, Fußspitzen nach oben, ausatmend nach vorne mit den Händen, über die Zehen, der Kopf wird als die Verlängerung der Wirbelsäule nicht gehoben, die Handinnenseiten zeigen weg. Die Luft anhalten und ausharren. Einatmend, die Handinnenseiten zeigen zum Körper, wieder aufrichten und die Hände zum Körper heranziehen.
    Beim letzten Mal besonders lange ausharren, den Kopf dabei auf die Beine legen und nachwippen.
24. Weitere Ergänzung: Schambein reiben, hochziehen und Pobacken reiben.

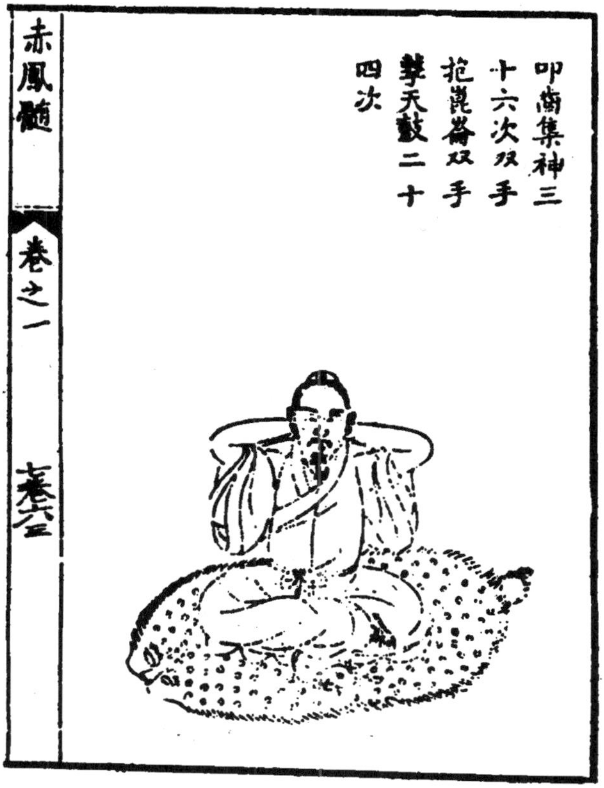

Abbildung 75: Die Nackenübung, Nr. 13 (s.o.). Abb. in (285) S. 135, aus dem Chifeng sui.

Übungen im Stand und in Bewegung

1. Mindestens 1 Min. in die Ferne schauen, angenehme Umgebung, „Grundstellung": Füße parallel und schulterbreit auseinander, Rücken gerade, Knie leicht gebeugt mit den Kniescheiben über den Zehenspitzen, Arme liegen nicht am Körper an, sind leicht gebeugt oder vor dem unteren Energiezentrum mit verschränkten Händen, siehe: „Sitzübungen“. Langsam atmen, jedesmal die Luft (kurz) anhalten.
   Diese Übung gibt es auch ähnlich im Sitzen, dann ist die Vorstellung, über die auf den Knien ruhenden Händen mit den Innenflächen nach oben, das frische „gute“ *qi* mit dem Einatmen weiter über Arme bis in das untere Energiezentrum strömen zu lassen.)
2. Über diese entspannte Vorstellung „gutes“ frisches *qi* der Umgebung in die Lunge einziehen und beim Ausatmen – Hände an den Beinen entlang – in die Knie gehen, *qi* der Umgebung ins untere Energiezentrum bringen und die Luft anhalten; dann einatmen, aufrichten, Atem anhalten.

Abbildung 76: Die Nierenübung, Nr. 17 (s.o.).
Abb. in (285) S. 138, aus dem Chifeng sui.

3. Stehen, Hände von Schulterhöhe aus nach rechts/links außen drücken, dabei sind die Fingerspitzen oben, Handinnenflächen zeigen nach außen, mit großer Anspannung vor allem in Schultern und Armen, prinzipiell im ganzen Körper; dabei ausatmen. Anhalten.
   Handflächen klappen ein, Arme zurück, einatmen, anhalten.
4. Weiter in die Knie gehen, beide Arme ungefähr in Bauchhöhe zu den Seiten, dann beide in eine Richtung, in alle Richtungen (parallel die Arme) und dabei zur Seite drehen, entsprechend atmen, zum Schluß den Energieball zwischen den Händen (in stehender Position) ziehen und drücken, vor allem spüren.
   Stehen, *qi* spüren.
5. Mit geballten Fäusten klopfen: die rechte auf (unter) linkes Schlüsselbein und die linke auf rechte Niere, im ständigen Wechsel 8 x
   die rechte auf unteres Energiezentrum, linke auf Kreuzbein, im ständigen Wechsel 8 x.
6. Mit gut gebeugten Knien, Knie kreisen lassen, die Hände ruhen auf den Knien, Richtungswechsel.
7. Hände nach hinten, Handinnenflächen nach oben, Fingerspitzen zeigen nach hinten. Wie eine Teller-balancierende Kellnerin die Hände mit einer Außendrehung nach

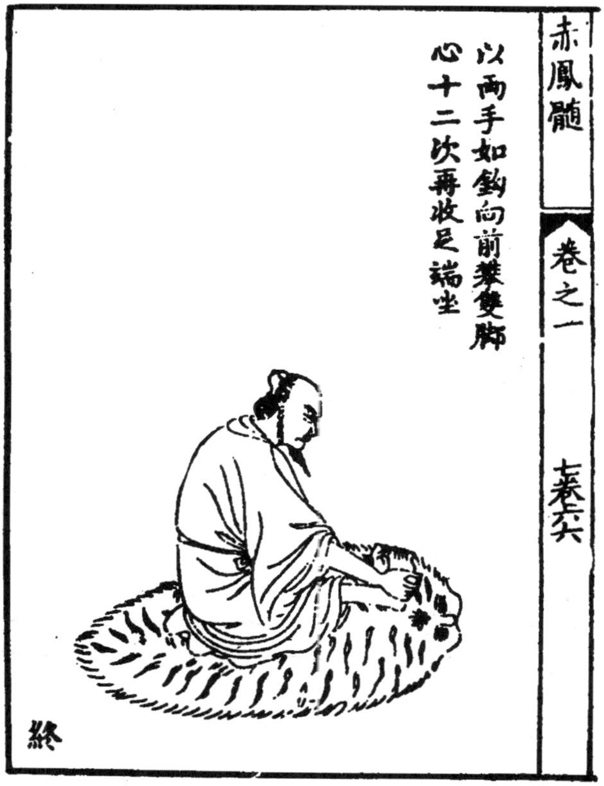

Abbildung 77: Die Bein/Fuß-Übung, Nr. 23 (s.o.). Abb. in (285) S. 142, aus dem Chifeng sui.

vorne bringen, dabei einatmen;
Hände zum Herz holen, ausatmend.
Schritt etwas größer (d.h. Füße weiter auseinander),
tief in die Knie gehen, Arme seitlich weggestreckt, als seien sie marionettenhaft an den Ellenbogen aufgehängt, Hände hängen, Bauch und alles entspannt.
Einatmend schnell aufrichten, Arme am Körper, Handinnenflächen zeigen nach unten, sind parallel zum Boden, ALLES ist angespannt, Arme, Beine, Bauch, After, Luft anhalten und ausharren.
Ausatmend wieder in die entspannte Position sinken.
Nicht mehr als 3 x! (Das *qi* wird den *dumai* hochgeholt, NICHT in den Kopf hinein, sondern die Arme entlang in die Hände gehen lassen.)

8. „Grundstellung“, die Fingerspitzen klopfen mit aller Kraft vom Schlüsselbein das Brustbein entlang, runter die Außenseite bis zu den Fußknöcheln und wieder rauf an der Innenseite, die linke Hand klopft den rechten Arm entlang der Innenseite zur Hand und zurück die: Außenseite, dann rechte Hand den linken Arm, insgesamt 2 x. Dann dasselbe 2 x, mit der Handinnenfläche reibend.
9. Die Arme seitlich heben, Handinnenfläche unten, einatmend.
Die Arme weiter nach vorne, ausatmend.

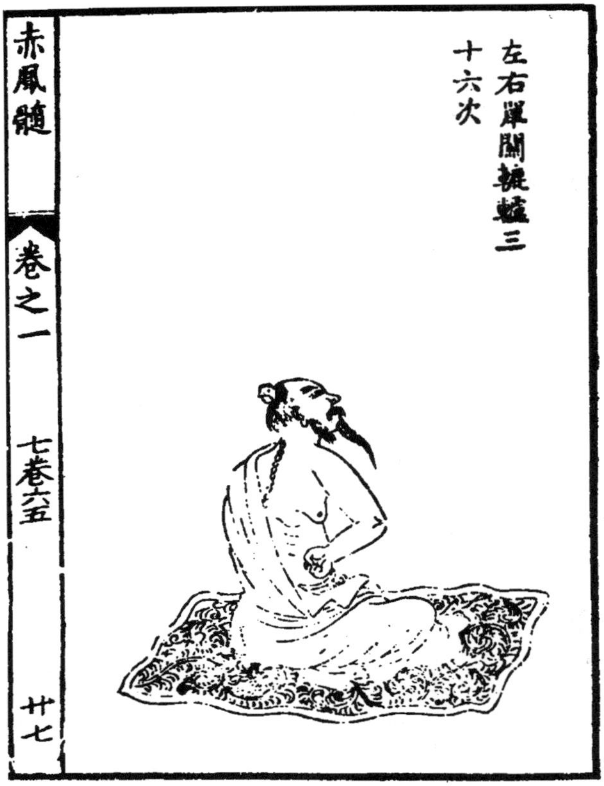

Abbildung 78: Die Nieren/Schulter-Klopfübung, Nr. 5 (s.o.). Abb. in (285) S. 139, aus dem Chifeng sui.

Mit den Händen schöpfend einatmen (an den Seiten hoch als Kreis auf das Brustbein zu), vor dem Körper runterführen, Handinnenflächen nach unten, bodenparallel, ausatmen. Beim letzten Mal das *qi* im Körper bis in das untere *dantian* führen.

10. Die Hände auf den Bauch (siehe Sitzübung) und kreisen in der Höhe des *dantian.*
11. Mit nach vorne ausgestreckten Armen in die Knie gehen.
12. 4 x / 8 x abwechselnd Knie hochheben, nur Knie und Hüfte beugen, auf der Seite, die dem hochgehobenen Fuß gegenüberliegt, stützt man sich auf einer Energiesäule ab (Handinnenfläche bodenparallel nach unten zeigend), die andere Hand geht gleichzeitig zum Fuß hoch vor den Körper in Brusthöhe, die Kleinfingerseite zeigt vom Körper weg, die Fingerspitzen nach oben.

7.4 Zur räumlichen und zeitlichen Verteilung der qigong-Literatur

Tabelle I zur Darstellung der Literaturverbreitung in Bezug auf die Auflagenhöhe pro Jahr:

Jahr	Erstauflagenhöhe	Gesamtauflagenhöhe
1958	40000	40000
1959	48000	48000
1960	6000	6000
1961	30000	30000
1962	0	33333
1963	61500	94833
1964	88000	157651
1965	0	36318
1966	0	36318
1967	0	36318
1968	0	36318
1969	0	36318
1970	0	36318
1971	0	36318
1972	0	36318
1973	0	36318
1974	0	36318
1975	0	36318
1976	380000	658341
1977	0	278341
1978	0	278341
1979	262000	540341
1980	631630	1044904
1981	395900	1150912

Jahr	Erstauflagenhö-he	Gesamtauflagenhö-he
1982	779550	1722231
1983	2352120	3360269
1984	1178390	2117426
1985	841990	1891720
1986	752719	1675490
1987	1479810	2186059
1988	3918884	4424515
1989	1655069	1750159

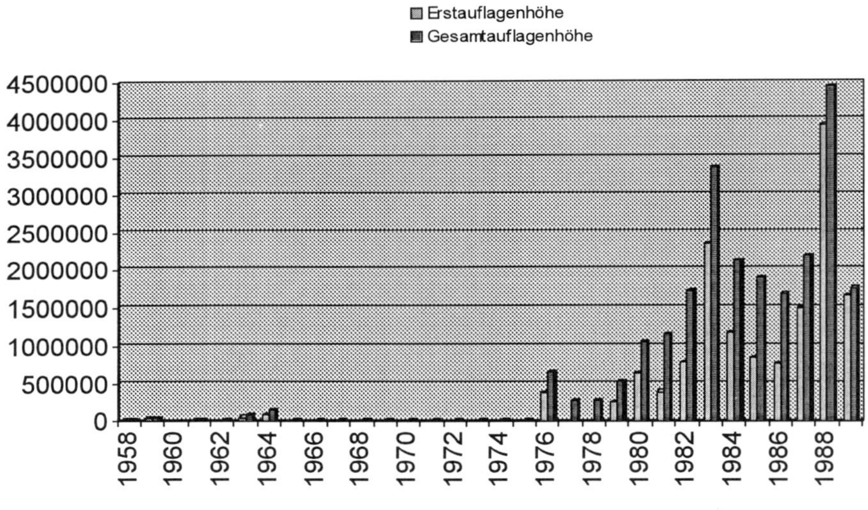

Im obigen Diagramm zur Tabelle I läßt sich die zahlenmäßige Auflagenentwicklung der *qigong*-Literatur gut erkennen, wobei die erste Spalte die Auflagenzahlen der Erstauflagen zeigt und die zweite alle Auflagenzahlen zusammennimmt. Man erkennt deutlich die Lücke zwischen 1965 und 1976, die nur durch eine gemittelte Zahl, die nicht genau zuordenbar war, scheinbar gefüllt wird. Die unmittelbar nach der Kulturrevolution 1976 relativ hohe Zahl von plötzlich einsetzenden Veröffentlichungen läßt sich mit dem deutlichen Interesse erklären, das durch die Landeinsätze der Ärzte und dem erneuten

Kontakt mit traditionellen Therapiemethoden und auch *qigong* hervorgerufen wurde. Einige dieser Bücher sind auch in den Grenzbereichen zur Krankenpflege und -Gymnastik oder zu den manuellen Verfahren angesiedelt. Politisch verständlich ist die abwartende Haltung in den Jahren danach, als der offizielle Kurs noch nicht klar war. Dementsprechend beginnt die nächste Buchwelle 1980 mit dem ersten Höhepunkt 1983 und dem nächsten 1988.

Tabelle II

Jahr	Ersterscheinungen bei Heise	Ersterscheinungen bei Ma Jiren	Σ der Ersterscheinungen
1956	0	1	1
1957	1	1	2
1958	4	3	7
1959	4	2	6
1960	1	0	1
1961	0	0	0
1962	2	4	6
1963	1	2	3
1964	0	1	1
1965	0	1	1
1966	0	0	0
1976	3	0	3
1977	0	0	0
1978	0	0	0
1979	2	0	2
1980	10	0	10
1981	10	4	14
1982	11	3	14
1983	23	8	31
1984	17	3	20
1985	26	5	31
1986	41	3	44
1987	24	10	34
1988	61	7	68
1989	47	0	47

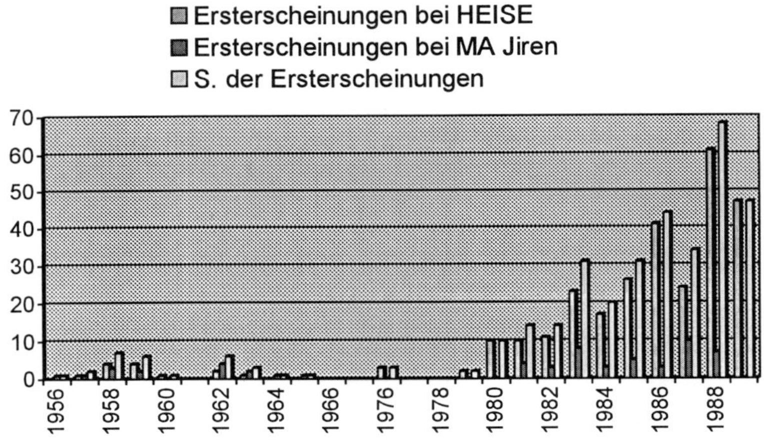

Die erste Zahlenspalte der Tabelle II gibt die mengenmäßige Zuordnung zum Ersterscheinungsjahr der hier in der Bibliographie erfaßten 290 Bücher. Die zweite, die sich auf das sonst nicht erfaßte Buch von *MA Jiren*[396] mit seiner Angabe von 158 Büchern (minus 2 Zeitschriften und einem Buch über fast rein manuelle Behandlungsformen) bezieht, bringt 58 Bücher hinzu, die in der ersten Spalte und somit auch in der Bibliographie dieses Buches nicht beinhaltet sind. Sie ergänzen die Aussage, ohne einen anderen Trend zu zeigen. Mit der dritten Spalte als Summe (S) zeigt sich in allem übereinstimmend der erwähnte Trend, daß von 1979 auf 1980 die Publikationrate von 2 auf 10 mäßig aber deutlich ansteigt mit einem ersten Höhepunkt von S=31 im Jahr 1983. Sie steigt dann weiter relativ kontinuierlich bis auf S=68 neuaufgelegte Bücher im Jahre 1988. Die Zahl von 1989 ist sicherlich nicht so vollständig erfaßt, da es in der Buchverteilung oft etwas Verspätung gibt und entsprechend weniger erworben werden konnten. Aber trotzdem läßt sich erkennen, daß nach dem Juni 1989 ein krasser Abbruch erfolgte, der sicherlich mit der allgemeinen politischen Unsicherheit nach dem Massaker am *Tiananmen*-Platz in Zusammenhang steht. Auch ist die Zahl der Veröffentlichungen im Juni besonders hoch, so als ob alle in Produktion befindlichen Bücher vor dem etwaigen Eintreffen neuer Richtlinien rasch fertiggestellt wurden. Definitiv bekannt ist dies dem Verfasser in bezug auf kritische Artikel in *qigong*-Zeitschriften.

396.*MA Jiren*, 1989, S. 518-527. (mir liegt nur eine Kopie der Bibliographie dieses Buches vor)

Monate	1986	1987	1988	1989
1	85850	5000	440200	450460
2	6000	124000	257000	65500
3	1948000		217107	67089
4	0	94200	703080	259180
5	6300	130000	404380	201490
6	94550	143810	112190	363200
7	62270	69700	366417	167150
8	26000	277000	863169	50000
9	17000	56300	97911	31000
10	146800	195800	118000	0
11	27549	50000	107510	
12	85600	334000	231920	

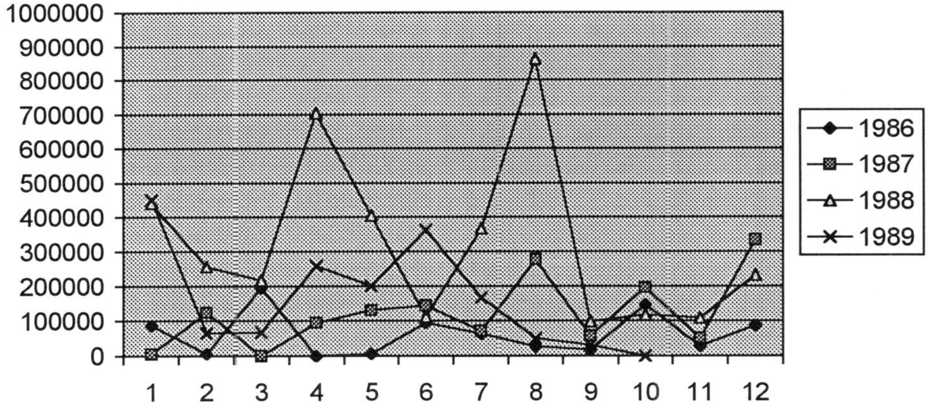

Die hier in Tabelle III erfaßten ca. 24 Millionen verkauften Bücher sind nicht vollständig, wie *MA Jirens* ergänzende Liste zeigt, die jedoch keine Auflagenzahlen nennt. Wollte man rechnen, daß von 290 Büchern 24 Millionen verkauft wurden, kommt man auf eine durchschnittliche Auflagenhöhe von 82758, was für die 58 Bücher in MAs Liste eine

Gesamtauflagenhöhe von 4,8 Millionen bedeutete. Diese wären also noch zu den 24 Millionen zu addieren. An diesen fast 30 Millionen Büchern kann man das gewaltige Interesse an dieser Thematik erkennen. Der Tatsache, daß sicher viele Chinesen mehr als ein Buch kaufen, steht ausgleichend gegenüber, daß auf der anderen Seite ein Buch oft unter mehreren Freunden weitergereicht und dann noch auf dem Straßenmarkt weiterverkauft wird, woher auch ich einige meiner Bücher bezog. Von daher ist eine Zahl von 30 Millionen *qigong*-Interessierten für 1989 sicherlich nicht zu hoch gegriffen.

Zur räumlichen Verteilung läßt sich aufgrund der Verlagsorte nur die Aussage machen, daß Peking mit seiner größeren Zahl an leistungsfähigen Verlagen, die natürlich eher politisch risikolose Bücher veröffentlichen, im Vordergrund steht. Danach folgen alle anderen größeren Städte, wobei man Bücher aus Kanton oder *Shanghai* oft nicht in Nanking oder Peking erwerben kann und umgekehrt. Gerade die Autoren, die mehr publizieren, zeigen häufig einen Ortswechsel, was die Verlagsanstalt angeht. Ob dies zur besseren Verbreitung, zum größeren Renommé oder einfach nur wegen der leichteren Akzeptanz bei neuen Verlagen so ist, muß dahingestellt bleiben.

8. Qigong im Kontext von Kultur, Gesellschaft und Politik

Im zitierten Kapitel zu den Kernmethoden der Übungen in Stille steht zu der Regulierung von Geistesaufmerksamkeit, Körperbewegung und Atmung, daß „nicht jedes Element abspaltbar und alleine zu üben" ist. Diese zeitgenössische Aussage zeigt m.E. eine Tendenz der zweckbestimmten, analytischen Zergliederung in einer vermehrt materialistischen, im Sinne von technik-, wirtschaft- und konsumorientierten und von der westlichen Lebensweise mit ihrer Konzeption von Individualismus beeinflußten chinesischen Alltagskultur. Wir finden hier die Auseinandersetzung zwischen der traditionellen chinesischen Idee der Einheit von Mensch, Natur und kosmischen Kräften sowie der daraus folgenden Einheit von Körper, Geist und Seelenformen mit der Aufspaltung dieser Elemente im christlich abendländischen Gedankengut in res cogitans und res extensa nach DESCARTES und der daraus folgenden Entwicklung von Naturwissenschaften und Technik und ihrer Abtrennung von Philosophie und Religion. Selbstverständlich spielt im heutigen China hierbei neben den traditionellen Ideen auch die von ENGELS vorgetragene Grundfrage der Philosophie und seine Vorstellung des Verhältnisses von Materie und Bewußtsein eine Rolle (Idealismus versus Materialismus).[397] Vor dem 19. Jahrhundert wäre so eine „Abspaltung" innerhalb des traditionellen Systems nicht vorstellbar und folglich nicht denkbar gewesen und daher nicht erwähnt worden. Danach erfolgte, wie erwähnt, eine phasenweise Ablehnung der Traditionen, die dann in eine zunehmende Rehabilitierung mit sich verändernder Sichtweise und Interpretation überging. So stehen nun diesen in analytischer Weise spaltenden Strömungen andere eher übergreifende Tendenzen in Physik, Medizin und Politik entgegen, die „im Prozeß des Verstehens des Kosmos und des menschlichen Lebens das System der Naturphilosophie mit chinesischer Prägung (*Zhongguo tese*)" als etwas Besonderes und Wegweisendes sehen. Dabei soll die im Mittelpunkt dieses naturphilosophischen Systems stehende *qigong*-Wissenschaft, die „die besondere chinesische Denkweise des Unterscheidens nach Syndrommustern" beinhaltet, jedes Wissensgebiet durchdringen. Hierin seien sie den ansonsten sehr wichtigen westlichen Wissenschaften überlegen. Das hätten schon einige bedeutende westliche Wissenschaftler erkannt (s. Kap. 5.3.2 und 5.3.3). Die fächerübergreifende und strategische Forschung sowie die Verbindung zur Wissenschaft vom Leben des menschlichen Körpers einschließlich der parapsychologischen Fähigkeiten stehe damit in einem unmittelbaren Zusammenhang und werde die marxistische Wissenschaft verwandeln. Dabei wird die *qigong*-Lehre direkt als Werkzeug „zum Gedeihen der Sache der sozialistischen, wissenschaftlichen Kultur" bezeichnet, „der Menschheit zum Wohl". Insgesamt wegweisend ist jedoch die Aussage, daß es bei der Einteilung der *qigong*-Stile um deren jeweilige Wirkung und Funktion geht und nicht nur um puristische Klassifikationen. Diese klare Zweckgebundenheit steht im Gegensatz zu den traditionellen konfuzianischen eher sophistischen Erörterungen einerseits und durch die Akzeptanz dieser naturwissenschaftlich noch nicht voll erklärbaren Feinenergieformen auch im Gegensatz

397. OMMERBORN, Wolfgang, 1987. S. 73

zum historischen dialektischen Materialismus sowie dem westlichen naturwissenschaftlich-technischen Materialismus. Bisher bestand im frühen, klassisch orientierten China die Legitimationspflicht gegenüber der Tradition und den alten Philosophen, die schon ähnliches gesagt hätten und zur Zeit MAO's bestand die Legitimation im Dienen für die Volksmassen gemäß den Ideen von MARX, ENGELS und MAO. Hinzu kommt jetzt verstärkt der Wunsch einer naturwissenschaftlichen Begründung des *qigong*. Nun gelingt es aber bemerkenswerterweise auf der Suche nach einer modernen Legitimation, diese „Gegensätze" in eine „Erweiterung", also ein „daoistisches" sowohl-als-auch zu verwandeln. Es ist die Faszination dieser Haltung, vergleichbar der Teilchen- UND Wellentheorie des Lichts, die e i n Motor der *qigong*-Entwicklung zu sein scheint.

Die Verwobenheit von „Politkultur" und „*qigong*-Kultur" ist in vielen offiziellen Bereichen offensichtlich. Dies zeigt sich u.a. auch darin, daß in dem Kampf der 80er Jahre zwischen Verfechtern einer „totalen Verwestlichung", den Kulturkritischen und den Kulturkonservativen das *wenhuare*, Kulturfieber, sich im *qigongre*, *qigong*-Fieber, bemerkbar macht und den Titel für ein Buch (150) liefert. Die kontrovers diskutierte fünfte Modernisierung ist die Forderung nach mehr demokratischen Freiräumen. Gerade an dieser Stelle sieht man, daß die politisch befürwortete Beschäftigung mit *qigong* und das *qigongre*, wie die ganze Rückbesinnung auf die eigene Kultur und das *wenhuare*, auch dazu dienen soll, eine eigene chinesische kultur- und gesellschaftspolitische Entwicklung zwischen Wissenschaft und Tradition – am ehesten im Sinne der Kulturkritiker aber mit deutlicher Zukunftsorientierung – zu steuern. Von offizieller Seite aus scheint daher auch dies ein Beweggrund zur Förderung des *qigong* zu sein. Unterstützt wird diese Idee durch die folgenden Beobachtungen von restriktiven Verhaltensweisen.

In dem zentralistisch strukturierten China gilt noch ein Teil der Verhaltensmuster aus der Kaiserzeit: Laut entsprechender Aussage von *NI Nongpan* werden die meisten Forschungen in der Hauptstadt unternommen, von der Regierung und den politischen Leitfiguren der „*qigong*-Szene" überwacht und vor den Ausländern abgeschirmt. Die TCM gilt als ein großes nationales Kulturerbe – wie im Kap. 3.1 und 5.3 gezeigt wurde und wie es in jedem Vorwort der *qigong*-Bücher steht – , von dem die Chinesen einige Bereiche in Anwendung und Erforschung für sich reservieren zu wollen scheinen. Die Ausländer, die davon offiziell etwas zu sehen bekommen, dürfen sicher sein, daß es unter kontrollierten Bedingungen passiert. Viele *qigong*-Stile, die etwas auf sich halten, wollen in Peking vertreten sein, zumal dort die Buchvermarktung schneller vonstatten geht. Auf der anderen Seite steht die Provinz, „wo der Kaiser weit weg ist". Dort findet sich an den jeweiligen Orten zwar, was die Vielfalt von Stilen angeht, ein quantitativ geringeres Spektrum, jedoch stärkere Aktivitäten bei unterschiedlicher Schwerpunktsetzung und Qualität.

Im einzelnen wurden z.B. im Rahmen dieser lokal verschiedenen Schwerpunkte intensive Studien zum Thema *qigong*-Analgesie in *Shanghai* durchgeführt. Der dort führende Analgesie-Spezialist *LIN Housheng* gab seine Bücher zu weiteren Themen jedoch in Kanton heraus, in einem poppig, Hongkong-modernen, elegant bis oberflächlichen Stil, mit großer Vermarktung bis nach Südostasien (108, 109). Infolge der lokalen Spezialisierung entstanden Zentren für tibetisch-buddhistische Übungen in *Wuhan* und Peking. Der teilweise aus der gleichen daoistischen Wurzel wie der Wildgans-*qigong* abgeleitete und mit anderen Elementen vermischte moderne Kranichstil-*qigong* von *ZHAO Jinxiang* entwickelte 1983 durch *WEI Lian* (210, 211), einem Meister in Nanking, eine Extremvariante. – Ein weiteres Beispiel für solche lokalen Seitenzweige sind die von *LIANG Shifeng* (104) in Kanton entwickelten Spontanbewegungen im Spiel der Fünf Tiere, wie sie z.B. von *JIANG Hongjing* (76) in der Tradition nach *HUA Tuo* beschrieben wurden. Auch die *qigong zikong liaofa*, „Selbstkontrolltherapie mit *qigong*", wurde durch Schüler von Frau *GUO Lin* abgeleitet und entwickelt. Dadurch bestehen deutliche Ähnlichkeiten zu ihrem *xin qigong*.

Seitdem das von *ZHAO Jinxiang* (138, 139, 270, 271, 272) 1980 entwickelte *hexiangzhuang qigong* (Vielgestaltiges *qigong* des fliegenden Kranich), auch kurz *hegong* (Kranichübungen) genannt, sich seit 1983 stark verbreitet hatte, wobei der Kranichstil bis 1988 sogar von 10 Millionen Menschen erlernt worden sein soll, kam es bei seinen *zifa*-Übungsanteilen häufiger zu nicht unerheblichen Nebenwirkungen (s. Kap. 7.3.3). Diese und wohl auch Streitigkeiten um die Urheberschaft dieses Kranichstils (4) mit *PANG Heming* (144, 145) führten 1985 zu einer Spaltung in zwei Gruppen mit Austritt von *ZHAO* aus der *qigong*-Forschungsvereinigung Peking (*Beijing qigong yanjiuhui*).

Beide Gruppen stellten 1986 ein weiteres Übungsystem vor. Diese Maßnahmen ließen die Menschen vorsichtiger werden und die Popularität des Kranichstil-*qigong* sinken (64). Dies trug, neben der mit zunehmender Distanz zur Kulturrevolution wachsenden Rückbesinnung auf die eigene Geschichte und Kultur wohl auch dazu bei, daß ältere Stile buddhistischer (40) und daoistischer Herkunft wieder etwas mehr Zulauf fanden. So bildeten nicht nur der Ursprungsort des *Shaolin*-Klosters bei *Luoyang*, sondern auch andere Städte einen Ausgangspunkt für *Shaolin neigong*-Übungen (20-23, 77, 109, 198-200, 216-218). Außerdem nahmen tibetisch-buddhistische sowie daoistische Übungen zu.

Die Grenzen einer reinen Literaturauswertung setzen jedoch genau hier ein und betreffen besonders die modernen *qigong*-Forschungen und die traditionellen Stile. Zum einen erscheinen bei dem großen Interesse an der modernen naturwissenschaftlichen *qigong*-Forschung in den Zeitschriften Bücher zu diesem Thema erstaunlich selten, was den Verdacht einer inoffiziellen Zensur aufkommen lassen könnte. Zum anderen finden sich die noch weiter fortgeschrittenen Übungen, z.B. aus dem Gebiet der Inneren Alchemie in den angesprochenen klassischen Strömungen, nur in den Reproduktionen alter Bücher wieder (155, 212, 226) – neue werden dazu kaum geschrieben. Des weiteren verbinden sich die alten Ideale, die mit diesen Übungen verbunden sind, mit den Vorstellungen vom Rückzug aus dem öffentlichen Leben sowie dem Üben im kleinen Kreis auserwählter Schüler in Ruhe und über lange Jahre hinweg, selbst wenn dies nur noch teilweise in geheimer Überlieferung geschieht. Das alles verträgt sich aber schlecht mit Publikationsrummel, *qigong*-Gesellschaften und großen öffentlichen Konferenzen, die häufig ein gewisses Maß von Zurschaustellung überschreiten. Daraus resultiert, daß man, wenn man auf Grund längerer persönlicher Bekanntschaft und selbstverständlich kostenlosen Unterweisungen schließlich dem öffentlich nie anwesenden Senior-Meister vorgestellt wird, darüber schweigt.

Die Tradition der in Familien weitergegebenen Stile spielt jedoch auch außerhalb der Geheimhaltung mit engster Überlieferung nur in der Kernfamilie noch eine Rolle im Spektrum der gelehrten Stile und weist sich durch die Familiennamen aus: *BIAN* (8), *HE* (57), *MA* (seit 260 Jahren) (124), *WAN* (*Ming*-zeitlich) (185), *WANG* (209).

Die Stellung des *qigong* innerhalb der TCM und zur westlich orientierten Schulmedizin läßt sich teilweise mit dem klassischen Zitat des *GE Hong* vergleichen, der *ZHUANG ZI* paraphrasiert und kommentiert[398]: „Die verstärkte Bauchatmung, das „Ausatmen und Einatmen, die alte Luft ausstoßen und die neue einziehen", die Betrachtung des Inneren, „sich recken wie ein Bär und strecken wie ein Vogel", das ist die Kunst der Lebensverlängerung. Aber sie ist schwierig und man erreicht sie spät. Die sie können, gelangen selten zur Vollendung: Wer schließlich doch soweit kommt, ist einer von zehntausend. Ist die Krankheit dramatisch ernst (ping tu) und der Schmerz stark, ist der Körper geplagt und das Leben in Gefahr, dann muß man sie mit der Akupunkturnadel angreifen und mit „giftigen" Arzneien in Ordnung bringen. Würde man auf die Rezepte von HO und CH'ÜEH verzichten und sich stattdessen den Lebensverlängerungsmethoden von SUNG und CH'IAO zuwenden, dann würden wohl viele sterben."

Die meisten Personen, die aus gesundheitlichen Gründen *qigong* üben, sind, wenn man sie in den Parkanlagen fragt, entweder schon ohne Erfolg mit anderen Therapien behandelt worden oder sie befinden sich parallel dazu in Behandlung mit Kräutermedizin oder Akupunktur oder manuellen Verfahren einerseits oder mit schulmedizinischen Methoden andererseits. In den Grünanlagen vor dem Tumorkrankenhaus in Peking z.B., so berichtete ein dort rein schulmedizinisch arbeitender Tumorforscher, hat sich eine morgendliche Gruppe von Patienten zusammengefunden, die *GUO Lin qigong* üben und von den Ärzten geduldet bis akzeptiert würden. Ähnlich ist die Situation an anderen Orten. Wichtig dafür ist zu wissen, daß (nach dem Stand von 1986) nur ca. 10% der Krankenhäuser in städtischen Gebieten rein traditionell ausgerichtet sind, d.h. mit traditionell und nicht westlich ausgebildeten Ärzten. Stellt man ihnen allerdings nicht nur die allgemeinen, sondern alle Krankenhäuser (inklusive der ländlichen Gemeindekrankenhäuser) zahlenmäßig gegenüber, so kamen die TCM-Krankenhäuser 1980 nur auf 1% mit 2,5% der Gesamtbetten[399]. Dabei haben nur noch wenige alte Ärzte (*lao zhongyi*) diese von einem Lehrmeister über viele Jahre erlernt und „anerzogen" bekommen. Die meisten haben ein Institut für TCM (*zhongyi xueyuan*) mit geregelten und sehr verschulten Ausbildungsgängen besucht. Zwischen diesen beiden und besonders zu den Schulmedizinern mit kurzzeitiger zusätzlicher TCM-Ausbildung gibt es erhebliche Diskrepanzen und oft auch Spannungen. Ca. 30% der schulmedizinischen Krankenhäuser beherbergen eine gut funktionierende Abteilung für TCM, die je nach Ausbildung des leitenden Schulmediziners mehr die eine oder die andere Therapiemethode in den Vordergrund stellt. Die

398.Zit. n. ROSNER, Erhard, 1991. S. 43
399.Foreign Languages Press Beijing (Ed.), 1983. S. 132

übrigen ca. 60% der Krankenhäuser in städtischen Gebieten haben jedoch keine nennenswerte TCM-Abteilung, und entsprechend eingeschränkt sind die Kenntnisse der dort arbeitenden und meist rein schulmedizinisch ausgebildeten Ärzte. Diese fühlen sich oft noch als die Vertreter der einzig wahren Medizin, der sich der Patient völlig unterzuordnen habe. Dies prägt natürlich auch ihre eher ablehnende Haltung gegenüber den *qigong*-Übungen, die dem Patienten eine aktive Rolle in der Bewältigung seiner Erkrankung geben. Trotzdem finden sich an vielen Orten, wie z.B. in den Interviews erwähnt, Forschungsstätten der Zusammenarbeit oder einige gemeinsame praktische Projekte.

Diejenigen, die nicht wegen konkreter Erkrankungen *qigong* üben, geben präventive Ziele an: daß sie körperlich und geistig beweglich und fit bleiben wollen oder auch philosophisch-spirituelle Ziele im Sinne des Buddhismus oder Daoismus haben. Die letzten beiden Gruppen sind derzeit naturgemäß die kleinsten.

In der Geschichte der Entstehung und vor allem der Verwendung des Begriffes *qigong* durch *LIU Guizhen* finden wir interessanterweise zum einen noch die Nennung der Einbindung in die traditionelle Lehrer-Schüler-Kette, die später seltener genannt wird. Diese wird auch deswegen weniger bedeutsam, weil ein Schüler in der Regel nicht mehr intensiv für Jahrzehnte in ein Adeptenverhältnis aufgenommen wird, sondern sich lose bei verschiedenen Meistern unterrichten läßt. Zum anderen findet sich hier der für viele Schamaneninitiationen typische Topos der eigenen Erkrankung (Schamanenkrankheit), wobei die Person durch die eigene Heilung mit der (in anderen Dimensionen und mit Unterstützung der Hilfsgeister) gefundenen Therapiemethode schließlich zur inneren Läuterung und Beherrschung der Methode gelangt. Diese darf dann auch für andere Anwendung finden und soll dies sogar, damit der Träger dieser Fähigkeit nicht womöglich sogar selbst wieder durch die Verweigerung, den anderen zu dienen, erkrankt. Dies gilt für die Geschichte vieler bekannterer *qigong*-Lehrer wie *JIANG Weiqiao*, *MA Litang*, *ZHAO Jinxiang*, *ZHANG Mingwu*, *GUO Lin* und ebenso für unbekanntere[400], wie zahlreich aufgezeigt wurde.

LANDMANN schreibt über *ZHAO Jinxiang*'s Werk nach der Feststellung, daß dieser weder eine lange Geschichte des Heilverfahrens (wie z.B. *LIN Housheng*, *WANG Liping* oder *JIN Bin*) noch die Fortführung einer Familientradition (wie z.B. *MA Chun*, *ZHANG Zhixiang* oder *GUO Lin*) für sich aufwertend im Rahmen der chinesischen Medizinkulturtradition in Anspruch nehmen kann: „Die Erwähnung, sein Vater habe über außergewöhnliche Fähigkeiten verfügt und diese bei der Behandlung Kranker angewandt, mag der wenig überzeugende Versuch sein, diesen Mangel auszugleichen. Im Mittelpunkt der vorherrschenden Darstellung des Lebens von ZHAO stand dessen schwere Krankheit und deren Heilung. Versuche des institutionalisierten Heilsystems, ZHAO zu heilen, scheiter-

400."Die persönliche Entwicklung (Ontogenese des Bewusstseins in der spirituellen Entwicklung) weist in verschiedenen konstruierbaren Stufen dieser Entwicklung eine Reihe von Parallelen mit der Phänomenologie des Schamanismus auf“, schreibt SCHARFETTER (1991, S. 23) und stellt eine vergleichende Übersicht der schamanischen Psychophysiologie neben die spirituellen Entwicklungsmöglichkeiten, wie sie z.B. auch bei verschiedenen *qigong*-Übungen vorkommen können, als parallel laufende Erscheinungen und katalysatorisch angestoßen. Dabei macht er auch auf Durchgangsstadien und Störungen aufmerksam (S. 37), wie sie im Kap. 7.3.3 beschrieben wurden.

ten. Erst die Begegnung mit Heilern und Meistern des Qigong, deren Identität im Dunkeln bleibt, und ZHAOs Zuwendung zur Heilkunde im allgemeinen und zum Qigong im besonderen führten zu einer Gesundung. Das Mitgefühl mit anderen Kranken und sein Wunsch, der Gesellschaft zu dienen, – beides wird immer wieder betont – ließ ihn die gewonnenen Erfahrungen zu der Kranich-Übung zusammenfassen, deren Verbreitung er sich im weiteren widmete. Die zentrale Botschaft in der Darstellung des Lebensweges ZHAOs faßt Zengjin in seinem Aufsatz in dem folgenden Satz zusammen: „Eine lange Krankheit bringt einen begabten Heiler hervor".“ In seiner Fußnote dazu erinnert LANDMANN an die chinesische Redewendung *jiubing chengyi*, „lange Krankheit bringt einen Heiler hervor“ und daß auch *JIANG Weiqiao*, der bereits in den 30er Jahren eine Übungsmethode veröffentlichte, betonte, daß er nach mehreren Krankheiten den Weg zum *qigong* gefunden hatte.

ZHAO's Lebensgeschichte der Heilung einer sich ausbreitenden Lungen- und Darmtuberkulose 1962 im *Badachu*-Arbeiter-Sanatorium mit allmorgendlichen *qigong*-Übungen in Stille als *jingzuo qigong*, anschließender Beschäftigung mit Heilkunst einschließlich geheimnisvoller Unterweisung in *hunyuan xiantian qigong* durch einen anonymen Meister 1971 und weiteren Studien soll hier unabhängig davon betrachtet werden, ob sie genauso war oder ob die Zusammenarbeit mit *PANG Heming* die Basis für seinen Kranichstil bildete. Es finden sich auch hier, wie oben bei *LIU Guizhen* schon erwähnt, Anzeichen wie sie bei der Schamanenkrankheit von ELIADE u.a. beschrieben wurden. Ob sie nun in Teilen durchlebt oder, als Biographietopos kulturimmanent tradiert, aus Zeiten übernommen wurde, in denen Schamanen als Heiler geachtet wurden, ist hier nicht die Frage. Deutlich erscheint der Bezug. Auch das Erben der Schamanenaufgabe durch den Vater, der „außergewöhnliche (=parapsychologische) Fähigkeiten“ für Kranke einsetzte, eine traditionelle Art der Schamanenentstehung, scheint eine Rolle zu spielen. Erst durch die Akzeptanz dessen, was an den Kranken aus der Welt der Schutzgeister und energetischen Heilkräfte herangetragen wird, kann er selber gesunden, mit der Aufgabe versehen, für seine Umwelt heilend tätig zu werden.

Die Missionare SCHRÖDER und FRICK[401] gehören zu den letzten, die in den 40er und 50er Jahren auf dem chinesischen Festland zum Thema Schamanismus über den lamaistischen Kloster-Gurtum und den „Volks-Gurtum in den Dörfern der Chia-Fändse (Tibeter), Chinesen und Monguol (Tujen), ...“ in *Qinghai* Beobachtungen sammelten und aufschrieben. Schröder bezeichnet den Gurtum als ausgesprochenen Besessenheitsschamanen, für den seine kurzgefaßte, dafür nötige Grunddefinition zutraf: „Der Schamanismus ist eine institutionelle und formgebundene ekstatische Verbindung des Menschen mit dem Jenseits im Dienste der Gemeinschaft“. Dies betraf die Funktion, die Saat zu schützen, aber auch heilende und andere Aufgaben mittels *fashen*, dem Zeigen des Geistes. Auch findet sich ein „Fashen des Kopfschüttelns und des Schwanzwedelns“ mit einem 100 Pfund schweren Metallhelm, wobei es „sich um eine in dieser Gegend oft angetroffene Form ekstatischen Ergriffenseins (handelt), die zu schnellen und heftigen Hin-

401.EICHINGER,Franz & Johann FRICK & Anton QUACK, 1988, S. 365-394

und Her- und Kreisbewegungen des Kopfes und der Schultern führt." Bei dieser Darstellung fällt die Idee nicht schwer, daß es sich bei den institutionalisierten, unter Umständen zu ekstatischen Zuständen im Rahmen von spontanen *zifa*-Übungen oder *jinggong*, Übungen in Stille, neigenden Praktiken, die bei Begabten nach Durchstehen einer (Fast-?)Schamanenkrankheit erst richtig beherrscht werden, um Rest- bzw. Teilfähigkeiten schamanischer Herkunft handeln könnte. Weitere Indizien hierfür ließen sich durch die neuere Erforschung der diesbezüglichen Quellen des ersten vorchristlichen Jahrtausends finden (s. Kap. 3.2). Der klare Unterschied besteht aber in einem Herauslösen aus dem ursprünglich schamanischen und relativ unsystematischen Kontext und dem Stellen in einen auch für nicht vollständig Eingeweihte sowohl nachvollziehbaren und übbaren als auch leichter untersuchbaren Rahmen.

Um so mehr scheint dies nahe zu liegen, wenn man sich die seit 1980 zuerst in den entsprechenden Fachzeitschriften und später in den Büchern zahlreich publizierten Ergebnisse der *fa waiqi*-Forschung einschließlich ihrer *teyi gongneng* (parapsychologischen Fähigkeiten) anschaut. Aus Angst vor der Beschäftigung mit den während der Kulturrevolution blutig verbannten „abergläubischen" Kulturrelikten und heute aus Angst vor dem Verlust des Rufes der Wissenschaftlichkeit, konnte bisher keine weiterführende Auseinandersetzung mit dem Schamanismus, von der Sinologie auch als „Wuismus" bezeichnet, stattfinden. Teile des schamanischen Gedankenguts wurden vom Daoismus übernommen und partiell verfeinert. Auch im Buddhismus kann man Elemente hiervon finden. Diese Bestandteile wurden in der Neuzeit noch weiter analytisch herausgetrennt, zugunsten der Volksgesundheit, und entsprachen so wieder sowohl den sozialistischen als auch den wissenschaftlichen Forderungen und somit dem postmaoistischen bzw. (meta)konfuzianischen Weltbild.

Die dazugehörigen und in der Tagespolitik immer wieder angetroffenen Elemente und Auswirkungen der traditionellen chinesischen philosophischen Strömungen lassen sich in der TCM und besonders in der Entwicklung des *qigong* nachweisen.

In den *qigong*-Gruppen morgens im Park finden wir eine Gemeinschaft, die durch Nachahmen der Bewegungen des Meisters lernt ohne diese Übungen selbständig zu variieren und es wird genau unterschieden, wer zur Gruppe gehört und vielleicht dafür auch bezahlt hat und wer nicht. Dies entspricht in seiner praktischen Verkörperung innerer Werte dem, was im (Meta-) Konfuzianismus beinhaltet ist. Als zentrale Kernidee jedoch finden wir, wie gezeigt, etwas aus dem Schamanismus und Daoismus Abgeleitetes, das teilweise nach konfuzianischen Vorstellungen gebändigt werden konnte.

Die Beschäftigung damit zur eigenen Heilung oder der Heilung anderer oder zur wissenschaftlichen Erforschung konnte offiziell akzeptiert und von der Bevölkerung begeistert aufgenommen werden. Wie in Kap. 4 gezeigt werden konnte, wurde besonders in der ersten Hälfte dieses Jahrhunderts in der Entwicklung der zeitgenössischen Vorstellung von Wissenschaft und Medizin sowie von Gesellschaft und politischer Macht alles, was zu irrational wirkte und unkontrollierbar erschien, durch die jeweilige Staatsmacht verbannt. Das wurde gerechtfertigt mit dem Versprechen, daß die so wachsende Macht des Staates für die wissenschaftliche Kontrolle nötig sei und dem materiellen Fortschritt diene[402]. China werde so wieder den Platz der Mitte auf der Erde der ihm gebühre zurückerhalten. Gemäß dem „methodologischen Individualismus“ nach Max WEBER[403] war eines der Kennzeichen der Moderne, daß Werte nicht mehr tradiert übernommen wurden oder auf ein großes kosmisches Schema gegründet waren, sondern frei gewählt wurden. Nachdem in China die Werte der eigenen traditionellen Kultur nicht mehr unreflektiert übernommen wurden, zeigte sich aber schließlich zunehmend für viele die Fragwürdigkeit der Moderne und ihrer europäisch-westlich monopolisierenden Auffassung von Wissenschaft. Die Staatsmacht war seit Ende der 80er Jahre gezwungen, eine Rückbesinnung auf die eigenen kulturellen Werte nicht nur zu akzeptieren (von dem Standpunkt des Maoismus und der Kulturrevolution aus), sondern auch zu initiieren (als Kampfansage gegen eine „totale Verwestlichung“, „nationalen Nihilismus“ und „kapitalistische Ideen“ bei zunehmend offensichtlichen Versagen des Marxismus als geistigem System der Gesellschaft). Dies geschah nicht zuletzt, um ihre ureigenste Identität nicht zu verlieren, die in China in einer über 4000 Jahre sich erstreckenden historischen Kontinuität gesehen wird. Indem sie die traditionelle Medizinkultur revolutionieren, beschneiden und standardisieren wollten, versuchten *MAO* und seine Nachfolger diese „Renaissance“ zu kanalisieren, man könnte sagen nach dem Vorbild des legendären Kaisers *YU* (21. Jh. v. Chr.?), der die Fluten mittels Wasserkanälen bändigte. In der Tat kam die TCM seit den 50er Jahren wieder mehr ins Blickfeld, jedoch von unwissenschaftlichen=abergläubischen Dingen wie den wissenschaftlich noch nicht untersuchbaren feinenergetischen Phänomenen bereinigt. Erst nach dem Höhepunkt mit der in ihrem Extrem alles übersteigenden Kulturrevolution war die Zeit für einen weiteren Wandel reif geworden. Die offizielle Legitimierung erfolgte während der *Mao*-Zeit nicht und danach deutlich weniger durch das Berufen auf die alt-ehrwürdige Herkunft aus den Zeiten der legendären Kaiser. Stattdessen erbrachten jetzt die naturwissenschaftlichen Forschungsergebnisse die Legitimation des *qigong*, so daß man sich der (Natur-) Wissenschaft verpflichtet fühlte. Während es bis 1980 nur Resultate zu den allgemeineren und krankheitsbezogenen *qigong*-Untersuchungen gab, änderte sich dies mit der neuen Konzeption des Begriffes *qi*. In den *qigong*-Zeitschriften, die jetzt zunehmend erschienen, wurde viel zu den feinenergetischen Aspekten und der *waiqi*-Frage veröffentlicht. Der Staat kontrollierte aber auch hier weiterhin die TCM- und besonders die *qigong*-Forschung, vielleicht um so mehr als sie die ersten Ergebnisse einbrachte und außerdem an Zulauf in der Bevölkerung gewann.

Dabei kommt der m.E. ursprünglich zugrundeliegende Schamanismus, dessen Wertschätzung mit der zunehmenden Patriarchalisierung der chinesischen Gesellschaft im Laufe der Jahrtausende von der Clanführerin über die Funktionsübernahme durch den König und dann den Priester und später bis zur tolerierten Außenseiterin absank, in China erst in den 90er Jahren langsam ins Blickfeld der *qigong*-Diskussion.

402.DUARA, P., 1991, S. 74
403.DUARA, P., 1991, S. 69

IRWIN[404] schreibt über die soziale und kulturgeschichtliche Rolle der vier großen weiblichen Gottheiten *NÜWA* – die Schöpferin, vergöttlichte *wu*-Schamanin und Regentänzerin, *XIWANGMU* – die Himmelköniginmutter des Westens, *GUANYIN* – die Göttin gewordene Gnade, und *TIANHOU* – die Himmelskaiserin:

> "this power is not limited to a strictly controlled masculine hierarchy but represents an alternative means for Chinese women to recognize the value of their femininity as embodied by the highest celestial powers, a power that is both dynamic and creative. All these goddesses have shamanistic associations, as the *wu* class of female shamans was very popular and represented a recognized and legitimate means of expression by which women could manifest their spiritual abilities."

Deutlich schamanische Züge fanden Eingang in frühe daoistische philosophische und medizinphilosophische Vorstellungen. Während in dem nicht eindeutig datierbaren Text *GUAN Junzi* wohl philosophisch-daoistische und mahayana-buddhistische Elemente im Vordergrund stehen, sind es in dem *Huangting jing* religiös-daoistische Vorstellungen, die in diesem Text aus der Zeit um 265 n. Chr. die Basis bilden[405].

Es fanden sich damals[406] über die heute in der VR China offiziell gelehrte TCM weit hinausgehende Vorstellungen mit einem ausgearbeiteten und professionalisierten Modell von spirituellen über feinenergetische bis zu handwerklichen Medizinformen, analog der Philosophie des *HUAINAN ZI* mit der Dreiteilung der Existenzformen von *shen* (Geist), über *qì*, dem energetischen Zwischenstadium, zu *xing* (Gestalt). Über diese wurde damals gedacht, daß sie besonders vom Feinen ins Grobe ineinander hineinwirken und somit entsprechende Medizinformen nacheinander oder nebeneinander genutzt werden konnten. Als eine Folge dieser durchgängigen Sichtweise muß die Nichttrennung von Leib und Seele gesehen werden.

Spätestens nach der *Tang*-Zeit brachte der erstarkende rein patriarchalische *Song*-zeitliche (Neo-) Konfuzianismus nicht nur kein Verständnis mehr für die als barbarisch angesehenen, nicht-ärztlichen Heilrichtungen auf, sondern verfolgte sie gelegentlich, da sie nicht selten mit revolutionären Richtungen in Zusammenhang standen.

Betrachten wir die gesellschaftliche Situation, in der sich das oben skizzierte daoistische psychophysiologische Modell in der *Tang*-Zeit zu wandeln begann und allmählich seine Popularität einbüßte. Mit Ausnahme des Aufschwungs unter der buddhistischen Kaiserin *WU Zetian* (684-705), die auch den Daoismus förderte, verwies das patriarchalische konfuzianische System das daoistische mit seinen noch bestehenden schamanischen und letzten matriarchalischen Anklängen auf den zweiten Platz.

In der Folgeentwicklung ergab sich schließlich Anfang des letzten Jahrhunderts ein Sinken des Niveaus der traditionellen chinesischen Medizin mit einem dann rasch zunehmenden westlichen Einfluß. Die Idee der westlichen Wissenschaft hielt ihren ersten Einzug und schien alles in den Bereich des Machbaren zu rücken. Unter *MAO Zedong* erlebte die TCM als pragmatischer Ausgleich zu fehlenden westlichen Ärzten und im Sin-

404.IRWIN, Lee, 1990, S. 53-68

405.HOMANN, Rolf, 1971. Bei dieser verdienstvollen Erstübersetzung des Autors als sinologische Dissertation zeigt sich jedoch deutlich ein Fehlen psychologischer und medizinischer Kenntnisse, sowohl in westlicher als auch in traditionell chinesischer Hinsicht.

406.S. ROSNER, E., 1991 u. HEISE, Th., 1998a

ne einer Stabilisierung der chinesischen Identität eine Renaissance. Dabei wurden im Rahmen des Maoismus und besonders der Kulturrevolution religiöse und spirituelle Vorstellungen natürlich abgelehnt.

Im heutigen China spielen, selbst bei der allgemeinen Unterversorgung, die westlichen Medizinvorstellungen aus den verschiedenen erwähnten Gründen[407] die größere Rolle. Dabei vernachlässigen sie jedoch offiziell, systemimmanent aus dem atheistisch-materialistischen Blickwinkel verständlich, die psychotherapeutischen und sozialpsychiatrischen Aspekte, d.h. – grob gesagt – neben den inhaltlich psychiatrischen, die Einbeziehung der sozialen Bedingungen der Umwelt[408]. Ebenso werden die bisher aus der alten Tradition leichter ableitbaren Beziehungen zur transpersonalen Psychotherapie mit ihrem Einschließen veränderter Wachbewußtseinszustände sowie zur systemischen (Familien-) Therapie ausgeklammert. Gerade die psychotherapeutische sowie die psychoanalytische Ausbildung beinhalten in paralleler Weise zur *qigong*-Ausbildung nicht nur das Wissen über etwas, sondern auch das Erfahren des Erlernten und anderer nur schwer beschreibbarer Dinge am eigenen Leib, d.h. im eigenen, reifenden Leben mittels der Selbsterfahrung oder Selbstanalyse, die jeder Therapeut durchlaufen muß, bis sie ein Teil seines Arbeits- und Lebensbereiches wird.

Andererseits finden sich heute in unserer westlichen Gesellschaft Züge, durch die das patriarchalische System relativiert und die Vorherrschaft der institutionalisierten christlichen Kirchen in Frage gestellt wird. Somit ist das hier wachsende Interesse an einer erneuerten und diesmal partnerschaftlichen Naturbezogenheit verständlich. Dies könnte wiederum einen Einfluß auf China haben.

Wissenschaftstheoretische Überlegungen sind, wie erwähnt, zum Thema der TCM und mittels des zusätzlichen Katalysators der *qigong*-Forschung des letzten Jahrzehnts – aus der sich eine Erweiterung auf die außergewöhnlichen, parapsychologischen Fähigkeiten ergab – ein wichtiger Diskussionspunkt in Ost und West. Zur Erklärung dieser Phänomene bietet sich eine Erforschung der Verknüpfung von Sprache, Kultur und neurophysiologischen Entwicklungen an. Hierzu gibt es einige Hypothesen. Nach WHORF[409] ist das linguistische System einer Sprache nicht nur ein Instrument zum Ausdruck von Gedanken, sondern formt vielmehr selbst die Gedanken und ist Schema und Anleitung für die geistige Aktivität des Individuums, für die Analyse seiner Eindrücke und für die Synthese dessen, was ihm an Vorstellungen zur Verfügung steht. WHORF geht soweit zu sagen, daß NEWTONs Konzeptionen von Raum, Zeit und Materie keine Anschauungen sind, sondern Derivate aus Kultur und Sprache, denn dies seien die Quellen aus denen er sie übernahm. Auch WESTEN stützt diese These. Er sieht eine deutliche Evidenz, daß die Umgebung den strukturellen Aufbau des Gehirns beeinflußt und damit die gesamte Gehirnstruktur. Die besonders in der Kindheit ausgeprägte Entwicklung des Gehirns betrifft die Myelinisierung der Nervenaxome wie auch das Sprießen der zahlreichen Verbindungen der Milliarden von Neuronen. Die chinesische Sprache benutzt ver-

407.S. auch HEISE, Th., in: WIEDERSHEIM, R. u.a. (Hrsg.), 1991
408.KREMB, Jürgen: Wie ein Tier am Pfahl. Der Spiegel, Hamburg, 1992, 32, S. 140-146
409.WHORF, Benjamin Lee, 1963. S. 12, S. 94f.

schiedene Töne in der Aussprache und wird in Piktogrammen geschrieben. Es gibt experimentelle und klinische Hinweise, daß die chinesische Schriftsprache weniger lateralisiert ist als die linkshemisphärisch angesiedelten westlichen Schriftsprachen und die bei westlichen Sprachen eher rechtshemisphärisch angesiedelte Ton- und Musikverarbeitung bei den Chinesen bezüglich der Sprachtonalität auf der linken Seite zu finden ist. Dies ließ sich an chinesischen Schlaganfallpatienten mit einer Broca´schen Aphasie nachweisen.[410, 411]

Diese kulturabhängige Gehirnentwicklung ist eine Auffassung, die heute von manchen Physikern unterstützt wird. Wenn wir also überlegen, welchen Einfluß die chinesische Sprache auf das Thema „*qigong*" haben könnte, so ist es wichtig festzustellen, daß für das Chinesische ausgedehnte Wortfelder über unsere Wortklassen (Adjektiv, Verb, Substantiv) hinaus typisch sind. Dies betrifft besonders das klassische Chinesisch, in dem die alten Bezugsquellen bis zum Beginn, teils bis zur Mitte dieses Jahrhunderts geschrieben wurden. Erst in diesem Jahrhundert setzten sich in der Schriftsprache in größerem Umfang grammatikalische Partikel und Regeln sowie das Ausdrücken mit Binomen durch. So könnte man vermuten, daß übergreifende Sichtweisen bei solch vertikal-grammatikalisch und horizontal-inhalts- und bedeutungsmäßig übergreifenden Wortfeldern parallel dazu auch eine übergreifende Sichtweise im körperlichen, geistigen und seelischen Bereich des Menschen unter Betonung einer funktionellen Betrachtungsweise erleichtern.

Aus diesen Gegebenheiten entwickelte sich, von den chinesischen Quellen immer wieder betont, die für die TCM typische Herangehensweise des Denkens nach Syndrommustern. Diese demonstrieren die untrennbare Verbundenheit von Mensch und Kosmos. In der chinesischen Philosophie ist dies bekannt unter dem Ausdruck *tian ren he yi*[412], Himmel und Mensch bilden eine Einheit. d.h. der Weise ist jemand, der die Nichtigkeit von Subjekt- und Objekttrennung erkennt, unter Bezug auf die gemeinsame feinenergetische Dimension des *qi*. Das *qigong* und die ganze TCM bieten **eine** Möglichkeit, einen empirisch erlernbaren Umgang mit dieser rationalen sowie irrationalen Verwobenheit an. Diese Stärke wird von der Medizin in der sogenannten *jieheyi* (verbundenen Medizin) genutzt, die danach trachtet, die traditionellen Vorteile zu nutzen, um sie mit der Naturwissenschaftlichkeit der westlichen Medizin zu verbinden.

Durch die Erschütterung der etablierten, auf die Festschreibung des konservativen Begriffsinhaltes der Naturwissenschaften fixierten Ordnung, die, mit Hiroshima und Tschernobyl, dem Ozonloch und dem Waldsterben, dem zunehmenden Nord-Süd Konflikt, inklusive den Fragen der Ernährung, Gesundheit und Wirtschaft, den Grenzen des Wachstums sowie den veränderten religiösen oder spirituellen Fragestellungen, das Mo-

410. WESTEN, Drew, 1995. S. 106 f.
411. In einem kontroversen Gespräch zur SAPIR-WHORF-Hypothese mit Frau D. WIPPERMANN in Trier am 6.4.99 ergaben sich hier eventuell weiterführende Fragestellungen: Wie steht es mit analphabetischen Chinesen bezüglich der Lateralisierung oder mit denen, die mangels Praxis die schulischen Schriftkenntnisse verlernten? Wie verändert sich die Gehirnstruktur von Chinesen, die westliche Sprachen/Schriften lernen, oder die von westlichen Menschen, welche die chinesische Sprache und Schriftzeichen erlernen? Weitere Untersuchungen hierzu sollten die Theorien der Neuroplastizität und -modulität (s. Manfred Spitzer) miteinbeziehen.
412. OMMERBORN, Wolfgang, 1996. S. 207, 253

nopol der Technik und die absolute Wertigkeit des Meßbaren nicht nur in der Medizin in Frage gestellt hat, gibt es jetzt neue Chancen für eine umfassendere Wissenschaftlichkeit. Ohne die Errungenschaften des „Zeitalters der objektiven Naturwissenschaft" über Bord zu werfen, ist durch neue Bewertung und Nutzung alter Erkenntnisse eine Synthese in den Bereich des Möglichen gerückt. Die Gefahren auf dem Weg dorthin sind zahlreich. Für die Erforschung des *qigong* gilt es, sowohl die Skylla der Instrumentalisierung des *qigong* mit Pseudoverwissenschaftlichung, statt einer Erweiterung auf körperlicher, geistiger und seelischer Ebene, als auch die Charybdis des Religionsersatzes zu umschiffen.

So besteht eine Gefahr darin, daß bei einer Simplifizierung der Fachausdrücke und unzureichenden Erläuterung ohne Quellenangaben in den modernen *qigong*-Büchern Verwirrung entsteht und das Verständnis der alten Quellen erschwert oder verfälscht wird. Dies vor allem, wenn der Untersuchende in seinem Bericht erkennen läßt, daß er selbst nicht die geringsten praktischen Erfahrungen hat. In privaten Gesprächen deutet sich jedoch als Korrektiv hierzu schon an, daß einerseits die *qigong*-Praktiker mehr ernsthaftes Interesse an den jetzt wieder zugänglich werdenden alten Quellen haben und andererseits die philosophischen Theoretiker sowie erneut religiös aufgeschlossene Chinesen sich für die modernen und die alten Übungspraktiken interessieren. Es besteht meiner Ansicht nach kein Zweifel, daß eine zentrale Triebfeder des Interesses an *qigong* Parallelen in den philosophischen bzw. religiösen oder spirituellen Strömungen des Schamanismus, Daoismus, Konfuzianismus, Buddhismus, Christentum und kommunistischen Materialismus, insbesondere den Maoismus, hat: der Glaube an die wirklichkeitsverändernde Macht des menschlichen Bewußtseins zu seinem Positiven – und das kann geübt werden! So kann man hoffen, daß in naher Zukunft, immer vorausgesetzt, die gesellschaftspolitische Entwicklung gestattet dies, qualitativ bessere Werke zum modernen und zum alten *qigong* entstehen werden, die vielleicht neue wissenschaftstheoretische Überlegungen eröffnen.

Schlußbemerkungen

Ein Teil dessen, was heute unter dem Begriff *qigong*-Übungen zusammengefasst wird, stammt aus einer Zeit, in der in China der Schamanismus weit verbreitet war und in der medizinischen Behandlung eine zentrale Rolle spielte. Im Laufe der Zeit konnten diese Übungen auch außerhalb der Schamanenmedizin weiter verfeinert und zunehmend systematisch ausgearbeitet werden und wurden so für jederman anwendbar. Viele ihrer Hauptbestandteile wurden jedoch, aufgrund von archäologischen Funden und Textquellen nachweisbar, fast unverändert tradiert. Im Vordergrund der aktiven Übungen standen weitgehend die vorbeugend lebensverlängernden Techniken, um für den zweiten Zweck, die spirituelle Kultivierung, soviel Zeit wie möglich zu erlangen. Diese intensiven Übungen bezogen sich besonders auf energetische Vorstellungen in Form von *qi*, *jing* (Feinstessenz) und *shen* (Geist) sowie *hun* (Hauchseele). Dies alles stand wiederum in den jeweiligen weltanschaulichen Zusammenhängen des Daoismus, Buddhismus und Konfuzianismus. Da die energetische und syndrombezogene Sichtweise der Zusammenhänge kulturimmanent war, spielten sie in allen Bereichen, inklusive der Kampfkunst und der Gesundung, eine entscheidende Rolle.

Nach der Übernahme des Marxismus-Leninismus und der Gründung der Volksrepublik durch *MAO Zedong* wandelte sich die Weltanschauung der Bevölkerung unter dem politischen Druck langsam aber stetig. Aufgrund der unzureichenden Versorgung der Bevölkerung mit der als höher stehend betrachteten westlichen „wissenschaftlichen" Medizin, favorisierte *MAO* die TCM und dabei auch *qigong* besonders zwischen 1958 und 1963. Dabei spielte auch das Nationalbewußtsein und das Erbe der chinesischen Kultur eine Rolle, denn nur in deren Anerkennung konnte man sich als politisch korrekt gesinnt beweisen.

Über *LIU Guizhen* führte dies in den Jahren von 1955 bis 1966 zur Neudefinition des Sammelbegriffes „*qigong*" für alle früheren Übungen und zu den Anfängen des modernen *qigong*, wobei zu Beginn nur praktische Anwendung und klinikbezogene Forschung im Vordergrund standen. Nach der Katastrophe der Kulturrevolution begann sich 1976 sehr langsam das Interesse am *qigong* wieder zu zeigen, jedoch unter einem offeneren Vorzeichen. Dies führte zu einem neuen Konzept von *qi* und bildete die Basis für das eigentliche „*qigong*-Fieber" ab 1983. Dies ist auch im Rahmen der damaligen „Kulturfieber"-Debatte zu sehen, zur Unterstützung der modernen Weltanschauungsfindung nach „chinesischer Prägung". Hierbei war, erst in Zeitschriften, dann in Büchern, die *waiqi*-Forschung in bezug auf Analyse und praktische Anwendung des ausgestrahlten *qi* ein wichtiger Faktor. Den zweiten Faktor bildete die Entwicklung neuer Stile und deren Werdegang. Daraus resultierten weitere Forschungen und die Überprüfung ihrer klinischen Anwendbarkeit und dann auch die Rückbesinnung auf alte Stile, nachdem dies politisch wieder stärker möglich wurde.

Außerdem zeigte sich in dieser Zeit in bezug auf die offizielle Seite des *qigong* weiterhin die starke Anbindung an die Politkultur und die Abhängigkeit von ihr. Auch das steigende Interesse der Politiker führte zu einer allmählich wachsenden Neugier der chinesischen Schulmediziner am Phänomen *qigong*, nachdem, trotz politisch motivierter Annäherungen zur TCM in der *MAO*-Zeit, immer noch viele Kommunikationsprobleme zwischen „traditionellen" und „modernen" Medizinergruppen bestehen.

Viele Politiker aus dem Gesundheitsresort wie *LÜ Bingkui*, *CUI Yueli* und *Tian Jingfu* unterstützten die *qigong*-Bewegung, in der das *Beidaihe-qigong*-Rehabilitationszentrum eine zentrale Rolle spielte. Weitere wichtige Forschungszentren waren Peking und *Shanghai*. Die Physiker und Atomwissenschaftler *GU Hansen* aus *Shanghai* und *QIAN Xuesen* sowie der in Amerika lebende chinesische Biologe *NIU Manjing* wurden neben den anderen oben genannten in den letzten Jahren mit ihren Forschungsergebnissen und Hypothesen in vielen wissenschaftlichen Vorworten ständig zitiert. Parallel dazu verschwanden die politischen Parolen von *MAO* und anderen Politikern in den Vorreden der *qigong*-Bücher zusehends.

Die genannten Physiker befürworten zusammen mit den Politikern das Finden einer eigenen, für die Kultur und die Gesundheitspolitik wichtigen, spezifischen chinesischen Linie, die viele auch im Westen ungelöste Fragen, die wir in den Bereich der Paramedizin und -psychologie zählen, einschließen soll. Dies wird nach ihrer Meinung bald zu einer wissenschaftlichen Revolution führen.

Qigong-Übende sind – wie gezeigt – eine Massenbewegung geworden, die bis Ende 1989 fast 30 Millionen schnell vergriffene Bücher hervorbrachte. Dabei darf man von annähernd ebensoviel Interessierten ausgehen. Inoffizielle Zahlen sprachen 1994 von über 50 Millionen. Von diesen führen die Mehrzahl das ganze Jahr hindurch Übungen aus.

Die Analogie, daß in China vor ca. 1000 Jahren das Schwinden letzter matriarchalischer Züge sowie eine sinkende Bedeutung daoistischer Vorstellungen mit dem Wachsen des Neo-Konfuzianismus, und mit „abgeschnürten" Füßen für Frauen über 1000 Jahre lang einhergingen und heute umgekehrt bei uns im Westen eine langsame Reduktion patriarchalischer Übermacht mit einem zunehmenden Interesse an – im weitesten Sinne – daoistischen Ideen inklusive Naturbezogenheit Hand in Hand geht, könnte zu der Annahme verführen, daß hier wechselseitige Bezüge vorhanden sind. Dies wäre im Sinne einer universell wirksamen dynamischen *yin yang*-Komplementarität gut zu verstehen.

Viele *qigong*-Meister zeigen in ihrem Werdegang als Tatsache oder als übernommenen Topos die Schamanenkrankheit, das Ererben oder Erlernen der zukünftigen Aufgabe, ähnlich wie bei den Schamanen, und das Einsetzen ihrer Fähigkeiten für die Gemeinschaft. Diese energetischen Fähigkeiten sind auch Bestandteil der Fähigkeiten der Schamanen.

Qigong-Übungen sind durch Beibehalten ihrer sozialen Funktion für die Gesundheit der Gemeinschaft und der – wie bei den Schamanen – Patienten-passiven *fa waiqi*-Heilung durch den Arzt(-Heiler) sowie der jetzt zusätzlichen Möglichkeit des sich selber aktiv Heilens durch entsprechende Übungen hoffähig geworden. Die Übungen sind reduzierter und ritualisierter als bei den Schamanen und können besser „geübt" werden. Zunehmende wissenschaftliche Anerkennung erfolgt dadurch, daß die „Wissenschaftsgemeinde" sich jetzt der Erforschung dieses Phänomens „analytisch" und somit aus ihrer Warte „besser" widmen kann.

Die Geomantiesysteme, wie *fengshui* und *dili*, schienen auf dem chinesischen Festland ausgestorben, doch plötzlich konnten entsprechende Bücher von mir 1986/87 in den Provinzstädten in privaten Fotokopien bzw. in alten Holzblocknachdrucken hinter vorgehaltener Hand am Straßenrand wieder gekauft werden – wenn die Polizei nicht in der Nähe war. 1987 erschienen dann auch schon verschiedene Exemplare an geomantischen Kompassen in Kanton auf dem Markt. Das *Yi jing*, 1985 nur sehr schwierig zu bekommen ((29) ist eine hektographierte Einführung von 1986), erlebte in den 90er Jahren einen Boom in der Verbreitung, so daß man ebenfalls von einem *Yijingre*[413] sprach. Ebenso wurden schließlich die *qigong*-Übungen nach einer vorsichtigen Wartepause infolge

413. GEIST, 1996, S. 3

des Massakers am *Tiananmen*-Platz 1989 mit dem offiziellen Ende des pluralistischen *wenhuare*, Kultur-Fiebers, in ihrer Aktivität in den 90er Jahren nicht weiter behindert. Unter Berücksichtigung dieser Aspekte erscheint es unwahrscheinlich, daß der chinesische Schamanismus in der einen oder anderen Form nicht auch wieder aus der Verborgenheit hervortreten und aufblühen wird und die Beschäftigung damit kein Tabu mehr darstellt. Dann wird auch eine objektivere Erforschung der Wurzeln des *qigong* möglich sein und drängende Fragen einer eindeutigeren Lösung entgegensehen können. Da jede Abhängigkeit zwei Seiten hat, kann man vermuten, daß auch chinesische Politiker sich durch ihre *qigong*-Erfahrungen verändern werden, wie dies durch die offiziell erwartete Anhebung des Marxismus auf eine qualitativ höhere Stufe schon angedeutet wurde. Der originäre Charakter des Sozialismus chinesischer Prägung wird durch den Rückgriff auf das *qigong* als Teil der chinesischen Kulturtradition hier erneut hervorgehoben.

Qigong wird in China zur Zeit in all seinen Erscheinungen und Möglichkeiten, ausgehend vom Regulieren des Körpers, der Geistesaufmerksamkeit und der Atmung über den Einfluß auf das menschliche Leben einschließlich seiner über das medizinisch therapeutische Gebiet weit hinausgehenden parapsychologischen Fähigkeiten, bis hin zu den Einwirkungen auf die gesamte chinesische Kultur intensiv und häufig hinter verschlossenen Türen erforscht. Bei ca. 30 Millionen *qigong*-Interessenten in der VR China (1989), die größtenteils aktiv üben, kann man wohl sagen, daß sowohl *qigong* als auch die möglichen Auswirkungen der obengenannten chinesischen Forschung im Westen bisher noch viel zu wenig Beachtung finden.

Falls es sich aufgrund der chinesischen *qigong*-Forschung erweisen sollte, daß der Geist die Materie tatsächlich nachhaltig beeinflußen kann, hätte dies mit Sicherheit einen großen Wandel für unser bisheriges, vertrautes Weltbild zur Folge.

9. Anhang

9.1 Index

– Q –

– R –

– S –

– T –

– U –

– T –

– W –

9.2 Allgemeine Bibliographie

ARNDT, Ulrich: Der geistige Pfad des Falun Gong. In: Esotera, 8/1997, S. 32-7
BACHMANN, Jürgen: Orthopädie und Traumatologie in der VR China. In: Wiedersheim, R. u.a. (Hrsg.), 1991.
BALDRIAN-HUSSEIN, Farzeen: Procédés secrets du joyau magique. Paris, 1984.
BALDRIAN-HUSSEIN, Farzeen: Review: „Understanding Reality: A Taoist Alchemical Classic by Chang Po-tuan; With a Concise Commentary by Liu I-ming" – translated from the Chinese by Thomas CLEARY. In: Harvard Journal of Asiatic Studies, Cambridge/Mass., 50.1, 1990, S. 335-341
BALME, Harold: China and Modern Medicine. London, 1921.
BAUER, Wolfgang: China und die Hoffnung auf Glück. München, 1974.
Beijing Medical College: Dictionary of Traditional Chinese Medicine. The Commercial Press, Ltd., Hongkong, 1984.
BIAN Zhizhong: Daoist Health Preservation Exercises. China Reconstructs Press, Beijing, 1987.
BLOFELD, John: Selbstheilung durch die Kraft der Stille. Goldmann, 1984.
BODDE, Derk: Festivals in Classical China. Princeton University Press, 1975.
BOWERS, J. : Traditionelle und westliche Medizin in maoistischer Sicht. In: China Analysen, Frankfurt a.M., 1970, 9.10, S. 16-22
CAO Xizhen: The Massotherapy of Traditional Chinese Medicine. Hongkong, 1985.
CHANG, Kwang-chih: Early Chinese Civilization. Anthropological Perspectives. Harvard-Yenching Institute, Cambridge/Mass., 1976.
CHANG, K.C.: The Animal in Shang and Chou Bronze Art. In: Harvard Journal of Asiatic Studies, 1981, 41, S. 527-554
CHANG, Tsung-Tung: Der Kult der Shang-Dynastie im Spiegel der Orakelinschriften. Harrassowitz, Wiesbaden, 1970.
CHANG, Tsung-Tung: Metaphysik, Erkenntnis und Praktische Philosophie im Chuang-Tzu. Klostermann, Frankfurt/M., 1982.
CHANG Chung-Yuan: Tao, Zen und schöpferische Kraft. Diederichs, Düsseldorf & Köln, 1975.
CHEN Zhaofu: China. Prähistorische Felsbilder. Bär, Zürich, 1989.
CHESNEAUX, Jean: Weisser Lotus, Rote Bärte. Berlin, 1976.
CHOE Chong-Sok: Qi, ein religiöses Urwort in China. Von den Knocheninschriften bis zur heutigen Feng-shui Praxis. Lang, Frankfurt & Bern, 1995.
CLEARY, Thomas (Ed.): The Taoist I Ching. Shambala, Boston & London, 1986.
CLEARY, Thomas (Hrsg.): Das Tao der weisen Frauen. Barth, München u.a.O., 1993.
CROIZIER, Ralph: Traditional Medicine in Modern China. Cambridge, Mass., 1968.
CROIZIER, Ralph C.: Traditional Medicine As A Basis For Chinese Medical Practice. In: QUINN, J. (Ed.), 1973.
CROIZIER, Ralph: The Ideology of Medical Revivalism in Modern China. In: LESLIE, Ch. (Ed.), 1977.
CUI Lili: Fitness and Health Through Qigong. In: Beijing Review, China International Book Trading Corporation, *Beijing*, 32.17, 24. April 1989, 16-20
CUI Lili:- Qigong on Qinghua Campus. In: Beijing Review, 32.17, 1989, S. 20-22
DESPEUX, Cathérine: *Zhao Bichen*: Traité d´Alchimie et de Physiologie taoiste. Paris, 1979.
DESPEUX, Cathérine: Taiji quan: art martial, technique de longue vie. Guy Trédaniel, Paris, 1981.
DESPEUX, Cathérine: Gymnastics: The Ancient Tradition. In: Kohn, L. (Ed.), 1989.
DITTMAR, Peter: Wörterbuch der chinesischen Revolution. Herder, Freiburg u.a.O., 1975.
DOMES, Jürgen: Die Ära Mao Tse-tung. Kohlhammer, Stuttgart u.a., 1971.
DONG Sanbai: *Changjian bing de shiyin liaofa* (Diätetische Therapie häufiger Erkrankungen). *Zhongguo shipin chubanshe*, Peking, 1988.
DUARA, Prasenjit: Knowledge and Power in the Discourse of Modernity: The Campaigns against Popular Religion in Early Twentieth-Century China. In: The Journal of Asian Studies, 50.1, 1991. S. 67-83
DUERR, Hans Peter (Hrsg.): Der Wissenschaftler und das Irrationale. Bd. 1 + 2. Syndikat, Frankfurt/M., 1981.
EBERHARD, Wolfram: Die Lokalkulturen des Südens und Ostens. Monumenta Serica III, The Catholic University, Peking, 1942.
EBERHARD, Wolfram: Lexikon chinesischer Symbole. Diederichs, Köln, 1990.
EICHHORN, W.: Die alte chinesische Religion und das Staatskultwesen. Brill, Leiden/Köln, 1976.
EICHINGER, Franz & Johann FRICK & Anton QUACK: Der Werdegang des lamaistischen Gurtum. In: Anthropos 83, 1988, S. 365-394
ELIADE, Mircea: Schamanismus und archaische Ekstasetechnik. Suhrkamp, Frankfurt/M., 1975.
ENDRES, Günther (Hrsg.): Die Sieben Meister der Vollkommenen Verwirklichung. Lang, Frankfurt/M. u.a.O., 1985 [Auch: Die sieben Meister des wunderbaren Tao. Barth, Bern u.a., 1991].
ENGELHARDT, Ute: Theorie und Technik des Taiji Quan. WBV Biolog.-Med. Verlagsanstalt, Schorndorf, 1981.
ENGELHARDT, Ute: Die klassische Tradition der Qi-Übungen: Eine Darstellung anhand des Tang-zeitlichen Textes *Fuqi jingyi lun* von Sima Chengzhen. Steiner, Wiesbaden, 1987.
ERKES, Eduard.: Der Primat des Weibes im alten China. In: Sinica, 4. Bd., 1935, S. 166-176
ERKES, Eduard: Die Dialektik als Grundlage der chinesischen Weltanschauung. In: Sinologica, Basel, 1949, 11.1, S. 31-43
ERKES, Eduard: Neue Beiträge zur Geschichte des Chou-Königs Yu. Akademie-Verlag, Berlin, 1954.
ESHERICK, Joseph: The Origins of the Boxer Uprising. University of California Press, Berkeley & Los Angeles, 1987.
FAN Xingzhun: Zhongguo yixue shilüe (Geschichtsaufzeichnungen zur chinesischen Medizin). *Zhongguo guji chubanshe, Beijing*, 1960 und Neuauflage 1986.
FENG Lida u.a.: A Study on the Effect of the Emitted Qi of Qigong on Human Carcinoma Cells. & The Effect of the Emitted Qi on the Immune Functions of Mice. & A Study of the Effect of the Emitted Qi on the L1210 Cells of Leukemia in Mice. In: The First World Conference For Academic Exchange Of Medical Qigong. *Beijing*, 1988. S. 1-4, & S. 4-5, & S. 6-7
FILLMANN, Claudia: Die Organisation der medizinischen Versorgung in der Volksrepublik China seit 1949. Medica, Dortmund, 1979.

FINDEISEN, Hans & Heino GEHRTS: Die Schamanen. Jagdhelfer und Ratgeber, Seelenfahrer, Künder und Heiler. Diederichs, Köln, 1983.
FISCHER, W.: Die Medizin im alten und neuen China. In : Münchener Medizinische Wochenschrift, 1958, 100, S. 1597-1602
FLOHR, Carsten: The Plague Fighter: Wu Lien-teh and the Beginning of the Chinese Public Health System. In: Annals of Science, 53, 1996, S. 361-380
Foreign Languages Press (Ed.): Quotations from Chairman Mao Tse-Tung. Peking, 1966.
Foreign Languages Press (Ed.): Sports and Public Health. Peking, 1983.
Foreign Languages Press (Ed.): Chinese Acupuncture and Moxibustion. Peking, 1987.
FRANKE, Herbert und TRAUZETTEL, Rolf: Das Chinesische Kaiserreich. Frankfurt a.M., 1968.
FRANKE, Wolfgang: China und das Abendland. Göttingen, 1962.
FU Jingliang : *Zhonghua Yuanji* (Das chinesische *Yuanji*). *Shandong kexue jishu chubanshe*, 1991.
FUNG Yulan: History of Chinese Philosophy. Princeton University Press, Princeton/USA, 1952.
GEIST, Beate: Die Modernisierung der chinesischen Kultur. Kulturdebatte und kultureller Wandel im China der 80er Jahre. Mitteilungen des Instituts für Asienkunde, Hamburg, 1996.
GIA Fu Feng: Yi Jing. Das Buch der Wandlung. Theseus Verlag, München & Zürich, 1991.
GRANET, Marcel: Chinese Civilization. World Publishing Company, Cleveland & New York, 1964.
GREGORY, Peter N. (Ed.): Traditions of Meditation in Chinese Buddhism. University of Hawai Press, Honolulu, 1986.
GROF, Stanislav: Das Abenteuer der Selbstentdeckung: Heilung durch veränderte Bewußtseinszustände. München, Kösel, 1987.
GUO Moruo: *nuli zhi shidai* (Die Sklavenhaltergesellschaft), *Beijing xinhua yin, renmin chubanshe*, 1. Aufl. 4/1954, 2. Aufl. 5/1973.
HARPER, Donald: A Chinese Demonography of the Third Century B.C.. In: Harvard Journal of Asiatic Studies, 1985, 45, S. 459-498
HARPER, Donald: The Sexual Arts of Ancient China as Described in a Manuscript of the Second Century B.C.. In: Harvard Journal of Asiatic Studies, Cambridge/Mass., 1987, S. 539-593.
HARPER, Donald: The Conception of Illness in Early Chinese Medicine, as Documented in Newly Discovered 3rd and 2nd Century B.C. Manuscripts. In: Sudhoffs Archiv, Wiesbaden, 1990, 74, S. 210-235
HAWKES, David: The Songs of the South. Penguin, London, 1985.
HEISE, Thomas: Die traditionelle chinesische Medizin im Rahmen ihrer kulturellen Einbettung und ihr Verhältnis zur westlichenMedizin in der Gesundheitsversorgung der VR China. In: WIEDERSHEIM, R. u.a. (Hrsg.), 1991.
HEISE, Th.: Chinas Medizin bei uns. Einführendes Lehrbuch zur traditionellen chinesischen Medizin. Verlag für Wissenschaft und Bildung, Berlin, 1996.
HEISE, Th.: Psychiatrische Probleme der Traditionellen Chinesischen Medizin – in moderner Lehrweise und in klassischen Quellen. In: HOFFMANN, K. & W. MACHLEIDT (Hrsg.), 1997.
HEISE, Th.: Psyche und Spiritualität im Taoismus. In: SCHARFETTER, Chr. & Chr. RÄTSCH (Hrsg.), 1998a.
HEISE, Th.: Transkulturelle Psychotherapie mit *qigong*-Übungen und *taiji quan*. In: HEISE, Th. (Hrsg.), 1998b.
HEISE, Th.: (Hrsg.): Transkulturelle Psychotherapie. Das transkulturelle Psychoforum Bd 4. Verlag für Wissenschaft und Bildung VWB, Berlin, 1998b.
HENDERSON, Gail E.und COHEN, Myron S.: The Chinese Hospital. London und New Haven, 1984.
HENDERSON, John: The Development and Decline of Chinese Cosmology. Columbia Univ. Press, New York, 1984.
HENTZE, Carl: Bronzegerät, Kultbauten, Religion im ältesten China der Shang-Zeit. De Sikkel, Antwerpen, 1951.
HERTZER, Dominique: Das Mawangdui-Yijing. Text und Deutung. Diederichs, München, 1996.
HILLIER, S.M. & J.A. JEWELL: Health Care and Traditional Medicine in China 1800-1982. Routledge & Kegan Paul, London, 1983.
HOFFMANN, Klaus & Wielant MACHLEIDT (Hrsg.): Psychiatrie im Kulturvergleich. Das transkulturelle Psychoforum Bd 2. Verlag für Wissenschaft und Bildung VWB, Berlin, 1997.
HOMANN, Rolf: Die wichtigsten Körpergottheiten im Huang-t'ing ch'ing. Kümmerle, Göppinger, 1971.
HUARD, Pierre und WONG, Ming: Chinesische Medizin. München, 1968.
HÜBOTTER, Franz: Huang Ti Chen-chiu Chia i ching. Rothacker, Berlin, 1964.
Hunan chubanshe: Zhou Yi. Book of Changes. The Chinese-English Bilingual Series of Chinese Classics. 1993.
Hunan College of TCM: Chinese-English Terminology of TCM. Hunan Science & Technology Press, 1983.
IRWIN, Lee: Divinity and Salvation: The Great Goddesses of China. In: Asian Folklore Studies, 49, 1990, S. 53-68
JIAO Deming: *Laonian baojian shouce*. (Handbuch zur Gesundheitspflege im Alter). *Zhishi chubanshe*, Peking, 1984.
JIAO Guorui: *Qigong Yangsheng* – Gesundheitsfördernde Übungen der traditionellen chinesischen Medizin. MLV, Uelzen, 1988.
JIAO Guorui: *Qigong Yangsheng*. Die Theorie der 5 Wandlungsphasen und ihre Beziehung zum Spiel der 5 Tiere des medizinischen Qigong. Bonn, 1994.
JILEK, Wolfgang G.: Therapeutic Use of Altered States of Consciousness in Contemporary North American Indian Dance Ceremonials. In: WARD, Colleen A. (Ed.), 1989.
KALWEIT, Holger: Die Welt der Schamanen. Traumzeit und Innerer Raum. Fischer, Frankfurt/M., 1988.
KARLGREN, Bernhard: Schrift und Sprache der Chinesen. Springer, Berlin u.a.O., 1975.
KLEINMAN, Arthur: Patients and Healers in the Context of Culture: An Exploration of the Borderland between Anthropology, Medicine, and Psychiatry. Univ. of Calif. Press, Berkeley, 1982.
KOHN, Livia: Buchbesprechung zu MALEK, Roman: Das Chai-chieh lu. Materialien zur Liturgie im Taoismus. In: Asian Folklore Studies, Vol. XLV, 1986, S. 317 ff.
KOHN, Livia (Ed.): Taoist Meditation and Longevity Techniques. Univ. of Michigan, Ann Arbor, 1989.
KOHN, Livia: Guarding the One. In: KOHN, L., (Ed.), 1989.
KOHN, Livia: Taoist Insight meditation. In: KOHN, L. (Ed.), 1989.
KREMB, Jürgen: Wie ein Tier am Pfahl. Der Spiegel, Hamburg, 1992, 32, S. 140-146
KUBNY, Manfred: Qi, Lebenskraftkonzepte in China. Definitionen, Theorien und Grundlage. Haug, Heidelberg, 1995.
KUHN, Philip: Book review zu ESHERICK, J. In: Harvard Journal of Asiatic Studies, Cambridge/Mass., 1988.

LANDMANN, Rainer: Die Kranichübung von Zhao Jinxiang, eine Bewegungstherapie im modernen China. Hamburg, 1989.

LEE Ming-huei: Das „Konfuzianismus-Fieber“ im heutigen China. Unveröffentlichtes Manuskript (Symposium `Confucianism: Origins–Developments–Perspectives.´ in Leipzig 4/1997), Academica Sinica, Taipei.

LESHAN, Lawrence: Von Newton zu PSI. Rororo, Reinbek, Hamburg, 1986.

LESLIE, Charles (Ed.): Asian Medical Systems. University of California Press, Berkeley, 1977.

LI Hongzhi: *Zhongguo falun gong*. (Dharma-Rad-Übungen) *Junshi yiwen chubanshe*, 1993.

LI Xunfeng: *Woguo gudai you "qigong" yici.* (Den Ausdruck *"qigong"* gibt es in unserer Geschichte) In: *qigong*, 8/1989, S. 382

LI Yefu & BAI Xiaoman: *Ziwo baojian xuewei tuina* (Selbstpflege der Gesundheit durch Massage der Akupunkturpunkte). *Anhui kexue jishu chubanshe, Hefei*, 1985.

LI Yongchang: Zhongguo Anmoshu (Die chinesische Massagekunst). *Anhui Kexue Jishu Chubanshe*, 1985/6.

LI Zhisui: Ich war Maos Leibarzt. Lübbe, Bergisch-Gladbach, 1994.

LIN Yagu u.a.: *Zhongguo yixue baike quanshu: qigongxue* (Das vollständige Buch über die 100 Fächer der TCM: die *qigong*-Lehre). *Shanghai kexue jishu chubanshe*, 1988.

LIN Yagu, ZHANG Tiange u.a.: *Zhonghua qigong daquan* (Vollständige Ausgabe zum chinesischen *qigong), Nanjing daxue chubanshe*, 1993.

LOMMEL, Andreas: Vorgeschichte und Naturvölker. Bertelsmann, Gütersloh, 1966.

LIU, Frank und LIU Yan Mau: Chinese Medical Terminology. The Commercial Press, Ltd., 1980.

LU K'uan Yü (Charles Luk): The Secrets of Chinese Meditation. Self-cultivation by Mind Control as taught in the Ch'an, Mahayana and Taoist scholls in China. Samuel Weiser, New York, 1964.

LUO Kexi: Quan guo shou jia „teyi gongneng ban“. In: *Qigong yu kexue, Guangzhou*, 1993, 7, S. 42

MA Jiren: *Shiyong yixue qigong cidian* (Wörterbuch zum praktischen medizinischen *qigong*). *Shanghai kexue jishu chubanshe*, 9/ 1989.

MA Mengchang: qigong yangsheng wuqian nian (5000 Jahre *qigong* und *yangsheng*). *Hua xia chubanshe*, Peking, 1993.

MACHETZKI, Rüdiger: Die historische Entwicklung Chinas. In: TAUBMANN, Wolfgang u.a.: Die Volksrepublik China. Kohlhammer, Stuttgart u.a.O., 1987. S. 43-63

MACHETZKI, Rüdiger: Die Besonderheit chinesischer Politik. In: TAUBMANN, Wolfgang (Hrsg.): Die Volksrepublik China. Kohlhammer, Stuttgart u.a.O., 1987. S. 64-75

MAO Tsetung: Ausgewählte Werke, Band V. Volksverlag, Peking, 1978.

MASPÉRO, Henri: Les procédés de `nourrir le principe vital´dans la religion taoiste ancienne. In: Journal Asiatique, 2, 1937, S. 177-252 und 3, 1937, S. 353-430

MENG, Chao-lai Alexander: Die traditionelle chinesische Massage – Tuina-Therapie. In: BISCHKO, Johannes (Hrsg.): Handbuch der Akupunktur und Aurikulotherapie. Heidelberg, 1981.

MENG ZI: Gong Sun Chao, 1.2.8-14, in: LEGGE, James: The Chinese Classics, Vol. 1 & 2, Hongkong University Press, 1960.

MIURA, Kunio: The Revival of Qi. In: KOHN, L. (Ed.), 1989.

MOKUSEN Miyuki: Die Erfahrung der Goldenen Blüte. Barth, München & Bern & Wien, 1984.

NEEDHAM, Joseph: Science & Civilisation in China. Vol.II, Vol V: 5, Cambridge.

NEEDHAM, Joseph: Wissenschaftlicher Universalismus. Über Bedeutung und Besonderheit chinesischer Wissenschaft. Suhrkamp, Frankfurt/M., (1977) 1993.

OMMERBORN, Wolfgang: Geistesgeschichtliche Forschung in der VR China: Die gegenwärtige Bewertung des Zhu Xi (1130-1200) und seiner Konzeption von Li und Qi. Brockmeyer, Bochum, 1987.

OMMERBORN, Wolfgang: Die Einheit der Welt. Die *qi*-Theorie des Neo-Konfuzianers Zhang Zai (1020-1077). Grüner, Amsterdam & Philadelphia, 1996.

PÁLOS, Stephan: Atem und Meditation. Barth, München, 1968.

PÁLOS, Stephan: Die „Zi-wu Liu-zhu“ – Theorie. In: Akupunktur, Theorie und Praxis, Uelzen, 1984, 12.2, S. 56-78

PETERSON, Willard, J.: Making Connections: „Commentary on the Attached Verbalizations“ of the *Book of Change*. In: Harvard Journal of Asiatic Studies, 42, 1982, S. 67-116

PETERSON, Willard: Review zu HENDERSON, John, in: Harvard Journal of Asiatic Studies, Cambridge/Mass., 1986.

POHL, Karl-Heinz: Männlichkeit im kosmologischen Denken Chinas. In: MUT-Forum für Kultur, Politik und Geschichte. 351, 11/ 1996, S. 66-81

PORKERT, Manfred: Die energetische Terminologie in den chinesischen Medizinklassikern. In: Sinologica, Basel, 1965, 8.4, S. 184-210

PORKERT, Manfred: Die chinesische Medizin. Econ, Düsseldorf, 1982.

QIAN Cunze, Yang Yihan: „Xing qi yu pei ming“ shi shi. In: *Qigong yu kexue, Guangzhou*, 1983.2, S. 28f.

QIU Maoliang, ZHANG Xichen: *zhenjiuxue* (Akupunktur- und Moxibustionslehre). *Shanghai kexue jishu chubanshe*, 1985.

QUINN, Joseph R. (Ed.): Medicine and Public Health in the P.R. of China, US Department of Health, Education, and Welfare, 1973.

REISCHAUER, E.O.: East Asia: The Great Tradition. Mifflin, Boston & Tuttle, Tokyo, 1973.

Renmin tiyu chubanshe (Volkssportverlag): *Taiji quan quanshu.* (Das vollständige Buch zum *taiji quan*) 1988.

REUTHER, Ingrid: Qigong Yangsheng als komplementäre Therapie bei Asthma. Eine Pilotstudie. Verlag Hänsel-Hohenhausen, Egelsbach, 1997.

RIFKIN, Susan: Health Care for Rural Areas. In: QUINN, J.(Ed.), 1973.

ROBINET, Isabelle: La méditation taoiste. Dervy, Paris, 1979.

ROBINET, Isabelle: Visualization and Ecstatic Flight in *Shangqing* Taoism. In: KOHN, Livia (Ed.),1989.

ROBINET, Isabelle: Geschichte des Taoismus. Diederichs, München, 1995.

ROSNER, Erhard: Die Heilkunst des Pien Lu. Steiner, München, 1991.

ROTH, Harold: Psychology and Self-Cultivation in Early Taoistic Thought. In: Harvard Journal of Asiatic Studies, 1991, 51, S. 599-650

SAKADE, Yoshinobu: Longevity Techniques in Japan. In: KOHN, L. (Ed.), 1989.
SCHARFETTER, Christian: Schizophrene Menschen. Urban & Schwarzenberg, München-Weinheim, 1986.
SCHARFETTER, Christian: Der spirituelle Weg und seine Gefahren. Enke, Stuttgart,1991.
SCHARFETTER, Chr. & Chr. RÄTSCH (Hrsg.): Religion – Mystik – Schamanismus. Welten des Bewusstseins Bd 9. Verlag für Wissenschaft und Bildung VWB, Berlin, 1998
SCHIFFELER, John: Chinese Folk Medicine. A Study of the Shan-hai Ching. In: Asian Folklore Studies, 1980/81, 39/40, S. 41-83
SCHULTZ, J.H.: Das Autogene Training. Thieme, Stuttgart, 1950.
Shanghai zhongyi xueyuan, Zhejiang zhongyi xueyuan, deng: „chijiao yisheng" shouce, 1970. (Institute für traditionelle chinesische Medizin von *Shanghai, Zhejiang* usw.: Handbuch des „Barfußarztes", 1970.)
Shanghaishi Chuanshaxian Jiangzhen gongshe weishengyuan: chijiao yisheng jiaocai, 1973, 1977. (Hygieneinstitut der Gemeinde *Jiangzhen,* Kreis *Chuansha,* Stadt *Shanghai*: Lehrmaterial für den Barfußarzt, 1973, 1977.)
SHU Shenchu: Zhongguo yixue jianshi (Geschichtsabriß zur chinesischen Medizin). *Fujian kexue jishu chubanshe, Fujian,* 1983.
SI Yuanyi (Hpthrsg.): *Zhongguo yixueshi* (Geschichte der chinesischen Medizin). *Renmin weisheng chubanshe, Beijing,* 1984.
SIDEL, Victor: Medical Personnel And Their Training. In: QUINN, J. (Ed.), 1973.
SIDEL, Ruth & Victor: The Health of China. Zed, London, 1983.
SIVIN, Nathan: Science and Medicine in Imperial China–The State of the Field. In: The Journal of Asian Studies, 47.1, 1988. S. 41-90
SONG Shugong: *Zhongguo gudai fangshi yangsheng jiyao* (Das Wichtigste zu den alten chinesischen Verfahren zur Lebenskraftstärkung in der Schlafzimmer(kunst)). Zhongguo yiyao keji chubanshe, Peking, 1991.
SONG Zhijian: T'ai-Chi Ch'üan. Die Grundlagen. Piper, München, Zürich, 1991.
STAIGER, Brunhild: Für und wider den aufklärerischen Geist. In: CHINA aktuell. 11/1989. S. 870-878
STAIGER, Brunhild: „Zentrum für östliche Kultur an der Akademie der Sozialwissenschaften" in: CHINA aktuell, 8/1997, S. 627
TAUBMANN, Wolfgang u.a.: Die Volksrepublik China. Kohlhammer, Stuttgart u.a.O., 1987.
The First World Conference For Academic Exchange Of Medical Qigong. *Beijing,* 1988.
THORP, Robert L.: The Growth of Early Shang Civilization: New Data from Ritual Vessels. In: Harvard Journal of Asiatic Studies, 1985, 45, S. 5-77
UNSCHULD, P.U.: Die Praxis des traditionellen chinesischen Heilsystems – dargestellt unter Einschluß der Pharmazie an der heutigen Situation auf Taiwan. Steiner, Wiesbaden, 1973a.
UNSCHULD, P.U.: Pen-Ts'ao: 2000 Jahre traditionelle pharmazeutische Literatur Chinas. München, 1973b
UNSCHULD, P.U.: Zur Bedeutung des Terminus tu. In: Sudhoffs Archiv, Wiesbaden, 1975, 59, S. 165-183
UNSCHULD; P.U.: The Social Organisation and Ecology of Medical Practice in Taiwan. In: LESLIE, Ch. (Ed.), 1977. S. 300-316.
UNSCHULD, Paul U.: Medizin in China. München, 1980.
VAN GULIK, R.: Sexual Life in Ancient China. Brill, Leiden, 1974.
WALSH, Roger & Frances VAUGHAN (Hrsg.): Psychologie in der Wende. Rororo, Hamburg, 1988.
WANG Dianzhi: *„Mao Zedong tan qigong* (*Mao Zedong* spricht über *qigong*)". In: *Qigong yu kexue, Guangzhou,* 1990, 8, S. 37
WANG Peisheng, CHEN Guanhua:shi yong yi gong, relax and calming qigong. Chinese Qigong Series 1. Peace Book Company, Hongkong, 1986.
WANG Shui u.a.: *Chuantong fangshi baojian* (Traditionelle Gesundheitspflege in Schlafzimmerangelegenheiten). *Xue yuan chubanshe,* Peking, 1994.
WARD, Colleen A. (Ed.): Altered States of Consciousness and Mental Health. A Cross-Cultural Perspective. Sage, London, 1989.
WARE, James R.: The Sayings of Chuang Tzu. Confucius Publ. Co., Taipei, 1974.
WEGGEL, Oskar: Vom Maoismus zum Metakonfuzianismus? In: TAUBMANN, W. (Hrsg.), 1987. S. 76-90.
WEGGEL, Oskar: Asien im Jahre 2050. In: CHINA aktuell, 8/1997.
WESTEN, Drew: Pschology: Mind, Brain and Culture. John Wiley & Sons, New York u.a.O., 1995.
WHORF, Benjamin Lee: Sprache, Denken, Wirklichkeit. Rororo, Hamburg, 1963.
WIEDERSHEIM, Robert & ALBRECHT, Niels-Jens & LÜKEN, Bernd (Hrsg.): Traditionelle Heilsysteme und Religionen. Saarbrücken-Scheidt, 1991.
WIETHOFF, Bodo: Grundzüge der älteren chinesischen Geschichte. WB, Darmstadt, 1971.
WILBER, Ken (Hrsg.): Das holographische Weltbild. Barth, München u.a.O., 1988.
WILHELM, Hellmut: Eine Chou-Inschrift über Atemtechnik. In: Monumenta serica, XIII, 1948.
WILHELM, Richard: Dschuang Dsi. Diederichs, Jena, 1920.
WILHELM, Richard: I Ging. Das Buch der Wandlungen. 2. Buch. Diederichs, Jena, 1924.
WILHELM, Richard: Das Geheimnis der Goldenen Blüte. Zürich, 1928.
WILHELM, Richard: Kungfutse. Gespräche. Diederichs, Düsseldorf & Köln, 1990.
WILLIAMS, C.A.S.: Outlines of Chinese Symbolism and Art Motives. Commercial Press, Shanghai, 1932. Nachdruck o.J.
WONG, K.C. und *WU, Lien-Teh*: History Of Medicine. Tientsin, 1932.
World Health Organization: Primary Health Care–The Chinese Experience. Genf, 1983.
WU Hao: Zhongguo dangdai qigong quanshu (Vollständiges Buch zum modernen chinesischen *qigong*), *renmin tiyu chubanshe,* 6/1993.
Xin yi yao xuan (Eine Auswahl zur Neuen Medizin), (*Gong neibu xuexi cankao* (Nur für internen Studiengebrauch)), ohne Ort und Autor, 10/1969.
XING Xingzhai: *Zui gulao de wu pu - bagua wu pu.* Die ältesten Vorstellungen von Tänzen – die Vorstellungen des Tanzes der Acht Trigramme. In: *Qigong yu kexue,* 1989, 11, S. 35
XU Qingyuan: *Changyong laonian baojian zhongyao* (Häufig benutzte Medikamente zur Gesundheitsfürsorge im Alter). *Renmin weisheng chubanshe* (Volksgesundheitsverlag), 1986.
XU Zhenmin u.a. Hrsg.: *Xin Han De cidian,* Das Neue Chinesisch-Deutsche Wörterbuch, *Beijing,* 1985.
YAMADA, Keiji: The Formation of the *Huang-ti Nei-ching.* In: Acta Asiatica 36, Tokyo, 1979. S. 67-89

YAN *Mingsen*: *Jianyi ziwo anmo liaofa* (Einfache Selbstmassagetherapiemethoden). *Fujian kexue jishu chubanshe, Fuzhou*, 1985.
YANG *Meijun*: *Dayan Qigong*. Chinese Qigong Series 2. Peace Book Co. Ltd., Hongkong, 1986.
ZHANG *Tiange: Shiliu duanjin*-Übungszyklus aus *Beidaihe*, unveröffentlichtes Manuskript, o.J.
ZHANG *Dongshu*: Die Psychoanalyse in der chinesischen Philosophie der 20er und 30er Jahre. In: Internationales Asienforum, 1993, Vol. 24.1-2, S. 123-37
ZHANG *Taozhi*: *„Mao zhuxi lian qigong" meiyou genju.* (Es gibt keinen Grund für die Annahme „der Vorsitzende Mao übte *qigong*".) In: *Qigong yu kexue, Guangzhou*, 1989, 3, S. 38
ZHANG *Zhongjing*: Treatise on Febrile Diseases Caused by Cold. New Wall Press, *Beijing*, 1986.
ZHAO *Pushan: Zhongguo gudai yixue* (Die Medizin des chinesischen Altertums). *Zhonghua shuju chubanshe, Beijing*, 1983.
Zhejiang guji chubanshe: *Daojiao da cidian* (Großes Daoismus-Wörterbuch). 1987.
ZHENG *Guanglu: Minjian qigong*. (Chinesisches volkstümliches *qigong*). In: *Qigong yu kexue, Guangzhou*. 1989.
ZHOU *Huilin*: *Xiaoer baojian tu(i)na tujie* (Gesundheitspflegende Massage bei Kindern in Bildern erklärt). *Shanghai kexue jishu chubanshe*, 1988.
ZÖLLER, Josephine: Das Tao der Selbstheilung: Die chinesische Kunst der Meditation in der Bewegung. Ullstein, Frankfurt/M., 1987.

9.3 Chinesische Bibliographie zum qigong

Anhui yixueyuan fushuyiyuan yundongyixueke 安徽医学院附属医院运动医学科, renmin weisheng chubanshe 人民卫生出版社, 1982.7, 1984.3, 72101-123300 : tuina liaofa yu yiliao liangong 推拿疗法与医疗练功 (Tuina-Therapie und medizinisch therapeutische Koerperubungen) (1)

Bai Xiaoman 白效曼, Li Yefu 李业甫, Anhui kexue jishu chubanshe 安徽科学技术出版社, 1986.10, 1-13000 : guren yangsheng jiangshen gongfa 古人养生强身功法 (Die yangsheng- und Koerperstaerkungsmethoden der Menschen im Altertum)(2)

Beijing qigong yanjiuhui 北京气功研究会, kexue puji chubanshe 科学普及出版社, 1983.1, 1-292000 : zenyang lian qigong 怎样练气功 (Wie übt man qigong?) (3)

Beijing qigong yanjiuhui hexiangzhuang gongfa yanjiuzu 北京气功研究会鹤翔庄功法研究组, 1986.8 : hexiangzhuang gongfa de youlai 鹤翔庄功法的由来 (Der Ursprung des Kranichstil-qigong) (4)

Beijing qigong yanjiuhui shoujienianhui 北京气功研究会首届年会, 1981-11-26/29 : qigong xueshu lunwen xuanbian 气功学术论文选编 (Ausgewaehlte wissenschaftliche Abhandlungen zum qigong) (5)

Beijingshi zonggonghui tiyubu 北京市总工会体育部, ca. 1980, qigong yiliao baojian changshi (yi) 气功医疗保健常识（一）(Allgemeine Kenntnisse zur Vorsorge und Behandlung mit qigong (1)) (6)

Bian Zhizhong 边治中, Shanghai fanyi chubangongsi 上海翻译出版公司, 1986.6, 1-24000 : Zhongguo gudai yangsheng changshou shu 中国古代养生长寿术 (Die Kunst des yangsheng und changshou (zum Erhalten und Verlaengern des Lebens) aus dem chinesischen Altertum (7)

Bian Zhizhong 边治中, nongcun duwu chubanshe 农村读物出版社, 1988.8, 1-70000 : Bian shi gongfa 边氏功法 (Die Uebungsmethode der Familie Bian) (8)

Bian Zhizhong 边治中, Zhongguo jianshe chubanshe 中国建设出版社, 1987.10, 1988, 30000-60000 : Zhongguo daojia michuan yangsheng changshoushu 中国道家秘传养生长寿术 (Die geheim überlieferte daoistische Kunst Chinas des yangsheng und changshou (zum Erhalten und Verlaengern des Lebens) (9)

Cao Jian 曹建, gao deng jiaoyu chubanshe 高等教育出版社, 1989.5, 1-35390 : qigong dao lun 气功导论 (Einführung zum qigong) (10)

Cao Xiliang 曹希亮, Shanxi kexue jishu chubanshe 陕西科学技术出版社, 1983.1, 1986.5, 26001-32300 : zhongyi jianshen shu 中医健身术 (Die Kunst der Koerperstaerkung in der traditionellen chinesischen Medizin) (11)

Cao Xizhen 曹锡珍, renmin tiyu chubanshe 人民体育出版社, 1976.3, 3.Aufl. 1983.5, 1310001-1460500 : fangzhi anmo 防治按摩 (Vorbeugendes und heilendes anmo)(12)

Cao Zhonggang 曹钟刚, Henan kexue jishu chubanshe 河南科学技术出版社, 1983.3,

1988.8, 6.Aufl. 271591-321590 : shiyong qigong 实用气功 (Das praktische qigong) (13)

Chanmigong fudao zongchan 禅密功辅导总站, ca. 1985/1986 : Chanmigong 禅密功 (Geheime Chan -Uebungen (aus Tibet)) (14)

Chang Weizhen 常维祯, renmin weisheng chubanshe 人民卫生出版社, 1986.3, 1-54100 : ershiba shi yijinjing 二十八式易筋经 (Die 28 Uebungen des Yijin jing, des Klassikers des Koerper- und Muskelbewegens nach den Gedanken des Yi jing) (15)

Chen Linfeng 陈林峰, Xian jiaotong daxue chubanshe 西安交通大学出版社, 1988.12, 1-20000 : Zhongguo hui lian gong 中国慧莲功 (Die chinesische Lotus-Weisheit Uebung) (16)

Chen Qibin 陈启斌, Sichuan kexue jishu chubanshe 四川科学技术出版社, 1988.3, 1-35000 : xin yi qi xinggong 心意气形功 (Uebungsweise mit Uebereinstimmung von Geist, Aufmerksamkeit und Qi) (17)

Chen Yanfeng 陈炎烽, Ke Heng 柯衡, Xiao Xinhe 肖鑫和, Guangdong keji chubanshe 广东科技出版社, 1989.1, 1-60800 : xiantian yi yuan qigong 先天一元气功 (Nach vorgeburtlicher Einheit strebendes qigong) (18)

Chen Zaiping 陈再坪, Henan kexue jishu chubanshe 河南科学技术出版社, 1984.7, 1-86900 : zhoushen huodongfa 周身活动法 (Bewegungsmethode für den ganzen Koerper) (19)

De Qian 德虔, Wang Changqing 王长青, Beijing tiyuyuan chubanshe 北京体育院出版社, 1986.12, 1988.4, 40001-60000 : Shaolin quanfa zhenzhuan 少林拳法真传 (Die wahre Ueberlieferung der Methode des Shaolin quan) (20)

De Qian 德虔, Henan kexue jishu chubanshe 河南科学技术出版社, 1987.8, 1988.1, 1-18501-43500 : Shaolin yanshoufa 少林延寿法 (Die Methode des Lebensverlaengerns nach dem Shaolin-Stil) (21)

De Qian 德虔, Beijing tiyu xueyuan chubanshe 北京体育学院出版社, 1988.8, 1-150000 : Shaolin zhengzong qigong 少林正宗气功 (Qigong aus der echt überlieferten Shaolin-Schule) (22)

De Qian 德虔, De Yan 德炎, Beijing tiyu xueyuan chubanshe 北京体育学院出版社, 1988.12, 1-21000 : Shaolin gongfu cidian 少林功夫词典 (Woerterbuch zu den Shaolin-Uebungen) (23)

Deng Tietao 邓铁涛, Bai Jiazhen 白家祯, Zeng Yiling 曾一玲, Guangdong keji chubanshe 广东科技出版社, 1985.5, 1-33000 : baduanjin yu jiankang 八段锦与健康 (Die achtteiligen Brokatübungen und die Gesundheitsvorsorge) (24)

Dong Gangzhao 董刚昭, Guangdong gao deng jiaoyu chubanshe 广东高等教育出版社, 1988.10, 1-30000 : Zhongguo gongfa baijia 中国功法百家 (100 chinesische qigong-Stile) (25)

Dong Gangzhao 董刚昭, Guangdong gao deng jiaoyu chubanshe 广东高等教育出版社, 1989.7 : Zhongguo qigong chufang baifa 中国气功处方百法 (100 Rezepte im

chinesischen qigong) (26)
Dongfang jianmei yanjiu zhongxin 东方健美研究中心, qinghua daxue chubanshe 清华大学出版社, 1989.1, 1-150000 : jianmei jianfei qigong liaofa 健美减肥气功疗法 (Qigongtherapie zum Stark- und Schoenwerden und zur Gewichtsabnahme) (27)
Fang Xuewu 方学武, renmin weisheng chubanshe 人民卫生出版社, 1987.2, 1987.6, 5001-13810 : Shen Junru xiansheng de jianshen fangfa 沈钧儒先生的健身方法 (Die Koerperstaerkungsmethode von Herrn Shen Junru) (28)
Fang Yi 方毅, 1986.10 : "Zhou Yi" jian shu "周易"浅述 (Eine einführende Darstellung des Zhou Yi) (29)
Fu Weizhong 傅伟中, Henansheng Hebi kuangwuju yin 河南省鹤壁矿务局印, 1985.4, 1-1000 : yinyang gailun - Emei qigong lilun zhi yi 阴阳概论 - 峨眉气功理论之一 (Eine allgemeine Darstellung zum yin yang - ein Theorieteil des Emei-qigong) (30)
Fu Weizhong 傅伟中, Beijing tiyu xueyuan chubanshe 北京体育学院出版社, 1988.9, 1-60000 : Emei linji qigong 峨眉临济气功 (Klinisch hilfreiches Emei-qigong) (31)
Gansu zhongyi xueyuan 甘肃中医学院, ca. 1984 : zhenqi yunxingfa - ziliao huibian (er) 真气运行法 - 资料汇编(二) (Die Methode zur zhenqi-Bewegung - Materialsammlung (2)) (32)
Gao Lian (Ming) 高濂(明), bashu shushe 巴蜀书社, 1986.1, 1-23800 : yannian quebing jian - "zun sheng ba jian" zhi san 延年却病笺 - "遵生八笺"之三 (Das dritte Kapitel aus den 'Acht Kapitel(n) ueber den Einklang mit der Lebenskraft': 'Ueber die Lebensverlaengerung und die Krankheitsbeseitigung') (33)
Gao Lian (Ming) 高连(明), bashu shushe 巴蜀书社, 1988.6, 1-6690 : zun sheng ba jian 遵生八笺 (Acht Kapitel ueber den Einklang mit der Lebenskraft) (34)
Gao Shiguo 高式国, 1958.12.30 : wu qinxi 五禽戏 (Das Spiel der Fünf Tiere) (35)
Gu Daifeng 顾岱峰, renmin tiyu chubanshe 人民体育出版社, 1962.9, 4.Aufl. 1964.5, 100001-188000 : baojian anmo 保健按摩 (Gesunderhaltendes anmo) (36)
Gu Daifeng 顾岱峰, Ma Fengge 马凤阁, renmin tiyu chubanshe 人民体育出版社, 8.Aufl. 1980.5, 805405-995405, 9.Aufl. 1983.5, 995405-1170905 : baojian anmo (di san ban xiuding ben) 保健按摩(第三版修订本) (Gesunderhaltendes anmo (dritte revidierte Auflage)) (37)
Gu Hanghu 顾杭沪, Wu Wenbao 吴文豹, Li Qi 李琪, Shanghai jiaotong daxue chubanshe 上海交通大学出版社, 1985.1, 1-50000 : naoli laodong changjian bing fangzhi gongfa 脑力劳动常见病防治功法 (Uebungsmethoden zur Praevention von haeufig gesehenen Erkrankungen bei intellektueller Arbeit) (38)
Gu Liuxin 顾留馨, Shanghai jiaoyu chubanshe 上海教育出版社, 1982.9, 4.Aufl. 1986.3, 253001-265700 : taijiquanshu 太极拳术 (Die Kunst des taiji quan) (39)
Guan Titao 贯题韬, Shi Haiguo 释海果, Shi Haideng 释海灯, Xu Baiwei 徐伯威,

Beijing 北京, ca. 1985: fojiao yu qigong 佛教与气功 (Buddhismus und qigong)(40)

Guan Yongnian 关永年, renmin tiyu chubanshe 人民体育出版社, 1984.8, 1-237000 : taijibang qigong 太极棒气功 (Qigong mit dem taiji-Holz) (41)

Guan Yongnian 关永年, Jilin kexue jishu chubanshe 吉林科学技术出版社, 1989.4, 1-18180 : taijibang chi qigong 太极棒尺气功 (Qigong mit dem taiji-Holzstab) (42)

Guo Lin 郭林, Tao Bingfu 陶秉福, Anhui kexue jishu chubanshe 安徽科学技术出版社, 1980.7, 1985.3, 7.Aufl. 557001-605000 : xin qigong liaofa (chujigong xiudingben) 新气功疗法（初级功修订本）(Die Therapiemethoden des neuen qigong (Anfaengerstufe revidierte Auflage)) (43)

〃 1983.10, 1987.5, 3.Aufl. 174601-219600 : (zhongjigong 中级功 (Mittelstufe)) (44)

Guo Lin 郭林, Hou Guangling 侯广灵, renmin tiyu chubanshe 人民体育出版社, 1980.12, 1982.5, 200001-237000 : xin qigong fangzhi aizheng fa 新气功防治癌症法 (Das neue qigong, eine Methode zum Verhueten und Bekaempfen von Krebs) (45)

Guo Lin 郭林, Shanghai kexue jishu chubanshe 上海科学技术出版社, 1981.1, 1986.8, 3.Aufl. 245601-271600 : xin qigong zhiai gongfa 新气功治癌功法 (Das neue qigong, eine Uebungsmethode zur Krebsbekaempfung) (46)

Guo Lin 郭林, Jiangsu renmin chubanshe 江苏人民出版社, 1986.10, 1988.9, 45700-72260 : xin qigong wu qinxi 新气功五禽戏 (Das Spiel der Fünf Tiere im neuen qigong) (47)

Guo Lin 郭林, Huang Songxiao 黄松笑, kexue puji chubanshe Guangzhou fenshe 普及出版社广州分社, 1983.11, 1988.4, 245001-314000 : xin qigong liaofa tujie (chujigong) 新气功疗法图解（初级功）(Die Therapiemethoden des neuen qigong, in Bildern erklaert (Anfaengerstufe)) (48)

〃 , 1984.8, 1988.4, 246001-492000 : (zhongjigong 中级功 (Mittelstufe)) (49)

Guo Lin 郭林, Huang Yunxiao 黄韵晓, kexue puji chubanshe Guangzhou fenshe 科学普及出版社广州分社, 1988.4, 1-52000 : 〃 (gaojigong, tezhonggong 高级功, 特种功 (Oberstufe, besondere Uebungen)) (50)

Guo Lin xin qigong yanjiuhui 郭林新气功研究会, Jilin kexue jishu chubanshe 吉林科学技术出版社, 1989.1, 1-36380 : Guo Lin xin qigong zhi ai gongfa (puji ben) 郭林新气功治癌功法（普及本）(Das neue qigong nach Guo Lin, eine Uebungs-methode zur Krebsbekaempfung (Populaerausgabe)) (51)

Guo Zhouli 郭周礼, Dong Gangzhao 董刚昭, tianze chubanshe 天则出版社, 1989.3, 1-15000 : Zhongguo dangdai qigongshi 中国当代气功师 (Zeitgenoessische chinesische qigong-Meister) (52)

Han Qiusheng 韩秋生, Zhang Mingwu 张明武, Yang Caiqiu 杨彩球, Zhang Zhaoping 张兆平, Beijing qigong yanjiuhui 北京气功研究会, ca. 1980, qigong ziwokongzhi liaofa 气功自我控制疗法 (Die Selbstkontrolltherapie mit qigong), neibu 内部 (53)

Han Qiusheng 韩秋生, Fujian renmin chubanshe 福建人民出版社, 1982.7, 1983.4, 75351-120470 : qigong ziwokongzhi liaofa 气功自我控制疗法 (Die Selbst-kontrolltherapie mit qigong) (54)

Han Qiusheng 韩秋生, Lujiang chubanshe 鹭江出版社, 1988.4, 1-80000 : renti shengming zaisheng gongcheng 人体生命再生工程 (Regenerationstechnik des menschlichen Koerpers) (55)

Hang Yongpei 沆永培, Shanghai jiaoyu chubanshe 上海教育出版社, 1988.6, 1-30300 : sanshiliu shi taiji daoyin baojian gong 三十六式太极导引保健功 (Die 36er taiji-daoyin-baojian-Uebunggsreihe) (56)

He Jinzhi 何金治, Peng Bingzhu 彭炳烛, 1986.6 : Heshi qigong fang guangmang 何氏气功放光芒 (Der He-Stil qigong erzeugt Ausstrahlung) (57)

He Ming 贺明, Shijiazhuangshi qigong daoyin zongzhan 石家庄市气功总站, 1983.7, qigong tansui 气功探邃 (Die Erforschung des qigong) (58)

Hebeisheng Beidaihe qigongliaoyangyuan 河北省北戴河气功疗养院, 1981.3, qigong liaofa gongfa jieshao 气功疗法功法介绍 (Eine Vorstellung der Methoden der qigong-Therapie) (59)

Hebeisheng Beidaihe qigongliaoyangyuan jiaoyanshi 河北省北戴河气功疗养院教研室, 1981.9.30 : qigong liaofa ziliao xuanji (di er qi) 气功疗法资料选辑(第二期) (Materialsammlung zur qigong-Behandlungsmethode (2.Teil)) (60)

Hebeisheng Beidaihe qigongliaoyangyuan 河北省北戴河气功疗养院, di san qi quanguo qigongshizi xunlianban jiaocai 第三期全国气功师资训练班教材, ca. 1985 : gui she qigong 龟蛇气功 (Schildkroeten-Schlangen-qigong) (61)

Hebeisheng Beidaihe qigongliaoyangyuan 河北省北戴河气功疗养院, Zhonghua renmin gongheguo weishengbu zhongyisi 中华人民共和国卫生部中医司, 1986.10 : juxie di san qi "quanguo qigongshizi xunlianban" jiaocai (yi - ba) 举协第三期"全国气功师资训练班"教材(一 - 八) (Lehrmaterial zum Durchführen der dritten Gesamtperiode des "Nationalen qigong-Lehrerausbildungskurses" (1-8)) (62)

Henansheng Zhengzhoushi gonganju Li Zhi? 河南省郑州市公安局李质? 1985, yiquanzhuang gong he zhuming qigongshi - Wang Anping 意拳桩功和著名气功师 - 王安平 (Die yiquanzhuang-Uebungsreihe und der bekannte qigong-Meister - Wang Anping) (63)

Hexiangzhuang gongfa yanjiu xiaozu 鹤翔庄功法研究小组, Jilin kexue jishu chubanshe 吉林科学技术出版社, 1989.1, 1-51880 : hexiangzhuang gongfa 鹤翔庄功法 (Die Kranichstil-Uebungsmethode) (64)

Hu Bin 胡斌, Zhongguo zhanwang chubanshe 中国展望出版社, 1984.3, 1-100000 : Kangfu liaofa 康复疗法 (Rehabilitationsmethoden) (65)

Hu Bin 胡斌, zhongyi guji chubanshe 中医古藉出版社, 1986.10, 1-16000 : Zhongguo zhuantong kangfu liaofa 中国传统康复疗法 (Chinesische traditionelle Behand-lungsmethoden zur Rehabilitation) (66)

Hu Chunshen 胡春申, Sichuan daxue chubanshe 四川大学出版社, 1989.4, 1-3500 :

Zhonghua qigongxue 中华气功学 (Die chinesische qigong-Lehre) (67)
Hu Haichang 胡海昌, Wu Qiyao 吴祈耀, Beijing ligong daxue chubanshe 北京理工大学出版社, 1989.2, 1-5000 : qigong kexue wenji (di yi ji) 气功科学文集(第一辑) (Artikelsammlung zur qigong-Wissenschaft (erster Teil)) (68)
Hu Lijuan 胡丽娟, Shanxisheng yanbei laoganbu qigong yiliao zhongxin 山西省雁北老干部气功医疗中心, 1962, 1963, 1986.8, Hu Yaozhen jing dong qigong 胡耀贞静动气功 (Hu Yaozhen's qigong in Ruhe und Bewegung), neibu 内部 (69)
Hu Wenhuan (Ming) 胡文焕(明), Hu Baihu 胡伯虎 (Hrsg.), Zhao Xiaomei 赵晓梅 (Hrsg.), zhongyi guji chubanshe 中医古藉出版社, 1986.10, 1987.4, 10001-30000 : yangsheng daoyin fa 养生导引法 (Die Methoden yangsheng und daoyin) (70)
Hu Yaozhen 胡耀贞, renmin weisheng chubanshe 人民卫生出版社, 1959.1, 1963.4, 38001-99500 : qigong ji baojiangong 气功及保健功 (Qigong und baojian, Uebungen der Gesundheitserhaltung) (71)
Huang Xiaokuan 黄孝宽, Beijing tiyu xueyuan chubanshe 北京体育学院出版社, 1988.5, 1-150000 : Zhonghua qigong dianxue liaofa jingcui 中华气功点穴疗法精粹 (Die Essenz der Behandlungmethode der Meridianpunkte mit chinesischem qigong) (72)
Huang Xu 黄许, xin shidai chubanshe 新世代出版社, 1989.4, 1-30000 : fan ren shen gong 凡人神功 (Sterbliche Menschen - unsterbliche Uebungen) (73)
Huang Zhonglin 黄仲林, Liu Liyao 刘李尧, Shandong kexue jishu chubanshe 山东科学技术出版社, 1985.2, 1-16500 : qigong - qigong yu shengming de tansuo 气功 - 气功与生命的探索 (Qigong - eine Untersuchung zum Verhaeltnis von qigong und Leben) (74)
Ji Liangchen 吉良晨, xueyuan chubanshe 学苑出版社, 1989.1, 1-20400 : Zhongguo qigong cuiyi 中国气功萃义 (Sammlung zum chinesischen qigong) (75)
Jiang Hongqing 姜洪清, Zhang Kedong 张柯董, Liaoning kexue jishu chubanshe 辽宁科学技术出版社, 1986.10, 3.Aufl. 1988.8, 36501-61639 : Huatuo wu qinxi 华佗五禽戏 (Das Spiel der Fünf Tiere nach Huatuo) (76)
Jiang Lizhong 姜立中, Lin Shunrong 林舜容, Tongji daxue chubanshe 同济大学出版社, 1989.6, 1-46000 : Shaolin neiqi waifanggong 少林内气外放功 (Die Uebung des Aussendens des inneren qi nach dem Shaolin-Stil) (77)
Jiang Minda 蒋敏达, Wang Suixing 王祟行, Xu Dinghai 徐定海, Shanghai jiaoyu chubanshe 上海教育出版社, 1980.4, 1981.3, 120001-280700, 1986.3, 875401-908000 (xiudingben 修订本 revidierte Auflage): qigong qiangshenfa 气功强身法 (Die Koerperstaerkungsmethode des qigong) (78)
Jiang Weiqiao 蒋维乔, Liu Guizhen 刘贵珍 et al., renmin weisheng chubanshe 人民卫生出版社, 1958,9, 1-30000 : qigong liaofa, di yi ji 气功疗法, 第一集 (Qigong-Therapie, erster Teil) (79)
Jiao Guorui 焦国瑞, Beijing qigong yanjiuhui yin 北京气功研究会印, 1983.1 : lun "you fagong" de yuanliu yu fazhan 论"诱发功"的源流与发展 (Eroerterung der

Entstehung und der Entwicklung des "induzierten fagong")
neibu 内部 (80)

Jiao Guorui 焦国瑞, Fujian renmin chubanshe 福建人民出版社, 1984.10, 1-21830 : qigong yangshengxue gaiyao 气功养生学概要 (Die Grundlage über die yangsheng-Lehre des qigong) (81)

Jin Bin 靳彬, Zhongguo chengshi jingji shehui chubanshe 中国城市经济社会出版社, 1988.12, 1-20000 : daojia yangsheng changshou gongfa 道家养生长寿功法 (Die daoistische yangsheng- und changshou-Uebungslehre) (82)

Kuang Ankun 邝安堃, Wang Chongxing 王崇行, Xu Dinghai 徐定海, Qian Qiusheng 钱邱晟, renmin weisheng chubanshe 人民卫生出版社, 1988.8, 1-36600 : qigong fangzhi laonianbing 气功防治老年病 (Vorbeugen und Heilen von Alterserkrankungen mit qigong) (83)

Lan Zhongming 兰仲明, Heilongjiang renmin chubanshe 黑龙江人民出版社, 1988.3, 1988.7, 19108-34745 : jingang yujia mu quan fa 金刚瑜伽母拳法 (Die diamantene Yoga Mu Quan - Methode) (84)

Li Chuncai 李春才, ca. 1986, siwei jiben gong 思维基本功 (Grundübungen mit Gedankenkontrolle) (85)

Li Daowen 李道文, Liu Meiling 刘美玲, Hubei kexue jishu chubanshe 湖北科学技术出版社, 1988.12, 1989.6, 20000-80000 : Yan Xin qigong daoyin 严新气功导引 (Die daoyin-Uebungen des Yan Xin - qigong) (86)

Li Guozhang 李国章, Dong Shuxin 董书新, Yang Hong 杨宏, Zhongguo yiyao keji chubanshe 中国医药科技出版社, 1989.4, 1-42500 : qigong zhiliao ershijiu zhong manxing bing 气功治疗二十九种慢性病 (Die qigong-Behandlung von 29 chronischen Erkrankungen) (87)

Li Hanming 李汉明, Hubei kexue jishu chubanshe 湖北科学技术出版社, 1988.6, 1989.4, 20201-83200 : shier shou dian xue qigong 十二手点穴气功 (Die 12 Arten des Meridian-qigong) (88)

Li Hanwen 李含文, Yan Hai 阎海, Zhang Chaoqing 张朝卿, Li Hongzi 李洪滋, renmin tiyu chubanshe 人民体育出版社, 1988.2, 1-12000 : xuexiao qigong jiaoxue 学校气功教学 (Lehr- und Lernmethoden des qigong für die Schule) (89)

Li Jifang 李季芳, Zhou Xikuan 周西宽, Xu Yongchang 徐永昌, renmin tiyu chubanshe 人民体育出版社, 1984.8, 1-7800 : Zhongguo gudai tiyushi jianbian 中国古代体育史简编 (Abriss der Geschichte des Sports im alten China) (90)

Li Jingwu 李经梧, Zhang Tiange 张天戈, renmin weisheng chubanshe 人民卫生出版社, 1986.10, 1-38100 : taiji neigong 太极内功 (Die taiji-inneren-Uebungen)(91)

Li Liqun 李立群, Shanghaishi huaxue gongyeju gonghui 上海市化学工业局工会, 1983.4 : qigong, daobu fanhuigong (di yi ji) 气功, 倒步返回功 (第一辑) (Qigong, wechselnde Schrittfolge und Umkehrübungen (1. Teil)) (92)

Li Quancai 李全才, Dalian haiyun xueyuan chubanshe 大连海运学院出版社, 1988.6, 1-5000 : jianyi qigongfa 简易气功法 (Die einfache qigong-Methode) (93)

Li Shaobo 李少波, Gansu renmin chubanshe 甘肃人民出版社, 1979.11, 1985.5, 262001 -293480; 1986.7, 1987.8, 20771-80770, zengding 增订 (revidierte und vermehrte Auflage): zhenqi yunxingfa 真气运行法 (Uebungsmethode zur Bewegung des zhenqi) (94)

Li Shaobo 李少波, o.J., zhenqi yunxingfa di qi zhang 真气运行法第七章 (Siebtes Kapitel der Uebungsmethode zur Bewegung des zhenqi) (95)

Li Shixin 李士信, Heilongjiang renmin chubanshe 黑龙江人民出版社, 1986.11, 1-6549 : Zhongguo gudai yannian yishou shu 中国古代延年益寿术 (Die Kunst der Lebensverlaengerung im chinesischen Altertum) (96)

Li Wentao 李文涛, Jiangsu kexue jishu chubanshe 江苏科学技术出版社, 1985.4, 1-62700 : taijiquan qigong rumen 太极拳气功入门 (Einführung in das qigong des taiji quan) (97)

Li Yan 李岩, Beijing kexue jishu chubanshe 北京科学技术出版社, 1982.10, 1-35000 : zhongliu bingren zijia liaoyang 肿瘤病人自家疗养 (Eine selbstaendig zu Hause durchführbare Therapie für Tumorkranke) (98)

Li Zangshan 李藏山, Zhang Yingping 张映萍, Beijing ribao chubanshe 北京日报出版社, 1988.8, 1-30500 : Zhongguo gudai yangsheng zhi dao 中国古代养生之道 (Die Lehre des yangsheng im chinesischen Altertum) (99)

Li Zhaosheng 李兆生, Li Shuzhen 李树真, Guangxi minzu chubanshe 广西民族出版社, 1989.3, 1-3000 : zhen yuan kui mi (juan yi) 真元窥密（卷一）(Das Suchen nach dem Geheimnis des zhen yuan (1. Band)) (100)

Li Zhiru 李志如, Chen Chengxian 陈诚献, Jiang Keding 蒋克定, Li Yan 李燕, renmin weisheng chubanshe 人民卫生出版社, 1986.7, 1987.8, 21901-71900 : qigong yiliao jingyanlu 气功医疗经验录 (Erfahrungsberichte über medizinische qigong-Behandlung) (101)

Li Zhiru 李志如, Fujian kexue jishu chubanshe, 福建科学技术出版社, Gang qing chubanshe 港青出版社, 1987.6, Taihu qigong yangshengfa 太湖气功养生法 (Die yangsheng-Methode des Taihu-qigong) (102)

Li Zhiru 李志如, zhongyi guji chubanshe 中医古藉出版社, 1989.6, 1-23000 : qigong yangsheng yu liangong zhe shanshi 气功养生与练功者膳食 (Das yangsheng des qigong und die Ernaehrung der Uebenden) (103)

Liang Shifeng 梁士丰, Guangdong renmin chubanshe 广东人民出版社, 1981.12, 1983.3, 90201-240450 : zifa "wu qinxi" donggong 自发"五禽戏"动功 (Die Spontanbewegung im Spiel der Fuenf Tiere) (104)

Liao Houze 廖厚泽, Ji Guibao 吉贵宝, Shanghai kexue jishu wenxian chubanshe 上海科学技术文献出版社, 1989.5, 1-7300 : Mingtang qian yi 明堂浅义 (Allgemeinverstaendliche Einführung in das Mingtang) (105)

Lin Hai 林海, Shanghai zhongyi yanjiusuo 上海中医研究所, 1980.12 : qigong shi fahui renti qianli de yi men kexue 气功是发挥人体潜力的一门科学 (Qigong ist eine Wissenschaft zur Entwicklung der potentiellen Koerperenergie) (106)

Lin Hai 林海, Guanddong keji chubanshe 广东科技出版社, 1987.3, 1988.4, 3.Aufl. 70001－100200 : yangsheng qigong xue 养生气功学 (Die yangsheng－qigong－Lehre) (107)

Lin Housheng 林厚省, Guangdong keji chubanshe 广东科技出版社, 1981.7, 1981.12, 5001－145000 : qigong shi ren jiankang 气功使人健康 (Qigong macht Menschen gesund) (108)

Lin Housheng 林厚省, Guangdong keji chubanshe 广东科技出版社, 1987.9, 1－56300 : Shaolin qigong 少林气功 Shaolin Qigong Illustrated (Shaolin qigong) (109)

Lin Housheng 林厚省, Qingdao chubanshe 青岛出版社, 1988.7, 1－36000 : qigongxue 气功学 (Die qigong－Lehre) (110)

Lin Housheng 林厚省, Luo Peiyu 骆佩钰, Guangdong keji chubanshe 广东科技出版社, 1983.9, 1988.5, 4.Aufl. 327201－357300 : qigong sanbai wen 气功三百问 (300 Fragen zum qigong) (111)

Lin Housheng 林厚省, Gu Qun 顾群, Shanghai zhongyi xueyuan chubanshe 上海中医学院出版社, 1987.6, 1987.11, 100001－150000 : taiji qigong shiba shi 太极气功十八式 (Das 18－Uebungen des taiji－qigong) (112)

Lin Xi 林夕, Jilin renmin chubanshe 吉林人民出版社, 1988.1 1988.4, 50201－71080 : qigong zhibing shili xuan 气功治病实例选 (Eine Auswahl von Krankheits－berichten nach qigong－Therapie) (113)

Lin Zhongpeng 林中鹏, Beijing tiyu xueyuan chubanshe 北京体育学院出版社, 1988.11, 1－15000 : Zhonghua qigongxue 中华气功学 (Die Lehre des chinesischen qigong) (114)

Liu Guizhen 刘贵珍, Hebei renmin chubanshe 河北人民出版社, 1957.9, 1982.6, 1－154000, 1983.5, 154001－254000, Hebei kexue jishu chubanshe 河北科学技术出版社 1985.7, 1987.12, 28501－65500 : qigong liaofa shijian 气功疗法实践 (Die Praxis der qigong－Therapie) (115)

Liu Xinghan 刘兴汉, Wang Wenkui 王文奎, renmin weisheng chubanshe 人民卫生出版社, 1986.7, 1987.8, 19601－69600 : Youshen bagua lianhuanzhang － jianshen pian 游身八卦连环掌 － 健身篇 (Kapitel über die Gesunderhaltung aus dem Youshen bagua lianhuanzhang) (116)

Lu Guozhu 陆国柱, xue lin chubanshe 学林出版社, 1989.5, 1－12000 : Lu Guozhu jianshengong jiufa 陆国柱健身工九法 (Die 9 Methoden der gesunderhaltenden Uebungen nach Lu Guozhu) (117)

Lu Jinchuan 陆锦川, Sichuan kexue jishu chubanshe 四川科学技术出版社, 1988.8, 1－11650 : qigong zhuantong shu yu cidian 气功传统术语辞典 (Woerterbuch zur traditionellen Terminologie des qigong) (118)

Lü Fenggang 吕风刚, qinggongye chubanshe 轻工业出版社, 1989.4, 1－45000 : Zhonghua qigong jingxuan (er) 中华气功精选(二) (Auswahl zum chinesischen qigong (2)) (119)

Lü Guangrong 吕光荣, Lou Yugang 楼羽刚, Wu Jiajun 吴家骏, zhongyi guji chu－

banshe 中医古藉出版社, 1987.12, 1–31000 : Daozang qigongshu shi zhong 道藏气功书十种 (Die zehn Arten von qigong–Abhandlungen im Daozang) (120)

Lü Guangrong 吕光荣, Wu Jiajun 吴家骏, renmin weisheng chubanshe 人民卫生出版社, 1988.9, 1–10000 : Zhongguo qigong cidian 中国气功辞典 (Woerterbuch zum chinesischen qigong) (121)

Lü Jitang 吕继唐, Shanghai fanyi chubangongsi 上海翻译出版公司, 1985.9, 1–28000 : jinggong yangsheng de li he fa 静功养生的理和法 (Theorie und Methodik von Stille–Uebungen im yangsheng) (122)

Luo Shiming 罗时铭, Huangshan shushe 黄山书社, 1987.1, 1–5000 : gudai yangsheng changshou shihua 古代养生长寿史话 (Kurze Geschichte der Uebungen zum Erhalten und Verlaengern des Lebens im Altertum) (123)

Ma Chun 马春, Shanxi renmin chubanshe 山西人民出版社, 1983.4, 3.Aufl. 1986.3, 133001–194000 : Majia qigong 马家气功 (Das qigong der Familie Ma) (124)

Ma Jiren 马济人, Shanxi kexue jishu chubanshe 山西科学技术出版社, 1983.9, 1985.12, 2. Aufl. 50001–57000, 5. Aufl. 1988.3, 80001–130000 : Zhongguo qigongxue 中国气功学 (Die Lehre des chinesischen qigong) (125)

Ma Litang 马礼堂, et al., Hubei kexue jishu chubanshe 湖北科学技术出版社, 1984.11, 1986.1, 30300–60350 : yang qigong 养气功 (Naehrendes qigong) (126)

Ma Litang 马礼堂, renmin tiyu chubanshe 人民体育出版社, 1985.8, 1987.5, 120001–205000 : yang qigong jianshenfa 养气功健身法 (Die Gesunderhaltungsmethode durch naehrendes qigong) (127)

Ma Litang 马礼堂, xin tiyu zazhishe 新体育杂志社, 1985.8, yang qigong jianshenfa 养气功健身法 (Die Gesunderhaltungsmethode durch naehrendes qigong) neibu 内部 (128)

Ma Litang 马礼堂, renmin tiyu chubanshe 人民体育出版社, 1988.2, 1–50000 : yang qigong xiang da yu shijian 养气功向答与实践 (Fragen und Antworten zum naehrenden qigong und seiner Praxis) (129)

Ma Litang 马礼堂, Hunan kexue jishu chubanshe 湖南科学技术出版社, 1988.5, 1–38700 : Ma Litang yang qigong huicui 马礼堂养气功荟萃 (Das naehrende qigong nach Herrn Ma Litang, eine Sammlung) (130)

Ma Litang 马礼堂, kexue chubanshe 科学出版社, 1988.12, 1–33460 : yang qigong 养气功 (Das naehrende qigong) (131)

Ma Xiutang 马秀堂, Shanxi kexue jishu chubanshe 陕西科学技术出版社, 1988.9, 1–50000 : Zhongguo taiji qigong shu 中国太极气功术 (Die Kunst des chinesischen taiji–qigong) (132)

Ma Youzhong 马有忠, Zhejiang kexue jishu chubanshe 浙江科学技术出版社, 1986.9, 1–17000 : Zhongguo qigong, di san ji 中国气功, 第三缉 (Chinesisches qigong, dritte Sammlung) (133)

Mai Rusong 麦如松, Jilin kexue jishu chubanshe 吉林科学技术出版社, 1988.5, 1–60180 : qigong jiangshen zhi bai bing 气功强身治百病 (Qigong staerkt die

Gesundheit und heilt 100 Krankheiten) (134)
Mawangdui Han mu boshu zhengli xiaozu 马王堆汉墓帛书整理小组, wenwu chubanshe 文物出版社, 1979.4 : daoyin tu 导引图 (Bildmaterial zu den daoyin-Uebungen) (135)
Ming Zhen 明真, xinhua chubanshe 新华出版社, 1988.6 u. 8 u. 9, : dangdai kexue xin tiandi - Yan Xin qigong jieshao 当代科学新天地 - 严新气功介绍 (Eine neue Perspektive für die Wissenschaften - eine Vorstellung des Yan Xin - qigong) (136)
Mo Wendan 莫文丹, Guangxi minzu chubanshe 广西民族出版社, 1987.8, 1988.2, ba bao ying qigong chanmi 八宝硬气功阐秘 (Das Geheimnis des harten qigong der acht Kostbarkeiten) (137)
Nanjing daxue qigong pujizhan 南京大学气功普及站, ca. 1983 : hexiangzhuang qigong chutan 鹤翔庄气功初探 (Ein erstes Kennenlernen des Kranichstil-qigong) (138)
Nanjing hexiangzhuang qigong yanjiuhui (Zhao Jinxiang zhengli) 南京鹤翔庄气功研究会（赵金香整理), ca. 1983 : hexiangzhuang qigong - ziliao zhuanji 鹤翔庄气功 - 资料专辑 (Kranichstil-qigong - speziell zusammengestellte Materialien) (139)
Nanjing zhongyi xueyuan 南京中医学院, renmin weisheng chubanshe 人民卫生出版社, ca. 1980, 1985.2, 17631-26630 : zhu bing yuan hou lun jiaoshi (xia ce) 诸病源候论校释（下册) (Abhandlung über Ursprung und Entstehungszeit verschiedener Erkrankungen, verbesserte und kommentierte Ausgabe (2. Haelfte)) (140)
Nanjingshi qigong kexue banhui 南京市气功科学办会, 1984.5 : jinshiyan qigong liaofa 近视眼气功疗法 (Die qigong-Behandlung der Kurzsichtigkeit) (141)
Ning Aiming 宁爱明, Guangxi minzu chubanshe 广西民族出版社, 1989.2, 1-20500 : qigong jing duan gongfa jicui 气功精短功法集萃 (Eine Sammlung von auserlesenen kurzen qigong-Uebungen) (142)
Niu Jinbao 牛进报, Zhongguo guangbo diabshi chubanshe 中国广播电视出版社, 1989.1, 1-30000 : xingming shuang xiu yangsheng yanshou fa 性命双修养生延寿法 (Das Kultivieren von xing und ming mit der yangsheng- und der yanshou-Methode) (143)
Pang Heming 庞鹤鸣, xingshenzhuang Tiananmen fudao zongzhan 形神庄天安门辅导总站 1985.9 : qigong gaiyao 气功概要 (Das Wichtigste über qigong) (144)
Pang Heming 庞鹤鸣, Liu Zhibang 刘治邦, Zhang Mingwu 张明武, Gong Ying 宫婴, shijie zhishi chubanshe 世界知识出版社, 1988.7, 1988.8, 220001-300000 : mingjia qigong xuan 名家气功选 (Eine Auswahl von bekannten qigong-Richtungen) (145)
Pang Ming 庞明, Anhui kexue jishu chubanshe 安徽科学技术出版社, 1988.1, 1988.7, 50000-100500 : xingshenzhuang qigong 形神庄气功 (Xingshenzhuang-qigong)

(146)
Pang Ming 庞明, Anhui kexue jishu chubanshe 安徽科学技术出版社, 1989.1, 1–40000 : xingshenzhuang qigong 形神庄气功 (Xingshenzhuang–qigong) (147)
Pei Xirong 裴锡荣, Jiangsu kexue jishu chubanshe 江苏科学技术出版社, 1986.11, 3.Aufl. 1988.4, 72301–122300 : shiyong Wudang qigong 实用武当气功 (Angewandtes Wudang qigong) (148)
Pei Xirong 裴锡荣, sanlian shudian Shanghai fendian chubanshe 三联书店上海分店出版社, 1989.2, 1–20000 : Wudang qigong shu zhen 武当气功述真 (Die Darstellung des wahren Wudang qigong) (149)
Qi Hao 漆浩, Beijing zhongyi xueyuan tushuguan qingbao yanjiushi 北京中医学院图书馆情报研究室, 1988.9.26 : qigong re; Zhongguo qigong zou xiang shijie 气功热; 中国气功走向世界 Qi Gong Craze; Chinese Qi Gong Going To The World (Das qigong–Fieber: das chinesische qigong geht hinaus in die Welt) (150)
Qi Zhichun 岂志纯, Jilin wen shi chubanshe 吉林文史出版社, 1988.11, 1–25850 : qigong zhishi he liuxing gongfa 气功知识和流行功法 (Qigong–Wissen und verbreitete Uebungsmethoden) (151)
Qian Cheng 钱成, Zhou Xin 周新, gongren chubanshe 工人出版社, 1988.6, 4.Aufl. 1989.3, 190181–212270 : gui zhi guang – Yan Xin yu qigong 瑰之光 – 严新与气功 (Ein strahlender Edelstein – Yan Xin und qigong) neibu 内部 (152)
Qian Xuesen 钱学森, 1986.2 : dangqian qigong kexue yanjiu de yi xiang renwu –– jianli weixiang qigongxue 当前气功科学研究的一项任务 –– 建立唯象气功学 (Eine Aufgabe der heutigen Forschung zur qigong–Wissenschaft –– das Gründen einer formellen qigong–Lehre) (153)
Qin Zhongsan 秦重三, Shanghai kexue jishu chubanshe 上海科学技术出版社, 1.Aufl. 1959.4, 5.Aufl. 1961.1, 87501–117500, 1984.9, 187501–333500 : qigong liaofa he baojian 气功疗法和保健 (Qigong–Therapie und Gesundheitspflege) (154)
Qiu Chuji 邱处机, et al.; Pan Yu 潘尉, (Yuan – Qing) (元 – 清), renmin weisheng chubanshe 人民卫生出版社, 1982.9, 1984.6, 112101–170600 : Yishen ji; neigong tushuo 颐身集; 内功图说 (Sammelband zum Yishen; Neigong in Bildern erklaert) (155)
Qiu Ling 邱陵, Guangdong keji chubanshe 广东科技出版社, 1987.3, 1988.5, 3.Aufl. 101301–186500 : Zhongguo liuxing qigong xuan 中国流行气功选 Chinese Qigong illustrated (Eine Auswahl populaerer chinesischer qigong–Stile) (156)
Qiu Ling 邱凌, Guangdong kexue chubanshe 广东科学出版社, 1988.12, 1–8200 : Zhongguo gudai qigong xuanzhu 中国古代气功选注 (Kommentierte Auswahl zum qigong des chinesischen Altertums) (157)
Qu Yuan 曲元, Gansusheng renmin chubanshe 甘肃省人民出版社, 1985.12, 1988.8, 45211–68490 : shiyong yangshengfa 实用养生法 (Praktische yangsheng–Methode) (158)
Quanguo qigong jingyan jiaotong dahui 全国气功经验交通大会, 1984.2 : quanguo

qigong huibian (yi) 全国气功汇编(一) (Eine Zusammenstellung zum qigong aus ganz China) (erster Teil) (159)

Quanguo yiyao weisheng jishu geming zhanlanhui 全国医药卫生技术革命展览会, renmin weisheng chubanshe 人民卫生出版社, ca. 1958 : qigong, anmo ji ge zhiliaofa 气功, 按摩及割治疗法 (Qigong, anmo und gefa als Therapiemethoden) (160)

Renmin tiyu chubanshe 人民体育出版社, 1987.12, 1-5000 : Zhonghua wushu luncong (di yi ji) 中华武术论丛(第一辑) (Essaysammlung zum chinesischen wushu (erster Teil)) (161)

Rong Liang 荣亮, hua zhong shifan daxue chubanshe 华中师范大学出版社, 1988.3, 1-15000 : huang he gui she gong 黄鹤龟蛇功 (Der gelbe Kranich-Schildkroete-Schlange Stil) (162)

Shanghaishi Huangpuqu Dongchanglu diduan yiyuan et al. 上海市黄浦区东昌路地段医院, Shanghai jiaoyu chubanshe 上海教育出版社, 1976.11, 5.Aufl. 1986.11, 861001-882000 : liangong shiba fa 练功十八法 (Das Trainieren der 18 (therapeutischen Uebungs-) Methoden) (163)

Shanghaishi qigong liaoyangsuo jiaoyanzu 上海市气功疗养所教研组, keji weisheng chubanshe 科技卫生出版社, 1958.10, 1-10000 : qigong liaofa jiangyi 气功疗法讲义 (Lehrmaterial zur qigong-Therapie) (164)

Shanghaishi qigong yanjiusuo qingbao ziliao shi 上海市气功研究所情报资料室, 1987, qigong ziliao zhaibian 气功资料摘编 (Ausgewaehlte Materialien zum qigong) (165)

Shen Henian 沈鹤年, Dong Bin 董斌, Wuhan daxue chubanshe 武汉大学出版社, 1987.10, 1988.11, 15801-27900 : shiyong qigong liaofa jiaocheng 实用气功疗法教程 (Lehrkurs zur praktischen qigong-Therapie) (166)

Shu Yuzan 舒玉瓒, keji xinwenbao shebian 科技新闻报社编, ca. 1983, ershi shiji zhixuangong 二十世纪指玄功 (Die Zhixuan-Uebungen im zwanzigsten Jahrhundert) neibu 内部 (167)

Si Tuke 司徒可, Guangxi minzu chubanshe 广西民族出版社, 1988.8, 1-72500 : qigong zhi bing 200 li 气功治病 200 例 (200 Fallberichte zur Behandlung mit qigong) (168)

Song Tian Long Zhi (Riben) 松田隆智 (日本), Sichuan kexue jishu chubanshe 四川科学技术出版社, 1984.7, 1-34300 : Zhongguo wushu shilue 中国武术史略 (Kurze Geschichte zum chinesischen wushu) (169)

Sun Haiyun 孙海云, Shanghai jiaotong daxue chubanshe 上海交通大学出版社, 1989.3, 1-27000 : Wudang baojian yiliao qigong 武当保健医疗气功 (Das Wudang baojian therapeutische qigong) (170)

Sun Jiaxing 孙家兴, Nanjing shifan daxue yangong xuexiban yin 南京师范大学眼功学习班印, ca. 1983 : yangong gongfa chutan 眼功功法初探 (Anfangsuntersuchungen zur Augenübungsmethode) (171)

Sun Ruzhong (Ming) 孙汝忠(明), ca. Beijing 北京 1986 : Jindan zhen zhuan 金丹真传 (Die wahre Ueberlieferung der Goldenen Pille der Unsterblichkeit) (172)

Sun Zhen 孙真, Zhongguo renmin jiefangjun 59241 budui yiyuan 中国人民解放军59241部队医院, 1985.11 : liuzijue bianzheng lianxi qiantan 六字诀辩证练习浅谈 (Das Lernen von Diagnose und Therapie mit den sechs Lautzeichenuebungen einfach dargestellt) (173)

Sun Zhigao 孙之镐, Hunan zhongyi xueyuan 湖南中医学院, 1982 : song jing qigong 松静气功 (Qigong–Uebungen zur Entspannung und Ruhe) (174)

" – yinyue youdao liangongfa ji daoyu – 音乐诱导练功法及导语 (– Anleitung mit Musik und Erlaeuterungen zu den qigong–Uebungen) (175)

Tao Bingfu 陶秉福, Yang Weihe 杨卫和, renmin weisheng chubanshe 人民卫生出版社, 1981.6, 1987.8, 4.Aufl. 220551–272050 : qigong liaofa jijin yi 气功疗法集锦一 (Eine Sammlung von qigong–Therapiemethoden, erster Teil) (176)

" 1982.6, 1987.8, 4.Aufl. 231171–280170 : " er " 二 (" zweiter Teil) (177)

" 1984.6, 1987.8, 3.Aufl. 119351–168850 : " san " 三 (" dritter Teil) (178)

" 1989.5, 1–32100 : " si " 四 (" vierter Teil) (179)

Tao Bingfu 陶秉福, jinzhi chubanshe 金质出版社, 1988.1, 1988.6, 150001–200000 : Guo Lin xin qigong 郭林新气功 (Das neue qigong nach Frau Guo Lin) (180)

Tian Pangji 田庞计, Yuan Tianyu 远天宇, Hebei kexue jishu chubanshe 河北科学技术出版社, 1987.6, 1–35000 : xuminggong 虚明功 (Xuminggong) (181)

Tianjinshi guji shudian yingyin 天津市古藉书店影印, 1919, 1987.10, 1988.10, 1–28000 : quanjing 拳经 (Der "Boxklassiker") (182)

Tianjinshi guji shudian yingyin 天津市古藉书店影印, 1915, 1988.1, 1–35000 : Shaolin quanshu mijue 少林拳术秘诀 (Die Geheimnisse des Shaolin quan) (183)

Tiyubao bianjibu 体育报编缉部, renmin tiyu chubanshe 人民体育出版社, 1980.11 : liangong shiba fa jiang ya shu xincao 练功十八法降压舒心操 (Das Training der 18 therapeutischen Uebungen zur Blutdrucksenkung und Herzberuhigung) (184)

Wan Quan (Mi Zhai)(Ming) 万全 (密斋)(明), Luotianxian weishengju 罗田县卫生局 (Hrsg.), Hubei kexue jishu chubanshe 湖北科学技术出版社, 1984.9, 1–27760 : Wanshi jiachuan yangsheng si yao 万氏家传养生四要 (Die vier Hauptteile zur yangsheng–Methode der Familie Wan) (185)

Wan Sujian 万苏建, Pan Zilun 潘子论, Jia Wan 贾万, renmin junyi chubanshe 人民军医出版社, 1989.4, 1–26500 : Wan Sujian bagua xun dao gong 万苏建八卦循导功 (Die bagua xundao – Uebung von Wan Sujian) (186)

Wang Anping 王安平, Kaifeng/Xuzhoushi gongren liaoyangyuan 开封／徐州市工人疗养院, 1981.9 : yi quan jianshenzhuang 意拳健身桩 (Yi quan – Uebungsreihe zur Koerperstaerkung) neibu 内部 (187)

Wang Anping 王安平, Jiangsu gongren Xuzhou liaoyangyuan 江苏工人徐州疗养院, ca. 1985 : yi quan (xia ce: jiji bufen) 意拳(下册: 技击部分) (Der yi quan (2. Haelfte: Kampfkunst)) (188)

Wang Buxiong 王卜雄, Zhou Shirong 周世荣, Hunan kexue jishu chubanshe 湖南科学技术出版社, 1989.7, 1–1950 : Zhongguo qigongxueshu fazhan shi (yi) 中国气功学术发展史（一）(Die Entwicklungsgeschichte der chinesischen qigong-Lehrkunst (1)) (189)
Wang Cuifu 王萃甫, Chen Pinsan 陈品三, Sang Yizhai 桑益斋, Heilongjiang kexue jishu chubanshe 黑龙江科学技术出版社, 1983.10, 1–80000 : Sanyugong 三浴功 (Sanyugong) (190)
Wang Erfeng 王尔峰, Xiao Zhou 晓舟, Zhongguo funü chubanshe 中国妇女出版社, 1989.5, 1–31000 : Jindan 金丹 (Die goldene Pille der Unsterblichkeit) (191)
Wang Jisheng 王极盛, Zhongguo shehui kexue chubanshe 中国社会科学出版社, 1989.5, 1–31000 : Zhongguo qigong xinlixue 中国气功心理学 Psychology Of Chinese Qigong (Die Psychologie des chinesischen qigong) (192)
Wang Jing 王敬, Deng Zi 邓孜, Peng Jin 彭锦, zhongyi guji chubanshe 中医古藉出版社, 1988.1, 1–100000 : changjian bing shiyong qigong liaofa 常见病实用气功疗法 (Praktische qigong-Therapien für die haeufigsten Erkrankungen) (193)
Wang Liping 王力平, quanguo qigong fudao zongzhan 全国气功辅导总站, 1985.3.20 : lingbao tong zhi neng neigongshu 灵宝通知能内功术 (Lingbao, die Kunst der inneren Uebungen zur Faehigkeit des durchdringenden Wissens) neibu 内部(194)
Wang Liping 王力平, quanguo xuexiban jianggao 全国学习班讲稿, Beijing 1985.5 : gudian lingbao tong zhi neng neigongshu 古典灵宝通知能内功术 (Der Klassiker des Lingbao, der Kunst der Inneren Uebungen zur Faehigkeit des durchdringenden Wissens) (195)
Wang Meizhi 王美芝, Chen Yingci 陈英茨, xue yuan chubanshe 学苑出版社, 1989.1, 1–41000 : hexiangzhuang qigong xiu lian zhinan 鹤翔庄气功修炼指南 (Anleitung zum verbesserten Ueben des Kranichstil qigong) (196)
Wang Qixian (Qing) 王启贤（清）, Wang Qisheng (Qing) 王启圣（清）, Zhuan Jingxin 传景新, zhongyi guji chubanshe 中医古藉出版社, 1986.6, 1987.12, 15001–45000 : donggong anmo mijue 动功按摩秘诀 (Die Geheimnisse des donggong anmo) (197)
Wang Ruiting 王瑞亭, Yu Kunfeng 玉昆峰, Zhao Yi 赵毅, Jiangsusheng Shaolin neijin yizhichan qigong yanjiuhui 江苏省少林内劲一指禅气功研究会, 1985 : Shaolin neijin yizhichan 少林内劲一指禅 (Die Ein-Finger-Meditation mit innerer Kraft im Shaolin-Stil) (198)
Wang Ruiting 王瑞亭, Shanxi kexue jishu chubanshe 陕西科学技术出版社, 1987.10, 1988.2, 150001–250000, 1988.4,250001–280000 : Shaolin qigong neijin yizhichan 少林气功内劲一指禅 (Die Ein-Finger-Meditation mit innerer Kraft im Shaolin-Stil) (199)
Wang Ruiting 王瑞亭, Shanxi kexue jishu chubanshe 陕西科学技术出版社, 1988.8, 1–80000 : Shaolin qigong neijin yizhichan 少林内劲一指禅 (Die Ein-Finger-Meditation mit innerer Kraft im Shaolin-Stil) (200)

Wang Xianbin 王贤宾, Tianjinshi guji shudian chuban 天津市古籍书店出版, 1987.4, 1-21000 : yi qigong xiangjie 意气功详解 (Yi-qigong, detailliert erklaert) (201)

Wang Xiangzhai 王芗斋, Datongshi dacheng quan yanjiuhui 大同市大成拳研究会, 1986, quandao zhongshu zhanzhuanggong 拳道中枢站桩功 (Zhanzhuanggong, das Kernstück der Faust(kampf)lehre) (202)

Wang Xuanjie 王选杰, Zhongguo zhanwang chubanshe 中国展望出版社, 1986.2, 1986.7, 6001-31200 : Wang Xiangzhai yu dacheng quan 王芗斋与大成拳 (Wang Xiangzhai und der Faust(kampf) der grossen Vollendung) (203)

Wang Xuanjie 王选杰, kexue puji chubanshe Guangzhou fenshe 科学普及出版社广州分社, 1986.6, 1-6150 : dacheng quan gongfa ji shizuo 大成拳功法及实作 (Uebungsmethode und praktische Anwendung des dacheng quan) (204)

Wang Xuexuan 王雪轩, renmin weisheng chubanshe 人民卫生出版社, 1983.3, 1986.3, 143151-166150 : jianshen yishou meihuazhuang 健身益寿梅花桩 (Die den Koerper kraeftigende und das Leben verlaengernde Pflaumenblütenübung) (205)

Wang Yin 王寅, Shanxi kexue jiaoyu chubanshe 山西科学教育出版社, 1986.10, 1-12000, 4. revid. Aufl. 1988.10, 52000-92000 : qigong waiqi liaofa 气功外气疗法 (Die qigong-Therapie mit qi-Emission) (206)

Wang Yin 王寅, Shanxi kexue jiaoyu chubanshe 山西科学教育出版社, 1987.11 : qigong cao fangzhi jinshiyan 气功操防治近视眼 (Qigong-Uebungen zur Vorbeugung und Heilung von Kurzsichtigkeit) (207)

Wang Yufang 王玉芳, Mi Jingke 秘静克, Beijing yiquan zhanzhuanggong yanjiuhui 北京意拳站桩功研究会, 1983 : dacheng quan yangsheng shi jie donggong 大成拳养生十节动功 (Die zehn Bewegungsübungsabschnitte der Faust(kampfkunst) der grossen Vollendung zum yangsheng) (208)

Wang Yuxiang 王玉祥, Yu Yongnian 于永年, Datongshi dachengquan yanjiuhui 大同市大成拳研究会, 1986.9 : Wang Xiangzhai shengping dashi ji 王芗斋生平大事记 (Aufzeichnungen aus Leben und Werken von Wang Xiangzhai) (209)

Wei Lian 魏廉, Zhonghua quanguo zhongyi xuehui Jiangsusheng fenhui qigong kexue yanjiuhui yin 中华全国中医学会江苏省分会气功科学研究会印, 1982.9 : hexiangzhuang qigong ziliao 鹤翔庄气功资料 (Material zum Kranichstil-qigong) (210)

Wei Lian 魏廉, Nanjingshi Gulouqu wushu banhui 南京市鼓楼区武术办会, 1986.1 : jianhua hexiangzhuang qigong 简化鹤翔桩气功 (Vereinfachtes Kranichstil-qigong) (211)

Wu Chongxu (Ming) 伍冲虚 (明), Liu Huayang (Qing) 柳华阳 (清), Tao Bingfu 陶秉福 (Hrsg.), Henan renmin chubanshe 河南人民出版社, 1987.7, 1988.3, 3001-6000 : Wu Liu xianzong 伍柳仙宗 (Die daoistischen-buddhistischen Uebungsschriften der Meister Wu und Liu) (212)

Wu Huawen 武华文, Beijing ligong daxue chubanshe 北京理工大学出版社, 1989.6, 1-

20000 : zhili qigong 智力气功 (Qigong für die Intelligenz) (213)
Wu Zhaoxiang 吴兆祥, Beijingshi qigong bangong 北京市气功办公, 1988.3 : qigong xin shisan shi liangongfa 气功新十三式练功法 (13 neue qigong-Uebungs-methoden) (214)
Wu Zhaoxiang 吴兆祥, renmin tiyu chubanshe 人民体育出版社, 1989.9, 1-31000 : qigong xin shisan shi 气功新十三式 (Das neue dreizehnteilige qigong) (215)
Wu Zhen 悟真, Beijing tiyu xueyuan chubanshe 北京体育学院出版社, 1989.6, 1-70000 : Shaolin neigong jueji 少林内功绝技 (Die einzigartige Technik des Shaolin-neigong) (216)
Wu Zhen 悟真, Beijing tiyu xueyuan chubanshe 北京体育学院出版社, 1989.6, 1-60000 : Shaolin hongquan zhidiji fa 少林洪拳制敌技法 (Die Technik der Ueberwindung des Gegners mit Shaolin - hong quan) (217)
Wu Zhen 悟真, Beijing tiyu xueyuan chubanshe 北京体育学院出版社, 1989.8, 1-50000 : Shaolin neigong wuxingquan 少林内功五形拳 (Die Faust(kampfkunst) der fuenf Formen des Shaolin-neigong) (218)
Wu Zhongsen 吴仲森, Han Zishan 韩子善, Zheng Zhongmin 郑仲珉, Sichuan kexue jishu chubanshe 四川科学技术出版社, 1988.9, 1-30500 : Jingang gong 金刚功 (Diamant-qigong) (219)
Xi Yuntai 习云太, renmin tiyu chubanshe 人民体育出版社, 1985.12, 1-21000 : Zhongguo wushushi 中国武术史 (Die Geschichte des chinesischen wushu) (220)
Xia Zhuangchuan 夏双全, Wuhan tiyu xueyuan wushu jiaoyanshi 武汉体育学院武术教研室, 1985.7, 1-18000 : Zhonghua qigongxue 中华气功学 (Die chinesische qigong-Lehre) (221)
Xia Zhuangchuan 夏Zhuangchuan, Hubei kexue jishu chubanshe 湖北科学技术出版社, 1988.3, 1-25000 : Zhonghua qigongxue, di yi ce 中华气功学, 第一册 (Die chinesische qigong-Lehre, Bd 1) (222)
Xiang Yanghui 项扬惠, Zhongqing chubanshe 重庆出版社, 1983.12, 1986.1, 182001-194000 : wu qin tu 五禽图 (Abbildungen zu den "Fünf-Tiere-Uebungen") (223)
Xie Huanzhang 谢焕章, Beijing ligong daxue chubanshe 北京理工大学出版社, 1988.9, 1-13500 : qigong de kexue jichu 气功的科学基础 Scientific Basis Of Qigong (Die wissenschaftlichen Grundlagen des qigong) (224)
Xinxiangshi zhigong yiquan yanjiuhui 新乡市职工意拳研究会, ca. 1984 : qi gong miao fa 奇功妙法 (Wundersame Uebungen und seltsame Methoden) (225)
Xu Jing 徐兢, Fang Xu 方煦, Mu Lin 睦麟, Ming Sheng 明圣, Zhejiang guji chubanshe 浙江古藉出版社, 1989.7, 1-68100 : Zhongguo qigong si da jing dian 中国气功四大经典 (Die vier grossen Klassiker des chinesischen qigong) (226)
Xu Shitian 许世田, Zhongguo youyi chubanshe 中国友谊出版社, 1989.3 : qigong zhenzhi, qigong dianxue anqiao 气功针制, 气功点穴按蹺 (Qigong-Akupunktur, qigong-Massage) (227)
Xu Wenbi (Qing) 徐文弼（清), Wu Linpeng 吴林鹏 (Hrsg.), zhongyi guji chubanshe

中医古藉出版社, 1986.10, 1−12000 : shou shi chuan zhen 寿世传真 (Wahre Ueberlieferung der Lebensverlaengerung) (228)

Xu Zhaoren 徐兆仁 (Hrsg.), Zhongguo renmin daxue chubanshe 中国人民大学出版社, 1988.9, 1−20000 : quan zhen mi yao 全真秘要 (Das Geheimnis über das Vollkommene und Wahre) (229)

Xu Zhaoren 徐兆仁 (Hrsg.), Liu Huayang (Ming) 柳华阳(明), Zhongguo renmin daxue chubanshe 中国人民大学出版社, 1988.10, 1989.1, 20001−40000 : neilian mijue (zhong dingben) 内炼密诀 (重订本) (Das Geheimnis der inneren Uebungen (gründlich revidierte Auflage)) (230)

Xu Zhaoren 徐兆仁 (Hrsg.), Beijing chubanshe 北京出版社, 1989.2, 1−20000 : Jindan jicheng 金丹集成 (Vollstaendige Sammlung zur goldenen Pille der Unsterblichkeit) (231)

Yan Hai 阎海, renmin tiyu chubanshe 人民体育出版社, 1981.6, 4.Aufl. 1985.7, 520001−600000 : qigong jingxuan 气功精选 (Eine essentielle Auswahl von qigong−Uebungen) (232)

Yan Hai 阎海, Chen Wenhao 陈文浩, renmin tiyu chubanshe 人民体育出版社, 1982.10, 1−102000 : changyong yiliao jianshenfa 常用医疗健身法 (Haeufig benutzte medizinisch−therapeutische Koerperstaerkungsmethoden) (233)

Yan Hai 阎海, Tao Xiong 陶熊, Zhang Chaoqing 张朝卿, Jin Guan 金冠, renmin tiyu chubanshe 人民体育出版社, 1985.7, 1987.2, 149001−249000 : qigong jingxuan xupian 气功精选续篇 (Fortsetzung von "Eine essentielle Auswahl von qigong−Uebungen") (234)

Yan Xin 严新, "qigong yu kexue" qigong hanshou zhongxin bian yin " 气功与科学" 气功函授中心编印, ca. 1988 : Yan Xin qigong 严新气功 (Yan Xin − qigong) und Yan Xin qigong hanshouban fuzhu jiaocai 严新气功函授班辅助教材 (Ergaenzendes Studienmaterial zum Fernkurs über das Yan Xin − qigong) (zwei Lehrkassetten inkl.) (235)

Yan Yaohui 晏耀辉, renmin weisheng chubanshe 人民卫生出版社, 1986.12, 1−18600 : yi quan yangshengfa 意拳养生法 (Die yi quan − Methode zum yangsheng) (236)

Yang Huazeng 杨华增, Shanghai jiaoyu chubanshe 上海教育出版社, 1986.6, 1−49400 : qiangshen zhibing de wushu qigong 强身治病的武术气功 (Das koerperstaerkende und krankheitsheilende Kampfsport−qigong) (237)

Yang Guoquan 杨国权, Heilongjiang kexue jishu chubanshe 黑龙江科学技术出版社, 1985.4, 1−43000 : Sanyu qigong 三浴气功 (Sanyu qigong) (238)

Yang Meijun 杨梅君, Zhang Wenjie 张文杰, Shi Peizhen 石佩珍, renmin tiyu chubanshe 人民体育出版社, 1983.5, 1−300000 : dayan qigong 大雁气功 (Wildgans−qigong) (239)

Yang Meijun 杨梅君, Hubei kexue jishu chubanshe 湖北科学技术出版社, 1985.11, 8. Aufl. 1988.4, 174151−229150 : dayan qigong 大雁气功 (Wildgans−qigong) (240)

Yang Qi 杨启, Guangdong keji chubanshe 广东科技出版社, 1987.4, 1988.8, 40001−

70100 : Tongjing gong 通经功 (Tongjing gong) (241)

Yang Shaoqing 杨少清, Sun Zhigao 孙之镐, Hunan kexue jishu chubanshe 湖南科学技术出版社, 1980.9, 5.Aufl. 1985.6, 252601－273700, 1988.9, 321901－343000 : Jingang qigong 金刚气功 (Diamant－qigong) (242)

Yang Zengshun 杨增顺, Yang Kangnü 杨康女, Zhang Guorong 张国荣, Hebei kexue jishu chubanshe 河北科学技术出版社, 1989.6, 1－14200 : aizheng de qigong fangzhi 癌症的气功防治 (Die Krebsvorbeugung mit qigong) (243)

Yao Ming 姚明, xue yuan chubanshe 学苑出版社, 1988.12, 1－13000 : zhong laonian jianshen gongfa jingxuan 中老年健身功法精选 (Eine essentielle Auswahl der Gesunderhaltungsübungen für das mittlere und hoehere Alter) (244)

Yao Yushan 姚雨山, Guangdong keji chubanshe 广东科技出版社, 1989.4, 1－30500 : zenyang lian hao zifa donggong 怎样连好自发动功 (Wie man spontanes donggong übt) (245)

Ye Disheng 叶淥生, Shanghai fanyi chuban gongsi 上海翻译出版公司, 1986.1, 1－20000 : Emei shier zhuang 峨眉十二庄 (Die zwoelf Uebungen vom Berge Emei) (246)

Yin Fangping 尹芳平, qinghua daxue chubanshe 清华大学出版社, 1988.8, 1－80000 : huaxia shen gong 华夏神功 (Wunderbare chinesische Uebungen) (247)

Yu Biquan 玉壁泉, Guangxi minzu chubanshe 广西民族出版社, 1988.8, 1989.7, 36001－42000 : dangjin qigong qiren 当今气功奇人 (Wunderbare Menschen auf dem Gebiet des qigong in unserer Zeit) (248)

Yu Yongnian 于永年, zhishi chubanshe 知识出版社, 1982.2, 1987.2, 3.Aufl. 275501－294500 : jianshen liang fa: zhanzhuang 健身良法: 站桩 (Eine gute Methode zur Koerperkraeftigung: Standübungen) (249)

Yuan Zifu 袁子府, Jiangsu kexue jishu chubanshe 江苏科学技术出版社, ca. 1986, zhong lao nian jianyi qigong tujie 中老年简易气功图解 (Vereinfachte qigong－Uebungen fuer das mittlere und hoehere Alter in Bildern erklaert) (250)

Zhang Bensen 张本森, kexue chubanshe 科学出版社, 1988.11, 1－51560 : yizhi yannian neijingong 益智延年内劲功 (Neijingong zur Entwicklung der Intelligenz und Lebensverlaengerung) (251)

Zhang Boduan 张伯端, hua xia chubanshe 华夏出版社, 1989.5 1－4700 : wu zhen pian san jia zhu 悟真篇三家注 (Abhandlung über das Erfassen des Wahren mit Anmerkungen von drei Schulen) (252)

Zhang Guangde 张广德, Zhongguo zhanwang chubanshe 中国展望出版社, 1984.5, 1988.5 10.Aufl. 324001－364200 : daoyin yangshenggong 导引养生功 (Uebungen zum yangsheng mittels daoyin－übungen) (253)

Zhang Huimin 张惠民, Tianjin kexue jishu chubanshe 天津科学技术出版社, 1980.10, 1－104000 : qigong liaofa qutan 气功疗法趣谈 (Interessantes über die qigong－Therapie) (254)

Zhang Liutong 张六通, Shen Fudao 沈复道, kexue puji chubanshe 科学普及出版社,

1989.6, 1−60000 : qigong rumen 气功入门 (Qigong−Einführung) (255)
Zhang Ming 张鸣, tianze chubanshe 天则出版社, 1989.5, 1−30000 : wu fen zhong qigong 五分钟气功 (5 Minuten qigong) (256)
Zhang Mingwu 张明武, minzu chubanshe 民族出版社, 1988.3, 1989.7, 70000−110000 : qigong zikong kuaisu liaofa 气功自控快速疗法 (Die Schnellbehandlungsmethode mit qigong−Selbstkontrolle) (257)
Zhang Mingwu 张明武, kexue chubanshe 科学出版社, 1988.12, 1−66260 : zikong qigong 自控气功 (Selbstkontroll−qigong) (258)
Zhang Mingwu 张明武, Sun Xingyuan 孙星垣, Shandong kexue jishu chubanshe 山东科学技术出版社, 1985, qigong zikong liaofa jiangyi 气功自控疗法讲义 (Lehrmaterial zur Selbstkontrolltherapie mit qigong) neibu 内部 (259)
Zhang Mingwu 张明武, Sun Xingyuan 孙星垣, Shandong kexue jishu chubanshe 山东科学技术出版社, 1982.8, 3.Aufl. 1985.8 : 210501−240000 : qigong zikong liaofa 气功自控疗法 (Selbstkontrolltherapie mit qigong) (260)
Zhang Naiqi 章乃器, Beijingshi Zhongguo shudian 北京市中国书店, 1936, 1986.12, kexue de neigongquan 科学的内功拳 (Wissenschaftlicher neigong quan) (261)
Zhang Xiaofang 张孝芳, Xu Hefen 徐荷芬, Nanjing daxue chubanshe 南京大学出版社, 1989.5, 1−18000 : qigong yangsheng xue 气功养生学 (Die yangsheng−Lehre des qigong) (262)
Zhang Xiaoqing 张孝清, Liu Chengyuan 刘承远, Wang Heping 王贺平, Wang Weibai 王蔚百, 1986.10 : Zhongguo qigong kexue yanjiuhui 中国气功科学研究会 (Die chinesische Forschungsgesellschaft der qigong−Wissenschaft) neibu 内部 (263)
Zhang Xiaoyang 张霄阳,Zhao Huaiqing 赵怀庆, Lujiang chubanshe 鹭江出版社, 1989.6, 1−10000 : jianhua qigong jiangshenfa 简化气功强身法 (Vereinfachte qigong−Koerperstaerkungsmethode) (264)
Zhang Yanru 张艳茹, Zhongguo renmin gongan daxue chubanshe 中国人民公安大学出版社, 1989.7, 1−21000 : damo neijin qigong 达摩内劲气功 (Bodhidharma−neijin−qigong) (265)
Zhang Zhenhuan 张震寰, Ni Nongpan 倪弄畔, kexue chubanshe 科学出版社, 1988.8, 1−160000 : qigong huicui, di yi ji 气功荟萃, 第一集 (Eine qigong−Auswahl, erster Teil) (266)
Zhao Baofeng 赵宝峰, Gansu renmin chubanshe 甘肃人民出版社, 1984.3, 1988.7, 200001−244280 : qigong liaofa, 100 wen 气功疗法一白问 (100 Fragen zur qigong−Therapie) (267)
Zhao Baofeng 赵宝峰, Tian Hongji 田宏计, Zhang Tiange 张天戈, renmin weisheng chubanshe 人民卫生出版社, 1987.4, 1−13200 : Zhongguo qigongxue gailun 中国气功学概论 (Grundriss der chinesischen qigong−Lehre) (268)
Zhao Bichen 赵避尘 (Hrsg.), xueshu qikan chubanshe 学术期刊出版社, 1988.11, 1−3000 : xingming fajue mingzhi 性命法诀明指 (Eine klare Darstellung der

Geheimnisse der xingming-Uebungsmethode) (269)

Zhao Jinxiang 赵金香, Zhongguo dianying chubanshe 中国电影出版社, 1989.1 : Zhongguo hexiangzhuang qigong 中国鹤翔庄气功 (Chinesischer Kranichstil-qigong) (270)

Zhao Jinxiang 赵金香, Nanjing hexiangzhuang qigong fudaozhan fanyin 南京鹤翔庄气功辅导站翻印, ca. 1984 : hexiangzhuang qigong ziliao 鹤翔庄气功资料 (Material zum Kranichstil-qigong) (271)

Zhao Jinxiang 赵金香, Beijing chubanshe 北京出版社, 1986.11, 1987.12, 3.Aufl. 230001-380000 : Zhongguo hexiang zhuang qigong 中国鹤翔庄气功 (Der chinesische Kranichstil-qigong) (272)

Zhao Jinxiang 赵金香, Beijing chubanshe 北京出版社, 1987.12, 1988.2, 80001-150000 : Zhongguo zizai qigong 中国自在气功 (Das chinesische gelassene qigong) (273)

Zhao Jinxiang 赵金香, Liu Zhongchun 刘仲春, Nanjingshi zhigong Wuchaomen qigong fudaozhan yin 南京市职工午朝门气功辅导站印, 1983.4 : hexiangzhuang qigong gongli he gongfa 鹤翔庄气功功理和功法 (Der Kranichstil-qigong in Theorie und Methodik) (274)

Zhejiangsheng zhongyiyao yanjiusuo 浙江省中医药研究所 (Hrsg.), renmin weisheng chubanshe 人民卫生出版社, 1959.12, 1960.1, 10001-16000 : qigong liaofa, di er ji 气功疗法, 第二集 (Qigong-Therapie, zweiter Teil) (275)

Zhejiang zhongyi zazhi bianjibu 浙江中医杂志编缉部, Zhejiang kexue jishu chubanshe 浙江科学技术出版社, 1983.8, 1-12600 : Zhongguo qigong di yi ji 中国气功第一缉 (Chinesisches qigong, erste Sammlung) (276)

Zhong Liquan 钟离权, "Zhuantong qigong tongxun" weiyuanhui "传统气功通讯"委员会, 1985.4 : lingbao bifa 灵宝毕法 (Die vollstaendige Methode des Lingbao) (277)

Zhongguo qigong kexue yanjiuhui 中国气功科学研究会, 1986.11 : Qian Xuesen de jianghua wenzhang 钱学森的讲话文章 (Ansprachen und Artikel von Qian Xuesen neibu 内部 (278)

Zhongguo qigong kexue yanjiuhui zangmi qigong yanjiuhui 中国气功科学研究会藏密气功研究会, qiushi chubanshe 求实出版社, 1989.7, 1-30100 : zangmi qigong 藏密气功 (Zangmi-qigong) (279)

"Zhonghua wushu" zazhi bianjibu "中华武术"杂志编缉部, renmin tiyu chubanshe 人民体育出版社, 1988.2, 1-25000 : wushu jianshen gongfa jingxuan 武术健身功法精选 (Eine essentielle Auswahl von wushu-Uebungsmethoden zur Gesundheitsstaerkung) (280)

Zhongshan gongyuan qigong xueyan xiaozu 中山公园气功学研小组, 1986.9 : guchuan nüerjing 古传女儿经 (Der altüberlieferte Kanon für Frauen) (281)

Zhongyi yanjiuyuan 中医研究员, Guangzhou zhongyi xueyuan 广州中医学院, Anhui zhongyi xueyuan 安徽中医学院, Shanghai zhongyi xueyuan 上海中医学院, renmin weisheng chubanshe 人民卫生出版社, 1986.3, 1–11400 : zhongyi dacidian: zhenjiu, tuina, qigong, yangsheng fence 中医大辞典: 针灸, 推拿, 气功, 养生分册 (Grosses Lexikon der Chinesischen Medizin, Teilband: Akupunktur, Massage, qigong, yangsheng) (282)

Zhou Qianchuan 周潜川, Shanxi renmin chubanshe 山西人民出版社, 1959.9, 2. Ausgabe 1984.2, 1–30800 : qigong yaoer liaofa yu jiuzhi piancha shoushu 气功药饵疗法与救治偏差手术 (Kombinierte qigong– und Medikamententherapie als auch wie man Heilung findet bei Uebungsfehlern) (283)

Zhou Qianchuan 周潜川, Shanxi renmin chubanshe 山西人民出版社, 1960.9, 2. Ausgabe 1983.11, 1–100000 : Emei shier zhuang shimi 峨眉十二庄释密 (Erlaeuterung der Geheimnisse der zwoelf Uebungen vom Berge Emei) (284)

Zhou Renfeng 周稔丰, Tianjin daxue chubanshe 天津大学出版社, 1988.12, 1–30000 : qigong daoyin yangsheng 气功导引养生 (Qigong und daoyin–Uebungen zum yangsheng) (285)

Zhou Renfeng 周稔丰, Li Ziran 李自然, Tianjin kexue jishu chubanshe 天津科学技术出版社, 1987.8 : qigong kangfu yangsheng jingyao 气功康复养生精要 (Das Essentielle zu yangsheng, Rehabilitation und qigong) (286)

Zhuang Yuanming 庄元明, Wei Junwen 韦俊文, Yang Rungeng 杨润庚, Zhou Shouxiang 周寿祥, Jin Lichun 金李春, Gong Ming 龚明, Shanghai wenhua chubanshe 上海文化出版社, 1981.9, 3.Aufl. 1982.7, 205001–397000 : liangong shiba fa 练功十八法 (Das Trainieren der 18 (therapeutischen) Uebungen) (287)

Zhuang Yuanming 庄元明, Zhou Shouxiang 周寿祥, Yang Rungeng 杨润庚, Tang Xueshi 汤学士, Sun Tianting 孙天庭, Shanghai kexue jishu chubanshe 上海科学技术出版社, 1983.8, 1986.12, 300001–327000 : liangong shiba fa (yiliao baojian cao) 练功十八法(医疗保健操) (Das Trainieren der 18 therapeutischen Uebungen (medizinische Behandlung und praeventive Massnahme)) (288)

Zhuo Dahong 卓大宏, renmin jiaoyu chubanshe 人民教育出版社, 1976.11, 1–380000 : yiliao tiyu changshi 医疗体育常识 (Grundwissen der Krankengymnastik) (289)

Zuo Jianshe 左建设, Shanxi kexue jishu chubanshe 陕西科学技术出版社, 1988.4, 1–50000 : kanghan qigongshu 抗寒气功术 (Die qigong–Kunst die Kaelte abzuwehren) (290)

9.4 Abbildungen

Abbildung 1: Werk des bekannten Kaligraphen und Malers CHEN Zhidong aus Chengdu
Abbildung 2: Vier daoistische Übungen, die 1779 erstmals in Europa von Pater CIBOT bekanntgemacht wurden. Die dargestellten Positionen finden sich ähnlich in den 8, 12 oder 16 Brokatübungen. (s. NEEDHAM, Science and Civilisation in China, Vol. V:5, S. 171f.) Vgl. Fig. 3 mit Abb. 77
Abbildung 3: S. Abb. 2. Vgl. Fig. 9 mit Abb. 65. Vgl. Fig 11 mit der yongquan-Übung Nr. 20 (Kap. 7.3.4).
Abbildung 4: Die Fünf Elementhaften Wandlungsphasen wuxing (Abb. modifiziert n. PÁLOS, Consilium cedip acupuncturae, S. 386).
Abbildung 5: renmai, conception vessel (WHO), Konzeptionsgefäß, aus dem Yi Zong Jin Jian, Goldenen Spiegel der Medizin, 1742, Hpthrsg. WU Yian. Daneben moderne Darstellung aus QIU Maoliang u.a., 1985.
Abbildung 6: dumai, governor vessel (WHO), Lenkergefäß, s.o.
Abbildung 7: Yinyang-Symbol mit den bagua, Acht Trigrammen, der Darstellung von Stille und Bewegung sowie den Übergängen. Wichtig in der Praxis der taiji quan-, bagua- und qigong-Übungen und der ganzen TCM. (Abb.: Chenshi taiji quan tushuo, Taibei, 1922 (1984), 31)
Abbildung 8: Die Entstehung aller Dinge aus der Kombination von der Stille des yin, der Bewegung des yang und den Fünf Elementhaften Wandlungsphasen; nach ZHOU Dunyi (Abb.: NEEDHAM, SCC, Vol. II, S. 461)
Abbildung 9: Li.: Tänzer, Maske, Ziege (?). Sechste Gruppe von Gravierungen in Hua'an, Fujian. Bis zu 5000 Jahre alt. (CHEN Zhaofu, S. 142) Re.: Antropomorphe Figur mit Maske beim Tanzen. Yinshan-Berge, Innere Mongolei. Bis zu 10000 Jahre alt. (CHEN Zhaofu, S. 175)
Abbildung 10: Rechts unten Felsgravierungen mit Vogelflug -imitierendem Schamanentanz aus den Yinshan-Bergen, Innere Mongolei.
Abbildung 11: Das taotie beim Mann-und-Tier Motiv in der Shang-zeitlichen Kunst. (Abb.: K.C CHANG, 1981, S. 535)
Abbildung 12: Rekonstruktion der Xing Qi – Jadetäfelchen (in: Li Jingwei: Zhongguo Gudai Yishitulü, S. 12)
Abbildung 13: Das Xing qi – Inschrift, untere Hälfte in moderner Schriftversion und Interpretation. (Abb: LIU Xinmin, Qigong yu Kexue, 9, 1989, S. 31)
Abbildung 14: Die Darstellung der qi-Bewegung im zhoutian Himmelskreislauf bei Angabe der Lage der drei dantian nach MA Jiren (Abb. im Zhonghua qigong, 1987, 1. Coverinnenseite). Vgl. Abb. 4 und 5 mit den entsprechenden Meridiane.
Abbildung 15: Die Seidenmalerei mit den daoyin-Übungen aus dem Fürstengrab in Mawangdui. [Abb.: (135)]
Abbildung 16: Die Rekonstruktion der Daoyin-Übungen aus Mawangdui, [Abb.: (135)]
Abbildung 17: Menschenverschlingender taotie-Tiger. Bronze, Yü-Gefäß, Shang-Dynastie. Sammlung Sumitomo. (Abb.: HENTZE, 1951, Abb. Nr. 204)
Abbildung 18: Chinesische Schmuckbronzemaske (5,7 cm), Han-Dynastie, an die Kleidung geheftet um sich des Schutzes durch den Tiergeist zu vergewissern. (Abb. 42 in A. LOMMEL)
Abbildung 19: Drachen-Tiger Bronzegefäß, Shang-Dynastie. (Abb.: Zhongguo lishi bowuguan, Bd 5, wenwu chubanshe, Peking, 1984, Abb. Nr. 29)
Abbildung 20: Zeremonialaxt aus Bronze, Shang-Dynastie. Die Vernichtung des Alltagsmenschen für die Wiedergeburt als Schamane scheint hier durch die Tiger und die Axt symbolisiert zu sein. (Abb.: in s.o., Abb. Nr. 36)
Abbildung 21: Jademesser mit taotie-Türkiseinlegearbeit, Shang-Dynastie. (Abb.: in s.o. Abb. Nr. 40)
Abbildung 22: Bronzeaxt mit stilisiertem taotie, Shang-Dynastie. (Abb.: Wenhua dageming qijian chutu wenwu, Bd 1, wenwu chubanshe, Peking, 1973, S. 33)
Abbildung 22a: Jademesser (10,5 x 5 cm) mit eingeritztem oberen taotie-Tigerrachen, so daß auch hier Messer und Tiger gleichzeitig drohen. Ming/Qing-Dynastie. Eig. Samml.
Abbildung 23: Jadeanhänger (5 x 4,5 cm) in Form einer Axt mit eingeritztem oberen Tigerrachen. Qing-Dynastie. Eig. Samml.
Abbildung 24: Runder Jadeanhänger (3,0x2,6 cm, RS. Plan mit Kreisgravuren) mit oberem Taotie-Tigerrachen sowie darüber dem Yin-Yang - Zeichen. Qing-Dynastie. Eig. Samml.
Abbildung 25: Kopfbedeckung für Kleinkinder in Taotie-Tigergestalt, 1. Hälfte 20. Jh. Eig. Samml.
Abbildung 26: Taotie-Tiger-Kopfbedeckung. s.o.
Abbildung 27: Der Schreittanz des Yu. [Abb.: ROBINET, in KOHN (Ed.), 1989, S. 183]
Abbildung 28: Kupferamulett, Ming-Dynastie. Vs.: Tanzender Schamane mit Zweig in der Hand zum Vertreiben übler energetischer Einflüsse und Herabholen glücklicher. Eig. Samml.
Abbildung 29: Rs.: Der Tiger Hilfsgeist symbolisiert Tapferkeit und hilft dem Schamanen in der Vernichtung der Dämonen. Auch die fünf giftigen Tiere weisen Böses ab [Schlange, Tausendfüßler, Skorpion, Kröte, Spinne, (Eidechse)] (s. EBERHARD, 1990; WILLIAMS 1932)
Abbildung 30: Bronzeamulett, Qing-Dynastie. Li.: Zur Vermeidung aller Geister kämpft der Daoist mit seinem Schwert. Re.: Tanzender Schamane, s. Abb. 27. Eig. Samml.
Abbildung 31: Bronzeamulett, Qing-Dynastie. Li.: mythol. Figuren; unten die Schildkröte-Schlange, der dunkle Krieger, Symbol des Nordens; oben das Sternzeichen des Großen Wagen. Re.: oben yinyang in bagua, li. Beschwörungsformel, re. daoistischer Heiliger. Eig. Samml.
Abbildung 32: Die Verdiensturkunde vom Gesundheitsministerium für Tangshan, 1955.
Abbildung 33: Re.: HU Yaozhens Buch (71) von 1959/1963. Li.: Das Krankengymnastikbuch von 1976 (289), ebenso mit einer taiji quan-Stellung oben.
Abbildung 34: Re.: GU Daifengs Büchlein (36) zur anmo-Massage von 1964. Li.: GUO Lins erstes Buch zum Neuen qigong 1981 (46).
Abbildung 35: Die 2./3. Seite des Buches von LIU Guizhen (115) mit der Kalligraphie von XIE Juezai rechts.
Abbildung 36: Li.: Das Werk zur qigong-Geschichte (189) von WANG Buxiong und ZHOU Shirong. 1989. Re.: Auch hier auf dem Cover (123) Bezüge zur Tradition (Kleidung) und zur Langlebigkeit (Siegelzeichen), 1987.

Abbildung 37: Li.: Kranich und Pinie, die Symbole der Langlebigkeit, in Verbindung mit diesem wichtigen qigong-Werk (6). Re.: ZHANG Mingwus Buch (53) mit gleichem Cover.
Abbildung 38: Re.: Eines von Frau GUO Lins Büchern (51). Li.: ZHANG Mingwus Selbstkontrolltherapie mit qigong (260).
Abbildung 39: Re.: ZHAO Jinxiang präsentiert seinen Kranichstil-qigong (270). Li.: MA Litang präsentiert sein Nährendes qigong (126).
Abbildung 40: Li.: Die Wiederauflage von HU Yaozhens Werk (69). Re.: Qigong bei Augenerkrankungen (71).
Abbildung 41: Re.: Das erstmalig schon 1959 erschienene und 1984 wiederaufgelegte Buch von QIN Zhongsan (154). Li.: Hier wird die Verbindung zwischen Meridianlehre, Akupunktur, Massage und qigong betont (227).
Abbildung 42: YANG Meijun präsentiert ihr Wildgans-qigong (240). Re.: LIN Housheng und seine Assistentin präsentieren die 18 taijiqigong-Übungen (112).
Abbildung 43: Zwei Werke [li. (152), re. (247)] über YAN Xin und sein qigong.
Abbildung 44: Privatdruck zu daoistischen Frauenübungen (281).
Abbildung 45: Re.: Buddhistische, gesundheitsorientierte Übungen aus Shaolin (21). Li.: Aus der Kampfkunst abgeleitete Shaolin qigong-Übungen (217).
Abbildung 46: Re.: Tibetisch-buddhistisches qigong (84). Li.: Kranich und aufgehende Sonne finden sich häufig als Hoffnungsträger in Verbindung mit qigong (58).
Abbildung 47: Li.: Bagua-Übungen (116). Re.: Das Spiel der Fünf Tiere (223).
Abbildung 48: Re.: Fallbeispiele zur qigong-Behandlung von 29 chronischen Erkrankungen (87), auch mittels waiqi. Li.: Traditionelle Kalligraphie „qigong" vereint mit moderner englischer Wissenschaftssprache (224).
Abbildung 49: Jugendliches kampfkunstorientiertes Training als Titelbild der Zeitschrift QI GONG.
Abbildung 50: MA Litang im Arbeiteranzug.
Abbildung 51: Re.: Ein ausländischer Gast übt buddhistisches chan qigong. Li.: Ein daoistischer Meister.
Abbildung 52: Hartes qigong.
Abbildung 53: Die Gründungsnummer von „Qigong und die Wissenschaft" mit der waiqi-Erforschung im Labor.
Abbildung 54: Der 98 jährige taiji-Meister WU Tunan beim Üben 1983.
Abbildung 55: East Health Expo 1994 mit qigong.
Abbildung 56: WANG Ruiting in der Lohan-Stellung im buddhistischen qigong vor einer Buddhastatue in Datong. Rs. von qigong yu tiyu, 1, 1986.
Abbildung 57: Qigong-Gruppenübungsbild, Oriental Science Qigong, 5, 1989.
Abbildung 58: Qigong-Fieber 4/1992 auf der Rs. der Zeitschrift Zhongguo qigong.
Abbildung 59: ZHANG Yuanming beim Praktizieren seines Stils.
Abbildung 60: Die Vermischung buddhistischer, daoistischer und naturwissenschaftlicher Elemente (DNA) auf dem Cover eines Jahresbandes von Zhongguo qigong 1992.
Abbildung 61: Xingming guizhi Bd 1: Beziehung der drei Familien mit jing (feinenerget. Essenz), qi und shen (Geist) in Bezug auf shen (Körper), xin (Herz/mind) und yi (Geistesaufmerksamkeit). (Abb. in C. DESPEUX, 1979, S. 76).
Abbildung 62: Volkstümliche Bronzefigürchen (4 cm hoch; li. Ming-, re. Qing-Dynastie; eig. Samml.), wohl mit Bezug zu den sanbao und den dantian.
Abbildung 63: Stille qigong-Übung, die die Drei Einen, sanyi, vom Großen Wagen herabsteigen läßt (Abb. in KOHN, 1989, S. 138).
Abbildung 64: Die positiven Energien der sanyi oder sanbao manifestieren sich über den daoistischen Bezug zu den Sternen des Großen Wagens in den Körperorganen (Abb. in ROBINET, 1993, S. 208).
Abbildung 65: Qigong-Übung mit Visualisation der Sonne (Abb. in KOHN, 1989, S. 170).
Abbildung 66: Qigong-Übung mit Bezug auf lunare Energien (Abb. in KOHN, 1989, S. 148).
Abbildung 67: Das Heranwachsen des energetisch-spirituellen Inneren Embryos bei ÜS im xingming guizhi Bd 4 (Abb. in DESPEUX, 1979, S. 65).
Abbildung 68: Erscheinen und Heraustreten der spirituellen yang-Energie im xingming guizhi Bd 4 (Abb. in DESPEUX, 1979, S. 80).
Abbildung 69: Park am Himmelsaltar Tiantan mit Ortsangabe der Übungsgruppen, li. 1986/87, re. 1988.
Abbildung 71: Abb. in (224) S. 232. Die rechte sonst mit der linken identische Wasserreispflanze wurde mit waiqi bestrahlt und nach gleicher Entwicklungszeit und -bedingung (Wassermangel) aufgenommen. Nur die waiqi-behandelte wuchs ausreichend und mit Ährenansatz.
Abbildung 70: E. coli-Bakterien im Reagenzglas (o.) und im Ausstrich (u.) nach waiqi-Behandlung durch LIU Dong, im Gegensatz zu nicht behandelten E. coli mit ungebremsten Wachstum. Abb. in Zhonghua qigong, 3, 1989, Rs.
Abbildung 72: Messung der Infrarotstrahlung beim qigong. Abb. in Zhonghua qigong, 3, 1983, Rs.
Abbildung 73: Die Übung des Gesichtreibens, Nr. 4 (s.o.). Abb. in KOHN (ed.), 1989, S. 286.
Abbildung 74: Die Übung der Himmelstrommel, Nr. 11 (s.o.). Abb. in KOHN (ed.), 1989, S. 250.
Abbildung 75: Die Nackenübung, Nr. 13 (s.o.). Abb. in (285) S. 135, aus dem Chifeng sui.
Abbildung 76: Die Nierenübung, Nr. 17 (s.o.). Abb. in (285) S. 138, aus dem Chifeng sui.
Abbildung 77: Die Bein/Fuß-Übung, Nr. 23 (s.o.). Abb. in (285) S. 142, aus dem Chifeng sui.
Abbildung 78: Die Nieren/Schulter-Klopfübung, Nr. 5 (s.o.). Abb. in (285) S. 139, aus dem Chifeng sui.

9.5 Chronologie

Volksrepublik China 1949 -
Chinesische Republik 1912 - 1949
Qing 1644 - 1911
Ming 1368 - 1644
Yuan 1280 - 1367
Jin 1115 - 1234
Liao 937 - 1125
Südliche *Song* 1127 - 1279
Nördliche *Song* 960 - 1126
Fünf Dynastien 907 - 960
Tang 618 - 906
Sui 589 - 618
Südliche und Nördliche Dynastien 420 - 588
Drei Reiche 221 - 280
Späte *Han* 25 - 220
Frühe *Han* 206 v. - 8 n.Chr.
Qin 221 v. - 207 v.Chr.
Zhou 1122 o. 1027 v. - 221 v.Chr.
722 v. - 221 v.Chr. östliche *Zhou*
481 o. 403 v. - 221 v.Chr. *Changuo* (Zeit der Streitenden Reiche)
722 v. - 481 v. Chr. *Chunqiu* (Frühling-Herbst - Periode)
1122 o. 1027 v. - 770 v.Chr. Westliche *Zhou*
Shang (*Yin*) 1766 v. - 1122 v., oder 1523 - 1027 v.Chr.
Xia 2205 v. - 1766 v.Chr.

9.6 Tabelle der qigong-Untergruppen zu 6.1- 6.6

I. Uebungen in Bewegung (donggong 动功)

A. Uebungsserien, bewegliche Schrittfolgen (taolu, huobu lei 套路，活步类)

1. dayan qigong qian liushisi shi 大雁气功前六十四式
2. jianhua Emei zhuang 简化峨嵋庄
3. xin qigong liaofa zhongdu feng huxifa ziran xinggong 新气功疗法中度风呼吸法自然行功

B. festgelegte Uebungsstile (ding shi lei 定式类)

1. taiji qigong shiba shi 太极气功十八式
2. taiji quan 太极拳
3. liudong qigong 六动气功
4. wudang qigong 武当气功
5. ba chang gong 拔长功

C. spontane Bewegungsübungen (zifa donggong lei 自发动功类)

1. chanmigong, yin donggong 禅密功，引动功
2. zifa donggong 自发动功
3. hexiangzhuang qigong wujie donggong 鹤翔庄气功五节动功
4. hexiangzhuang zhanzhuang gongfa 鹤翔庄站桩功法
5. zifa wuqinxi gongfa 自发五禽戏功法

II. Uebungen in Stille (jinggong 静功)

A. synthetische Stile (zonghe lei 综合类)

1. Yin Shizi jingzuofa 因是子静坐法
2. neiyanggong 内养功
3. qiangzhuanggong 强壮功

4. tunyue song jing fa 吞月松静法
5. song jing qigong 松静气功
6. jing yang xing qi liubu gong 静养行气六步功
7. fangsong gong 放松功
8. xiantian yi yuanqi gong 先天一元气功

B. Taoistische Uebungsstile (daojia gongfa lei 道家功法类)

1. Zhuang zi tingxi fa 庄子听息法
2. quan zhen gong chuxue xiuchi gangyao 全真功初学修持纲要
3. longmen nü gong 龙门女功

C. Kreislaufübungsstile (zhoutian gong lei 周天功类)

1. zhenqi yunxingfa 真气运行法
2. guqin zhaofeng yu qiaozhu huangui 鼓琴招风与敲竹唤龟
3. qijing bamai huxifa 奇经八脉呼吸发
4. sui hua qi gongfa 髓化炁功法
5. bagua shi neiyanggong 八卦式内养功

D. Buddhistische Uebungsstile (fojia gongfa lei 佛家功法类)

1. jie jia die zuo qigong fa 结跏趺坐气功法
2. fojia xing gong ergen yuantong 佛家性功耳根圆通
3. da shou yin 大手印
4. "Dayuan manjingyao" yu baopingqi helian gongfa "大圆满精要"与宝瓶气合练功法

E. Uebungen zur Steigerung von Faehigkeiten (shuneng lei 术能类)

1. kaizhi gong 开智功
2. qigong zhenbingshu ji qi yiyi 气功诊病术及其意义
3. lingbao tong zhi neng neigongshu 灵宝通智能内功术

F. Uebungen um Altes auszuwerfen und Neues aufzunehmen (tuna lei 吐纳类)

1. yang qigong 养气功
2. sansanjiu sheng yuan gong 三三九乘元功

3. tanhuo gong 炭火功
4. he qigong 喝气功

G. Standübungen (zhanzhuang lei 站桩类)

1. zhanzhuang gong 站桩功
2. san yuan shi zhanzhuang gong 三圆式站桩功
3. wuji shi qigong 无极式气功
4. baihe liang chi zhanzhuang fa 白鹤凉翅站桩法
5. tong zhong gong 铜钟功

III. Kernmethoden der Uebungen in Stille (jinggong xinfa 静功心法)

1. xing ming shuang xiu de fangfa 性命双修的方法
2. dian xian mian ti xing qi fa 点线面体行气法
3. yinian huodong de shengjiang kaihe 意念活动的升降开合
4. cun si – daojia qigong zhong de yinian huodong 存思 – 道家气功中的意念活动
5. huxi bansui dongzuo 呼吸伴随动作
6. tingxi yi jue 听息一诀
7. guixi – wuwei gong naqifa 龟息 – 无为功纳气法
8. chusheng tiaoxi fa 出声调息法

IV. Waiqi–Ausstrahlübungen (fafang waiqi 发放外气)

1. kongjin qigong 空劲气功
2. yi zhi chan gong 一指禅功
3. xiuchi qigong 修持气功

V. Therapeutische und praeventive Uebungsmethoden (yiliao baojian gongfa 医疗保健功法)

A. Allgemeine vorbeugende Uebungen (tongyong baojiangong 通用保健功)

1. Shaolin liu tong qigong 少林六通气功
2. waidan gong 外丹功
3. qingshaonian qigong 青少年气功
4. muchun gong 木椿功
5. fan huan gong 返还功
6. an qian gong 案前功
7. hun yuan yi qigong 混元益气功

B. Traditionelle yangsheng-Uebungen (chuantong yangsheng gong lei 传统养生功类)

1. Huangshi Yijin jing 黄氏易筋经
2. jingang shier shi 金刚十二式
3. Shaolin yijin xisui woshen tushuo shi shi 少林易筋洗髓卧身图说十势
4. gudai yangsheng shiliu fa 古代养生十六法
5. shier duanjin 十二段锦
6. qubing yannian ershi shi 祛病延年二十势
7. er mu qigong baoyang fa 耳目气功保养法

C. Massierende und klopfende Arten (anmo paida lei 按摩拍打类)

1. Chen jia men qigong 陈家门气功
2. wai zhuang gong shier shi 外壮功十二式
3. paida qigong 拍打气功
4. ziwo anmo baojian gong 自我按摩保健功
5. zhong gong yun qi fa 中宫运气法
6. san 8 yun qi fa 三 8 运气法
7. jingluo anmo meirong fa 经络按摩美容法

D. Krankheitsbezogene Uebungsarten (dui zheng gongfa lei 对症功法类)

1. gui yi qing jing fa 归一清静法
2. liao fei dong jing gong 疗肺动静功
3. jing qigong fangzhi jinshiyan 静气功防治近视眼
4. roufu gong 揉腹功
5. shu gan dong jing gong 舒肝动静功
6. gu fa shutou gong 固发梳头功
7. qingtian lidi gong 擎天立地功

VI. Hartes qigong (ying qigong 硬气功)

A. Grundlegende Arten des harten qigong (yinggong jichu gong lei 硬功基础功类)

1. Tian Hesi ying qigong 天河寺硬气功
2. yun ji liu shi gong 昀佶六势功
3. wudang xiong men qi xin huo qigong 武当熊门七心活气功
4. hun yuan yi qigong 混元一气功
5. hei mao gong 黑猫功
6. tong zi gong 桶子功

B. (Uebungsarten zum Kultivieren von Teilbereichen) jubu xiu lian gong lei 局部修炼功类

1. babao tietou gong 八宝铁头功
2. wudang wuxing chong shou fa 武当五行重手法
3. dali ying zhao gong 大力鹰爪功
4. yin zhao gong 阴爪功

C. Kernmethoden des harten qigong (yinggong xinfa 硬功心法)

1. ying qigong lianfa 硬气功练法
2. qing gong yinggong yun qi fa 轻功硬功运气法

D. Kernuebungen des qi-Uebens mittels Faustuebungen (quan shu lian qi xinfa 拳术练气心法)

1. taiji yun qi fa 太极运气法
2. taijiquan ji zhe yuan ze yu shiliu zi mijue 太极拳击技原则与十六字密诀
3. tai bei quan lian qi 太悲拳练气